MARTIN LOSERT   KAREN SCHLIMP

KLANGWEGE

EINWÜRFE
Praxis Musikpädagogik

herausgegeben von
MARTIN LOSERT   MONIKA OEBELSBERGER   ANNA MARIA KALCHER

BAND 1

LIT

MARTIN LOSERT KAREN SCHLIMP

KLANGWEGE

IMPROVISATION ANREGEN – LERNEN – UNTERRICHTEN

LIT

Design: Peter Junge

Die Drucklegung dieses Bandes wurde durch das Department Musikpädagogik der Universität Mozarteum Salzburg, dem Programmbereich ConTempOhr/Vermittlung zeitgenössischer Musik – Mediating Contemporary Music des Kooperationsschwerpunkts Wissenschaft und Kunst der Paris Lodron Universität Salzburg und der Universität Mozarteum, der Anton Bruckner Privatuniversität Linz sowie der Stadt Linz ermöglicht.

Bibliografische Information der Deutschen Nationalbibliothek
Die Deutsche Nationalbibliothek verzeichnet diese Publikation in der Deutschen Nationalbibliografie; detaillierte bibliografische Daten sind im Internet über http://dnb.d-nb.de abrufbar.

ISBN 978-3-643-50908-6 (br.)
ISBN 978-3-643-65908-8 (PDF)

© LIT Verlag GmbH & Co. KG
Wien 2019 | Garnisongasse 1/19 | A-1090 Wien
Tel. +43 (0) 1-409 56 61 | Fax +43 (0) 1-409 56 97
E-Mail: wien@lit-verlag.at | www.lit-verlag.at

Auslieferung:
Deutschland: LIT Verlag Fresnostr. 2 | D-48159 Münster
Tel. +49 (0) 251-620 32 22 | Fax +49 (0) 251-922 6099
E-Mail: vertrieb@lit-verlag.de
E-Books sind erhältlich unter www.litwebshop.de

Improvisation: etwas, das nur funktioniert,
wenn es seriös vorbereitet ist.
(Markus M. Ronner)

Improvisation bedeutet im allgemeinen Sprachgebrauch
unvermutetes, unvorhergesehenes, [...] unvorbereitetes Handeln.
(MGG 2003)

Improvisation ist der Versuch, die Musiksprachen,
in denen man Werke rezitiert, frei zu sprechen.
(Andreas Eschen)

Die Kunst, etwas Unbeabsichtigtes gut vorzubereiten.
(Willy Millowitsch)

DAS BUCH IM ÜBERBLICK

VERMITTLUNG IMPROVISATORISCHER FÄHIGKEITEN	23
FREIE SPIELFORMEN	45
ERWERBEN – ENTWICKELN – GESTALTEN	147
AKKORDE, HARMONIK, MEHRKLÄNGE, TEXTUREN	257
SPIELEN MIT VORGEGEBENEN FORMEN UND KOMPOSITIONSWEISEN	311

Mit über 360 Spielanleitungen.

INHALTSVERZEICHNIS

VORWORT 17

VERMITTLUNG IMPROVISATORISCHER KOMPETENZEN 23

IMPROVISIEREN LEHREN UND LERNEN	26
Kommunikation und Interaktion im Zusammenspiel	27
Musikalisches Gehör	29
Musiktheoretische Kenntnisse – Kenntnis von Modellen	31
Instrumentaltechnische Fertigkeiten	32
Repertoirekenntnisse	33
Kreativität und Gestaltungswillen	33
Vermittlung improvisatorischer Fähigkeiten	34
Spielregeln	34
Regel – Freiheit	35
Bekanntes – Neues	35
Einfache Sprache – klare Regeln	35
Lehrerzentrierung – Schülerzentrierung	35
Sinnhaftigkeit	35
Musikalische Erfahrungen und Erkenntnisse	36
Differenziertes Klangergebnis	36
Lebendiges Spiel	36
Phasenmodell	36
Einführen und Üben des Materials	36
Spiel- bzw. Improvisationsregeln klären	37
Spielen	37
Nachbesprechen – Feedback	37
Erneutes Spielen	40
Improvisation im Instrumentalunterricht	41
Der eigene Improvisationsstil	42

FREIE SPIELFORMEN

KLANG- UND INTERAKTIONSSPIELE	**46**
Horchen und Spielen	**46**
Abwarten	46
Stimmungsschwankungen	46
Zwiegespräch	46
Klangbänder	**47**
Vokales Klangkontinuum	47
Klänge weiterreichen	47
Mutierender Klang	47
Rhythmen weiterreichen	**48**
Rhythmuswelle	48
Rhythmuskette	48
Rhythmische Verwandlung	48
Rhythmuscluster	48
Rhythmuskanon	49
Kanon mit immer kürzeren Notenwerten	49
Kanon mit unterschiedlichen Klangfarben	49
Mixed Pickles	50
Rhythmus-Stille-Post	50
Rhythmisches Kofferpacken	50
Klänge erforschen	**51**
Straßenmusik	51
Klangfundstücke	51
Musik konkret – die klingende Umgebung	51
Selbstgebaute Instrumente	51
Klänge strukturieren	52
Interaktion und Transformation	**52**
Führen und Folgen	52
Spiegel	53
Das Papageien-Spiel	53
Kettenspiel	54
Transformation	55
Musik und Bewegung	56
Fischschwarmspiel	57
Töne verkaufen	57
Märkte verschiedener Länder	58

Kontrast und Metamorphose	**58**
Extreme Kontraste	58
Kombinierte Kontraste	58
Metamorphosen	58
Rondospiele	**58**
Call and Response	58
Rhythmus-Rondo	59
Melodie-Rondo	59
Rondo mit Frage und Antwort	60
TEXTE UND GESCHICHTEN	**61**
Assoziationen	**62**
Spontane Assoziationen	62
Musikalische Assoziationen	62
Assoziationsgeschichte	63
Sprechen und Spielen	63
Erzählen – Merken – Spielen	63
Mit Klängen sprechen	64
Story Cubes	64
Charaktere raten	65
Texte als Vorlage	**65**
Texte darstellen	66
Rap	66
Sprechkanon	66
Impressionen	66
Weitererzählen	66
Erlebnisse vertonen	67
Live-Hörspiel	67
Märchen, Mythen und Sagen	68
Gedichte	**68**
Abendlandschaft	69
Mondnacht	69
Der Panther	70
Gespenster: An H.	70
Tief von fern	70
Strauch mit herzförmigen Blättern	71
Dunkel war's	71
Das Samenkorn	72

Haiku und Tanka	**73**	Lichtstimmungen	96
Haiku	74	Ebenen	97
Tanka	75	Szene	98
		Figürliches	99
Poesie mit Musikbezug	**76**	Bewegung	101
Der Tanz	76	Rhythmisches	103
Klanggedichte	77	Räumliches	105
Onkte tanzen durch den Raum	77	Collage	107
Gedicht in Bi-Sprache	77	Um ein dadaistisches Gedicht zu machen – Tristan Tzara	107
Lautpoesie	78		
Brulba dori daula dalla	78	Türöffner	108
Monolog des verrückten Mastodons	79	Musterbilder – Malen	109
Das große Lalula	79	Bilder einer Ausstellung	110
Sonate in Urlauten	80		
		Icons	**111**
Texte erfinden	**83**	Vorgegebene Icons	111
Monstergedicht	83	Icons suchen und versenden	112
Lebende Lampe	83	Icons erfinden	112
		Icons dirigieren	112
Geheime Poesie	**84**	Icons als Notation	112
Geheime Botschaften	84		
In der Werkstadt der Kalligraphen	84	**Bilderbücher und Bildergeschichten**	**113**
Schreibgeräusche	84		
Geheimnisvolle Stimmungen	85	**Grafische Partituren**	**115**
Geheime Botschaften erraten	85	Punkt –Strich	115
Poesiemosaik	86	Kommen und Gehen	116
Erstarrung – Verwandlung – Erlösung	86	Studie	117
Dürson 1	87	Mit absteigendem Grün	117
		Satori	119
Liedtexte aus Popsongs	**88**		
Schwarz zu Blau	88	**Videos und Filme**	**119**
She is (everything)	88	Einen Film erarbeiten	120
Rebell	88		
		SPIEL MIT PATTERN	122
Eigene Liedtexte	**89**		
Tausend Sterne	89	Repetitionen	122
Ruhe	89	Minimal	122
Liedanfänge weiterschreiben	90	Patternmusic	123
		Phasing	123
Metaphorische Titel	**90**	Meditation	124
		Die lebendige Musikmaschine	124
Inszenierung	**91**	Uhrenmusik	124
		Computerspiele	125
VISUELLE ANREGUNGEN	91	Musikalisches Elektrokardiogramm	125
		Traffic Loops	125
Bilder	**91**	Circle Music	126
Stimmungen	93		
Strukturen	95		

DIRIGIERTE IMPROVISATIONEN ... 128

Live Arrangement ... **128**
Dirigiertes Live Arrangement ... 128
Die Gruppe arrangiert sich selbst ... 129

Spielen nach Gesten ... **129**
In die Luft zeichnen ... 129
Körpergeste – Klanggeste ... 130
Handzeichen zur Klanggestaltung ... 130
Soundpainting ... 130
Spielen mit Aktionskarten und Cues ... 132
Version für Fortgeschrittene ... 133
Die lebendige Tastatur ... 134

KONZEPTE UND IDEEN ... 135

Konzeptimprovisationen ... **136**
Richtige Dauern ... 136
more or less ... 137

Kurzkonzepte ... **138**
Minutenstück ... 138
Eislandschaft ... 138
Tonfläche ... 138
Tontrauben ... 138
Rauschklang-Ton ... 138
Unisono ... 138
Zwischen Ruhe und Bewegung ... 139

Do it yourself ... **139**
Drei gute Dinge ... 139
Von der Nacht zum Tag ... 139
Eindrücke und Objekte vertonen ... 139
Musik- und Raumkonzept ... 140

FREIE IMPROVISATIONEN ... 140

Situative Übungen ... 141
Rollenflexibilität ... 143
Wahrnehmung ... 143
Unvorhersehbares ... 143
Eigensprachlichkeit ... 143

147 ERWERBEN – ENTWICKELN – GESTALTEN

Spiel mit wechselnden Parametern ... 150

ZEITGESTALTUNG: PULS – TAKT – RHYTHMUS – PAUSEN ... 151

Puls ... **151**
Rhythmisches Spiel mit Bodysounds ... 151
Gemeinsamer Schrittpuls und Bodypercussion ... 152
Klänge im Raum ... 152
Spiel mit Gruppierungen und Betonungen ... 152
Spiel mit Geheimcodes ... 152
Pulse in unterschiedlichen Tempi ... 153
Stilistische Ausprägungen ... 153

Takt ... **154**
Gemeinsame Betonungen ... 154
Individuelle Betonungen ... 154
Taktarten kreisen lassen ... 154
Taktarten auf Instrumenten kreisen lassen ... 155
Taktgliederungen ... 156

Spiel mit Taktgliederungen ... 156
Spiel mit binären und ternären Unterteilungen ... 158
Spiel mit Quintolen und Septolen ... 158
Doppeltes und halbes Tempo ... 160
Watching Sports ... 160
Fußballfilm ... 160

Rhythmus ... **161**
Fundstücke ... 161
Gefundene Rhythmusbausteine ... 162
Eigene Rhythmen finden ... 162
Rhythmuspyramide ... 163

Artikulation ... **165**
Artikulation ausprobieren ... 166

Freie Zeitgestaltung ... **166**
Time brackets ... 167
Sprache als Ausgangspunkt ... 167
Zeit gestalten ... 168

Pausen	**168**		**Dur -und Molltonleitern**	**193**
Unterwegs mit vielerlei Pausen	169		Skalen explorieren	193
Welche Pause machen wir?	169		Tonleiterostinato	194
Mit Pausenlängen gestalten	170		Gebräuchliche Skalen	194
Pausenaktionen	171		Möglichkeiten mit Skalen zu spielen	195

KLANGFARBE   171

			Skalen der Roma und Sinti und Klezmer-Skalen	**195**
Eintonstück	172		Vom Hören zum Spielen (Bulgar)	198
Techno	172		Vom Notentext zum Improvisieren (Freylach)	199
Monodie	172			
Klangfarbenpalette	173			
Klänge suchen	174		ORIENTALISCHE, INDONESI-	199
Klangfarbenkontinuum	175		SCHE UND INDISCHE SKALEN	

SPIEL MIT FIGUREN UND SKALEN   176

			Die arabischen Maqam	**200**
Einen Tonvorrat erarbeiten und gestalten	**176**		**Das indonesische Slendor und Pélog**	**202**
Spiel mit drei Tönen	176			
Fahrender Zug	177		**Indische Ragas**	**203**
Fehlende Töne hören	178		Indische Musik anhören	204
Memory	178		Töne servieren	205
Noten-Bingo	179		Spiel mit Skalen über Tageszeiten	205
Buchstabenspiel	180		Hinduistische Gottheiten musikalisch darstellen	206
FisCHE schwimmen im Wasser	180		Eigene Skalen beim Spielen erfinden	206
Pentatonik und Ganztonleiter	**182**		SKALEN IN DER ZEITGENÖSSISCHEN MUSIK	207
Pentatonik	183			
Fünftonskala	185		Tonspiel	207
Ganztonleiter	185		Tonschritte	207
Spiel mit Pentatonik, Fünftonskala und Ganztonleiter	186		**Vermeiden von Konsonanzen**	**208**
Klangflächen	186		Dissonanzen	208
Stimmungen	186		Spinnenweben in einem Abbruchhaus	208
Linien über Borduntönen	187		**Übermäßige Intervalle**	**209**
Von Fünftonräumen zu Kirchentonarten	**187**		Atonale Kantilene	209
Trällerliedchen	188		Atonales Duo	209
Vom Quintraum zur siebenstufigen Skala	188		**Schneller Wechsel von Skalen**	**210**
Spiel mit drei bis sieben Tönen	190			
Modales Bicinium	190		**Komplementärklänge**	**210**
Skalenspiel – Duo	192			
Skalenspiel – Trio	192		**Zwölftonreihen**	**211**
Skalen erhören	192		12 unterschiedliche Töne	211
			Zug um Zug im Zwölfton-Labyrinth	212
			Spiel mit Reihen	213

Messiaen-Skalen	214	MUSIKALISCHES VER-ARBEITEN, VARIIEREN, GESTALTERISCHES DENKEN	236
Allintervallfolgen	215		
Skalen erforschen	216	**Motive (er)finden und entwickeln**	237
		Motive gestalten	238
Spektralklänge	216		
Spektrum	216	**Wiederholung**	238
Bogen	217	Motive wiederholen	239
Vierteltonschritte	217	**Rhythmisches Ausgestalten**	239
		Rhythmisch variieren	240
INTERVALL-FORTSCHREITUNGEN	217	**Sequenzieren und Verändern**	241
		Motive weiterreichen	241
Spiel mit Sekunden	218	Motive verarbeiten	241
Terzgänge	218	Melodische Modulation	243
Rock Beat	219	Freier Skalenwechsel	243
Doppeltes Tempo	219		
Spielmaterial erforschen	221	**Umspielen und Verzieren**	243
Übend zum Tanz aufspielen	222	Töne verzieren	246
		Melodien umspielen	247
Gleichbleibende Intervallfolgen	223		
Exploration mit Quinten	225	**Fortspinnen**	248
Quarten in diatonischen Skalen	225	Eine Idee fortspinnen	248
Chromatische Quart- und Quintfolgen	226	Gemeinsam eine Idee weiterführen	249
Spiel mit Quinten und Quarten	226	Imitationsstück	249
Arpeggierte Dreiklänge und Dreitonfolgen	226	**Augmentationen und Diminutionen**	249
Ein Volkslied weiterspinnen	228	Half- and Doubletime	250
Etüden selbst erfunden	228	Choralvariation	250
Arpeggierte Vierklänge	230	**Rhythmisches Durchlöchern**	251
		Auf der Mauer auf der Lauer	252
Freitonale Fortschreitungen	234	Musik durchlöchern	253
Hinweise für das eigene Spiel	236	Immer wieder plötzliches Schweigen	253
		Kontrast	253
		Gegensatz	253
		Kontrastduette	254

AKKORDE, HARMONIK, MEHRKLÄNGE, TEXTUREN

ZWEIKLÄNGE	258
Klänge erforschen	258
Dissonanzen und Konsonanzen	258
Konsonanzen und Dissonanzen unterscheiden	259
Zweiklangdomino	259
Zweiklänge systematisieren	259
Sekundimprovisation	260
Lieblingszweiklänge	260
Austerzen	260
Parallel geführt	261
Parallele Quinten	261
Hornquinten	262
Im Walde	262
Fanfarenmusik	263
Bordun	263
Eine Melodie über einen Bordun spielen	264
Parallele Melodieführung über einem Bordun	265

MEHRKLÄNGE/AKKORDE	266
Akkorde aus drei Tönen bilden	266
Akkorde über Griffe entdecken	267
Zu dritt einen Akkord aufbauen	267
Terz-Dreiklänge	**268**
Terz-Dreiklänge in ihrem Charakter erfassen	269
Dreiklänge zusammenfügen	270
Terzgeschichtete Vierklänge	**271**
Septakkorde und deren Umkehrungen suchen	273
Vierklänge hören	273
Akkordverwandtschaften untersuchen	274
Akkordketten	274
Grundton verändern	274
Akkorde im Kontext	275
Spannungsgefälle – Gegenbewegung	**275**
Parallel geführt	276
In Gegenbewegung	277
Spannung von Akkorden nachspüren	278

AKKORDFORTSCHREITUNGEN	279
Stufenfolgen mit zwei Akkorden	**280**
Stufenfolge I II I in Dur	281
Stufenfolge I VII und I V in Moll	281
Stufenfolge I V (Tonika und Dominante) in Dur	282
Stufen I V (Tonika und Dominante) in harmonisch Moll	284
Spiel mit zwei Akkorden	285
Akkordfolgen von Liedern verwenden	285
Akkordfolgen in Literaturstücken entdecken	286
Stufenfolgen mit drei Akkorden	**287**
Stufenfolge I IV V I (klassische Kadenz)	287
Stufenfolge I IV I V in Dur	288
Stufenfolge I II V I in Dur	288
Stufenfolge I II V I in harmonisch Moll	290
Improvisieren mit und über eine Akkordfolge	291
Harmonischer Kontext und Akkord-Skalentheorie	**291**
In drei Varianten über Akkorde improvisieren	294

AKKORDVERWANDLUNGEN	294
Dreiklänge verändern	294
Spiel mit Spannung und Auflösung	295
Passende Akkorde finden	296
Diatonische Zweiklänge	297
Diatonische Akkordverwandlungen	298
Chromatische Akkordverwandlungen	298
Diatonische und chromatische Akkordveränderungen	299
Stören oder Ergänzen	300
Freier Wechsel zwischen Akkorden	**300**
Polytonalität	**301**
Jeder in seiner Tonart	302

TEXTUREN	302
Texturen finden	302
Texturen weben	306
Praktische Hinweise zum Spiel mit harmonischen Konzepten	**307**

SPIELEN MIT VORGEGEBENEN FORMEN UND KOMPOSITIONSWEISEN

INTRODUKTIONEN, PRÄLUDIEN, FANTASIEN — 312

Vorspiele und Freie Intros — 312
- Vorspiele erfinden — 314
- Zwischenspiel, Cadenza — 314
- Eine Mini-Cadenza improvisieren — 315
- Fantasien, Präludien, Doinas — 315
- Fantasie über ein außermusikalisches Thema — 316
- Fantasie über drei Töne in C-Dur — 316
- Präludium für zwei Spieler bzw. Spielerinnen — 317
- Doinas — 318
- Doina in A mit Klezmerskalen — 318
- Leadsheet — 319
- Rhythmische Fantasie für zwei Melodieinstrumente — 321

POLYPHONE FORMEN — 322

Vom Kanon zu fugalen Strukturen — 322
- Klänge-Kanon — 322
- Kanonisches Bicinium im Fünftonraum — 323
- Polyphonie — 323
- Dux und Comes — 324
- Polyphone Mehrstimmigkeit — 325
- A la Fuga — 326

BORDUN-TANZFORMEN — 327

- Gavotte en Rondeau — 327
- Modaler Tanz in Rondoform — 328
- Österreichischer Schützentanz im 5/8-Takt — 328
- Türkischer Daldalan im 5/8-Takt — 329
- Hopa Horonu von der türkischen Schwarzmeerküste im 7/8-Takt — 329
- O Charalambi – Musikalischer Wettstreit aus Griechenland im 7/8-Takt — 331
- Schnelle Jig mit wechselnden Begleitrhythmen im 9/8-Takt — 332
- Bulgarischer Tanz im langsamen 9/8-Takt — 333
- Uc kir Binana im 10/8-Takt aus der Türkei — 333
- Bordun-Tänze in ungeraden und zusammengesetzten Taktarten — 335
- Tänze mit Harmoniefolgen — 335

VARIATIONSFORMEN — 336

Variationen über Ostinatobässe — 336
- Gängige Bassmodelle — 337
- Tanzrhythmen aus der Alten Musik — 340
- Tanzende Bässe — 340
- Methodische Schritte in der Erarbeitung — 340
- Lineares Improvisieren über einen Bass — 341
- Improvisieren mit Skalen über einen Bass — 343
- Improvisieren mit figurierten Arpeggien — 344
- Verbindung von horizontalem und vertikalem Denken — 345
- Variationen über einem Ground — 346
- Formgestaltung mittels Diminution und Affekt — 346
- Variationen über einen Bass mit einem Thema — 349
- Praktische Hinweise — 350

Klassische Variation — 350
- Variationen über Morgen kommt der Weihnachtsmann — 353
- Praktische Hinweise — 353

Ein Thema in verschiedenen Gewändern — 356
- Modale Variation — 356
- Variation der Taktart — 358
- Didaktische Hinweise — 358
- Variationen über die Harmoniefolge in barocker Manier — 359
- Variation durch Reharmonisierung — 361
- Impressionistische Variation — 362
- Drei Impressionen über den Text — 363
- Geräusch- und Klangfarbenvariation — 364
- Geräuschfarben — 364
- Freitonalität/Reduktion/Fragmentierung/Zersplitterung — 364
- Fragmentierung — 365
- Eskalierende Gespenster — 365

LITERATURSTÜCKE ALS STEINBRUCH FÜR EIGENE IMPROVISATIONEN 367

Vom Stück ausgehen — 369
Rhythmus — 369
Form — 369
Taktart — 371
Harmonien — 371
Motiv — 372
Intervall — 372
Skala und Tonart — 373
Stil — 373
Titel — 374

Vom Modell zum Stück — 374
Literaturstücke durchleuchten — 374
Chick Corea: Children Songs – Improvisation über ein Ostinato — 375
Magdalena König: Sterne – Improvisation über Akkordfolgen — 375
Improvisation über einen französischen Kontratanz — 376
Spanische Romanze – Improvisation mit Akkordzerlegung und Melodie — 377
Agnes Dowarth: Nachtvögel – Improvisation unter Einsatz erweiterter Spieltechniken — 378

ANHANG 380

Begriffserklärungen — 380
Literaturverzeichnis — 384

Zum Autor und der Autorin — 390

VORWORT

Das Buch beschreibt zum einen Möglichkeiten, wie man sein eigenes Improvisieren üben und langfristig verbessern kann. Zum anderen – und dies ist uns ein wesentliches Anliegen – zeigt es, wie man Improvisation im Unterricht vermitteln kann. Entsprechend richtet sich das Buch vor allem an all jene, die selbst noch an ihren Fähigkeiten feilen und sich mit großer Neugier und großem Interesse gegenüber verschiedenen Richtungen, Stilen und Ansätzen offen zeigen und nach Wegen suchen, Improvisation als ein Element in ihren Unterricht miteinzubeziehen.

So richtet es sich an alle Musiker und Musikpädagoginnen gleichermaßen, an Schulmusiker und -musikerinnen, Lehrende im Elementarbereich und vor allem an Instrumental- und Gesangspädagogen und -pädagoginnen. Viele Konzepte und Spielanleitungen sind für die Arbeit mit Gruppen konzipiert, einige eher für den Einzel- und Partnerunterricht. Gleichwohl lassen sich viele von ihnen in sehr unterschiedlichen Unterrichtsformen realisieren und eignen sich auch für das Selbststudium.

Insbesondere die Spielanleitungen im zweiten Kapitel *Freie Spielformen* verlangen als offene Konzepte kaum Vorkenntnisse und können auch von Anfängern und Anfängerinnen umgesetzt werden. Sie laden dazu ein, unmittelbar – ohne langes Üben – loszuspielen. Für andere bedarf es allerdings eines Mindestmaßes an instrumentalen bzw. vokalen Fähigkeiten, die eher im Instrumental- und Gesangsunterricht bzw. einem speziellen Improvisationsunterricht vorausgesetzt werden können.

Alle Spielanleitungen sind in direkter Rede formuliert und antizipieren in ihren Formulierungen eine Unterrichtssituation. Ungeachtet dessen sind sie nur exemplarisch zu verstehen. Sie zeigen, wie eine Spielanleitung in einer Unterrichtssituation formuliert werden könnte. Es versteht sich, dass trotz allem jede Formulierung für jede Gruppe, jeden Partnerunterricht und erst recht für jeden Einzelunterricht angepasst werden muss.

Wir verfolgen in diesem Buch einen doppelten Ansatz. Zum einen wird über eher allgemein formulierte Konzepte und Spiele zum Improvisieren angeregt. Diese sind dabei so angelegt, dass sich möglichst jeder bzw. jede angesprochen fühlt, niemand soll aufgrund fehlender musikalischer Kompetenzen ausgeschlossen werden. Gleichzeitig bieten viele der Spiele die Möglichkeit, den Schwierigkeitsgrad so zu differenzieren, dass sie auch für Fortgeschrittene Herausforderungen bieten. Zum anderen werden auch komplexere Formen der Improvisation thematisiert, die einiges an Können und Wissen verlangen. Über die Vermittlung verschiedener Bausteine wird gezeigt, wie sich improvisatorische Fähigkeiten systematisch verbessern lassen. Beide Ansätze finden sich in allen Kapiteln wieder, allerdings in unterschiedlichem Maß. Während das zweite Kapitel vor allem offene, stilistisch ungebundene Konzepte behandelt, sind die nachfolgenden Kapitel systematisch aufgebaut. Wer selbst noch ein Neuling im Bereich der Improvisation ist, sollte daher mit dem Kapitel *Freie Spielformen* beginnen. Ohne zu viel nachdenken und üben zu müssen, führt es zum eigenen Improvisieren. Grundsätzlich aber gilt, dass sehr viele Möglichkeiten bestehen, sich mit Improvisation zu beschäftigen. Ein Improvisationsspiel kann – je nach Schüler bzw. Schülerin – genauso geeignet sein, wie die Beschäftigung mit einer Skala, einer Akkordfolge, einem Stil, einem Stück (und der Frage, wie es komponiert wurde), einer Besetzung, einer Form, einer Aufführungssituation oder einem Zufall. Improvisation kann mehr systematisch-methodisch vermittelt oder aber durch eigenes Suchen und Finden angeregt werden.

Improvisieren üben und vermitteln.

Zielgruppe: Lehrende, Laien, Musiker und Musikerinnen.

Die Spielanweisungen sind geeignet für:

E Einzelunterricht/Solo
P Partnerunterricht/Duo
G Gruppenunterricht/ Ensemble
K Klassenunterricht/ Orchester

* leicht
** mittel
*** schwer

Offene Konzepte zum Losspielen.

Exemplarische Spielanleitungen.

Geeignet für Instrumental-istinnen und Sänger.

Das Buch richtet sich nicht an eine bestimmte Gruppe von Instrumentalisten, sondern an Musiker und Musikerinnen aller Instrumente sowie prinzipiell auch an Sängerinnen und Sänger. Wo es nötig ist, wurde nach Melodieinstrumenten und Instrumenten, auf denen auch Akkorde und mehrere Stimmen gleichzeitig gespielt werden können (insbesondere das Klavier), differenziert. Einige der Spielanleitungen sind stark vom Instrument aus gedacht, was jeweils vermerkt ist. Soweit möglich, mögen Sänger und Sängerinnen bei solchen Spielanweisungen Alternativen suchen.

Das Buch gliedert sich in fünf Kapitel. Im Kapitel *Vermittlung improvisatorischer Kompetenzen* finden sich grundlegende Gedanken zum Einsatz von Improvisation im Musikunterricht. Hier wird eine Improvisations-Didaktik entworfen. Im Kapitel *Freie Spielformen* werden vielfältige Improvisations-Ansätze vorgestellt, die unabhängig vom Stil, von verwendeten Instrumenten und bestehenden Vorkenntnissen eingesetzt werden können. Viele der Ansätze eignen sich für fortgeschrittene Schülerinnen wie für Anfänger. Das Kapitel *Erwerben – Entwickeln – Gestalten* thematisiert die Bausteine, mit denen improvisiert wird. Der Bogen wird von Themen wie Zeitgestaltung, Klangfarben, Skalen und Arpeggien hin zu Möglichkeiten, mit diesen gestalterisch umzugehen, gezogen. Dabei wird nicht nur ein gängiges Repertoire an musikalischen Bausteinen skizziert, vor allem wird gezeigt, wie Musiker und Musikerinnen eine individuelle Klangsprache entwickeln und üben können. Während es in diesem Kapitel um horizontale, letztlich melodische Prozesse geht, fokussiert das Kapitel *Akkorde, Harmonik, Mehrklänge, Texturen* auf vertikale Prozesse. Grundlegende harmonische bzw. akkordische Strukturen werden kurz erläutert, vor allem aber wird gezeigt, wie ein Verständnis für diese im Unterricht angebahnt werden kann. Das Kapitel ist keine Harmonielehre, sondern beschreibt, wie sich akkordisch improvisieren lässt. Im Kapitel *Spielen mit vorgegebenen Formen und Kompositionsweisen* stehen das kontrapunktische Spiel und Variationsformen sowie die Verbindung von Improvisation und der Arbeit an Literaturstücken im Zentrum. Schließlich finden sich im *Anhang* ein *Glossar* der häufig verwendeten Begriffe und ein ausführliches *Literaturverzeichnis*.

Alle Konzepte und Spielideen wurden von uns in langjähriger Unterrichtserfahrung getestet und weiterentwickelt. Allerdings wäre es falsch zu behaupten, alle Ideen stammten von uns. Bei vielen Konzepten handelt es sich um zusammengetragenes, vagabundierendes Wissen,[1] das von vielen Improvisierenden und Improvisations-Lehrenden in unterschiedlichen Varianten verwendet wird. Soweit uns ein Urheber bzw. eine Urheberin bekannt ist, haben wir auf diese hingewiesen. Soweit die Konzepte bisher nicht veröffentlicht wurden, haben wir ohne Literaturhinweis die Urheber bzw. Urheberinnen vermerkt. Im anderen Fall haben wir entsprechende Literaturhinweise angefügt. Soweit wir uns dazu entschieden haben, ein bereits veröffentlichtes Konzept in das Buch aufzunehmen, das allerdings als vagabundierendes Wissen allgemein bekannt ist, haben wir ebenfalls darauf hingewiesen. Zum Teil sind daher mehrere Literaturhinweise angegeben.

Ein Teil der Ideen basiert auf Erfahrungen, die durch interkulturelle Projekte und Konzerte persönlich gesammelt wurden. Auch hier gilt, dass das damit zusammenhängende Wissen nicht von uns stammt, sondern Allgemeingut der jeweiligen Kultur ist. Auch wenn das, was wir schreiben, auf unseren eigenen Erfahrungen basiert, haben wir uns immer darum bemüht, Sekundärliteratur anzugeben und unsere Aussagen mit dieser abzugleichen.

Aus dem gleichen Grund sind nur Konzepte und Ideen aus Kulturen eingeflossen, mit denen wir als Autorenteam bereits persönliche Erfahrungen gemacht haben. Gleichwohl gäbe es unzählige weiterer Musikkulturen, die abseits westlicher Musizierpraxis eine Fülle von Anregungen zum Improvisieren böten. Der Leser bzw. die Leserin sei diesbezüglich angeregt, eigene Erfahrungen abseits europäischer Kunst- und Popmusik zu sammeln.

Marginalien:

I Vermittlung improvisatorischer Kompetenzen

II Freie Spielformen

III Erwerben – Entwickeln – Gestalten

IV Akkorde, Harmonik, Mehrklänge, Texturen

V Spielen mit vorgegebenen Formen und Kompositionsweisen

Anhang mit Glossar und Literaturverzeichnis.

Eigene Unterrichtspraxis und vagabundierendes Wissen.

[1] Nach Bernhard König.

Eigene Unterrichtspraxis und vagabundierendes Wissen.

Interkulturelle Erfahrungen.

Das Buch besitzt wie jedes Buch eine Gliederung, die eine chronologische Leserichtung nahelegt. Diese ist sinnvoll, allerdings nicht die einzig mögliche. Jedes Kapitel steht auch für sich und kann getrennt gelesen werden. Wo Vorwissen aus anderen Kapiteln nötig ist, finden sich entsprechende Verweise. Das Gleiche gilt bedingt auch für einzelne Abschnitte und Spiele, die jeweils auch für sich stehen. Man kann das Buch daher auch durchblättern und erst einmal nur die Teile lesen, für die man sich gerade interessiert. Wir hoffen aber natürlich, dass jeder Leser und jede Leserin dabei Lust auf das ganze Buch bekommt.

Ein individueller Weg durch das Buch.

Wir haben uns darum bemüht, musiktheoretische Sachverhalte immer möglichst korrekt darzustellen, ohne dabei zu sehr zu theoretisieren. Jede Erklärung dient dem aktiven, praktischen Musizieren. Gleichwohl ist uns bewusst, dass jedes Thema genauer, ausführlicher, vielleicht auch im Detail theoretisch exakter dargestellt werden könnte. Wenn wir beispielsweise Skalen verschiedener Kulturen vorstellen, gehen wir weder auf arabische noch indische Musiktheorie ein, sondern bieten Materialien an, die beim Improvisieren Neues bieten. Nun könnte man einwenden, dass dadurch die Darstellung der Intervalle nicht korrekt sei und generell für ein Verständnis dieser Musikkultur und der bestehenden Zusammenhänge mehr als nur ein paar Skalen nötig seinen. Das sehen wir auch so, allerdings würden umfangreiche Erläuterungen am Ziel dieses Buchs vorbei gehen. Wir verweisen daher in jedem Kapitel, teilweise auch in einzelnen Abschnitten, auf umfangreiche Spezialliteratur zum Weiterlesen.

Spielpraxis theoretisch fundiert.

In den letzten drei Jahren sind zwei ausgezeichnete Bücher zur Improvisation erschienen, die sich in einzelnen Abschnitten mit unserem Buch überschneiden: Von Wolfgang Rüdiger (2015) *Ensemble & Improvisation* sowie von Hans Schneider (2017) *musizier aktionen. frei streng lose.* Unser eigenes Buch war bei deren Erscheinen bereits so weit fortgeschritten, dass wir uns dazu entschlossen haben, mit unserem Vorhaben fortzufahren. Gleichwohl waren einige Umarbeitungen nötig, um das Buch gegenüber diesen beiden Veröffentlichungen stärker zu profilieren. Willentlich und wissentlich haben wir uns an keinem der beiden Autoren orientiert. Ideen, die sich auch dort wiederfinden, kennen wir bereits seit langer Zeit. Soweit uns Überschneidungen aufgefallen sind, haben wir auf diese hingewiesen.

Das Buch ist kein Buch über freie Improvisation und Improvisation im Jazz und Pop. Wir verfolgen einen allgemeinen Ansatz und zeigen, wie sich improvisatorische Fähigkeiten anbahnen, vermitteln und ausbilden lassen und dies letztlich unabhängig von konkreten Stilen (auch wenn wir stilistische Eigenheiten immer wieder ansprechen). Von daher wird der Leser bzw. die Leserin auch Einiges über Jazz-Improvisation und Freie Improvisation erfahren. Wer sich allerdings konkret mit Jazz, Pop und Freier Improvisation bzw. mit anderen Spezialbereichen beschäftigen möchte, sei auf die zahlreichen Fachpublikationen verwiesen.

Stilübergreifend.

Ein Fachbuch, dass sich an eine weibliche wie männliche Zielgruppe richtet, muss unseres Erachtens korrekt gegendert werden. Der Hinweis, dass mit männlichen (oder weiblichen) Bezeichnungen sich auch das jeweils andere Geschlecht angesprochen fühlen möge, reicht im Grundsatz nicht aus. Wir haben daher fast durchgehend von Schülern und Schülerinnen, Lehrern und Lehrerinnen oder Musikern und Musikerinnen gesprochen. Dies führt teilweise zu nicht ganz schönen Aufzählungen, die wir aber als angemessen hingenommen haben. Um allzu komplizierte Formulierungen zu vermeiden, haben wir aber zuweilen abwechselnd nur die weibliche oder männliche Fassung verwendet, wobei nachfolgende Sätze sachlogisch weitergeführt wurden (eine Lehrerin mutiert daher nicht im nachfolgenden Satz plötzlich zu einem Lehrer). In solchen Passagen gilt dann tatsächlich, dass, auch wenn nur von einem Lehrer oder einer Lehrerin gesprochen wird, sich das jeweils andere Geschlecht mitangesprochen fühlen möge. Soweit sprachlich und inhaltlich korrekte, neutrale Formulierungen vorhanden sind, wurde auf diese zurückgegriffen. An einigen, wenigen Stellen schien es uns allerdings unumgänglich, auf nicht ganz korrekt gegenderte Formulierungen zurückzugreifen. Dies sei uns verziehen. Es geschah aus Erwägungen der Lesefreundlichkeit.

Ein Buch zu schreiben, bedeutet immer viele tausend Stunden an einem Thema zu arbeiten. Zu zweit an einem Buch zu arbeiten, bedeutet entsprechend viel Zeit auch gemeinsam zu planen, Gedanken auszutauschen und Ideen zu diskutieren. Das ist nicht immer einfach und erfordert immer wieder Kompromisse. So ist das Buch ein ganz anderes geworden, als es jeder von uns alleine geschrieben hätte. Ein Buch zu schreiben, bedeutet aber eben auch, viel Zeit in ein Projekt zu investieren, die man nicht mit dem Partner bzw. der Partnerin, den eigenen Kindern und Geschwistern, Eltern und Großeltern verbringt. Insbesondere Frauke Losert, Hannah Losert, Elea Losert, Claus Faber und Rafaela Faber sei daher für ihre Geduld gedankt, wie auch Wolfgang Losert, Ingeborg Schrems und Magdalena Weindl für genaues Durchlesen und kritische Bemerkungen. Ferner sei der Universität Mozarteum Salzburg, der Anton-Bruckner Privatuniversität Linz sowie dem interuniversitären Programmschwerpunkt Wissenschaft und Kunst für großzügige finanzielle Unterstützung bei der Umsetzung des Buches gedankt. Zuletzt sei all unseren Kollegen und Kolleginnen, unseren Schülern und Schülerinnen wie allen unseren Studierenden für die vielen Diskussionen und Anregungen gedankt, die zur Entwicklung unserer Gedanken beigetragen haben.

VORWORT

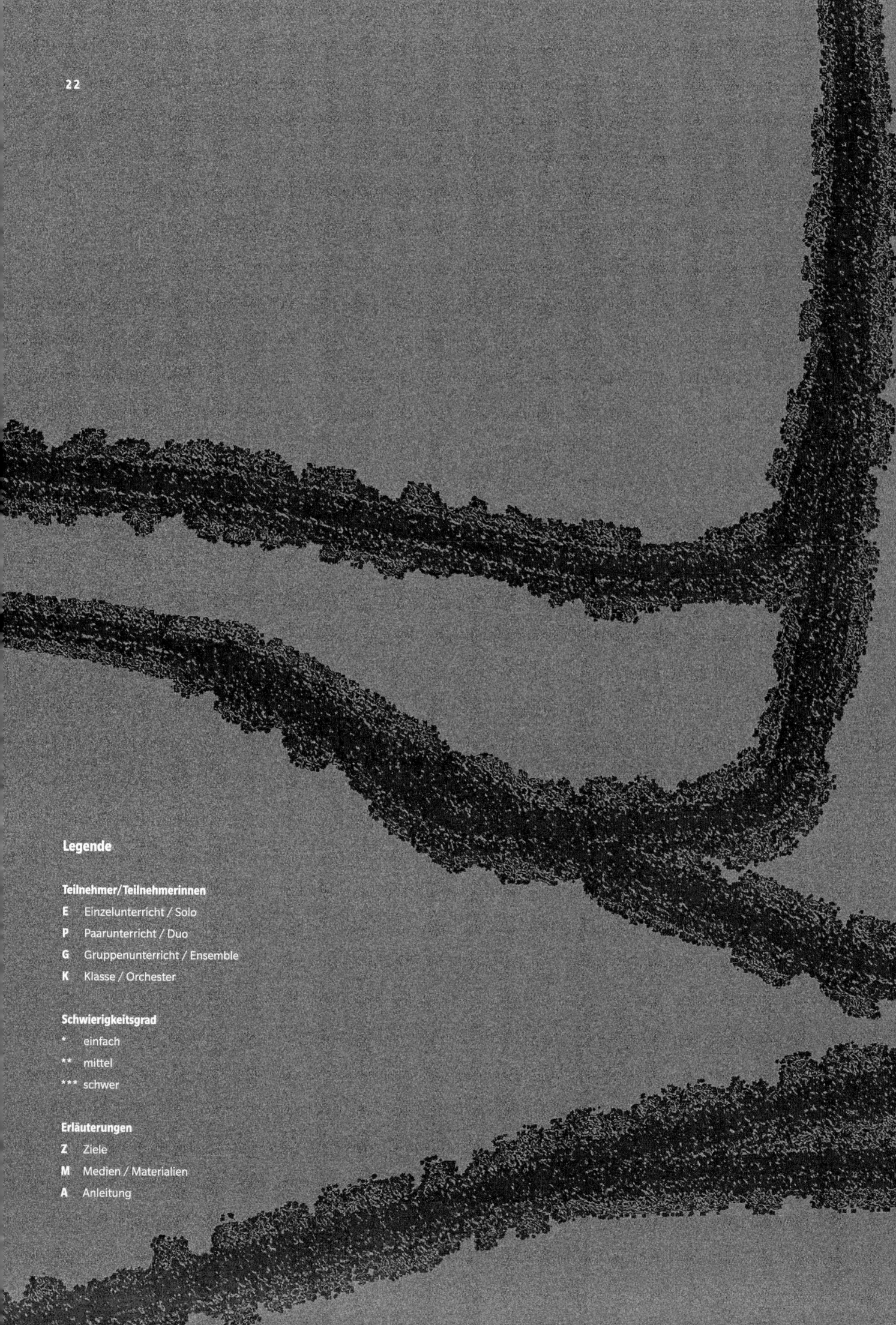

Legende

Teilnehmer/Teilnehmerinnen
- **E** Einzelunterricht / Solo
- **P** Paarunterricht / Duo
- **G** Gruppenunterricht / Ensemble
- **K** Klasse / Orchester

Schwierigkeitsgrad
- * einfach
- ** mittel
- *** schwer

Erläuterungen
- **Z** Ziele
- **M** Medien / Materialien
- **A** Anleitung

VERMITTLUNG IMPROVISATORISCHER KOMPETENZEN

Musikalische Improvisationen gab es zu allen Zeiten, in allen Stilen und allen Musikkulturen: in der europäischen Musikgeschichte etwa im 13. Jahrhundert in der Ausführung und Verzierung liturgischer Gesänge, in der mittelalterlichen Organumpraxis im Erfinden von Melismen über eine fixierte vox principalis, in der Renaissance beim Quintieren einer Stimme, im Erfinden eines Kontrapunkts, in der Diminuitionspraxis oder der Erfindung von Liedbegleitungen, im Barockzeitalter in den freien Praeludien, Toccaten und Capricci, der Generalbasspraxis und der ornamentalen Verzierungspraxis. Schließlich findet man im 18. und 19. Jahrhundert Improvisationsformen wie das Präludieren, Fantasieren und Extemporieren, wie es von Philipp Emanuel Bach, Leopold Mozart oder Karl Czerny in ihren Instrumentallehrwerken beschrieben wird.[2] Im 20. und beginnenden 21. Jahrhundert hat sich eine scheinbare Polarität zwischen zu interpretierenden Kompositionen und improvisierter Musik ergeben. Komponisten und Komponistinnen versuchen, in ihren Partituren musikalische Ideen detailliert zu notieren, Freiräume werden bis heute so weit wie möglich minimiert. Gleichzeitig fingen jedoch (zum Teil dieselben) Komponisten und Komponistinnen auf der Suche nach neuen Formen an, Musik in Form von Konzepten und Improvisationsanweisungen zu notieren und damit eine neue Improvisationspraxis anzuregen.[3] Vergleichbare Entwicklungen finden sich in der Jazz- und Popmusik, in der sich heutzutage sowohl festgelegte Passagen und Stücke als auch mehr oder minder improvisierte Teile finden. Musikerinnen und Musiker nutzen zudem das Improvisieren im Rahmen kompositorischer Prozesse und bedienen sich in Konzerten unterschiedlich freier Ansätze.

Improvisation gab es zu allen Zeiten.

[2] Siehe u.a. Frisius 1996, 538–611.

[3] Man vergleiche diesbezüglich z.B. die Improvisations-Konzepte von Dieter Schnebel, Vinko Globokar oder Karlheinz Stockhausen mit den Partituren von Helmut Lachenmann, Brian Ferneyhough oder Enno Poppe.

Wesentliches geschieht im Augenblick ohne Vorbereitung.

[4] Zu den Begriffen Fähigkeiten und Fertigkeiten siehe Begriffserklärungen, S. 380–383.

Improvisation geschieht nicht ohne Vorbereitung.

Interpretation und Improvisation unterscheiden sich hinsichtlich des Grads an Freiheit.

Unter einer Improvisation versteht man allgemein eine Handlung, bei der wesentliche Teile ohne Vorbereitung aus dem Stegreif dargeboten werden. Improvisatorische Fertigkeiten[4] sind entsprechend nicht auf die Musik beschränkt, sondern finden sich in vielen Berufen und allen Lebensbereichen. Man kann beim Kochen und Handwerken genauso improvisieren wie beim Musizieren. Während allerdings das Improvisieren in der Musik als eine eigene Kunstfertigkeit hoch geschätzt wird, genießt es in anderen Professionen und Tätigkeiten nicht zwangsläufig einen guten Ruf. Ein Bauunternehmer, der primär auf Improvisation setzt, wird vermutlich vom Bauherren weniger geschätzt als einer, der Bauvorhaben gründlich plant, vorbereitet und durchführt. Dies weist bereits auf eine wichtige Eigenschaft einer jeden Improvisation hin: Das Moment des Nichtvorbereiteten bzw. der Freiheit. Jedes Improvisieren umfasst Bereiche, die nicht vorgeplant sind und im Augenblick Ihrer Ausführung entschieden werden müssen. Bekomme ich beim Schreiben plötzlich Hunger, habe aber nicht eingekauft und schaue, was man aus dem Inhalt des Kühlschranks noch kochen kann, so muss ich improvisieren. Möchte ich ein Bild an der Wand befestigen, habe aber keine Nägel und keinen Hammer, so muss ich überlegen, wie und womit ich das Bild sonst noch aufhängen kann. Ich könnte etwa mit der Bohrmaschine ein Loch bohren und einen Dübel und eine Schraube zum Aufhängen verwenden. Diese beiden, sehr wahllos herausgegriffenen Beispiele zeigen, dass das Moment des Nichtvorbereiteten bzw. der Freiheit sich immer im Rahmen des Vorbereiteten entfaltet. Ist mein Kühlschrank vollkommen leer oder besitze ich gar keinen Kühlschrank und auch sonst keine Vorräte, so kann ich nicht kochen; besitze ich gar keine Werkzeuge, werde ich mit meinem Vorhaben, ein Bild aufzuhängen, auf jeden Fall scheitern. Habe ich zwar Zutaten, kann aber nicht kochen, so wird die Zubereitung einer Mahlzeit vermutlich kaum gelingen bzw. ist vom Zufall abhängig. Improvisation zielt demnach nicht nur auf das Moment des Unvorbereiteten und der Freiheit, sondern immer auch auf das Vorbereitete und die Vorentscheidung.

Bezogen auf die Musik ist damit Improvisation eine Form des Musikschaffens, in der einzelne Parameter nicht exakt vorgeschrieben oder vorbereitet sind, andere hingegen genauer Vorbereitung und Übung unterliegen. Damit besteht kein grundsätzlicher, sondern lediglich ein gradueller Unterschied zwischen dem Interpretieren und Improvisieren von Musik. Wie beim Improvisieren wird auch beim Interpretieren eine Musik ja nicht einfach nach vorgegebenen Regeln ausgeführt, sondern es bestehen Freiräume, das Vorgegebene auszulegen und musikalisch zu gestalten. Und auch beim Improvisieren finden sich selbst in den freiesten Formen klare Vorgaben und Vorentscheidungen. Schon die Wahl der Instrumente und die von den Spielern mitgebrachte Spielhaltung und Klangerwartung führt letztlich zu einer klaren musikalischen Eingrenzung bzw. Beschränkung. Bestehende Vorgaben und das daraus resultierende Spiel müssen den Spielern dabei nicht einmal bewusst sein.

Der Unterschied zwischen Interpretation und Improvisation liegt demnach im (relativen) Grad der Freiheit. Mindestens ein wesentlicher Parameter einer Musik ist beim Improvisieren nicht exakt vorherbestimmt oder geplant. Was als wesentlich für eine Musik erachtet wird, unterscheidet sich stilistisch und wird von Musiker zu Musiker unterschiedlich bewertet.

Aus dem Gesagten resultieren zwei Kompetenzen, die jede für sich bereits das Improvisieren ermöglichen. Zum einen die Kompetenz, nach vorgegebenen Regeln musikalisch zu gestalten, zum anderen der Wunsch, über das Vorgegebene bzw. Vorgefundene hinauszugehen, mit musikalischen Materialien zu experimentieren und Neues zu erfinden. Bei Erstgenanntem handelt es sich um ein Wissen und Können, das als eine Form von Handwerk zu allen Zeiten und in allen Stilen gelehrt wurde. Beispielsweise basiert die Fertigkeit, eine Melodie zu variieren, einen Akkord in verschiedenen Umkehrungen zu spielen oder einen Klang farblich zu gestalten, auf Regeln, die sich theoretisch wie praktisch erklären und üben lassen.

Eine Musik, die allein aufgrund von Regeln gestaltet wird, würde man aber nur bedingt als Improvisation bezeichnen, da es sich letztlich um einen technischen Vorgang handelt, der nicht vieler Kreativität bedarf. Erst wenn mit den Regeln gespielt wird, eigene Varianten erfunden werden und ein eigener Ausdruck gesucht wird, würde man im eigentlichen Sinn von Improvisation sprechen. Experimentieren meint genau dies: die Fähigkeit, mit musikalischen Materialien kreativ umzugehen, diese zu verändern und Neues zu suchen. Ein solches Improvisieren ist auf allen Ausbildungsstufen und auch ohne Vorwissen möglich. Eine Schülerin, die eine Melodie über eine vorgegebene Skala erfindet, experimentiert in dieser Weise genauso wie ein Musiker, der auf der Bühne einen neuen Klang findet und diesen schrittweise ausarbeitet.

Kreativität.

Das Experimentieren wird insbesondere in der zeitgenössischen bzw. der sogenannten Freien Improvisation zuweilen als die eigentliche Fähigkeit eines Improvisators angesehen. Auch wenn die Neugier auf neue Spieltechniken, Klänge, Töne und musikalische Materialien bzw. die Suche nach ihnen ohne Frage ein improvisatorischer Prozess ist, geschieht dieser aber immer im Rahmen des Vorhandenen, des individuellen Vorwissens und Könnens. Experimentieren, Entdecken und Erforschen basieren immer auf dem, was man bereits kennt. Das Neue erscheint nur neu aufgrund des bereits Bekannten. Eine Musikerin, die ohne Vorwissen sucht und experimentiert, wird vielleicht Interessantes finden, dieses aber weder im Kontext anderer Musik beurteilen können, noch wissen, ob es sich tatsächlich um etwas absolut oder nur für sie Neues handelt.

Freies Experimentieren.

Es ist also davon auszugehen, dass es beider Kompetenzen bedarf. Improvisieren wäre demnach die Kunstfertigkeit, vorhandene Regeln des Gestaltens von Musik zu kennen und anzuwenden, gepaart mit dem Bestreben, über diese hinauszugehen und mit dem Vorhandenen zu experimentieren und kreativ umzugehen.

Rein äußerlich erachten viele die Schriftlosigkeit, also das Spielen ohne Noten, als ein wichtiges Merkmal von Improvisation. Diese Annahme ist nicht korrekt. Weder ist ausgeschlossen, dass ein Musiker bzw. eine Musikerin trotz Noten oder anderer schriftlicher Vorlagen improvisiert, noch dass er bzw. sie, obwohl ohne Noten musiziert wird, ein vorgegebenes Stück einfach nur auswendig spielt. Gerade in schriftlosen Musikkulturen sind viele Stücke tradiert und eben nicht im Augenblick erfunden. Die Weitergabe geschieht nur eben nicht über eine Notation, sondern über das mühevolle und zeitintensive Imitieren.[5]

Schriftlosigkeit ist kein zwingendes Merkmal von Improvisationen.

[5] Zur schriftlosen, nichtsdestotrotz aber nur bedingt improvisierten Musik zählen viele traditionelle volksmusikalische Stile.

In der Regel findet Improvisieren ohne Noten statt.

Trotzdem stellt der Verzicht auf Noten in der westlichen Musiktradition sehr wohl ein Kennzeichen von Improvisation dar. Auch wenn nicht jedes notenfreie Musizieren ein Improvisieren bedeutet, ist Improvisieren in der Regel notenfrei. Soweit überhaupt ein Notentext vorliegt, beinhaltet er Lücken und ermöglicht große Freiheiten beim Ausführen. In einem typischen Jazz-Leadsheet sind beispielsweise eine Melodie bzw. ein Thema mit dazugehörigen Akkordfolgen notiert, über die beim Spielen improvisiert wird. Die Form und das melodische und harmonische Material sind dabei weitestgehend festgelegt. Die konkrete rhythmische und melodische Ausformung bleibt aber im Rahmen jazztypischer Stilistik dem Musiker bzw. der Musikerin überlassen. Auch in typischen experimentellen Konzeptstücken der zeitgenössischen Musik werden verbal, mit visuellen Mitteln und zuweilen auch unter Einsatz kurzer Notentexte Ideen skizziert, die dem Improvisieren einen bestimmten Rahmen geben. Auch hier besteht, wenn auch nicht unter völligem Verzicht auf Noten und andere Vorgaben, eine Freiheit in der Umsetzung der Vorgaben innerhalb gegebener stilistischer Grenzen. Das Gleiche gilt für barocke, klassische und jede andere Form von Improvisation, die sich immer im Rahmen klarer Vorgaben entfaltet.

Entsprechend stellt das Spielen ohne Noten innerhalb einer Improvisationsdidaktik nicht nur eine äußere Form dar, sondern eine zu erwerbende Kompetenz. Diesbezüglich muss allerdings differenziert werden, da es weniger um das Spielen ohne Noten, als vielmehr um das Spielen nach Gehör geht. Improvisierende müssen die Fähigkeit besitzen, eine musikalische Idee eines Mitspielers bzw. einer Mitspielerin zu imitieren und auf diese zu antworten. Es handelt sich um eine Ausprägung des inneren Gehörs bzw. des Auditierens, also der Fähigkeit, musikalisch zu denken. Zu beobachten ist, dass Musiker und Musikerinnen, die Musik nach dem Gehör nachspielen können, in der Regel auch eigene musikalische Ideen auf ihrem Instrument umsetzen können. Wir gehen zu einem späteren Zeitpunkt erneut darauf ein. An dieser Stelle reicht die Feststellung, dass es sich hierbei ebenfalls um eine wichtige Voraussetzung des Improvisierens handelt, die entsprechend im Rahmen einer Improvisationsdidaktik bedacht werden muss. Zum Improvisieren muss ein Musiker bzw. eine Musikerin ein inneres Gehör besitzen, um auf äußere Impulse reagieren und eigene Ideen umsetzen zu können. Hat er bzw. sie jedoch keine eigenen Ideen, nutzt ein inneres Gehör beim Improvisieren nur wenig.

IMPROVISIEREN LEHREN UND LERNEN

Bei improvisatorischen Fähigkeiten handelt es sich um prozedurales Wissen, also um Fähigkeiten, die auf Handlungen abzielen und aufgrund von eigenem Handeln und damit verbundenen Erfahrungen erworben werden.[6] Anders als deklaratives Wissen, also die Fähigkeit, Sachverhalte verbal zu beschreiben, liegt prozedurales Wissen meist nur in impliziter Form vor. Wir können es uns zwar bewusst machen, in aller Regel ist es uns das aber nicht. Gleichwohl handeln wir nicht zufällig, sondern gezielt und regelgeleitet. Eine Besonderheit besteht nun darin, dass prozedurales Handlungswissen auf prozeduralen Handlungen beruht. Es lässt sich als solches nicht getrennt üben, sondern man erwirbt es über das Machen. Dabei wirken sich selbst organisierende Prozesse. Mit zunehmender Erfahrung werden Handlungen immer weiter optimiert. Improvisieren kann man demnach nicht gesondert üben. Improvisieren lernt man durch Improvisieren.[7]

Dieses Buch würde hier enden, wenn es nicht doch einige Möglichkeiten des Übens und Erlernens gäbe. Auch wenn das Improvisieren selbst sich tatsächlich nicht gesondert trainieren lässt, so lassen sich eine ganze Reihe von Fertigkeiten und Kenntnissen als Voraussetzungen des Improvisierens sehr wohl üben bzw. erwerben. Man muss sich nur als Lehrender und Lernender immer bewusst machen, dass es sich dabei lediglich um eine Art Propädeutik handelt. Ich kann mich mit Skalen, Klängen, Harmonie- oder Bassfolgen beschäftigen. Doch erst, wenn ich anfange, mit diesen zu spielen und sie kreativ anzuwenden, lerne ich etwas über das Improvisieren.

So gesehen handelt es sich beim Improvisieren um einen klassischen Bildungsprozess.[8] Als Lehrende können wir Schüler und Schülerinnen mit Ideen, Konzepten, musikalischen Materialien und Wissen konfrontieren, die Schüler und Schülerinnen müssen sich aber letztlich selbst mit ihnen auseinandersetzen und sie im Rahmen einer eigenen Improvisationspraxis einsetzen. Sie müssen selbst ein Interesse am Improvisieren entwickeln und auch ohne den Lehrer bzw. die Lehrerin zu Hause improvisieren.

Das Spielen nach Gehör üben.

[6] Es ist nicht ganz geklärt, wie prozedurales und deklaratives Wissen zusammenhängen. Es scheint, dass im Rahmen der Aneignung neuen Wissens – auch bei motorischen oder eben musikalischen Fähigkeiten – am Anfang entsprechende Fähigkeiten als verbales Regelwissen vorliegen, also mittels Sprache beschrieben werden können. Schrittweise wird es in der Folge von Automatisierungsprozessen in konkrete Handlungen umgewandelt, wobei das Machen und Wiederholen eine wichtige Rolle spielen. Vgl. Edelmann 2000, 169–170; Krapp und Weidenmann 2001, 155–157.

Improvisieren lernt man durch Improvisieren.

[7] Diese Feststellung ist mit einer gewissen Vorsicht zu betrachten. Die psychologischen und neuronalen Zusammenhänge beim Musiklernen sind erst in Ansätzen bekannt. Vgl. Altenmüller 2006, 47–66.

Um improvisieren zu lernen, muss man sich nicht nur verschiedene Fähigkeiten aneignen, man muss anfangen, individuell mit diesen zu spielen.

[8] Siehe dazu u.a. von Hentig 2004; Hastedt 2012; Horlacher 2011.

Sechs Fähigkeiten scheinen uns für das Improvisieren von zentraler Bedeutung. Sie können in sehr unterschiedlichem Maß aktiv gelehrt und vermittelt bzw. sich angeeignet, gelernt und geübt werden und basieren auf sehr unterschiedlichen Formen von Wissen und Können. Einzelne Fähigkeiten entwickeln sich über einen längeren Zeitraum und lassen sich nur sehr bedingt gezielt lernen und üben:

- kommunikative und interaktive Fähigkeiten
- ein musikalisches Gehör
- musiktheoretische Kenntnisse/Kenntnis von Modellen und Konzepten im Umgang mit musikalischen Materialien
- gute instrumentaltechnische Fertigkeiten
- Repertoirekenntnisse
- Kreativität und der Wille, gestalterisch tätig zu sein.

Kommunikative Fähigkeiten, musikalisches Gehör, Kenntnis von Modellen, technische Fertigkeiten, Repertoirekenntnisse, Kreativität.

Wie noch ausgeführt wird, hängen das musikalische Gehör, musiktheoretische Kenntnisse und technische Fertigkeiten eng zusammen und sind aufeinander bezogen. Sie basieren auf entsprechenden Begabungen und lassen sich gut vermitteln sowie im Rahmen längerer Übeprozesse verbessern. Repertoirekenntnisse im Sinne eines Verstehens, Kennens und Nutzens bauen auf diesen auf, entsprechende Kompetenzen lassen sich ebenfalls gut vermitteln. Kommunikations- und Interaktionsfähigkeiten beinhalten einen innermusikalischen und einen außermusikalischen Anteil. Die Fähigkeit, anderen zuzuhören, deren Ideen wahrzunehmen und auf diese einzugehen, ist zunächst einmal eine außermusikalische Fähigkeit. Nicht jeder, der dies kann, ist jedoch auch fähig, musikalisch zu interagieren. Zu beobachten ist, dass unabhängig von allgemeinen Fähigkeiten einige Schüler und Schülerinnen keine Probleme im Zusammenspiel und gemeinsamen Improvisieren haben. Zu vermuten ist, dass es sich hier um eine eigene Begabung handelt, die in gewissem Maß vorhanden sein und ausgebildet werden muss. Ähnliches gilt für Kreativität, die nicht als allgemeine Fähigkeit, sondern bezogen auf die Musik erforderlich ist. Auch diese lässt sich bedingt ausbilden, wobei immer eine Motivation bzw. ein Wille vorhanden sein muss, tatsächlich kreativ bzw. improvisatorisch tätig zu werden. Alle sechs Fähigkeiten basieren demnach auf einer entsprechenden Begabung und lassen sich entwickeln und ausbilden. Wie bei allen anderen Formen des Musizierens bedarf es immer aller sechs Fähigkeiten, allerdings je nach Stil und Kontext wohl in unterschiedlichem Maß. Auch wenn es ausgesprochen schwer ist, deren Rolle beim Interpretieren und Improvisieren zu vergleichen, so scheint es doch so, dass beim Improvisieren kommunikative und kreative Fähigkeiten eine größere Rolle spielen.

[9] Siehe dazu Gagel 2014; zum Thema *Kommunikation im Instrumentalunterricht* siehe Losert 2015, 147–182.

[10] Die Soloimprovisation ist so gesehen eine besondere Kunstform, da sie die musikalische Kommunikation durch einen inneren Dialog ersetzt. Für viele Improvisierende stellt sie allerdings die weniger kunstvollere Form dar, da überraschende Impulse und damit der Zwang der Kommunikation (und ggf. auch der Nichtkommunikation) zwischen den Mitspielenden entfällt (siehe dazu auch Wilson 2014, 29–31).

KOMMUNIKATION UND INTERAKTION IM ZUSAMMENSPIEL

Der Vorgang des Improvisierens lässt sich als Akt der Kommunikation begreifen, bei dem zwei oder mehr Spielpartner bzw. Spielpartnerinnen aufeinander reagieren.[9] Eine solistische Improvisation würde in diesem Sinne einen Sonderfall darstellen, bei dem ein Spieler nicht auf eine Spielpartnerin sondern auf sich selbst Bezug nimmt und reagiert. In gewisser Weise kommuniziert und interagiert er mit sich selbst.[10] Im Rahmen einer solchen musikalischen Kommunikation entstehen musikalische Ideen, Phrasen und Klänge werden aufeinander bezogen und in Kontrast zueinander gesetzt. So entsteht musikalischer Sinn. Ganz gleich, ob ein Spieler bzw. eine Spielerin eine Idee aufnimmt, diese weiterspinnt, eine

Beim Improvisieren kommunizieren Spielende miteinander.

[11] Improvisation lässt sich auch als musikalische „Intrakommunikation" beschreiben (Wilson 2014, 29–30; Gagel 2014; Schlimp 2014, 29). Für Improvisierende ist es wissenswert, aufgrund welcher innerer und äußerer Impulse musikalische Entscheidungen getroffen werden. Reagiert man auf einen äußeren Reiz, geht man auf eine Mitspielerin ein, versucht man eine Idee weiterzuführen oder fluktuiert man zwischen verschiedenen Ebenen?

Improvisation als kommunikativer Prozess setzt eine musikalische Sprache voraus. Eine solche besitzt Form, Klangfarbe, Dynamik, Tonhöhenordnung (Melodik, Harmonik), Rhythmus, Phrasierung/Artikulation.

[12] Crook (1991) und Maute (2005) vertreten einen zwar methodisch abweichenden, inhaltlich jedoch vergleichbaren Ansatz.

Auf Mitmusiker und Mitmusikerinnen eingehen.

Begleitung erfindet, einen Kontrast setzt, unbeirrt seine Ideen weiterverfolgt, auf einen innermusikalischen oder außermusikalischen Impuls reagiert oder eine kontrapunktische Stimme erfindet – immer geht es um den Bezug zum bereits Gespielten und die Interaktion mit den Mitmusikern und -musikerinnen.[11] Dazu bedarf es einer großen Präsenz gegenüber dem Erklingenden und dem bereits Verklungenen. Selbst zwei unabhängig voneinander fortlaufende Stimmen würde man als Hörer gedanklich miteinander verknüpfen, ganz gleich, ob diese tatsächlich von den Spielern und Spielerinnen als aufeinander bezogen gedacht sind oder nicht. Man würde einen Zusammenhang zwischen den beiden Stimmen herstellen (vielleicht auch einen nicht vorhandenen) und diesem eine Bedeutung beimessen. Versteht man Improvisation auf diese Weise, so setzt das aber auch eine (Ton-) Sprache voraus, die man entsprechend analysieren, beschreiben und eben auch üben kann. Im Prinzip muss man diesbezüglich alle denkbaren musikalischen Parameter berücksichtigen. Diese sind:

- die Form
- die Klangfarbe (und damit zusammenhängend die Instrumentierung und der individuelle Instrumentenklang bzw. Sound)
- die Dynamik
- die Tonhöhen bzw. die vertikale und horizontale Ordnung zwischen den Tönen, also (im weitesten Sinn) die Melodik und Harmonik
- der Rhythmus und damit zusammenhängend das Metrum, der Takt, der Puls und die Agogik sowie in zeitgenössischer Improvisation die Dichte der Klangereignisse
- die Phrasierung und Artikulation.[12]

Alle diese Parameter werden beim Improvisieren genutzt, wobei ihnen nicht in jedem Stil die gleiche Bedeutung beigemessen wird.

Auch wenn sich die mit diesen Parametern zusammenhängenden Fertigkeiten gut vermitteln und üben lassen, handelt es sich aber nicht im eigentlichen Sinn um das Üben von improvisatorischen Fähigkeiten, sondern um die Voraussetzung für das Improvisieren. Wie beim Sprechen einer Sprache benötigt man beim Improvisieren Worte und Strukturen. Sobald sie eine gewisse Komplexität erreichen, können sie nicht mehr aus dem Stegreif erfunden werden, sondern müssen im Vorhinein als Baustein und Modell erworben worden sein. Dies birgt die große Gefahr, dass beim Spielen solche Bausteine lediglich aneinandergereiht werden. Die Gefahr, dass eine gewisse Sprachlosigkeit oder Einsilbigkeit besteht, weil man keine Worte findet, ist jedoch als ähnlich groß einzuschätzen. Wichtig erscheint, dass man zwischen dem Erwerb und der Beschäftigung mit musikalischen Bausteinen bzw. Modellen und dem eigentlichen Improvisieren-Üben unterscheidet. Während die Beschäftigung mit den genannten musikalischen Parametern auch allein geschehen kann, sollte das Improvisieren nach Möglichkeit immer mit anderen zusammen geschehen. Improvisieren sollte einem lebendigen Spiel, der Interaktion mit anderen gleichkommen.

Für das Lehren und Lernen von Improvisation entsteht ein scheinbares Paradox. Zum Improvisieren wird eine besondere Form der musikalischen Kommunikationsfähigkeit benötigt, die vor allem durch das praktische Musizieren erworben wird. Zwar kann auch durch das Lesen, Verstehen und Analysieren von Partituren sowie das Anhören von Musik einiges über innermusikalische Kommunikation erfahren werden, letzten Endes geht es aber um die praktische Fähigkeit auf Mitmusiker und Mitmusikerinnen einzugehen, wie sie sich beim Interpretieren und noch mehr beim Improvisieren zeigt. Improvisieren lernt und übt man daher vor allem in der Praxis.

Eine zweite, nicht minder wichtige Form der Kommunikation muss kurz erwähnt werden: die mit dem Publikum. In Konzertsituationen kommuniziert die einzelne Musikerin nicht nur mit den Mitmusikern, sie interagiert bewusst und unbewusst immer auch mit dem zuhörenden Publikum. Die Konzentration, mit der es dem Gespielten folgt, es durch minimale Gesten und Laute kommentiert und nicht zuletzt mit dem Beifall, den es nach einem Stück oder Konzert spendet, beeinflussen nicht unerheblich das Geschehen zwischen den Musikern und Musikerinnen. Hierbei ist weniger bedeutsam, dass aktiv auf einzelne Hörer und Hörerinnen Bezug genommen wird. Das Publikum beeinflusst vielmehr untergründig die Gestaltung einzelner Parameter, die Frage, wie spannungsreich eine Passage gelingt und damit nicht zuletzt wie lang (oder kurz) ein Konzert wird.

Kommunikationstheoretisch zeigt sich beim Improvisieren eine interessante Situation, in der die Musiker und Musikerinnen musikalisch miteinander interagieren und gemeinsam eine Musik erfinden. Jeder Einzelne kann dabei nur bedingt das Geschehen durch Reaktion und Nichtreaktion, durch Aufgreifen oder Nichtaufgreifen von Impulsen beeinflussen. Dabei ist jeder Musiker und jede Musikerin immer an seine unvollkommene Wahrnehmung (vor allem das Hören und Sehen) und seine Interpretation des Geschehens gebunden. Nicht nur ein gemeinsames Verständnis von dem, wie das Gespielte zu verstehen ist, sondern vor allem Missverständnisse können dabei zu interessanten Improvisationen führen. Das Publikum als rein hörender Part in der Konzertsituation, (sieht man von den vokalen und gestischen Reaktionen während des Vortrags der Musiker und Musikerinnen einmal ab), hat nicht die Möglichkeit, sich musikalisch einzubringen. Es kann nur versuchen, das Geschehen nachzuvollziehen. Insbesondere Situationen, in denen dies gelingt, können für die Hörer und Hörerinnen sehr reizvoll sein.

> Interaktion zwischen Publikum und Spielende.

> Beim Improvisieren kommt es immer wieder zu Missverständnissen zwischen den Spielern und Spielerinnen. Diese können musikalisch durchaus interessant sein.

MUSIKALISCHES GEHÖR

Mit einem musikalischen Gehör ist zweierlei gemeint: zum einen eine allgemeine Sensibilität und ein Interesse für Klänge, zum anderen die Fähigkeit, Musik hörend zu erfassen und zu verstehen. Die eine Fähigkeit bedingt natürlich die andere, und genau betrachtet handelt es sich jeweils um ein ganzes Bündel von Fähigkeiten. So lässt sich das Erfassen von Tonhöhen und melodischen Gestalten von dem von Mikrointervallen und Stimmungen, von dem von Harmonien und Klängen, von dem von Rhythmen und schließlich von dem von Formen und Strukturen unterscheiden.[13]

Hören können die allermeisten Menschen. Was Musiker im Allgemeinen und Improvisatorinnen im Besonderen unterscheidet, ist eine bewusste Zuwendung zu klingendem Material und damit einhergehend ein Interesse an Klängen. Damit meinen wir nicht nur die Beschäftigung mit Musikinstrumenten und deren Klang und dem Hervorbringen von Tönen auf ebendiesen Instrumenten, sondern allgemein die Wahrnehmung akustischer Phänomene als ästhetisches Erlebnis. Es bedarf „offener Ohren", um die Schönheit natürlicher und künstlicher Geräusche, etwa von Tier- und Vogelstimmen, des Surrens einer Neonreklame, vorbeilaufender Menschen oder sich bewegender Gegenstände im Wind ebenso wie die vielfältigen klanglichen Möglichkeiten in der Musik, wahrzunehmen und zu genießen. Selbst Klänge, die nicht einem klassischen Schönheitsideal entsprechen, können in einem passenden musikalischen Kontext und beim Improvisieren sinnvoll eingesetzt werden. Entsprechend bereichernd wirkt die Beschäftigung nicht nur mit verschiedenen Musikstilen, Interpreten bzw. Interpretinnen und Musikkulturen, sondern allgemein mit akustischen Phänomenen.

> Musikalisches Gehör: Sensibilität und Interesse für Klänge, Fähigkeit Musik hörend zu erfassen.

> [13] Pauline Oliveros (2005) prägt in diesem Kontext den Begriff *Deep Listening*. Auf eine vergleichbare Fähigkeit zielt auch das Konzept *Ear Tuning* Murray Schaffers (2003) ab.

> Offene Ohren.

[14] Edwin Gordon (1997, 19–28) spricht in diesem Zusammenhang von *Audiation*, der Fähigkeit, Musik hörend zu erfassen und zu verstehen.

Ein inneres musikalisches Gehör: Vorstellung von Klängen, Melodien, Harmonien, Rhythmen, Form.

Bewusst weghören und eigene Ideen weiterverfolgen.

Übungsmöglichkeiten: Eigenes Improvisieren, Spielen nach Gehör, Heraushören von Improvisationen anderer, Spielen zu gegebenen Aufnahmen, klassische Gehörbildung.

[15] Siehe dazu Losert (2011).

Damit hängt in der Musik das musikalische Hören zusammen, auf das bereits kurz eingegangen wurde.[14] Auf einer sehr basalen Ebene zeigt sich ein musikalisches Gehör in der Fähigkeit, Motive, Harmonien, Rhythmen, Formen und Klänge zu imitieren. Auf einer höheren Ebene offenbart es sich in einem grundsätzlichen Verständnis von musikalischen Strukturen, in tonaler Musik etwa in der Fähigkeit, Harmonieverläufe und Formen zu erfassen, die basalen musikalischen Bausteine (Tonleitern, Arpeggien, Terzfortschreitungen usw.) einer Musik zu erkennen, den musikalischen Verlauf zu antizipieren und gegebenenfalls eigene Musik zu erfinden.

Es existieren verschiedene Formen des musikalischen Gehörs. Neben dem Hören von Melodien bzw. Tonhöhenverläufen, dem Hören von Harmonien und Klangkomplexen, von Rhythmen und von Formen muss beim Improvisieren auch das bewusste Weghören als eine wichtige Hörfähigkeit genannt werden. Wahrzunehmen, was andere Mitspieler und Mitspielerinnen gerade spielen, sich darauf aber nicht einzulassen, sondern wegzuhören und die eigene Idee weiter zu verfolgen, ist eine wichtige Fähigkeit, die wie das bewusste Hinhören und Reagieren gezielt trainiert werden muss.

Improvisieren selbst erfordert nicht nur ein musikalisches Gehör, das Improvisieren trainiert ein solches auch. Es lässt sich methodisch als eine Form der Gehörbildung einsetzen. Abgesehen davon ist es aber durchaus sinnvoll, das musikalische Gehör auch unabhängig davon zu trainieren. Entsprechende Gehörbildung sollte immer in einem musikpraktischen Kontext stehen: Das was gehört wird, sollte also verstanden und musikalisch eingesetzt werden. Diesbezüglich hat sich relative Solmisation als eine geeignete Methode erwiesen, da dabei Singen, Lesen und, über das Benennen mittels Silben, auch das Verstehen auf das Engste miteinander verbunden sind.[15] Zusätzlich sollte aber auch das Erfassen von Klangfarben, Formen, Rhythmen und Harmonieverläufen sowie gegebenenfalls von Mikrointervallen geübt werden.

Auch das Spielen nach Gehör ist eine sinnvolle Form der Gehörbildung. Es vereinigt das Hören, die innere musikalische Vorstellung und das praktische Spielen. Für viele Schüler und Schülerinnen stellt es eine anspruchsvolle Aufgabe dar, die Töne einer einfachen Melodie auf dem eigenen Instrument zu suchen und darzustellen. Wer eine solche Aufgabe etwas anspruchsvoller gestalten möchte, kann anschließend das Lied aufschreiben oder in andere Tonarten transponieren lassen.

Eine unter Improvisatoren und Improvisatorinnen weit verbreitete Form der Gehörbildung ist das Heraushören von Improvisationen anderer Musiker und Musikerinnen. Es verbindet, ähnlich wie das nach dem Gehör Spielen von Melodien, eng das Hören und Spielen (also auditive und motorische Fähigkeiten) miteinander. Auch schult es das Gehör und führt zu einer intensiven Auseinandersetzung mit dem Stil eines Musikers bzw. einer Musikerin. Gestaltungsmittel wie angefügte Verzierungen, Klang, verzögerte und vorgezogene Töne sowie die Phrasierung und Artikulation werden im Detail beobachtet, was für das eigene Spiel sehr bereichernd sein kann.

Zuletzt sei das Dazu-Spielen zu vorgegebenen Aufnahmen erwähnt. Das Radio einschalten oder eine unbekannte Aufnahme abspielen und ohne Vorbereitung eine eigene Stimme zum Gehörten dazu zu improvisieren, erfordert ein schnelles Einfinden in die harmonischen und formalen Strukturen und ein Reagieren auf vorhandene Stimmen.

Selbstverständlich bereichert auch traditionelles Hören und Notieren von Intervallen und Intervallfortschreitungen, Harmonien- und Harmoniefortschreitungen sowie von Rhythmen das eigene Hören. Dabei ist allerdings immer darauf zu achten, dass es sich nicht um ein beziehungsloses Exerzitium handelt, sondern dass Hören, Verstehen und Spielen aufeinander bezogen sind.

MUSIKTHEORETISCHE KENNTNISSE – KENNTNIS VON MODELLEN

Das musikalische Gehör setzt ein theoretisches Verständnis der jeweiligen Musik voraus, mit der ich mich hörend und spielend auseinandersetze. Ebenso wie ich zum Sprechen einer Sprache ein lexikalisches (Vokabeln) und grammatikalisches Wissen brauche, muss ich auch Musik strukturell-theoretisch verstehen. Es ist unmöglich, eine Sprache zu sprechen, die ich nicht beherrsche. Dies gilt selbst für individuelle musikalische Stile und Ausdrucksweisen. Ich muss wissen, womit ich mich wie ausdrücken kann und möchte.[16] Ein musiktheoretisches Fachvokabular ist dazu nicht von Nöten (auch wenn dieses die Kommunikation zwischen Musikern und Musikerinnen enorm vereinfacht). Entscheidender ist die mit einem klanglichen Ereignis verbundene Erkenntnis. Ich muss nicht wissen, dass eine Tonfolge mit Halb- und Ganztonschritten Tonleiter heißt. Erkenne ich jedoch in einer bestimmten Tonfolge ein Modell (etwa eine dorische Skala oder eine Moll-Tonleiter), so stellt der einzelne Ton bzw. das einzelne Klangereignis keine Überraschung mehr dar, sondern wird vorhersehbar. Man fasst einzelne Töne und Klänge zu einer Einheit zusammen und erkennt dadurch in der Musik Sinn.

Wie das Hören müssen auch musiktheoretische Fähigkeiten verstanden und geübt werden. Sie müssen dabei nicht nur kognitiv durchdrungen, sondern vor allem hörend und praktisch einsetzbar sein. Hören, Verstehen und Spielen müssen zu einer Einheit werden, was entsprechende technische Fähigkeiten auf dem eigenen Instrument voraussetzt. Gerade, wenn es darum geht, improvisatorische Fähigkeiten anzubahnen, ist daher anzuraten, theoretische Kenntnisse immer in einen sehr konkret-musikalischen Zusammenhang zu stellen, etwa mit einem behandelten Stück oder einem in einer Improvisation eingesetzten musikalischen Material. Es gilt eine gegenseitige Abhängigkeit. So wie es sehr viel leichter ist, etwas hörend zu erfassen, was theoretisch bereits durchdrungen und auf dem eigenen Instrument spielend erfahren wurde, ist es leichter, ein Modell zu verstehen, das praktisch bereits erprobt und dem ein konkreter Höreindruck zugeordnet werden kann.

Der Einsatz von Notenschrift kann sowohl im Bereich Gehörbildung als auch im Bereich Musiktheorie hilfreich sein, da Ergebnisse festgehalten und im Detail analysiert werden können. Gerade in der Improvisation ist es aber sinnvoll, zunächst ohne sie auszukommen. Eine Phrase zunächst über das Vor- und Nachspielen einzuführen, zu üben, sie zu erklären, mit ihr zu spielen und erst am Ende – als Gedankenstütze – sie auch aufzuzeichnen, entspricht einem Lern- und Entwicklungsweg, der sehr typisch für viele menschliche Fähigkeiten ist. Bevor wir etwas verbal bezeichnen und schriftlich festhalten, sollten wir die damit verbundene Erfahrung gemacht haben: vom Phänomen zum Zeichen. Neben der normalen Notenschrift bieten sich im Unterricht auch erweiterte Formen der Notenschrift an, etwa grafische Partituren, Tabulaturen sowie notierte Formen relativer Solmisation. Zuweilen lassen sich auch Aufnahmen als eine Form der klingenden Notation einsetzen.

In diesem Buch wird zwischen Musiktheorie und musikalischen Modellen unterschieden. Als Modelle werden musikalische Gebilde bezeichnet, an denen typische Beziehungen und Funktionen ersichtlich werden und die als Vorbild dienen, an dem sich Lernende orientieren können. Harmonische Fortschreitungen, melodische Floskeln, Figuren und Passagen sowie allgemeine musikalische Ideen können Lernende etwa als Materialien beim Improvisieren einsetzen. Auf verhältnismäßig leichte Weise entstehen gut klingende Ergebnisse. Der Einsatz von Modellen ist eine reproduzierende Tätigkeit. Erst dadurch, dass ein Musiker bzw. eine Musikerin mit einem Modell spielt und dieses erforscht, lässt sich im eigentlichen Sinn von Improvisation sprechen.[17] Modelle dienen demnach als Erfahrungs- und Wissensbasis, auf die beim Spielen zurückgegriffen werden kann.

Es bedarf eines strukturell-theoretischen Verständnisses. Dazu ist ein Fachvokabular nicht nötig.

Zusammenhänge erkennen.

Musiktheoretische Kenntnisse zielen in einer Improvisationsdidaktik auf Spielpraxis.

Notenschrift ist nicht zwingend erforderlich.

[16] Einige Musiker und Musikerinnen negieren bewusst beim Improvisieren jede stilistische Vorprägung und versuchen sich so gegenüber dem Neuen zu öffnen bzw. sich vom Alten zu befreien. In dem Fall wäre diese Haltung bzw. die prinzipielle Offenheit gegenüber Unerwartetem die verwendete musikalische Sprache. Bedacht werden muss, dass auch diese Art Offenheit und Freiheit eine stilistische Vorprägung voraussetzt, ansonsten wäre es ja nicht notwendig sich von etwas „frei zu machen".

[17] Vgl. Johnson-Laird (2002); auch Lehmann 2008, 346–347.

Man benötigt geeignete Modelle, um musikalische Materialien, Ideen und Bausteine zu entwickeln und einzuüben.

Modelle ließen sich aus gutem Grund auch als Teil der Musiktheorie verstehen und unter diese subsummieren. Hier werden sie gesondert aufgeführt, was weniger systematisch als didaktisch begründet ist. Während musiktheoretische Kenntnisse dazu dienen, Musik zu erklären und zu verstehen, dienen Modelle hier dazu, in einem Lehr-Lern-Kontext für das eigene Improvisieren Materialien einzuüben und zu erfahren, Ideen zu entwickeln und musikalische Bausteine fortzuentwickeln. Idealerweise greifen allerdings beim Lehren und Üben musiktheoretisches Verstehen und modellhafte Kenntnis ineinander. Denkbar ist aber auch, dass ein Schüler oder eine Schülerin ein Modell bereits verwendet, ohne dieses im Detail verstanden zu haben oder erklären zu können.

INSTRUMENTALTECHNISCHE FERTIGKEITEN

Beim Improvisieren selbst verbinden sich Hören, Verstehen und Spielen zu einer Meta-Fähigkeit – einem hörenden, intuitiv verstehenden Spiel. Dazu bedarf es einer gewissen Präsenz gegenüber den musikalischen Prozessen und vor allem auch der Fähigkeit, auf das Gehörte mittels eigener Ideen zu reagieren und dieses auf dem eigenen Instrument zu spielen. Inneres Hören und spielerische Fertigkeiten müssen dazu eng miteinander verbunden sein. Altenmüller konnte zeigen, dass tatsächlich motorische, visuelle und auditive Fähigkeiten bei professionellen Musikern und Musikerinnen mental auf das Engste miteinander vernetzt sind. Allein das Ansehen einer Spielbewegung oder einer Partitur führt bereits zu einer klanglichen Vorstellung und regt das auditive wie das motorische Zentrum im Gehirn an.[18] Passenderweise sprechen Musiker und Musikerinnen davon, dass sie eine Phrase nicht nur „in den Fingern haben" sondern auch „mit den Fingern hören". Ferner scheinen neurophysiologisch beim Improvisieren Bewegungsabläufe als motorische Programme aus dem Langzeitgedächtnis abgerufen zu werden, was u.a. dazu führt, dass gut geübte bzw. geläufige Bewegungsfolgen problemloser gelingen und schneller verwendet werden können. Improvisatoren und Improvisatorinnen haben daher die (durchaus negative) Tendenz, immer wieder ähnliche Floskeln und Tonverbindungen zu verwenden.[19]

[18] Vgl. Altenmüller 2012, 23–32.

[19] Vgl. Lehmann 2008, 347–349.

Hören, Verstehen und Spielen bilden eine Einheit. Dazu bedarf es entsprechender Spielfertigkeiten.

Ein musikalisches Gehör sowie musiktheoretische Kenntnisse stehen beim Improvisieren daher eng mit zu erwerbenden technischen Fertigkeiten im Zusammenhang. Es geht eben nicht nur darum, etwas zu hören und zu verstehen. Ziel ist es vor allem, das Gehörte und Verstandene selbst auf seinem Instrument musikalisch um- und einzusetzen. Entsprechende Fähigkeiten müssen geübt werden. Dabei macht es methodisch für das Unterrichten einen Unterschied, ob diese als Vorbereitung künftiger Stücke vermittelt werden oder aber unmittelbar als etwas gedacht sind, womit sich ein Schüler oder eine Schülerin auszudrücken vermag. Eine Tonleiter kann etwa als eine Grundfertigkeit verstanden werden, die in einem neuen Werk vorkommt und getrennt von diesem eingeführt wird. Eine Tonleiter kann aber auch als das verstanden werden, was sie ist, nämlich ein musikalisches Material, das man nicht nur in vorhandenen Stücken findet, sondern mit dem sich auch eigene Musik erfinden lässt. So kann das Improvisieren nicht nur als ein Ziel im Instrumentalunterricht verstanden werden, es kann auch als Methode beim Vermitteln und Üben neuer technischer und interpretatorischer Kompetenzen verwendet werden. Auf diese Weise lassen sich neue Kompetenzen erwerben, festigen und musikalische Ideen vorbereiten. In gleicher Art können auch technische Studien leicht in Improvisationen umgewandelt werden. Man muss sich (oder seinen Schülern und Schülerinnen) nur gestatten, mit diesen zu spielen. Eine Musik in zugrundeliegende Figuren und Motive zu zerlegen, sie zu wiederholen und neu zu kombinieren, sie zu transponieren und Fortschreitungen zu bilden, ist eine sehr ertragreiche Form des Improvisieren-Übens, bei der man viel über die Kompositionsweise eines Stücks erfährt.[20]

[20] Das Dekonstruieren eines Stücks und die Beschäftigung mit den konkret in einem Stück vorkommenden Spielfiguren führt zu einem tieferen Verständnis und lässt sich sowohl beim Improvisieren als auch beim Interpretieren als Teilprozess einsetzen.

REPERTOIREKENNTNISSE

Repertoirekenntnisse sind schließlich wichtig, um gute eigene Ideen zu entwickeln. Immer wieder lässt sich beobachten, dass sich Musiker und Musikerinnen beim Improvisieren endlos wiederholen, kaum neue Ideen entwickeln und sich über banale Einfälle freuen. Offensichtlich kennen sie kaum komponierte und improvisierte Musik und sind ihrem eigenen Handeln gegenüber zu unkritisch. Mit Repertoirekenntnissen ist folglich nicht das einmalige Hören eines Stücks gemeint, sondern ein strukturelles Verständnis einer Musik, das Erfassen der verwendeten Materialien, der Form, des (im weitesten Sinne) harmonischen Verlaufs, der verwendeten Strukturen und Satztypen. Es geht zumindest gedanklich darum, eine Musik zu analysieren und daraus für sich selbst neue Materialien zum Improvisieren zu gewinnen. Man lernt, wie Figuren und Rhythmen aussehen und wie sich musikalische Einfälle entwickeln lassen. Darüber hinaus erfasst man intuitiv stilistische Eigenheiten einer Musik. Wer sich nicht hörend und spielend mit einem Stil auseinandersetzt, mag diesen vielleicht kognitiv beschreiben können. Die spielerischen Feinheiten beim Gestalten einer Melodie, der Phrasierung und Verzierung bedürfen aber einer praktischen Auseinandersetzung und der damit verbundenen Automatisierungsprozesse.

Viel Musik hören, spielen und analysieren.

KREATIVITÄT UND GESTALTUNGSWILLEN

Kreativität ist eine Eigenschaft, die ähnlich motorischen und geistigen Fähigkeiten jeder Mensch besitzt. Sie zeigt sich nicht nur im Schaffen von Werken und Ideen mit einem historischen Neuheitswert, sondern vor allem im allgemeinen menschlichen Bedürfnis nach Ausdruck und Spiel. Es ist davon auszugehen, dass sich die mentalen Strukturen und Mechanismen bei kreativen Schaffensprozessen qualitativ zwischen Menschen kaum unterscheiden. Was sich jedoch unterscheidet, ist die Quantität. Menschen, die als besonders kreativ wahrgenommen werden, agieren häufiger kreativ als der Durchschnitt.[21]
Tatsächlich lässt sich im musikpädagogischen Kontext beobachten, dass einige Kinder häufigere und ungewöhnlichere Einfälle haben als andere. Auch scheinen einzelne Kinder ein besonderes Ausdrucksverlangen zu besitzen. Sie improvisieren und komponieren von sich aus. Aus dieser Beobachtung sollte aber nicht geschlussfolgert werden, dass es sich bei musikalischer Kreativität um eine menschliche Eigenschaft handelt, die einzig auf Begabung basiert und die durch Unterricht und Erziehung nicht beeinflussbar wäre. Wie bei allen anderen menschlichen Eigenschaften (etwa der Musikalität) mag ein Grundpotential der individuellen Veranlagung geschuldet sein, dieses muss aber entsprechend ausgebildet werden.[22]
Der kreative Schaffensprozess wird nach Sternberg in vier Phasen unterteilt: Präparation, Inkubation, Illumination und Verifikation. In der Vorbereitungsphase (Präparation) wird eine Aufgabe verstanden, und es werden entsprechende Fertigkeiten aufgebaut, die zur Lösung beitragen können. In der Ansteckungsphase (Inkubation) wird eine Idee vorbewusst verarbeitet und eine Lösung „ausgebrütet". In der Phase der Einsicht (Illumination) wird oft in Form eines Geistesblitzes ein Ergebnis erfahren, das allerdings auf den zuvor erworbenen Kompetenzen und dem bewussten und unbewussten Nachdenken basiert. Die Idee zum Ergebnis wird schließlich in einer Phase der Ausarbeitung (Verifikation) überprüft und verfeinert.[23]

Jeder Mensch besitzt ein gewisses Maß an Kreativität. Dieses lässt sich fortentwickeln.

[21] Vgl. Lehmann 2008, 338–339; Kalcher 2018, 92–107.

[22] Zur Anlage-Umwelt-Problematik siehe u.a. Gruber, Prenzel und Schiefele 2001, 101–136. Zur Beziehung von angeborener musikalischer Begabung und Entwicklung siehe Gembris 1998, 177–214.

[23] Vgl. Lehmann 2008, 338–339; Schuler und Görlich 2007, 28–37.

Kreativität führt zu Kreativität: Stellen Sie Ihren Schülern und Schülerinnen möglichst oft kreative Aufgaben. Beispiel: Bewusst alles, was man sieht, im Kopf musikalisch vertonen.

Hinsichtlich der Möglichkeit einer Erziehung zur Kreativität finden sich zwei interessante Hinweise in diesem Modell. Zum einen basiert jede Kreativität auf Fähigkeiten, die zuvor erworben und geübt wurden. Es ist daher davon auszugehen, dass die Auseinandersetzung mit einer Domäne mittelbar auch zu einer höheren Kreativität in dieser führt. Zum anderen scheint es sich um einen vorbewussten Prozess zu handeln, der demnach wie jeder andere Prozess dieser Art durch Übung verbessert werden kann. Menschen, von denen oft kreative Lösungen gefordert werden, werden vermutlich genau dadurch kreativer. Bezogen auf Musiker und Musikerinnen, die oft improvisieren, bedeutet dies, dass sie mittelbar aus der eigenen kreativen Tätigkeit neue Kreativität schöpfen.

Alle Fähigkeiten, die man im Instrumentalunterricht als Voraussetzungen des Improvisierens üben und verbessern kann, sind diesbezüglich allerdings weitgehend unnütz, wenn ein Schüler oder eine Schülerin nicht improvisieren möchte. Es gibt leider immer wieder Schüler und Schülerinnen, die zwar gegebene Aufgaben gewissenhaft ausführen, doch dem Lehrenden in all ihrem Handeln zu erkennen geben, dass sie zwar musizieren, nicht aber improvisieren wollen. Die Frage: „Und was soll ich spielen?", ist dafür durchaus symptomatisch. Es ist nicht so, dass solchen Schülern bzw. Schülerinnen nichts einfallen würde. Sie haben vielfach nur keine Lust, sich selbst etwas auszudenken. Auch wenn aus musikdidaktischer Perspektive Improvisation ein zentrales Thema des Instrumentalunterrichts sein sollte,[24] ist von einer „Zwangsbeglückung" mit Improvisation abzuraten. Es gibt genügend andere wichtige Themen und Inhalte, auf Improvisation kann man im Instrumentalunterricht gegebenenfalls verzichten. Aufgeben sollte man als Lehrer bzw. Lehrerin aber nicht zu schnell. Sich mit neuen Inhalten zu befassen, fällt immer schwerer als mit bereits bekannten. Ablehnung kann auch ein Zeichen des Unvermögens sein. Zudem verursacht allein das Wort „Improvisation" zuweilen ablehnende Reaktionen. Spricht man von „Spielen" oder „Üben", werden die gleichen Inhalte von improvisationsmüden Schülern und Schülerinnen zuweilen akzeptiert.

[24] Siehe dazu Losert 2015, 85–86; Ernst 1991/1999, 44.

Im Unterricht keine Zwangsbeglückung mit Improvisation.

VERMITTLUNG IMPROVISATORISCHER FÄHIGKEITEN

In den nachfolgenden Kapiteln werden sehr verschiedene Improvisationsmodelle beschrieben. Zuweilen ergibt sich aus diesen unmittelbar eine Improvisationsanweisung. Da sie oftmals aber vor allem auf die Materialebene abzielen, sind sie als alleinige Anweisung beim Unterrichten meist nicht ausreichend. Neben allgemeinen instrumentalpädagogischen und -didaktischen Fähigkeiten bedarf es zusätzlich spezieller improvisationsdidaktischer Fähigkeiten. Im Folgenden werden diesbezüglich zunächst einige allgemeine Hinweise gegeben. Darauf aufbauend wird ein Phasenmodell vorgestellt, das bei der Vermittlung von Improvisationsfähigkeiten hilfreich sein kann.[25]

[25] Siehe dazu auch Kieseritzky und Schwabe 2001, 155–174 sowie Schwabe 1992, 102–125.

SPIELREGELN

Improvisationsanweisungen und -anregungen lassen sich in Form von Spielregeln formulieren. Geschickt formuliert können alle wichtigen Aspekte einer Improvisation, etwa verwendete Modelle, musikalische Materialien oder Handlungsanweisungen, zusammengefasst werden. Gute Spielregeln erfordern von den Spielern bzw. den Schülerinnen kein langes Nachdenken, sondern sie inspirieren direkt zum „Losspielen" und setzen kreative Prozesse in Gang. Sie müssen entsprechend sprachlich und musikalisch der jeweiligen Lerngruppe angepasst sein. Spielregeln sollten verschiedene Umsetzungen erlauben.

REGEL – FREIHEIT

Eine Spielregel sollte das Spielgeschehen so regeln, dass sowohl klare Freiräume (mit denen man spielen kann), als auch klar festgelegte Bereiche existieren. Absolute Freiheit überfordert, zu viele Regeln hingegen behindern und führen ebenfalls nicht zu einem lebendigen Spiel.[26] Als Leitsatz sollte gelten: So wenig wie möglich, so viel wie nötig regeln.

BEKANNTES – NEUES

Spielregeln, die bereits Gelerntes mit einbeziehen und Freiräume, die eigenes Entdecken zulassen, regen an. Sie ermöglichen, dass sich die Spieler und Spielerinnen zwischen dem, was sie bereits können, und den neuen Herausforderungen bewegen.

EINFACHE SPRACHE – KLARE REGELN

Wie gut eine Improvisation gelingt, ist auch davon abhängig, wie verständlich eine Anleitung formuliert wird. Dem Schüler bzw. der Schülerin muss vermittelt werden, wie und womit improvisiert werden soll und worauf geachtet werden muss. Verständlichkeit bewirkt man durch einfache Sprache und klare Regeln. Jede Regel, jeder Hinweis und jede Anregung sollte so knapp und so prägnant wie möglich formuliert werden. Besser geeignet als Fachbegriffe sind gängige, gegebenenfalls dialektale Begriffe und anschauliche Vergleiche. Sinnliche Formulierungen und metaphorische Sprachbilder inspirieren mehr als abstrakte Beschreibungen. Sie regen direkt zum Spielen an und benötigen kein langes Nachdenken. Auf keinen Fall sollten mehr, aber auch nicht weniger Regeln gegeben werden als unbedingt nötig. Beides führt zu Nachfragen und Unklarheiten. Fällt die Formulierung einer guten Spielanweisung aus dem Stegreif schwer, sollte man sich die Anweisungen zuvor schriftlich notieren. Vielfach lassen sich durch geschicktes Vormachen die verbalen Anweisungen auf ein Minimum reduzieren.

LEHRERZENTRIERUNG – SCHÜLERZENTRIERUNG

Wenn es darum geht, neue musikalische Materialien einzuführen oder ein klangliches Ergebnis weiter zu entwickeln und zu differenzieren, bedarf es klarer inhaltlicher Inputs und eines Feedbacks des bzw. der Lehrenden. Gerade beim Improvisieren geht es aber darum, dass die Schüler und Schülerinnen eigene Ideen entwickeln und verwirklichen. Die Impulse des Lehrenden sollten vorhandene Freiräume daher nicht reduzieren, Ideen der Spieler und Spielerinnen sollten, selbst wenn sie den Vorstellungen des Lehrers bzw. der Lehrerin entgegenstehen, aufgegriffen werden. Dies gilt auch für Nachfragen von Schülern und Schülerinnen. Besser ist es, sie durch geschicktes Nachfragen dahin zu leiten, dass Sie bestehende Probleme selbst lösen und Fragen beantworten können, als vorschnell eigene Antworten und Lösungen zu präsentieren. Als Lehrender sollte man sich eher zurücknehmen und die Schüler und Schülerinnen in alle Unterrichtsprozesse – auch in die Aufgabenformulierung – mit einbeziehen. Auf keinen Fall sollten kreative Prozesse durch eigene Anregungen und Einfälle unterbrochen oder beschnitten werden. Entsprechend genau sollte eine Spielregel formuliert werden.

SINNHAFTIGKEIT

Es sollte für alle Spieler (Lehrende und Schüler wie Schülerinnen) ersichtlich sein, weshalb eine Regel oder Aufgabe überhaupt aufgestellt wird bzw. was durch sie beim Improvisieren bewirkt werden soll. Dies gilt (selbst bzw. in besonderer Weise) auch im Umgang mit professionellen Musikern und Musikerinnen. Ansonsten tendieren professionelle Musiker und Musikerinnen wie Amateure dazu, einer Regel entweder lustlos zu folgen oder aber sie (lustvoll) zu brechen.

---

[26] In diesem Zusammenhang ist das Paradoxon interessant, dass ohne Regeln bzw. Begrenzungen keine Freiheit möglich ist. Freiheit ist immer die Freiheit von etwas Bestimmtem (etwa politischer Unterdrückung, aufoktroyierter Regeln und dergleichen). Gerade in der freien Improvisation sind daher „klassische" Hörgewohnheiten, herkömmliche Strukturen und Verläufe implizit immer mitgedacht. Selbst wenn man sich musikalisch keine Grenzen setzt und sagt: „Alles ist möglich", denkt man bisherige Grenzen mit. Ansonsten können diese auch nicht überschritten werden.

MUSIKALISCHE ERFAHRUNGEN UND ERKENNTNISSE

Im Rahmen eines Unterrichts sollte jede Improvisationsanweisung nach Möglichkeit musikalische Erfahrungen und Erkenntnisse ermöglichen, die ohne die Anweisung nicht oder nur sehr schwer möglich wären. Diese müssen nicht (zumindest nicht vordergründig) zwingend im Bereich der Improvisation liegen.

DIFFERENZIERTES KLANGERGEBNIS

Jede Spielregel sollte zu einem differenzierteren Klangergebnis führen. Der Eindruck des Beliebigen und des musikalischen Einerlei sollte unbedingt vermieden werden. Entsprechend wichtig ist die Arbeit am Detail und das gemeinsame Reflektieren der Ergebnisse.

LEBENDIGES SPIEL

Spielregeln und Improvisationsanweisungen sollten ein lebendiges Musizieren und Spielen anregen. Das Üben von technischen, theoretischen und praktischen Grundlagen sollte daher vom eigentlichen Improvisieren unterschieden und entsprechend kenntlich gemacht werden. Soweit nötig, sollten musikalische Fähigkeiten vor dem eigentlichen Improvisieren geübt bzw. wiederholt werden. Nur mit dem, was ich beherrsche, kann ich auch spielen. Dies bedarf auch einer gedanklichen Präsenz im Spielprozess, der Fähigkeit, im Moment zu sein, seine Sinne ganz auf die Musik zu lenken. Wenn ich dies aber beherrsche, sollte einem lustvollen Spiel nichts mehr im Wege stehen.

PHASENMODELL

Beim Anleiten bzw. Anregen von Improvisationen im Unterricht finden sich typische methodische Schritte. Diese sind nicht zwingend, sie besitzen aber in Ihrer Abfolge bestimmte Funktionen, die im Rahmen des Lehr-Lernprozesses sinnvoll bzw. nötig sind.

EINFÜHREN UND ÜBEN DES MATERIALS

Komplexe musikalische Materialien,[27] Strukturen und Spielregeln setzen für gewöhnlich eine Phase der Auseinandersetzung und Aneignung voraus. Bevor ein Schüler bzw. eine Schülerin beispielsweise über eine Skala improvisieren kann, muss er bzw. sie diese lernen. Eine solche Phase kann zuweilen sehr kurz sein, eine Erklärung und ein folgendes Ausprobieren reichen gegebenenfalls bereits aus. Je komplexer jedoch die eingesetzten Materialien sind, desto mehr Zeit muss für das Üben und auch für das Wiederholen bereits eingeführter Lehrinhalte eingeplant werden. Dabei führen komplexe Materialien und Regeln nicht automatisch zu besseren Klangergebnissen, sondern schnell zur Überforderung und damit zu einem einsilbigen und wenig inspirierten Spiel. Sie mindern die Spielfreude und Spontanität. Um diese Phase so kurz wie möglich zu halten, ist es daher sinnvoll, entsprechende Aufgaben bzw. Modelle so einfach wie möglich zu gestalten. Nur wirklich notwendige musikalische Bausteine sollten eingeführt und benötigte instrumentale Fähigkeiten langfristig angebahnt werden. Dies ist auch deshalb wichtig, weil sich sonst der Fokus innerhalb der Unterrichtsstunde verschieben würde. Es ginge nicht mehr um das Improvisieren, sondern um ein Propädeutikum zum Improvisieren.

Diese Phase kann zuweilen mittels eines improvisatorisch-spielerischen Zugangs abgekürzt werden. Musikalische Materialien werden schrittweise eingeführt und nicht separat geübt, sondern gleich zum Gestalten kleiner Melodien genutzt und dadurch vertieft. Anstatt beispielsweise eine Skala als Ganzes einzuführen und zu üben, werden zunächst nur einzelne Töne vorgestellt, mit denen sofort gespielt und improvisiert wird und die dann

---

[27] Dies betrifft vor allem den Bereich der gebundenen Improvisation bzw. der Stilimprovisation.

Voraussetzungen für das Improvisieren klären.

in der Folge erweitert werden. Ein solcher Zugang hat jedoch seine Grenzen. Nicht jeder Schüler bzw. jede Schülerin schätzt ein spielerisches Erarbeiten, und nicht jedes Modell ermöglicht einen entsprechenden spielerischen Zugang. Komplexe Modelle müssen in der Regel, bevor sie zum Improvisieren nutzbar sind, geistig und motorisch durchdrungen werden. Darüber hinaus darf man nicht übersehen, dass auch einer spielerisch-improvisatorischen Erarbeitung immer eine zumindest kurze Phase des Erklärens und Erarbeitens vorgeschaltet ist.

SPIEL- BZW. IMPROVISATIONSREGELN KLÄREN
Während es in der ersten Phase darum geht, die verwendeten musikalischen Materialien zu klären und einzuüben, dient die zweite Phase dazu, die konkrete Improvisationsanweisung zu erläutern. Bei tonalen Modellen fallen diese ersten beiden Phasen zuweilen zusammen. Das Material bzw. Modell beinhaltet implizit die anzuwendende Improvisationsregel. In den meisten Fällen ist dies aber nicht der Fall. So kann das verwendete Material beispielsweise aus einer dorischen Skala bestehen, die über einen Bordunton gespielt wird. Die konkrete Improvisationsanweisung könnte nun darin bestehen, eine Melodie mit Achtel- und Viertelnoten zu erfinden und dabei bewusst auch Pausen einzuplanen.

Auch für diese zweite Phase bedarf es ausreichender Zeit. Nach dem Klären der Spiel- bzw. Improvisationsanweisung sollten alle Spieler und Spielerinnen wissen, was zu tun ist. Entsprechend viel Raum für Nachfragen sollte gegeben werden. Um sicher zu stellen, dass die gegebene Regel von den Schülern und Schülerinnen verstanden wurde, ist es zuweilen sinnvoll, diese von den Schülern und Schülerinnen in eigenen Worten wiederholen zu lassen. Bei Unklarheiten können anstatt des Lehrers bzw. der Lehrerin die Schüler und Schülerinnen, die bereits alles verstanden haben, erklärend helfen. Kinder verstehen andere Kinder oftmals besser als Erwachsene. Auch das Vorspielen und Demonstrieren hat in dieser Phase seinen Platz. Die Schüler und Schülerinnen sollten eine Vorstellung davon gewinnen, wie eine mögliche Improvisation klingen könnte.

Klären der Spiel- bzw. Improvisationsanweisungen.

SPIELEN
Nur durch die eigene Praxis lernen die Schüler und Schülerinnen improvisieren. Diese Phase sollte sich daher zeitlich von den vorhergehenden Phasen abheben. Ein Unterricht, in dem viel gesprochen aber wenig gespielt wird, ist zu vermeiden.

Auch der Einstieg in den Spielprozess sollte bewusst gestaltet werden. Oft ist die wahrgenommene und gestaltete Stille Ausgangspunkt von Spiel- und Improvisationsprozessen. Mit Hilfe von gestischen und mimischen Zeichen lässt sich von dort aus der eigentliche Spielprozess einleiten. Genauso kann in der Folge der bzw. die Lehrende Handzeichen und Dirigierbewegungen dazu nutzen, um neue Phasen einzuleiten, den dynamischen Verlauf zu beeinflussen, einen klaren Puls bzw. rhythmische Strukturen zu etablieren, erneut Stille zu evozieren oder das Ende einer Improvisation einzuleiten.

Stille – Spiel – Nachklang.

NACHBESPRECHEN – FEEDBACK
Das nachfolgende Reflektieren, Verbalisieren und Feedback geben helfen den Schülern und Schülerinnen, die gemachten Erfahrungen langfristig zu sichern und aus den Erfahrungen entsprechende Kompetenzen abzuleiten. Vergleichbar einer gewöhnlichen Gruppen- oder Einzelarbeit dient diese Phase der Ergebnissicherung. Auch wenn das eigentliche Ergebnis die zuvor erklungene Improvisation ist, führt das Reflektieren und Verbalisieren dazu, dass eine Improvisation im Nachhinein durchdacht und dadurch erworbene Fähigkeiten längerfristig gesichert werden. Diese Phase dient damit auch dazu, das Improvisieren zu Hause vorzubereiten bzw. nötige Fähigkeiten zum Improvisieren einzuüben.

Nur Loben reicht für ein qualitatives Feedback nicht aus.

²⁸ Vgl. Losert 2015, 87–118; Edelmann 2000, 65–112.

Positive Rückmeldungen dienen einer angenehmen Unterrichtsatmosphäre.

Feedback geben meint, das tatsächliche Können spiegeln und Entwicklungsmöglichkeiten aufzeigen.

²⁹ Vgl. Mazur 2004, 449–451.

³⁰ Vgl. Losert 2015, 87–118.

Feedback bezieht sich auf musikalische Parameter und Kommunikation zwischen den Spielern und Spielerinnen.

Gelungenes und Nichtgelungenes in angemessener Weise ansprechen.

Immer wieder lässt sich bei werdenden Instrumentallehrern und -lehrerinnen eine große Hilflosigkeit hinsichtlich des Gebens von Feedback beobachten. Seit den 1970er Jahren hält sich in der instrumentalpädagogischen Literatur die Ansicht, Lehrende müssten alles Positive loben. Dies ist zwar kein generell falscher Rat, doch für den Unterrichtsalltag viel zu undifferenziert. Richtig ist, dass positive Verstärkung, also eine als angenehm wahrgenommene Reaktion auf ein Verhalten (z.B. Lob eines Lehrers), dazu führt, dass dieses Verhalten öfter gezeigt wird. Einen Schüler bzw. eine Schülerin, der bzw. die etwas Neues auf seinem Instrument bzw. beim Improvisieren lernt, sollte man daher tatsächlich erst einmal loben. Dies ist allerdings nur so lange sinnvoll, bis eine neue Fähigkeit bzw. ein neues Verhalten erworben wurde. Ist eine Fähigkeit etabliert, ist generelles Lob bzw. positive Verstärkung eher kontraproduktiv. Sogenannte intermittierende Verstärkung ist in dieser Phase sinnvoller. Der Lehrende sollte also, nachdem eine Schülerin eine Fähigkeit erworben hat, nicht immer, sondern nur noch gelegentlich loben. Er könnte z.B. nur besonders gelungene Improvisationen loben, dadurch entsprechende Kompetenzen festigen und diese immer weiter differenzieren.²⁸

Eine beim Improvisieren vielfach verwendete Form des Lobs ist eine Rückmeldung des bzw. der Lehrenden nach dem Muster: „das hat mir gefallen, das hat mich berührt, gefesselt, gelangweilt [...]". Neben der lernpsychologisch verstärkenden Funktion dient ein solches Feedback im Rahmen einer funktionierenden Lehrer-Schüler-Beziehung auch dazu, eine kommunikative Basis zu schaffen, der bzw. die Lehrende signalisiert dem Schüler bzw. der Schülerin damit eine generelle wertschätzende Haltung.

Nun handelt es sich bei Lob und Tadel um Formen des instrumentellen Lernens, also um Reaktionen, wie sie die behavioristischen Lerntheorien nahelegen. Im Bereich des motorischen Lernens, der Sportpsychologie und auch der empirischen Musikpädagogik ist allerdings experimentell gezeigt worden, dass Menschen durch ein differenziertes Feedback wesentlich schneller und besser lernen als durch eine undifferenzierte Verstärkung.²⁹ Lob ist demnach gut, besser ist es aber, im Detail bereits Gekonntes und Nichtgekonntes anzusprechen. Natürlich kann es sinnvoll sein, zum Abbau von Ängsten und Hemmungen beim Improvisieren zunächst einmal allgemein positiv zu reagieren und eine positive Atmosphäre zu evozieren. Es bedarf eines guten Lehrer-Schülerverhältnisses, einer gelingenden Kommunikation zwischen allen am Unterricht Beteiligten, einer Offenheit gegenüber allen Ideen und Impulsen und einer Situation, in der angstfrei und mit viel Neugier auch Ungewöhnlichem nachgegangen werden kann. Ein solches Vorgehen sollte aber nicht zu einer undifferenzierten Wohlfühlpädagogik und psychischer Wellness führen. Schüler und Schülerinnen wollen im Unterricht etwas lernen. Dafür müssen ihnen ihr tatsächliches Können gespiegelt und Möglichkeiten der Verbesserung aufgezeigt werden. Den Schülern und Schülerinnen sollte im Detail beschrieben werden, was und weshalb etwas bereits gut gelungen ist und vor allem was anders und vielleicht auch besser gemacht werden könnte.³⁰

Ein Feedback nach einer Improvisation kann sich auf alle relevanten musikalischen Parameter, wie etwa den Klang, die musikalischen Einfälle, die Rhythmik, die Tonhöhengestaltung, die Form, die Dynamik, die Harmonik, die Instrumentation (wer hat wann gespielt), die Textur (das Verhältnis von Solostimmen, Begleitungen, Pausen und Nebenstimmen zueinander), aber auch auf Aspekte wie die musikalische Kommunikation (wie haben die Mitspielenden aufeinander reagiert) oder den Spannungsbogen beziehen.

Ein differenziertes Feedback lässt sich auf verschiedene Weise geben. Die einfachste und unkomplizierteste Form besteht darin, alles scheinbar Gelungene und Nichtgelungene anzusprechen. Demotivierend für den Schüler bzw. die Schülerin wäre es, wenn der bzw. die Lehrende nach seinem Spiel nur sagt, was alles bisher nicht gut funktioniert hat. Wie bereits erwähnt, sollte zunächst das benannt werden, was bereits beherrscht wird. Anschließend ist aber auch ein Hinweis auf die noch bestehenden Mängel nötig. Dabei muss nicht jedes Detail diskutiert werden. Ein solches Vorgehen könnte mitunter sehr zeitintensiv werden. Im Unterricht ist es meist sinnvoller, sich auf einen zentralen Aspekt bzw. einige wenige Aspekte zu beschränken und in der Folge die weitere Arbeit hierauf zu konzentrieren.

Eine zweite einfache Möglichkeit besteht im Visualisieren des Gehörten. Ganz gleich in welchem Stil können Improvisationen in Form von Skizzen bzw. grafischen Partituren nachgezeichnet und einzelne Aspekte so gezielt angesprochen und ausgearbeitet werden. Zuweilen wirkt das Visualisieren wie ein Katalysator, durch den eigene Überlegungen und Erkenntnisse angeregt werden. Wichtig ist dabei, letztlich sehr konkret einzelne Aspekte herauszuarbeiten. Etwas nur zu fühlen oder undifferenziert „toll" oder „doof" zu finden, reicht nicht aus. Auch hier gehört die Vermittlung des Wissens, wie etwas besser oder zumindest anders möglich wäre, zum Feedback dazu.

> Das Gespielte notieren bzw. visuell nachzeichnen.

Eine dritte Möglichkeit besteht im Einsatz von Ton- und Videoaufnahmen. Aus der Außenperspektive lässt sich beim erneuten Hören und gegebenenfalls Sehen vieles viel leichter wahrnehmen. In dieser Form ist auch den Schülern und Schülerinnen das eigene Spiel einer differenzierten Beurteilung zugänglich. Einzelne Stellen können mehrfach abgespielt oder mit Hilfe entsprechender Software auch langsamer angehört werden. Auch hier gilt aber, dass das erneute Anhören letzten Endes zum „Performancewissen" beitragen muss. Einzelne Stellen, Parameter oder musikalische Fähigkeiten müssen angesprochen werden, die Schüler und Schülerinnen müssen Perspektiven entwickeln, wie sie aus dem Gehörten eine Erkenntnis gewinnen bzw. etwas verbessern können.

> Video- oder Tonaufnahmen machen und gemeinsam auswerten.

Eine vierte Option besteht darin, dass man als Lehrender bzw. Lehrende nicht nur zuhört und Feedback gibt, sondern gleichzeitig als Modell wirkt, also im Einzel- und Kleingruppenunterricht selbst vorspielt bzw. in Gruppenimprovisationen mitspielt. Gerade in der Kombination von Modelllernen und qualifiziertem Feedback besteht ein großes Lernpotential.[31] Das Imitieren des Lehrers bzw. der Lehrerin sollte jedoch immer nur ein erster Schritt in der Entwicklung einer eigenen Ausdrucksweise sein. Die Schüler und Schülerinnen sollten dazu angehalten werden, den Lehrer bzw. die Lehrerin beim Improvisieren nicht nur zu kopieren, sondern Eigenes zu entwickeln. Entsprechend sollte beim Vorspiel des Lehrers bzw. der Lehrerin nach Möglichkeit der Eindruck vermieden werden, es gäbe eine richtige Version, die der bzw. die Lehrende nun demonstriert. Improvisieren impliziert immer, dass es sehr verschiedene Versionen geben kann, entsprechend lässt sich nur sehr selten sagen, ob eine „richtig oder falsch" war.

> Mitspielen.
>
> [31] Vgl. Losert 2015, 87–118.
>
> Es gibt kein „falsch".

Noch viel problematischer ist daher das bewusste Falsch-Vormachen zu Demonstrationszwecken nach dem Grundsatz: „Schau, du hast das so gespielt, besser wäre aber ...". Ein solcher Vergleich, der ein Bewusstsein für korrekte Abläufe bzw. bessere Möglichkeiten erzeugen soll, impliziert indirekt, dass es tatsächlich so etwas wie eine richtige Version gäbe, was beim Improvisieren nicht der Fall ist. Hinzu kommt, dass lerntheoretisch das Falschvormachen sehr umstritten und eher davon abzuraten ist.[32] Auch wenn bekannt ist, dass wir unter bestimmten Bedingungen aus Fehlern lernen, besteht immer die Gefahr, dass gerade durch eine bewusst falsche Demonstration ein Fehler imitiert oder eingeschliffen wird.

> [32] Losert 2015, 87–118.

In den letzten Jahren wurde die Frage, was ein Fehler ist und wie im Instrumentalunterricht mit Fehlern umgegangen werden sollte, intensiv diskutiert.[33] An dieser Stelle seien daher kurze Hinweise zum Umgang mit Fehlern beim Improvisieren bzw. beim Unterrichten von Improvisation erlaubt. Verstehe ich Fehler als eine nicht optimal ausgeführte Handlung oder eine nicht korrekte Überlegung, so stehen sie immer in Relation zum Besseren

> [33] Siehe dazu u.a. Kruse-Weber 2015.

oder noch Schlechteren. In der Didaktik interessiert der Fehler daher vor allem aufgrund seines positiven Lernpotentials, im Erkennen, was ich verändern kann, um eine Fähigkeit zu optimieren. Ungeachtet dessen muss jedoch auch auf die mit ihm verbundene Gefahr negativer motivationaler Prozesse hingewiesen werden. Allein die Bezeichnung „Fehler" kann zu Blockaden führen, weshalb es zuweilen sinnvoll ist, nicht von Fehlern sondern von „Abweichung" oder „besser wäre es" zu sprechen.

Nicht von „Fehler" sprechen.

Gerade beim Improvisieren(-lehren) ist es in den meisten Fällen überhaupt nicht sinnvoll, von „Fehlern" zu sprechen, da es kein eindeutiges „Richtig" und „Falsch" gibt. Vielmehr existiert meist nur ein Spiel- und Improvisationsrahmen, der bestimmte Möglichkeiten eröffnet und andere eher ausschließt. Im Rahmen eines Feedbacks ist es daher sinnvoller, neben allgemeinen Aspekten, wie vorhandener bzw. fehlender Kontakt zwischen den Mitspielenden, insbesondere das Einhalten oder nicht Einhalten der Spielregeln, sowie das Gelingen oder Scheitern einer Improvisation zu thematisieren. Ist im Rahmen einer Spielregel etwa ein bestimmtes musikalisches Material vorgegeben, so kann seine Nichtverwendung im Feedback durchaus angesprochen werden. Trotz allem stellt sich die Frage, ob eine Improvisation dadurch falsch wird, dass andere Töne, Akkorde oder Klänge verwendet werden oder ob einfach der gegebene Rahmen bewusst oder unbewusst (vielleicht auch aus Unvermögen) gesprengt wurde.

Soweit überhaupt von Fehlern gesprochen werden kann, existieren diese immer nur in einem bestimmten Kontext. Verändert man diesen, wird gegebenenfalls schnell aus einem vermeintlichen Fehler eine interessante weitere Möglichkeit. Ein f kommt in einem D-Dur-Akkord beispielsweise nicht vor und könnte daher als falscher Ton verstanden werden. Als #9 (also eis) ist er aber im Jazz durchaus gebräuchlich und erweitert zusammen mit der kleinen Septime den Dur-Akkord zu einem typischen Jazz-Akkord.

Unerwartetes als Inspirationsquelle nutzen.

Eine wichtige Fähigkeit beim Improvisieren ist der Umgang mit Unerwartetem. Fehler sind etwas nicht Erwartetes und können gerade deshalb Quelle der Inspiration sein. Die Art und Weise, wie man diese musikalisch handhabt, zeigt eine besondere Qualität, die gezielt geübt werden muss. Es ist nicht die vermeintlich falsche Note, die einen Fehler bedeutet, sondern die Form, wie mit dieser im Weiteren verfahren wird (etwa verschleiern und einfach weiterspielen, sie als Durchgang auflösen, sie wiederholen und dadurch signalisieren, das sie vermeintlich mit voller Absicht gespielt wurde, sie als Übergang zu einem neuen musikalischen Abschnitt nutzen). So ist auch das Miles Davis zugeschriebene Zitat zu verstehen: "If you hit a wrong note, it´s the next that makes it good or bad."

ERNEUTES SPIELEN

Im Allgemeinen benötigt man einige Durchgänge, bis neue Erfahrungen sich festigen und sich neue Kompetenzen ausbilden. Selbst wenn man als Lehrender bzw. Lehrende bereits den Eindruck hat, Schüler und Schülerinnen seien einer Aufgabe längst überdrüssig und der Unterricht sei langweilig, lieben Kinder (und nicht nur diese) Wiederholungen. In der Möglichkeit, das Gleiche noch einmal zu spielen, demonstrieren sie erworbene Fähigkeiten. Das Gefühl des Könnens macht sie stolz und motiviert zur weiteren Beschäftigung. Gespielt und improvisiert werden kann erst dann, wenn ein Schüler bzw. eine Schülerin eine Regel und die verwendeten Materialien wirklich beherrscht. Das dauert einige Zeit. Ist dieser Punkt erreicht, sollten entstehende Spielprozesse nicht unterbrochen werden, denn sie sind ja das eigentliche Ziel des Unterrichts und für die Schüler und Schülerinnen sehr lustvoll. Hat man als Lehrer bzw. Lehrerin den Eindruck, eine Aufgabe wird bereits beherrscht, so kann allmählich der Fokus verändert (beispielsweise weg vom verwendeten Tonmaterial hin zur Dynamik), oder aber eine Aufgabe kann schrittweise variiert werden.

IMPROVISATION IM INSTRUMENTALUNTERRICHT

Grundsätzlich handelt es sich beim Improvisieren – neben dem Interpretieren und Komponieren – um eine der drei musikalischen Kernfähigkeiten. Alle anderen musikalischen Fähigkeiten sind letztlich auf diese bezogen.[34] Im Laufe der vergangenen drei Jahrhunderte fand nicht nur in der Musik, sondern in allen Professionen und gesellschaftlichen Bereichen ein Prozess der zunehmenden Arbeitsteilung statt. War es im 18. Jahrhundert noch üblich, dass jeder Musiker und jede Musikerin zumindest ansatzweise improvisieren, interpretieren und komponieren konnte, ist dies heutzutage nur noch ausnahmsweise der Fall. Für alle drei Bereiche gibt es heutzutage Spezialisten. Dies hat durchaus Vorteile. Wer nicht auch das Komponieren und Improvisieren üben muss, hat mehr Zeit, seine Instrumentaltechnik zu verbessern. Es gab noch nie so viele technisch brillante Musiker und Musikerinnen wie in unserer Zeit.

Es mutet jedoch durchaus merkwürdig an, dass junge klassische Musiker und Musikerinnen kaum mehr lernen zu improvisieren, musikalisch also kaum mehr fähig sind, selbst zu sprechen, sondern sich vor allem im Nachsprechen üben. Auf andere Fächer und Fähigkeiten übertragen (etwa die Mathematik oder die Sprachen) zeigt sich die Absurdität in Gänze: Kinder würden nicht mehr rechnen, sondern fertige Ergebnisse auswendig lernen oder sie würden nicht mehr eigene Gedanken aussprechen und schreiben, sondern nur noch nachsprechen und ablesen.

Die hier angedeutete Trennung zwischen äußerer Darstellung (dem verwendeten Zeichensystem) und dem Verstehen und Anwenden einer menschlichen Fähigkeit lässt sich allerdings in keinem Intelligenzbereich mit der eben skizzierten Ausschließlichkeit beobachten. Ebenso wie verbales Sprechen und Verstehen nicht voneinander zu trennen sind und sich gemeinsam entwickeln, erwirbt auch ein Musiker, der in seinem Unterricht nie zum Improvisieren angeleitet wurde, trotz allem in einem gewissen Umfang improvisatorische Fähigkeiten. Er lernt nicht nur, Notentexte zu lesen, sondern diese auch zu verstehen und technisch auf seinem Instrument umzusetzen. Entsprechend wird er auch kleine Melodien erfinden können und beim Einspielen seine Skalen und Übungen variieren sowie einzelne Passagen seiner Stücke umgestalten. Er wird vielleicht nur wenige Ideen und Einfälle haben, doch er wird welche besitzen. Improvisationsdidaktik zielt entsprechend nicht darauf ab, dass jeder Musiker ein großer Improvisator wird, sondern dass improvisatorische Basisfähigkeiten angelegt und auf ein profundes Fundament gestellt werden, ein angehender Musiker das Gefühl vermittelt bekommt: „ja, ich kann auch improvisieren".

Eine weit verbreitete Meinung ist, dass sich angesichts der immer kürzer werdenden Unterrichtsstunden die Lehrinhalte im Instrumental- und Gesangsunterricht auf das wirklich Wesentliche zu beschränken haben. Das Improvisieren wird in dieser Sichtweise als Spielerei wahrgenommen, für die schnell kein Platz mehr vorhanden ist und das gegenüber dem handfesten Einstudieren neuer Werke und der Aneignung instrumentaltechnischer Fertigkeiten zurückstehen muss. Dass gerade der spielerische Charakter beim Improvisieren ein gutes Argument für das Improvisieren als Lehrinhalt wäre, wird dabei leicht übersehen. Immerhin sprechen wir davon, unsere Instrumente zu spielen – und das aus gutem Grund. Spielen ist eine zweckfreie Tätigkeit, wir spielen nicht, um etwas zu produzieren oder herzustellen. Auch wenn wir beim Spielen zuweilen etwas lernen, spielen wir nicht, um zu lernen. Ferner spielen wir freiwillig, erzwungenes Spiel ist kein Spiel.[35] Genau diese beiden Eigenschaften von Spiel zeigen sich in besonderer Weise beim Improvisieren. Wir spielen mit Tönen und Klängen, mit anderen Musikern, Musikerinnen und alleine, mit Erwartungen und Überraschung. Auch wenn dabei zuweilen eine spannende Musik

---

Improvisieren ist eine musikalische Kernkompetenz.

[34] Zu überlegen wäre, ob es sich beim Tanzen, Sprechen und für Instrumentalisten auch beim Singen um weitere musikalische Kernfähigkeiten handelt. Siehe dazu: Ehrenforth 2005, 44–54; Gruhn 2003, 232–238; Noll 2005, 193–194.

Improvisieren bietet die Chance, wahrhaftig Musik zu spielen.

[35] Vgl. Caillois 1958/1982, 16.

entsteht, improvisieren wir nicht, um zu musizieren, sondern wir musizieren beim Improvisieren. Gleiches gilt sicherlich auch für das Interpretieren und Komponieren, allerdings in einem geringeren Maß. Im Instrumentalunterricht besteht immer die Gefahr, dass sich dieser spielerische Charakter verliert. Die Aneignung technisch-motorischer Fertigkeiten und die Erarbeitung einer differenzierten Interpretation wird zurecht als Arbeit wahrgenommen, die sich vom eigentlichen Musizieren unterscheidet. Das Improvisieren birgt die Chance, sich auf das Musizieren als Spiel zu besinnen.

Neue Stücke lassen sich improvisierend üben.

Das Scheinargument der fehlenden Zeit lässt sich auch methodisch entkräften. Improvisatorische Inhalte lassen sich im Unterricht leicht mit anderen Inhalten verbinden. So kann z.B. das Einspielen als Improvisation gestaltet werden. Anstatt eine Tonleiter vorspielen zu lassen, kann der Schüler bzw. die Schülerin mit der Tonleiter spielen und zu einer Begleitung des Lehrers bzw. der Lehrerin improvisieren. Gleiches gilt auch beim Einführen neuer Inhalte. Eine neue Spieltechnik kann etwa gleich spielerisch genutzt werden. Auch neue Literaturstücke, Etüden und dergleichen lassen sich spielerisch-improvisatorisch erarbeiten, einzelne Passagen auf diese Weise vorüben. Am Ende einer Erarbeitungsphase kann schließlich nicht nur eine fertige Interpretation präsentiert werden, das Stück lässt sich auch im Rahmen einer Improvisation erweitern. Spielerisch-improvisatorisch meint nicht ungenau oder unernst. Improvisieren ist keine belanglose Spielerei, sondern fokussierte Aufmerksamkeit. Einen musikalischen Kontext improvisatorisch zu erforschen und zu üben, verlangt Konzentration und die Bereitschaft, sich auf kreative Prozesse einzulassen.

Improvisieren als Warmup nutzen.

Zuweilen lässt sich das Improvisieren auch als eine Art Warm-up bzw. zum „Frei-Spielen" einsetzen. Schüler und Schülerinnen (ganz gleich ob Kinder oder Erwachsene) sind in der Schule und in ihrer Arbeit vielfältigen Belastungen ausgesetzt und brauchen ein wenig Zeit, von diesen Abstand zu gewinnen. Auch dafür kann eine Improvisation sinnvoll genutzt werden.

DER EIGENE IMPROVISATIONSSTIL

Grundsätzlich muss man sich als Spieler bzw. Spielerin und erst recht als Lehrender bzw. Lehrende mit der Frage beschäftigen, ob ein eigener Improvisationsstil erstrebenswert ist. Sollte es Ziel des Unterrichts sein, dass jeder Schüler bzw. jede Schülerin eine individuelle Klangsprache entwickelt? Die Antwort ist, wie leider so oft in pädagogischen Belangen, nicht einfach mit ja oder nein zu beantworten. Die Entwicklung eines eigenen Stils und eigener Ausdrucksmöglichkeiten ist in erheblichem Maß von der jeweiligen Musikkultur abhängig. Stellt im Jazz, in der zeitgenössischen Freien Improvisation, in vielen europäischen Volksmusiken und bedingt auch in Formen klassischer Stilimprovisation stilistische Eigenständigkeit ein Qualitätsmerkmal dar, gilt dies in einigen asiatischen Musikstilen eher nicht. In Indien ist es beispielsweise Usus, die musikalische Ausdrucksweise des Meisters zu übernehmen, zu konservieren, in dieser Weise auszuführen und ebenfalls wieder weiterzugeben.[36]

[36] Siehe dazu u.a. Bailey 1987 sowie Wilson 1999.

Jeder Musiker bzw. jede Musikerin sollte bewusst improvisieren.

Wir gehen in diesem Buch davon aus, dass das Improvisieren eine musikalische Grundfähigkeit darstellt, die jeder werdende Musiker und jede werdende Musikerin in einem gewissen Rahmen entwickeln sollte. Er bzw. sie wird dabei, je nach eigenen stilistischen Vorlieben, fast zwangsläufig so etwas wie eine eigene Klangsprache entwickeln, bestehend aus Phrasen, die er bzw. sie besonders gern spielt, Klängen, die er bzw. sie mit Vorliebe einsetzt, einer Form der melodischen Gestaltung bzw. der Tonhöhengestaltung, die er bzw. sie bevorzugt. Trotz allem müsste dies kein Ziel des Instrumentalunterrichts sein, sondern könnte vielmehr als eine Art Nebenprodukt gelten im Bestreben, grundlegende improvisatorische Fähigkeiten anzulegen.

Wenn eine eigene musikalische Sprache aber fast zwangsläufig entsteht, so erscheint es naheliegend, eine möglichst große Bandbreite an Ausdrucksmöglichkeiten im Unterricht zu vermitteln. In diesem Buch wird dazu eine Fülle von Modellen beschrieben, die eine gewisse Bandbreite von Möglichkeiten eröffnen. Ob Schüler und Schülerinnen dazu angeleitet werden sollten, darüber hinaus einen eigenen Stil bzw. eine ganz eigene musikalische Sprache zu entwickeln, würden wir aus einer musikpädagogischen Perspektive nur bedingt bejahen. Es steht dem nichts entgegen, es erscheint aber auch nicht zwingend nötig. Aus einer künstlerischen Perspektive hingegen wäre dies das oberste Ziel. Jeder Musiker und jede Musikerin, ganz gleich ob Profi oder Amateur, sollte seine ganz eigene Ausdrucksfähigkeit entwickeln.

Eine der nützlichsten Eigenschaften bei der Entwicklung und Fortentwicklung eines eigenen Improvisationsstils ist Neugier. Sich viel mit Musik hörend, spielend und analysierend auseinander zu setzen, verändert das eigene musikalische Denken. Auch außermusikalische Ideen, etwa Erkenntnisse aus anderen Wissenschaften und Künsten, können als Anregung dienen und in das eigene Spiel einfließen. Vor allem aber sollte man so viel wie möglich mit anderen zusammenspielen, sowohl in festen Besetzungen als auch immer wieder in neuen Formationen und mit unbekannten Musikern und Musikerinnen. So können neue Impulse dazu beitragen, langfristig Eigenes entstehen zu lassen.

Die persönliche musikalische Sprache ist ferner in erheblichem Maße vom Stil abhängig, in dem man sich selbst verortet bzw. in dem man improvisieren und sich ausdrücken möchte. Wie beim Sprachenlernen hat jeder eine Muttersprache, in der er sich in der Regel am besten ausdrücken kann. Der eigene Improvisationsstil hängt von dieser und damit von Hör- und Spielgewohnheiten ab. Musik, die wir gut kennen, die wir viel (interpretierend) gespielt haben, fließt bewusst und unbewusst in das eigene Spiel mit ein. Tonverbindungen, die man oft geübt hat, sind beim Improvisieren schneller „bei der Hand", technische Fertigkeiten und musikalische Materialien, die man beherrscht, setzt man eher ein als solche, derer man noch unsicher ist. Natürlich ist es möglich, weitere musikalische Sprachen bzw. Stile zu lernen und diese in einen eigenen Stil einfließen zu lassen. Gerade für den Improvisations-Novizen ist es aber gar nicht schlecht, sich am bereits Beherrschten (zunächst) bewusst zu bedienen.

Die Entwicklung eines eigenen Stils verlangt jedoch mehr als nur eine Vertrautheit mit musikalischen Materialien und Modellen, die man einsetzen möchte. Die Suche nach einem eigenen Stil verlangt, dass man sich vom Vertrauten wegbewegt. Die Suche nach neuen Möglichkeiten, eigene Versuche und Offenheit gegenüber Ungewohntem als Quelle für neue Inspirationen und Ideen sind hierzu nötig. Solche Impulse lassen sich in allem finden, was uns akustisch, visuell und haptisch umgibt.

Eine möglichst große Bandbreite an Ausdrucksfähigkeiten anlegen.

Entwicklung eines eigenen Stils: Es helfen Neugier, Kenntnis unterschiedlicher Musikstile, Impulse aus verschiedenen Wissenschaften und Künsten, oft mit anderen zusammenspielen.

Von der musikalischen Muttersprache ausgehen.

Vertraute Gefilde verlassen, sich auch selbst überraschen.

ZUM WEITERLESEN

Reinhard Gagel (2014): Improvisation als soziale Kunst, Mainz (Schott)

Karen Schlimp (2014): Circle-Training, Improvisieren mit rotierender Aufmerksamkeit, in: Üben & Musizieren 2/2014, Mainz (Schott), S. 28–30

Peter Niklas Wilson (1999): Hear and now, Gedanken zu improvisierter Musik, Hofheim (Wolke)

Rudolf-Dieter Kraemer, Wolfgang Rüdiger (2001): Ensemblespiel und Klassenmusizieren in Schule und Musikschule. Ein Handbuch für die Praxis, Augsburg (Wissner)

Matthias Schwabe (1992): Musik spielend erfinden. Improvisieren in der Gruppe für Anfänger und Fortgeschrittene, Kassel (Bärenreiter)

Derek Bailey (1987): Improvisation. Kunst ohne Werk, Hofheim (Wolke)

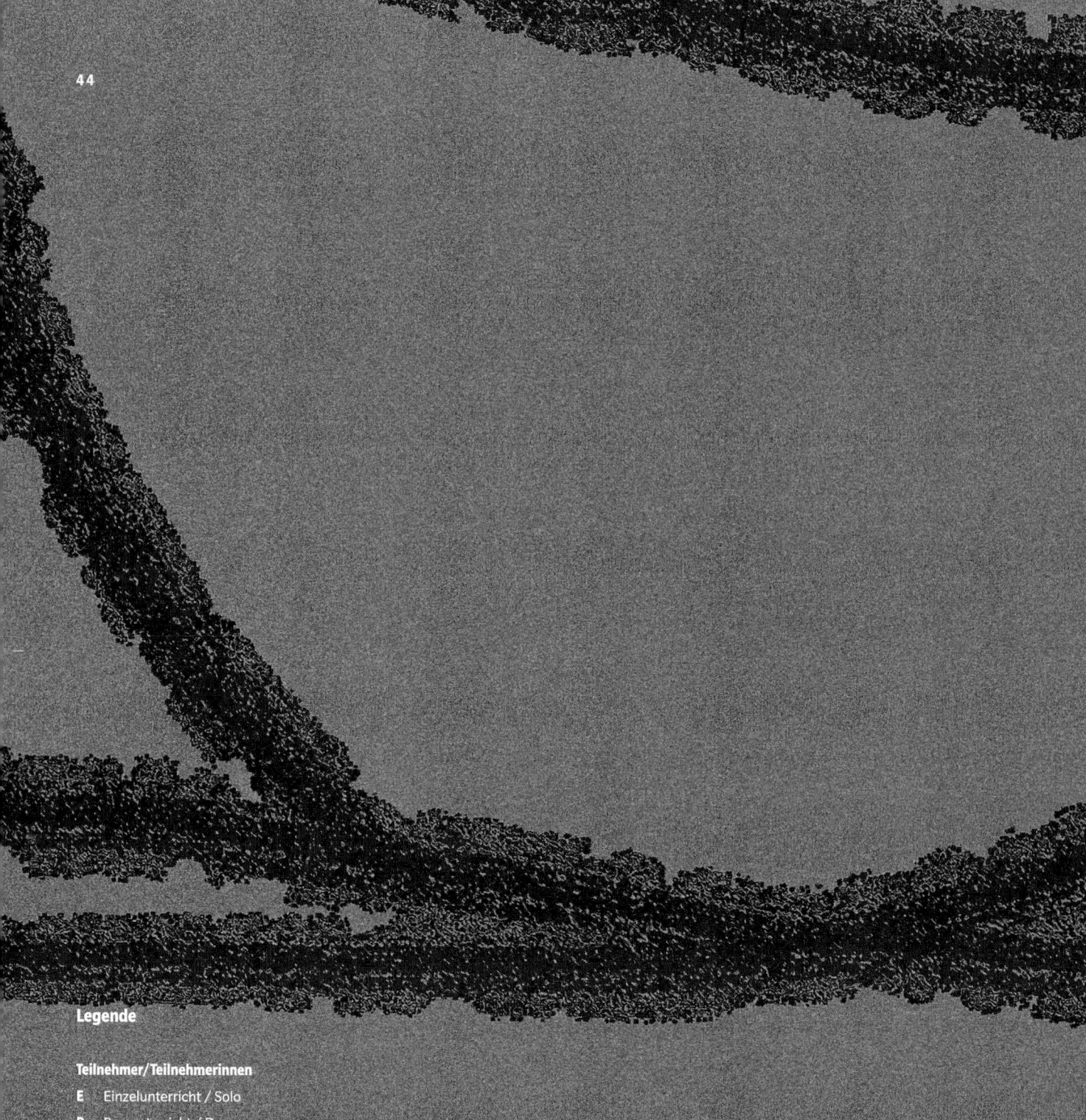

Legende

Teilnehmer/Teilnehmerinnen

- **E** Einzelunterricht / Solo
- **P** Paarunterricht / Duo
- **G** Gruppenunterricht / Ensemble
- **K** Klasse / Orchester

Schwierigkeitsgrad

- * einfach
- ** mittel
- *** schwer

Erläuterungen

- **Z** Ziele
- **M** Medien / Materialien
- **A** Anleitung

FREIE SPIELFORMEN

Dieses Kapitel handelt von freien Spielformen und Modellen, die stilistisch nicht gebunden sind und sich prinzipiell im Rahmen vieler Improvisationsstile und in unterschiedlichen Unterrichtssituationen einsetzen lassen. Anders als in den gebundenen Modellen der nachfolgenden Kapitel handelt es sich nicht um konkrete musikalische Bausteine (also um Skalen, Bassmodelle, Harmoniefortschreitungen, Formen oder Rhythmen), sondern zumeist um musikalische und außermusikalische Anregungen, die als Ausgangspunkt einer Improvisation genutzt werden können. Gerade wenn es darum geht, Anfänger bzw. Anfängerinnen zum eigenen Spielen und Improvisieren anzuregen, haben sie einen hohen methodischen Nutzen. Sie erfordern eine Auseinandersetzung mit einer Improvisationsanleitung (bzw. -anregung), eine vorausgehende Beschäftigung mit musikalischen Materialien ist aber vielfach nicht notwendig bzw. ergibt sich aus dem jeweiligen Modell.
Die Stärke dieser Spielformen besteht in ihrer Unmittelbarkeit. Selbst Schüler und Schülerinnen ohne instrumentale Vorkenntnisse können auf einfachen selbstgebauten Instrumenten und klingenden Materialien schnell mitimprovisieren. Gleichwohl lassen sich die klanglichen Ergebnisse durch eine anschließende Reflexions- und Feedback-Phase musikalisch sehr weit differenzieren. So gesehen können sie nicht nur sinnvoll als Einstieg in die Improvisation, sondern auch als methodische Brücke zur Differenzierung und Vermittlung stilbezogener Improvisations- und Interpretationsfähigkeiten dienen.
Bei allen folgenden Modellen, Übungen und Spielen geht es nicht um die hier beschriebene konkrete Ausgestaltung, vielmehr um die zugrunde liegenden Ideen. Im Unterrichtsalltag ist es oft notwendig, diese zu adaptieren und entsprechend den gegebenen Umständen zu verändern. Auch die vorgestellten Materialien sind nur modellhaft zu verstehen und durch eigene Texte, Bilder und Ideen zu ergänzen. Auch wenn die Modelle in Form konkreter Spielanweisungen vorgestellt werden, sollten beim Unterrichten immer der jeweiligen Gruppe angepasste Formulierungen gefunden bzw. die Improvisationsideen mit eigenen Ideen ergänzt werden.

KLANG- UND INTERAKTIONSSPIELE

Klang- und Interaktionsspiele leisten nicht nur als konkrete Improvisationsanregungen, sondern vor allem als Vorübungen gute Dienste. Sie trainieren Fähigkeiten, die für das Improvisieren bzw. allgemein für das Musizieren in Gruppen unverzichtbar sind: Zuhören, Abwarten, Experimentieren, Nachahmen, Verändern, Agieren in der Gruppe u.a. Bei vielen der beschriebenen Übungen handelt es sich um Interaktionsübungen, bei denen das gegenseitige Wahrnehmen und aufeinander Eingehen im Zentrum stehen. Entsprechend zielen sie primär auf den Gruppenunterricht ab. Ähnliche Herangehensweisen finden sich in typischen Arbeitsweisen der EMP und Rhythmik. Wer also weitere Ideen und Anregungen dieser Art sucht, wird in der Literatur dieser Bereiche leicht fündig. Basisübungen, wie etwa das gemeinsame Stompen, Patschen, Dirigieren, das Kreisbilden oder reine Koordinationsübungen, wurden nicht mit aufgenommen, da entsprechende Fähigkeiten zwar beim Improvisieren vorausgesetzt werden müssen, es sich selbst aber nur bedingt um improvisatorische Fähigkeiten handelt. Trotzdem sollten grundlegende Kompetenzen (wie z.B. das Spüren eines Pulses, das Zuhören, das miteinander Sprechen) vorhanden sein bzw. vorher erarbeitet werden. Wird beispielsweise über ein Stück mit Bodypercussion improvisiert, kann es nötig sein, eine gemeinsame Stomp-Bewegung zu finden und zu etablieren um dann darüber zu improvisieren.

HORCHEN UND SPIELEN
Z Sich musikalisch ausdrücken können, abwarten und die Ideen der anderen respektieren
M Körper, Stimme, Instrumente, Orff-Instrumente

P G K *

ABWARTEN

A Bildet einen Kreis. Sucht euch nacheinander ein Instrument aus und geht, ohne darauf zu spielen, auf euren Platz. Wenn alle sitzen, bitte ich euch reihum, zwei bis drei Klänge auf eurem Instrument zu erfinden.

P G K *

STIMMUNGSSCHWANKUNGEN

A Erzählt mit zwei bis drei Klängen reihum im Kreis, wie es euch heute geht.
Die Zuhörenden horchen darauf, was und wie sie es hören.

E P *

ZWIEGESPRÄCH

A Führt als Duo miteinander ein musikalisches Gespräch. Hört und spielt immer abwechselnd.
Im Laufe der musikalischen Unterhaltung könnt ihr euch auch spielend unterbrechen und dadurch Phrasen verkürzen.

Eine Grundfähigkeit beim Improvisieren ist die Fähigkeit, anderen zu zuhören und selbst nicht durchgehend zu spielen, sondern zu pausieren oder die Mitspieler und Mitspielerinnen zu begleiten. Dies erfordert, eigene Impulse zurückzustellen und die Ideen und Wünsche der anderen zu respektieren. Selbst ausgebildeten Musikern und Musikerinnen fällt dies zuweilen schwer, wodurch leicht ein untransparenter Klangwust entsteht, bei dem alle durchgehend spielen und die Mitspielenden einander nicht zuhören. Der Rat, häufiger zu pausieren, den man auch fortgeschrittenen Musikern und Musikerinnen immer wieder geben kann, ist daher fast immer angebracht. Abwarten und Zuhören sind Fähigkeiten, die sich üben und trainieren lassen. Varianten dieser Spiele und Übungen finden sich entsprechend in vielen Sammlungen zur Gruppenimprovisation.

Eine ganze Reihe von geeigneten Spielen stammt aus der Rhythmik und wird als sogenannte *Ordnungsübungen* Mimi Scheiblauer zugeschrieben. In ihrer Grundform basieren Sie darauf, dass die Mitspielenden nacheinander und selbstständig eine bestimmte Handlung ausführen und jeder bzw. jede einzelne darüber wacht, dass die zuvor vereinbarte Reihenfolge eingehalten wird. Der ganze Vorgang soll dabei so leise wie möglich ablaufen. Der bzw. die Lehrende kann dies auch nonverbal kommunizieren, indem er bzw. sie beispielsweise die Augen schließt und horcht und damit zeigt, dass die Spielenden beginnen können. Gleichzeitig lässt sich so andeuten, dass die Kontrolle über die Einhaltung der gegebenen Regeln nun an die Schüler und Schülerinnen abgegeben wurde. Es folgt eine zuweilen sehr spannende Phase. Einwürfe wie: „Nein, jetzt ist doch Emma dran", sind keine Seltenheit. Für jüngere Mitspielende erleichternd wirkt zuweilen, wenn entsprechende Übungen in eine Geschichte eingebunden werden, in der immer an einer bestimmten Stelle gespielt werden darf.

KLANGBÄNDER[37]

M Instrumente, Stimme

Z Zuhören, Imitation, Gestalten von Übergängen

VOKALES KLANGKONTINUUM

A Bildet einen Kreis. Ein Spieler bzw. eine Spielerin singt einen Ton oder produziert ein Geräusch und reicht diesen bzw. dieses weiter. Achtet darauf, dass der Ton, die Dynamik und der Klang sich beim Weitergeben nicht verändern und nach Möglichkeit beim Übergeben des Tons keine Lücken entstehen.

Verändert nach ein paar Runden den Ton. Der Ton sollte aber hinsichtlich der Dynamik, Tonhöhe und Klangfarbe immer unverändert übernommen und erst dann (wenn überhaupt) verändert werden.

Gebt nach einer Weile den Klang in freier Reihenfolge weiter. Kommuniziert nonverbal, wer als nächstes an der Reihe ist.

KLÄNGE WEITERREICHEN

A Spielt einen Klang und gebt ihn weiter, solange bis das Bedürfnis nach einem neuen Klang entsteht. Gebt dann den neuen Klang weiter.

MUTIERENDER KLANG

A Stellt euch vor, der Ton wird von einem außerirdischen Wesen oder einem neuartigen Gerät erzeugt, dessen Klang, Lautstärke und Tonhöhe sich je nachdem, wie man es hält, verändert. In der Hosentasche oder der geschlossenen Hand klingt es anders als hinter dem Rücken, auf dem Kopf oder wenn es aus Versehen herunterfällt.

Diese Anleitung erfordert ein genaues Zuhören und Wahrnehmen von Klängen und Intervallen. Es handelt sich um ein anspruchsvolles Wettspiel mit kreativen Anteilen, das das innere Hören trainiert. Auch wenn es sich nur bedingt um Improvisieren im engeren Sinne handelt, werden wichtige Voraussetzungen dafür trainiert.

[37] Spiele dieser Art finden sich mit unterschiedlichen Namen u.a. als: *Klangfäden spinnen, Der mutierende Klang, Variierende Klangbänder, Aktion mit Wasserglas* (Schneider 2017, 25) und *Der Faden der Ariadne* (Gagel).

G K *

G K **

G K **

Die Schwierigkeit der Aufgabe kann sukzessiv ausgebaut werden. Veränderungen sollten sich aber zunächst nur auf die Dynamik oder die Klangfarbe beziehen. Erst im Anschluss daran kann, zunächst als separate Übung, auch die Tonhöhe verändert werden. Alle Spieler und Spielerinnen müssen dabei aufmerksam die Intervalle nachvollziehen, was durchaus eine fordernde Aufgabe sein kann. Methodisch sinnvoll ist es, dafür einen bestimmten Tonbereich einzugrenzen oder sich auf eine Tonleiter zu einigen. Mit ein wenig Übung schaffen es auch jüngere Schüler und Schülerinnen, den Klang, die Dynamik und die Tonhöhe beim Weiterreichen zielsicher zu treffen.

RHYTHMEN WEITERREICHEN

M Stimme, Bodysounds, Klänge auf Instrumenten aller Art
Z Über einen gemeinsamen Puls rhythmische Muster erfinden, Rhythmen merken und variieren

G K *

[38] Auch bekannt als *Rhythmuslawine* (Yamaha o.J., 26).

RHYTHMUSWELLE[38]

A Stellt euch im Kreis auf und kommt in einen sehr leisen gemeinsamen Schrittpuls. Ich gebe euch einen Rhythmus vor, gesungen auf einer neutralen Silbe, geklatscht, mit Bodysounds gepatscht oder auf den Silben einer Rhythmussprache gesprochen. Übernehmt nacheinander den Rhythmus, bis schließlich alle gemeinsam den Rhythmus ausführen (also erst nur ich, dann ich zusammen mit dem ersten Mitspieler, der zweiten Mitspielerin, dem dritten Mitspieler usw.). Ihr könnt die Welle wieder abbauen oder immer wieder neue Wellen anstoßen.

P G K **

RHYTHMUSKETTE

A Erfinde einen Rhythmus und reiche ihn an deinen Nachbarn bzw. deine Nachbarin weiter. Die Nachfolgenden imitieren den Rhythmus nacheinander jeweils mit unterschiedlichen Klangfarben (z.B. auf unterschiedlichen Silben, mit unterschiedlichen Körperklängen und Geräuschen).

P G K **

RHYTHMISCHE VERWANDLUNG

A Gebt wie zuvor einen Rhythmus weiter. Er darf nun jedoch verändert bzw. variiert werden. Der ursprüngliche Rhythmus sollte aber immer noch erkennbar sein.

BEISPIELRHYTHMUS

G K ***

[39] In einfacherer Form auch bekannt als *Rhythmusdomino* (Yamaha o.J., 26).

RHYTHMUSCLUSTER[39]

A Erfindet zeitgleich verschiedene Rhythmen und gebt sie weiter: Spieler A erfindet einen Rhythmus. Spielerin B wiederholt den Rhythmus und gibt ihn an ihren benachbarten Spieler weiter, wartet einen Takt und erfindet nun einen eigenen Rhythmus. Spieler C hört den Rhythmus von Spieler A, gibt diesen weiter, hört den Rhythmus von Spielerin B, wiederholt diesen, wartet einen Takt und erfindet nun selbst einen Rhythmus usw. Ein Rhythmus wird immer bei dem beendet, der ihn losgeschickt hat. Wichtig bei dieser Übung ist der eingefügte Takt. Er ist nötig, damit die zuhörenden Spieler und Spielerinnen sich dem bzw. der Klatschenden zuwenden und zuhören können.

RHYTHMUSKANON G K * * *

Ausgangspunkt ist ein Rhythmus, der als Rhythmuskanon dienen soll. Dieser muss mindestens so viele Takte wie vorgesehene Einsätze besitzen. Ein Rhythmuskanon mit zwei Einsätzen braucht demnach minimal zwei Takte. Besser klingt jedoch ein Vielfaches davon, bei zwei Einsätzen also vier oder acht Takte, bei drei Einsätzen sechs, neun oder 12 Takte. Interessant sind Rhythmen, die sich zu einem Überrhythmus addieren, bei dem aber auch einzelne Schläge im Unisono erklingen. Schön klingt es auch, wenn in jedem Abschnitt ein Notenwert dominiert, der in einem klaren Verhältnis zu den Notenwerten der anderen Abschnitte steht (etwa Halbe, Viertel zu Achteln).

Recht einfach ist es, einen Rhythmuskanon zu komponieren, schwerer ist es, einen solchen in der Gruppe zu improvisieren.

A Bildet zwei, drei oder vier gleich große Gruppen. Jede Gruppe überlegt sich einen eingängigen, nicht zu komplizierten Rhythmus von zwei (beziehungsweise vier) Takten Länge im 4/4-Takt. Die Gruppen stellen sich nun im Kreis auf, deutlich voneinander getrennt, doch so, dass sie einander gut hören können. Klatscht euch die Rhythmen gegenseitig einige Male vor.

Alle Gruppen beginnen nun gleichzeitig und klatschen ihren Rhythmus jeweils zweimal. Während sie klatschen, hören sie auf den Rhythmus der Gruppe zu ihrer rechten Hand und wiederholen diesen anschließend (wiederum zweimal). Die Rhythmen werden also immer an die Gruppe links weitergereicht. Spielt den entstehenden Kanon, bis ihr sicher seid. Wenn ihr wollt, könnt ihr nach einiger Zeit in eurem Teil kleine Varianten einbauen. Verständigt euch in eurer Gruppe dazu über Blickkontakt.

Da sich die Mitspieler und Mitspielerinnen in einer Gruppe gegenseitig stabilisieren, sollten die Gruppen nicht zu klein sein. Für den Anfang kann es daher sinnvoll sein, erst einmal nur zwei verhältnismäßig große Gruppen zu bilden.

Natürlich lässt sich ein Rhythmuskanon auch in anderen Taktarten als einem 4/4-Takt erfinden, dies fällt den meisten allerdings wesentlich schwerer. Für den Anfang ist daher die Beschränkung auf den 4/4-Takt sinnvoll.

Gleiches gilt für die verwendeten Klänge. Das Endergebnis klingt beim Einsatz verschiedener Körperklänge (Klatschen, Schnipsen, Patschen usw.) sehr viel spannender. Nichtsdestotrotz sollten auch hier zumindest zu Beginn keine zu komplizierten Varianten gewählt werden.

Es ist verhältnismäßig schwer, gleichzeitig einen Rhythmus zu klatschen und einen weiteren zu hören und zu lernen. Es kann daher notwendig sein, in einem Zwischenschritt die Rhythmen zunächst einzuüben.

KANON MIT IMMER KÜRZEREN NOTENWERTEN G K * * *

A Bildet drei gleich große Gruppen und erfindet wie zuvor jeweils einen Rhythmus von zwei Takten Länge (im 4/4-Takt). Gruppe A verwendet vor allem längere Notenwerte (Ganze und Halbe), Gruppe B mittlere Notenwerte (Viertel und Achtel) und Gruppe C (auch) schnelle Notenwerte (Sechzehntel). Erarbeitet den Kanon wie zuvor.

KANON MIT UNTERSCHIEDLICHEN KLANGFARBEN G K * * *

A Bildet wieder zwei, drei oder vier Gruppen und erfindet jeweils einen Rhythmus. Verwendet dabei unterschiedliche Klänge (Körperklänge, Rhythmusinstrumente, eure Instrumente).

G K ***

SIEHE AUCH
Polyphone Formen,
S. 322–326.

Rhythmuskanon.

MIXED PICKLES

A Bildet wieder zwei, drei oder vier Gruppen und erfindet jeweils einen Rhythmus. Mischt die zuvor beschriebenen Möglichkeiten unterschiedlicher Notenwerte und Klangfarben. Macht es aber euren Mitspielern und Mitspielerinnen nicht zu schwer und erfindet keine zu komplizierten Varianten.

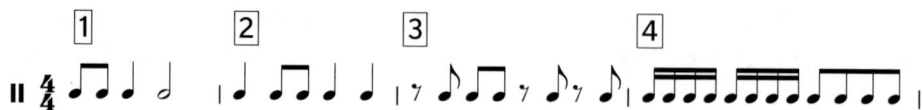

G K **

RHYTHMUS-STILLE-POST

A Stellt oder setzt euch hintereinander. Der bzw. die Hinterste klopft einen Rhythmus still, aber gut spürbar auf den Rücken des bzw. der Nächsten. Ist der Rhythmus vorne angekommen, wird er an die Tafel geschrieben. Wie bei Stille-Post geht es nun darum zu vergleichen, ob die „Sendung" angekommen ist oder ob sie sich im Laufe des Postweges verändert hat.

Ihr könnt dieses Spiel auch als Wettspiel zwischen zwei Gruppen spielen.
a) Welche Gruppe leitet den Rhythmus am schnellsten weiter?
b) Bei welcher Gruppe treten die wenigsten Fehler auf?
c) Welche Gruppe erfindet die schönsten Rhythmen?

Anschließend kann mit den gesammelten Rhythmen improvisiert werden.

Wichtig ist, dass das Klopfen möglichst unhörbar, aber gut zu spüren ist. Die Teilnehmer und Teilnehmerinnen der Gruppe sollten im Vorfeld ausprobieren, wo am Rücken oder der Schulter Berührungen besonders gut wahrgenommen werden. Fehler bei der Weitergabe basieren vielfach nicht auf rhythmischer Unzulänglichkeit. Es ist verhältnismäßig schwer, rhythmische Abfolgen zu erspüren. Dies gilt insbesondere für Rhythmen in schnellen Tempi. Auch die Länge der Rhythmen spielt eine Rolle. Schnelle, lange Rhythmen, die über das Ohr noch mühelos weitergegeben werden können, sind beim bloßen Erspüren fehleranfällig, wobei sich diese Fähigkeit durchaus trainieren lässt. Zuweilen entstehen Fehler auch durch eine Unklarheit des Pulses, weshalb es sinnvoll sein kann, den Puls durch unauffällige Dirigierbewegungen oder ein lautloses Stompen zu stabilisieren.

Spannend ist es, auch mit anderen Sinnen zu experimentieren, wobei sich hier das Sehen (z.B. Rhythmen blinzelnd weitergeben) anbietet. Rhythmen rein visuell darzustellen und wahrzunehmen, fällt für gewöhnlich verhältnismäßig leicht, wobei auch hier schnelle Rhythmen verschwimmen und unklar werden.

P G K **/***

RHYTHMISCHES KOFFERPACKEN

A Einer von euch startet mit einem Rhythmus. Die Nächste wiederholt den Rhythmus und ergänzt ihn mit einem eigenen Rhythmus. Der dritte Spieler muss die Rhythmen von Spieler eins und Spielerin zwei wiederholen und durch einen eigenen ergänzen usw. Da relativ schnell sehr lange Rhythmen entstehen, bietet es sich an, von sehr kurzen Einheiten auszugehen und immer nur einzelne Schläge zu ergänzen. Wenn euch keine Fortsetzungsmöglichkeit mehr einfällt, packt ihr einen neuen Koffer.

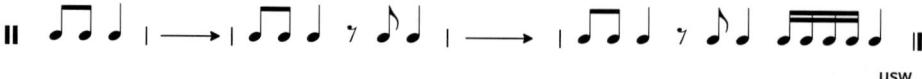
usw.

A Spielt wie eben, nun aber mit dem Unterschied, dass das neue Element vorangestellt und nicht angehängt wird.

Insbesondere die ersten Spiele sind vom Ablauf her zwar nicht schwierig, erfordern aber eine schnelle Reaktion. Die Schüler und Schülerinnen müssen sich sehr konzentrieren, auf die nachfolgenden Rhythmen achten und dürfen nicht vergessen, sich den Vorgängern zuzuwenden. Sonst stockt der ganze Ablauf.

KLÄNGE ERFORSCHEN
M Klingende Alltagsgegenstände
Z Wahrnehmung der klingenden Umgebung, Experimentieren mit Fundstücken aus Natur und Alltag, Erforschen von Klangerzeugern

Insbesondere in der abendländischen Tradition sind improvisatorische Spielpraktiken eng mit der Suche nach Neuem verflochten. Viele Improvisatoren sehen gerade im Suchen von und Experimentieren mit Klängen und Tonfolgen den Kern des Improvisierens, da in einem hohen Maß Kreativität gefordert und gefördert wird. Experimentieren heißt immer, über das Vorgefundene hinauszugehen und etwas auszuprobieren, von dem man selbst noch nicht weiß, wie es sein wird. Wer sucht, kann noch nicht wissen, was er finden wird, doch nur wer sucht, kann Unbekanntes entdecken.

STRASSENMUSIK E P G *
A Öffnet die Fenster und hört dem Rauschen der Straße zu. Begleitet, was ihr hört, auf euren Instrumenten.

KLANGFUNDSTÜCKE E P G *
A Findet interessante Klänge in eurer Umgebung, nehmt sie auf (z.B. mit Smartphone, Laptop, Computer, Tablet, Aufnahmegerät). Spielt euch die Klänge vor (evtl. auch als Ratespiel). Versucht sie auf eurem Instrument nachzumachen.

MUSIK KONKRET – DIE KLINGENDE UMGEBUNG E P G *
A Sucht zu Hause, in der Musikschule, im Wald, auf der Straße, im Keller ... Materialien und versucht, diese zum Klingen zu bringen. Probiert aus, wie etwa verschiedene Gläser, Flaschen, Möbel oder Teller klingen. Lässt es sich auf einem Buch oder einem Stück Papier spielen und wie kann man Steine und Stöcke zum Musizieren einsetzen? Wie kann man auf diesen gefundenen Instrumenten spielen und Klänge differenzieren? Drückt, knistert, streicht, klopft und quetscht eure gefundenen Instrumente. Experimentiert mit verschiedenen Spieltechniken wie Reiben, Schlagen, Blasen, Streichen.

SELBSTGEBAUTE INSTRUMENTE E P G *
A Versucht, aus Gefundenem selbst Instrumente zu bauen. Mit Flaschen, Röhren und Schläuchen können Blasinstrumente gebaut werden. Über Hohlkörper lassen sich Saiten spannen, und Materialien aus Holz, Metall, Glas oder Stein können mit Schlägeln zum Klingen gebracht werden.
Kombiniert herkömmliche Instrumente und Selbstgefundenes und Selbstgebautes.

Ein Schlauch oder eine Gießkanne lassen sich wunderbar mit einem Klarinetten- oder Saxophonmundstück spielen, ein Saxophon auch mit einem Trompetenmundstück. Handventilatoren können anstatt eines Bogens die Saiten von Streichinstrumenten zum Schwingen anregen. Folien lassen sich zwischen die Saiten eines Streichinstruments einfädeln, bei

Holzblasinstrumenten Pergamentpapier über Tonlöcher spannen, die beim Öffnen mitschwingen, und in die Schalltrichter selbst gebaute Dämpfer einschieben. Die Saiten eines Klaviers können ferner mit diversen Materialien präpariert, mit den Haaren eines Bogens gestrichen, gezupft und mit Schlägeln angeschlagen werden. Der Korpus verschiedener Instrumente resoniert nicht nur den Klang der Saiten, er kann selbst als Schlaginstrument genutzt werden.

E P G *

KLÄNGE STRUKTURIEREN

A Spielt gemeinsam mit dem Gefundenem und sucht nach Möglichkeiten, die Klänge nach deren Charakteristik zu ordnen.
- Spielt ein Klangband, in dem ihr ähnliche Klänge hintereinander spielt. Experimentiert mit unterschiedlichen Reihenfolgen. Was verändert sich, wenn zwischen die Klänge Pausen eingefügt werden?
- Wählt eine Abfolge von Klängen und wiederholt diese (als eine Art Ostinato). Spielt darüber andere Klänge.
- Kommuniziert mit euren Klängen etwa als Frage-Antwort-Spiel, erhitzte Debatte, Streit, dem Werben um die eigene Ansicht, klarem Widerspruch, einem Locken, Schmeicheln oder Loben.

Die Spielanleitung fördert und fordert vielfältige musikalische Fähigkeiten, bereitet auf jedem Niveau Spaß und führt zu interessanten Ergebnissen. Werden bei der Suche nach Klängen Instrumente und Gegenstände miteinander kombiniert, sollte der bzw. die Leitende thematisieren, welcher Gebrauch einem Instrument schadet und welcher nicht.
Der Einsatz elektronischer Medien insbesondere verschiedener Aufnahme- und Abspielgeräte besitzt vor allem für Jugendliche einen großen Reiz. Entsprechende Projekte werden oft mit großer Ausdauer verfolgt. Aufgenommene Klänge können auch auf einem Computer oder Smartphone bearbeitet werden. Kostenfreie Software und Apps finden sich unterdessen in großer Zahl und sind meist erstaunlich leicht zu handhaben. Wichtig beim Einsatz neuer Medien ist, dass dabei das eigentliche Spielen und musikalische Gestalten nicht vergessen wird. Die gefundenen Klänge sollten möglichst schnell zum Improvisieren eingesetzt werden. Es lassen sich kleine (und große) Klanggebilde weben. Nicht ganz leicht für Lehrende ist es, sich auf das Entstehende einzulassen und es (zunächst) unkritisch zu akzeptieren.

SIEHE AUCH
Uhrenmusik, S. 124.

INTERAKTION UND TRANSFORMATION

FÜHREN UND FOLGEN

M Körper, Instrumente, Stimme

Z Bewusstes Wahrnehmen der anderen Mitspieler und Mitspielerinnen, Initiative, Unterordnen, Präsenz, Aufnahme von Signalen

Die ursprüngliche Idee von *Führen und Folgen* geht auf Jaques-Dalcrozes zurück und stellt gewissermaßen eine Kernübung der Rhythmik dar. Zwei Mitspielende agieren gemeinsam und reagieren aufeinander, wobei immer der eine etwas vorgibt, was die andere imitiert bzw. worauf die andere reagiert. Dies verlangt auf der einen Seite klare Signale, Präsenz und Initiative, auf der anderen Seite aber das Zurückstellen von Ideen, gute Wahrnehmungsfähigkeit und klare Unterordnung.

Nicht zwingend, jedoch recht oft, finden sich Varianten von Führen und Folgen als Transformationsübung, d.h. eine künstlerische Ausdrucksform wird in eine andere übersetzt, etwa Musik in Tanz oder umgekehrt Bewegung in Musik. Aus der Vielzahl der in der Praxis gebräuchlichen Varianten eignen sich die folgenden fünf für die Improvisation besonders. Sie lassen sich auch ohne Rhythmik-Studium überzeugend anleiten.

SPIEGEL

A Bildet Paare und stellt euch gegenüber. Einer/eine von euch ist ein Spiegel. Stellt euch vor euren Spiegel und macht Grimassen, Gesten und größere Bewegungen. Schaut, wie gut euer Spiegelbild euch nachahmen kann. Schaut wie deutlich und in welchem Tempo Bewegungen ausgeführt werden müssen, damit sie dem entsprechen, was ihr gerne wollt. Wechselt nach einiger Zeit die Rollen.
Der Spiegel ahmt natürlich spiegelverkehrt nach (also eine Bewegung mit dem rechten Arm wird mit dem linken Arm gespiegelt). Ihr habt nun einen sehr ungewöhnlichen Spiegel. Er wiederholt Bewegungen mit der gleichen Seite – also Bewegungen mit dem rechten Arm werden mit dem rechten Arm wiederholt. Die Vorstellung einer Videokamera mag helfen.

PGK*

Diese Übung wird als Partnerübung durchgeführt, gleichwohl fällt es den meisten leichter, sie in einer größeren Gruppe simultan auszuführen.

DAS PAPAGEIEN-SPIEL[40]

A Bildet einen Kreis und schließt die Augen. Einer/eine von euch improvisiert vokal mit einem Klang (singend, pfeifend, summend, schnalzend usw.). Horcht und ahmt anschließend nacheinander den Klang nach.
Improvisiert allmählich auch Klangfolgen, versucht, sie euch genau zu merken und nacheinander zu imitieren.
Nun improvisiert die Erste von euch eine Klangfolge, der nächste wiederholt diese und fügt einen eigenen kleinen neuen Teil hinzu. Die Nächste wiederholt die gesamte Klangfolge und ergänzt sie durch einen weiteren eigenen Teil usw.[41]

PGK*

[40] *Auch bekannt als Imitationsspiel.*

[41] *Diese Variante ist auch als musikalisches Kofferpacken bekannt.*

Das Papageien-Spiel lässt sich leicht auf das Spiel mit Instrumenten übertragen, wobei darauf zu achten ist, dass Aufgaben nicht zu schnell im Schwierigkeitsgrad ansteigen. Einen guten Einstieg bietet zunächst die Beschränkung auf perkussive Klänge, Bodysounds, Percussion und Orff-Instrumente. Spannend ist dabei, ähnliche Klänge auf unterschiedlichen Instrumenten zu suchen. Die Aufgabenstellung bleibt erst einmal gleich.

Percussion, Orff-Instrumente, Bodysounds.

A Nehmt euch jeder ein Instrument. Wer möchte, kann auch Bodysounds einsetzen. Bildet einen Kreis. Einer/eine beginnt mit einem Klang auf seinem/ihrem Instrument. Die anderen ahmen den Klang reihum nach. Versucht das Gleiche auch mit Klangfolgen.
Nun wiederholt ihr immer nur den Klang eures Vorgängers/eurer Vorgängerin und ergänzt ihn durch einen neuen Klang. Achtet darauf, dass der Klang gut zum Klang eures Vorgängers bzw. eurer Vorgängerin passt (alternativ: ganz anders klingt).

Im Instrumentalunterricht ist es naheliegend, das Papageien-Spiel auch auf das eigene Instrument zu übertragen. Verhältnismäßig einfach ist ein Einstieg über experimentelle Klänge (erweiterte Spieltechniken).

Experimentelle Klänge auf dem eigenen Instrument.

A Sucht ungewöhnliche Klänge auf euren Instrumenten. Nun spielen wir im Kreis. Ihr wiederholt immer den Klang eurer Vorgängerin und spielt einen eigenen Klang, der wiederum vom Nachfolgenden nachgeahmt wird. Sobald ihr sicher seid, versucht Folgen von experimentellen Klängen zu spielen und nachzuspielen.

Intervalle wiederholen.

Hiervon ausgehend kann zu mehr konkretem Material fortgeschritten werden. Schon das Wiederholen des gleichen Intervalls kann, je nach Aufgabenstellung, für Anfänger bis Fortgeschrittene eine fordernde Aufgabe sein. Einfacher wird das Spiel, wenn nur wenige Intervalle zur Auswahl stehen. Schwerer wird es, wenn die Töne auf der Originaltonhöhe gespielt werden sollen.

A Spielt zwei Töne. Der bzw. die Nachfolgende wiederholt die zwei Töne und spielt zwei neue Töne.

Papageien-Spiel.

KETTEN-SPIEL

Richtig schwer wird die Aufgabe, wenn das Papageien-Spiel zum Ketten-Spiel weiterentwickelt wird.

A Der Anfangston soll c' sein. Der erste Spieler spielt das c und einen weiteren Ton. Die Nachfolgende startet von diesem Ton und spielt einen weiteren, von dem wiederum der Nächste startet und so fort. Achtet gut darauf, jedes einzelne Intervall nachzuvollziehen.

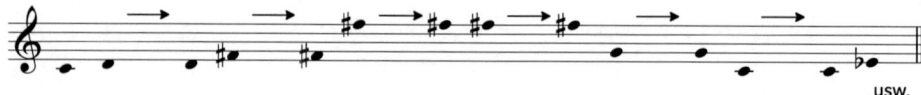

Ähnlich dem *musikalischen Kofferpacken* kann auch anstelle von jeweils zwei Tönen die gesamte Intervallfolge wiederholt werden. Insbesondere bei längeren Tonfolgen ist dies allerdings eine echte Herausforderung.

Motive im begrenzten Tonraum.

Ferner kann man das Spiel auch mit ganzen Motiven spielen. Dabei ist es aus methodischer Sicht anzuraten, den Tonraum, die Tonalität bzw. die verwendete Skala vorab zu besprechen.

A Legt einen Tonraum fest, der erste Spieler erfindet ein kurzes Motiv, das von der Nachfolgenden nachgespielt wird. Diese erfindet erneut ein Motiv, das wieder nachgespielt wird usw.

Längere Phrasen.

Diese Form stellt einen Übergang zur Arbeit mit längeren Phrasen und damit zu einer Grundfähigkeit beim Improvisieren her.

A Legt einen Tonraum und (bei Tasteninstrumenten und geeigneten Saiteninstrumenten) eine Akkordfolge fest. Wiederholt einige Male eure Akkordfolge, bis ihr sicher seid. Ein Erster spielt nun darüber eine Melodie. Die Nächste greift einzelne Gedanken des Vorgängers auf und ergänzt diese durch eigene. Die Nachfolgenden verfahren in gleicher Weise.

usw.

Im Rahmen der Improvisationsdidaktik stellt die Verbindung von Hören und Spielen ein wichtiges Feld dar. Eine weitere Variante, bei der Singen und Spielen bzw. Nachsingen und Nachspielen miteinander kombiniert werden, fördert diese Fähigkeit in besonderem Maße.

Singen und Spielen.

A Eine Spielerin erfindet auf ihrem Instrument eine kurze Tonfolge. Der Nächste singt diese zunächst nach und spielt sie anschließend auf seinem Instrument. Nun spielt er eine eigene kurze Tonfolge, die die nächste Spielerin wiederum zunächst nachsingt und anschließend auf ihrem Instrument wiederholt usw.

Der Schwierigkeitsgrad dieser Spiele lässt sich durch die Länge der Tonfolgen und den abgesprochenen Tonraum im Schwierigkeitsgrad erheblich variieren. Für Anfänger und Anfängerinnen ist ein Fünftonraum mit einer Dreitonfolge angemessen, bei Fortgeschrittenen kann man auf Begrenzungen gegebenenfalls ganz verzichten. Diese Spiele eignen sich auch gut dazu, neue Skalen einzuführen und Schüler und Schülerinnen dahin zu leiten, dass sie bewusst deren Struktur und Klanglichkeit verinnerlichen.

TRANSFORMATION

P G K */**

Transformationsübungen zielen auf das bewusste und intuitive Erkennen künstlerischer Gestaltungsprozesse ab. Musik wird in eine Bewegungsfolge oder einen Tanz umgesetzt bzw. Tanz musikalisch transformiert und begleitet. Beim Improvisieren bekommt man durch eine auf die Musik bezogene Bewegungsfolge ein direktes Feedback, wie bzw. was verstanden wurde und inwieweit gegebenenfalls deutlicher oder anders gespielt werden muss, um besser verstanden zu werden. Umgekehrt bedarf eine improvisierte Bewegungsfolge einer guten Beobachtungsgabe und Synchronisation, um diese musikalisch aufzugreifen. Dies setzt eine intensive Beschäftigung mit dem jeweilig anderen Ausdrucksmedium voraus.

In einem pädagogischen Kontext kommt es hierbei nicht auf ästhetische Kategorien im Sinne eines Bewertens des Endergebnisses an. Entscheidender sind die mit der Transformation verbundenen Erfahrungen und Erkenntnisse. Viele Musikpädagogen und -pädagoginnen sind aufgrund jahrelangen Trainings sehr anspruchsvoll gegenüber ihrem künstlerisch-musikalischem Tun. Soweit sie nicht ebenfalls in Tanz oder Sport eine vergleichbare Expertise erworben haben, merken Sie schnell, wie unbeholfen ihre Bewegungen in einem künstlerischen Kontext wirken, und scheuen sich daher, Bewegung und Tanz im Musikunterricht einzusetzen. Auch scheinbare Klischees werden bewusst gemieden, obwohl sie vielleicht einer Musik oder einer Bewegungsfolge angemessen wären (etwa eine fröhliche Musik hüpfend oder eine traurige Musik mit gesenkten Schultern umzusetzen). Es bedarf nicht nur Mutes, sondern vor allem eines geschützten Raums, damit man sich als Lehrender bzw. Lehrende ohne eine entsprechende Ausbildung traut, sich vor seinen Schülern und Schülerinnen zu bewegen. Zu bedenken ist allerdings, dass vergleichbare Situationen für Schüler und Schülerinnen alltäglich sind. Sie müssen andauernd Handlungen vollführen, die sie (noch) nicht beherrschen. Für sie ist es durchaus angenehm zu sehen, dass auch der Lehrer bzw. die Lehrerin nicht in allem perfekt ist und Schwächen besitzt. Dadurch erscheinen Lehrende menschlicher.

Methodisch wird diese Situation durch eine Reduktion auf einen Einzelaspekt sowohl für Lehrende als auch Lernende beherrschbar.

MUSIK UND BEWEGUNG

Musik in Bewegung.

A Schüler 1
Improvisiere eine Musik.

Schülerin 2
- Gehe nur durch den Raum. Variiere entsprechend der Musik dein Schritttempo.
- Stelle, was du hörst, mimisch dar.
- Stelle, was du hörst, gestisch dar. Nutze nur deine Arme.
- Setze, was du hörst, in Bewegungen um.

In gleicher Weise lässt sich das Spiel auch als Gruppenübung mit mehreren Improvisierenden oder sich Bewegenden umsetzen. Spannend wird es, wenn anschließend das Spiel in umgekehrter Reihenfolge abläuft und man von der Bewegung ausgeht.

Bewegung in Musik.

A Gruppe A
Bewegt euch gemeinsam durch den Raum. Schaut darauf, was die anderen machen, geht aber auch ganz eigene Wege.

Gruppe B
Begleitet musikalisch, was ihr seht. Ihr könnt euch auch nur auf einen bzw. eine der sich Bewegenden beziehen.

Je nach Gruppe kann es notwendig sein, in einer ersten Phase mögliche Fortbewegungsarten und Ausdrucksmöglichkeiten zusammen zu tragen (hüpfen, traurig sein, die Arme drehen usw.).

Vielen fällt es etwas leichter, wenn man das Spiel zunächst als Partnerübung, allerdings in einer Gruppenkonstellation, ausführt. Jeweils ein sich Bewegender spielt zusammen mit einer Musikerin. Dadurch, dass alle gemeinsam spielen und sich bewegen, erscheint das Ergebnis zuweilen etwas wirr. Von der Alternative, einer reinen Partnerübung, ist jedoch meist abzuraten. Insbesondere Heranwachsende in der Pubertät, aber auch Erwachsene, erleben das sich Bewegen vor einer Gruppe zuweilen als schamhaft. Die Erfahrungen, Musik auf Bewegungen zu beziehen, sind jedoch so wertvoll, dass auf diese Form möglichst nicht verzichtet werden sollte.

Der letzte Schritt besteht darin, dass man offenlässt, wer führt und wer folgt. Musik und Bewegung wechseln sich in der Rolle des Führens und Folgens ab. Auch hier wäre eine reine Partnerkonstellation künstlerisch am leichtesten umsetzbar, je nach Gruppenkonstellation aber nicht immer möglich.

FISCHSCHWARMSPIEL G K *

A Geht kreuz und quer durch den Raum. Versucht dabei eure Mitspielenden wahrzunehmen. Bleibt eine Person stehen, bleiben alle stehen, geht eine los, gehen alle los. Versucht so zu agieren, dass kein Führen und Nachmachen mehr erkennbar ist.
- Zum Intensivieren der Wahrnehmung anderer Sinne versucht dasselbe mit geschlossenen Augen.
- Ändert nach jedem Halt gemeinsam die Fortbewegungsart (schleichen, hüpfen, galoppieren usw.). Einer beginnt, alle anderen ahmen die Bewegung nach. Handelt dabei wie ein Fischschwarm. Es sollte nicht ersichtlich sein, wer begonnen hat.
- Begleitet eure Bewegungen mit der Stimme.
- Teilt euch in zwei Gruppen auf. Die eine Hälfte bewegt sich im Raum mit unterschiedlichen Bewegungen, die andere begleitet diese am Instrument mit frei gewählten Klängen. Die Bewegungen bestimmen die Art der Musik. Wenn ihr wollt, sucht euch eine Spielerin heraus und begleitet nur sie musikalisch. Wechselt nach einiger Zeit die Rollen.
- Nun spielt das Spiel andersherum: Die Musik bestimmt die Art der Bewegungen.

Statt Fortbewegungsarten können auch Tempo- und Charakterbezeichnungen aus der Musik verwendet werden, z.B. Andante, molto Pesante, Allegro, con fuoco. Macht nach einiger Zeit eine kurze Pause. Ein Spieler darf in der Pause eine Tempo- oder Charakterbezeichnung bestimmen, die nachfolgend in Bewegung und Musik umgesetzt wird.

Diese Art von Spielen (bzw. Aufgaben) zielt darauf ab, dass die Gruppe ohne erkennbare Leitung agiert. Sie prägt eine Art „Schwarmintelligenz" aus. Die Spielenden sensibilisieren sich gegenüber ihren Mitspielenden und deren Aktionen. Sinnvoll ist es daher, dieses Spiel vor Improvisationen größerer Gruppen, bei denen alle gut aufeinander reagieren sollen, einzusetzen. Durchaus von Vorteil ist dabei, dass in den Pausen Stille herrscht, die für nachfolgende Aufgaben und Feedback genutzt werden kann.

TÖNE VERKAUFEN P G * BIS ***

A Vereinbart drei bis fünf Töne, die im Laufe des Spiels als „Ware" dienen. Spielt die Töne für euch durch.
Sucht euch aus diesem Tonvorrat insgeheim einen Ton aus, den ihr euren Mitspielenden musikalisch anpreist. Während die Gruppe leise den tiefsten Ton als Bordunton spielt, startet einer der Spieler als Verkäufer, indem er seinen Ton immer wieder spielt und umspielt. Die Zweite ist die Käuferin, die auf die Angebote musikalisch reagiert, indem sie den jeweiligen Ton annimmt (z.B. durch Tonrepetitionen) oder dem Verkäufer zu verstehen gibt, dass sie ihn nicht möchte (z.B. dadurch, dass sie ihn nicht spielt und andere Töne wählt). Nun ist der nächste Verkäufer mit einem neuen Ton an der Reihe. Da jeder bzw. jede Mitspielende seine Ware verkaufen will, bietet es sich an, vor allem Töne anzubieten, die noch nicht erklungen sind. Ein Markttag ist zu Ende, wenn alle Töne verkauft wurden.

Vereinbart eine siebentönige Skala (mit Grundton). Probiert dasselbe Spiel mit einem hinzugefügten Bordunton. **VARIANTE**

MÄRKTE VERSCHIEDENER LÄNDER

A Legt drei verschiedenen Schauplätze und dementsprechende Skalen fest (z.B. ein mittelalterlicher Markt auf Dorisch, ein Bazar in Marrakesch auf Hijaz, ein Markt in den Alpen in Dur). Spielt dieses Spiel dreimal hintereinander mit unterschiedlichen Skalen.

SIEHE AUCH
Spiel mit Figuren und Skalen,
S. 182–206.

KONTRAST UND METAMORPHOSE

M Instrumente

Z Spiel mit Kontrasten und Verläufen

E P G **

EXTREME KONTRASTE

A Erfindet eine Musik mit extremen Kontrasten z.B. mit
- sehr lauten und sehr leisen Tönen oder
- sehr langen und sehr kurzen Tönen oder
- sehr hohen und sehr tiefen Tönen
- Rauschklängen und sehr klaren Tönen.

E P G **

KOMBINIERTE KONTRASTE

A Spielt eine Musik mit extremen Kontrasten. Kombiniert dabei möglichst Vielfältiges. Nutzt dafür sowohl die Lautstärke (Dynamik), die Tondauer, die Tonhöhe als auch das Timbre. Verwendet auch Ungewohntes wie z.B. kurz und leise, lang in der Mittellage, tief und kurz oder hoch und laut.

E P G **

METAMORPHOSEN

A Spielt Übergänge mit Tönen von einem Extrem in das andere: Führt laut zu leise, hoch zu tief und lang zu kurz. Kombiniert die einzelnen Parameter auch miteinander. Versucht, verschiedene Parameter gleichzeitig zu transformieren.

Diese Improvisationsanweisung orientiert sich an der seriellen Musik der 1960er Jahre, in der musikalische Kontraste als ein auffälliges Stilmittel erklingen. Das Spielen von Extremen fällt vielen Musikern und Musikerinnen schwer, es ist leichter, in einer mittleren Lage in mittlerer Lautstärke zu musizieren. Insofern dienen diese Spielanweisungen ein Stück weit der Disziplinierung. Auch geübten Improvisatoren und Improvisatorinnen tut es immer wieder gut, sich der gesamten Klangpalette zu vergegenwärtigen. Die Spielanweisung ist besser geeignet für die Arbeit in Gruppen, lässt sich aber auch im Einzelunterricht, etwa als Vorbereitung der Arbeit an Literaturstücken, einsetzen.

[42] Auch bekannt als *Echokreis, Klatschritournell, Call and Response.*

RONDOSPIELE[42]

M Instrument, Stimme oder Körperklänge

Z Zuhören und Nachmachen, Periodenbildung, Formbewusstsein

G K */**

CALL AND RESPONSE

A Bildet einen großen Kreis. Etabliert einen gemeinsamen langsamen Puls. Geht simultan vier Schritte zur Mitte und wieder vier Schritte zurück.
Erfindet nacheinander über das Schrittmuster beim Hineingehen klatschend einen Rhythmus. Hört genau zu und wiederholt beim Hinausgehen den Rhythmus als Echo (nicht zu laut).
Nutzt nach einiger Zeit auch andere Körperklänge und Vocassions.

Auch Schrittfolgen in anderen Taktarten wie etwa einem 3/4- oder 5/4-Takt sind möglich.

RHYTHMUS-RONDO[43]

A Wir starten erneut mit vier Schritten zur Mitte des Kreises und wieder zurück. Ein Spieler bzw. eine Spielerin gibt nun einen etwas längeren Rhythmus von zwei mal vier Schlägen vor. Klatscht ihn nach.
Das Spiel funktioniert nun ganz ähnlich wie *Call and Response*. Wir starten mit dem eben erarbeiteten Rhythmus. Danach darf jeder bzw. jede reihum beim Hineingehen ein Solo klatschen, das wir beim Hinausgehen nachklatschen. Danach folgt wieder unser Rhythmus, danach das nächste Solo und so fort.

Das Improvisationsspiel entspricht einer Rondo-Form. Soweit diese bekannt ist, kann darauf verwiesen werden, ansonsten ist es nicht zwingend nötig, von Rondo (und Couplet) zu sprechen.
Die Erarbeitungsphase des vorgegebenen Rhythmus muss so lange dauern, bis alle in der Gruppe ohne Probleme den Rhythmus klatschen können. In der Regel benötigt man dafür vier bis zehn Durchgänge.
Das verwendete Couplet muss nicht vom Leiter bzw. der Leiterin vorgegeben, sondern kann auch improvisatorisch mit der ganzen Gruppe erarbeitet werden. Hier wird von einem 4/4-Takt ausgegangen. Je nach Taktart verlängert oder verkürzt sich das Couplet.
Sowohl im Couplet als auch in den Rhythmus-Improvisationen können zusätzlich zum Klatschen auch andere Körperklänge und Vocassions genutzt werden.

MELODIE-RONDO

A Bildet einen Kreis, etabliert einen gemeinsamen Puls und geht jeweils vier Schritte nach innen und wieder nach außen. Ich habe euch eine kleine Melodie mitgebracht, die ihr bitte nachspielt.
Das Spiel funktioniert nun ganz ähnlich wie *Rhythmus-Rondo*. Wir starten beim ersten Hinein- und Hinausgehen mit der Melodie (unserem Couplet). Danach darf der erste Spieler über das Hinein- und Hinausgehen ein Solo improvisieren. Danach folgt wieder unsere Melodie, gefolgt von einer weiteren Soloimprovisation der nächsten Spielerin usw. Wenn ihr wollt, könnt ihr versuchen die Improvisationen in einfacher Form zu begleiten. Achtet aber immer darauf, rechtzeitig wieder mit der Melodie (unserem Couplet) einzusetzen.

Das Melodie-Rondo entspricht weitestgehend dem Rhythmus-Rondo mit dem einzigen Unterschied, dass melodisches anstatt rein rhythmisches Material verwendet wird und die Soli von der Gruppe nicht wiederholt werden. Soweit die Zeit dazu vorhanden ist, ist es daher sinnvoll, Rhythmus- und Melodie-Rondo hintereinander zu spielen.
Das Lernen der vorgegebenen Melodie sollte über das Gehör geschehen und braucht in der Regel einige Zeit. Soweit nötig, kann die Melodie in Teile aufgeteilt und sukzessiv erarbeitet werden. Hilfreich kann es dabei sein, zuvor die verwendete Tonart oder Skala zu klären.
Je nach Instrument und Beweglichkeit der Spielenden ist das gleichzeitige Schreiten und Spielen nicht immer möglich. Da durch das Schreiten äußerlich erfahrbar eine Form etabliert wird, sollte auf das Schreiten anfänglich jedoch nicht ganz verzichtet werden. Hilfreich kann es sein, die Gruppen aufzuteilen. Ein Teil der Gruppe musiziert sitzend am Instrument, der andere Teil schreitet nach dem vorgezeichneten Muster. Nach ein paar Durchgängen müssen die Rollen natürlich getauscht werden (dies gilt nicht für Instrumente, die nur sitzend gespielt werden können). Sobald das Schrittmuster bzw. die Form verinnerlicht wurde, kann auf das Schreiten verzichtet werden.

G K */**

[43] Angelehnt an *Klatschritournell* von Hans Bucher.

Abfolge: Gemeinsamer Rhythmus in den Kreis und wieder heraus, Solo-Rhythmus in den Kreis, Wiederholung durch die Gruppe aus dem Kreis.

G K * BIS ***

Als Couplet eignen sich Teile barocker und klassischer Sätze und Lieder, Volkslieder und Jazzthemen. Entsprechende Zweitakter bzw. Viertakter lassen sich natürlich auch selbst erfinden oder gemeinsam improvisieren. Wichtig bei der Auswahl ist, dass sich die Melodie auf 2 x 4 Schritte verteilen lässt.

Father O'Flynn
(Irisches Volkslied).

Jean Philippe Rameau:
Tambourin (im Original
Alla Breve).

Backwater Blues (in g).

G K * BIS ***

RONDO MIT FRAGE UND ANTWORT

Ähnlich dem Muster des *Rhythmus-Rondos* können auch die Improvisationen der Gruppe beim Hinausgehen wiederholt werden.

A   Stellt euch alle wieder in einen Kreis auf und geht jeweils vier Schritte nach innen und wieder nach außen. Ich habe eine kleine Melodie vorbereitet, die wir zunächst einmal lernen.
Das Spiel funktioniert nun ganz ähnlich wie zuvor. Wir starten beim ersten Hinein- und Hinausgehen mit der Melodie (unserem Couplet). Danach dürfen alle reihum beim Hineingehen ein kurzes Solo improvisieren, das wir als Gruppe beim Hinausgehen wiederholen. Danach folgt wieder unsere Melodie, danach das nächste Solo und so fort. Bitte denkt euch nicht zu komplizierte Dinge aus, es geht darum, dass wir euch folgen können.

Auch hier muss wieder das Couplet zunächst gelernt und gefestigt werden. Die besondere Schwierigkeit besteht im Wiederholen des zuvor Gehörten. Da eine genaue Imitation in der Regel einigen Spielern und Spielerinnen Schwierigkeiten bereitet, reicht es gegebenenfalls aus, sich am Gehörten nur zu orientieren und davon soviel wie möglich zu wiederholen. Auch ein individueller Schluss nach einem gemeinsamen Anfang ist denkbar.
Auch diese Variante lässt sich wieder in anderen Taktarten, einer entsprechend angepassten Phrasenlänge und Schrittfolge spielen. Es muss darauf geachtet werden, dass jeder Takt und jede Periode gut gefestigt sind. Insbesondere bei ungewöhnlichen Taktarten bzw. Schrittfolgen kommt es leicht zu Unsicherheiten. Daher: zuerst gehen, dann spielen.

ZUM WEITERLESEN

Albert Kaul, Jürgen Terhag (2013): Improvisation. Elementare Arbeit mit Kindern, Jugendlichen und Erwachsenen, Mainz (Schott)

Jürgen Terhag (2009): Warmups. Musikalische Übungen für Kinder, Jugendliche und Erwachsene, Mainz (Schott)

Matthias Schwabe (1992): Musik spielend erfinden. Improvisation in der Gruppe für Anfänger und Fortgeschrittene, Kassel (Bärenreiter)

Lilli Friedemann (1973): Einstiege in neue Klangbereiche durch Gruppenimprovisation, Wien (Universal-Edition)

Lilli Friedemann (1969): Kollektivimprovisation als Studium und Gestaltung neuer Musik, Wien (Universal-Edition)

TEXTE UND GESCHICHTEN

Texte und Geschichten jeder Art sind als außermusikalische Skripte gut geeignet, Musik zu erfinden. Verhältnismäßig leicht können Geschichten als Vorlage für eine Art Programmmusik musikalisch umgesetzt werden. Einzelne Handlungen, Gespräche, Gedanken und Ereignisse werden in diesem Fall klanglich untermalt. Ferner kann die Stimmung einer Szene oder der emotionale Zustand eines Protagonisten bzw. einer Protagonistin vertont werden. Als weitere Möglichkeit kann Musik auch als eigenständiges Medium neben einen Text treten. Musik und Text laufen in diesem Fall parallel nebeneinander, beeinflussen sich aber nicht zwangsläufig.

Methodisch kann der musikalischen Umsetzung von Geschichten und Texten zunächst eine schauspielerische, pantomimische oder tänzerische vorangehen. Die nachfolgend improvisierte Musik kann sich entsprechend entweder auf die Geschichte, die Darstellung oder beides beziehen. Selbstverständlich ist auch der umgekehrte Weg möglich. Eine musikalische Improvisation kann immer weiter festgelegt werden und als Vorlage einer nachfolgend erarbeiteten Choreographie oder eines szenischen Spiels dienen.

In gleicher Weise lassen sich auch andere visuelle Mittel einsetzen. Eine Geschichte kann etwa zunächst (als Hausaufgabe) gemalt werden, bevor dann das Bild als Ausgangspunkt für eine Improvisation eingesetzt wird. Insbesondere Kinder tendieren dazu, die verwendeten Ausdrucksmedien inhaltlich stark aufeinander zu beziehen und nicht voneinander abzugrenzen. Eine Geschichte bildet visuell und musikalisch die Handlung ab. Bei älteren Schülern und Schülerinnen besitzen die einzelnen künstlerischen Darstellungsformen eine größere Unabhängigkeit, so dass sich eine musikalische Improvisation, die sich auf ein gemaltes Bild zu einer Geschichte bezieht, sehr wohl von einer Improvisation unterscheidet, deren unmittelbare Vorlage diese Geschichte ist. In einem solchen kunstspartenübergreifenden Unterricht sollte darauf geachtet werden, sowohl die musikalischen als auch die visuellen Mittel bewusst zu gestalten und zu differenzieren.

ASSOZIATIONEN

M Instrumente, Stimme

Z Verknüpfung und Strukturieren von Gedanken und Ideen

G K * **SPONTANE ASSOZIATIONEN**

A Setzt euch in einen Kreis. Bildet ausgehend von einem Substantiv oder Verb nacheinander spontane Assoziationen. Die einzelnen Assoziationen sollen sich dabei immer auf den letzten Wortbeitrag beziehen, nicht aber auf das erste Substantiv. Vermeidet daher auch Ketten, die sich auf ein übergeordnetes Thema und nicht mehr auf die einzelnen Assoziationen beziehen (etwa Sommer – Sonne – Strand – Sand).
Versucht zwischen den einzelnen Wortmeldungen nicht zu viel Zeit verstreichen zu lassen, die Assoziationen sollten möglichst flüssig aneinander anschließen. Vermeidet nach Möglichkeit auch großes Nachdenken und dadurch entstehende Pausen, da es sich sonst eben nicht mehr um Assoziationen, sondern um bewusste Entscheidungen handelt. Ihr könnt im Tempo frei aneinander anschließen oder auch ein regelmäßiges Tempo dirigierend oder stompend etablieren, das als Maß für die einzelnen Assoziationen dient.

BEISPIEL Sommer – Sonne – Strand – Schwimmen – Schnorcheln – Wasser – Durst – Hunger – Mittagessen – Abendessen – Schlafen – Träumen usw.

Alternativ könnt ihr die Assoziationen auch etwas ausführlicher formulieren.

BEISPIEL Sonntag – da bin ich bei meinen Eltern – meine Schwestern werden auch kommen – das wird bestimmt schön – wie gestern – da habe ich auch etwas Schönes erlebt – das Mädchen sah einfach toll aus – wir sehen uns am Sonntag wieder – ich freue mich schon – auf meinen Geburtstag usw.

G K ** **MUSIKALISCHE ASSOZIATIONEN**

A Bildet eine verbale Assoziationskette und begleitet diese mit musikalischen Einwürfen. Ihr könnt vokale Aktionen (Geräusche, Laute und stimmliche Einwürfe jeglicher Art), Klänge auf Percussion- und Orff-Instrumenten sowie klingende Materialien und Aktionen (Bodysounds, Geräusche im Raum, Spiel auf Alltagsgegenständen und dergleichen) verwenden.
Nun verwendet euer eigenes Instrument. Versucht in weiterer Folge klangliche Einzelaktionen bzw. lautmalerische Aktionen zu abstrakteren Motiven weiter zu entwickeln. Nach ein paar Runden vereinbart ein außermusikalisches Thema, das ihr als Ausgangspunkt nehmt. Verzichtet nun auf verbale Assoziationen und assoziiert direkt musikalisch.

Um Assoziationsketten zu bilden, müssen sich alle Schüler und Schülerinnen in der Unterrichtssprache gut ausdrücken können. In Gruppen mit vielen Nicht-Muttersprachlern entstehen schnell größere Lücken, die den Ablauf stören. Eine weitere Schwierigkeit besteht darin, immer auf die letzte Assoziation und nicht auf den verbalen Anfangsimpuls zu reagieren. Selbst Erwachsene tendieren dazu, in einem durch einen Begriff angedeuteten Thema zu verharren. Es entstehen weniger Ketten als Cluster, die musikalisch nicht so interessant sind, da es kaum zu Brüchen und Veränderungen kommt.

Bei der musikalischen Umsetzung von verbalen Assoziationen entstehen zunächst meist Klangmalereien: die Katze miaut, die Tür quietscht und das Auto brummt. Musikalisch erschöpfen sich solche Vertonungen relativ schnell, gleichwohl bieten sie einen schnellen Weg hinein in die Improvisation. In der Feedbackphase geht es entsprechend darum, Wege aufzuzeigen, wie, ohne auf rein lautmalerische Mittel zurückzugreifen, eine musikalische Variante aussehen kann. Um unterstützend zu wirken, kann man als Lehrer bzw. Leiterin auch selbst als Mitspieler bzw. Mitspielerin agieren, in dieser Rolle neue Ideen einbringen und so das Gruppengeschehen gezielt beeinflussen. Ohne viel zu sprechen können dadurch auch die musikalischen Ausdrucksformen differenziert werden.

ASSOZIATIONSGESCHICHTE G K **

A Setzt euch in einen Kreis und erzählt gemeinsam eine Geschichte. Jeder sagt dabei immer nur einen Satz oder Halbsatz, auf den die Nachfolgende reagieren muss. Um Brüche in der Spannung zu vermeiden, schließt ohne Pausen möglichst direkt an.

Als ich heute Morgen aufgewacht bin, **BEISPIEL**
stellte ich fest, dass ich verschlafen habe.
Ich stand schnell auf und hatte nicht einmal mehr Zeit für ein Frühstück.
Ich habe daher auf dem Weg zur Schule etwas gegessen.
An der Schule angekommen, stellte ich fest, dass das Gebäude geschossen ist.
Was hatte ich vergessen?
Da fiel es mir ein – heute ist Sonntag.
Ich schlug mir gegen die Stirn und fuhr aus dem Schlaf hoch – hatte ich nur geträumt?
usw.

SPRECHEN UND SPIELEN G K **

A Vertont eure Geschichte in der Gruppe. Ihr könnt zwei Varianten probieren.
   – Setzt euch in einen Kreis. Nun beginnt reihum wieder mit einer Assoziationsgeschichte. Vertont dabei immer die Assoziation eures Nachbarn bzw. eurer Nachbarin (B erzählt – A spielt, C erzählt – B spielt, D erzählt – C spielt usw.).
   – Teilt die Gruppe in zwei Hälften und bildet Paare. Setzt euch jeweils in Form eines Außen- und eines Innenkreises gegenüber. Nun beginnt der Innenkreis erneut damit, eine Assoziationsgeschichte zu erzählen. Der Außenkreis vertont die Beiträge musikalisch, entweder immer die Beiträge des Partners bzw. der Partnerin oder gemeinsam die gesamte Geschichte.

ERZÄHLEN – MERKEN – SPIELEN G K **

A Erfindet gemeinsam assoziativ eine Geschichte. Wiederholt die Geschichte. Setzt sie anschließend gemeinsam musikalisch um.
   – Gestaltet euren Part der Geschichte solistisch. Jeder vertont nur den eigenen Teil.
   – Alle vertonen die gesamte Geschichte solistisch. Vergleicht, welche Möglichkeiten die anderen Spieler und Spielrinnen nutzen.
   – Vertont die gesamte Geschichte in kammermusikalischen Besetzungen. Spielt wechselnd im Tutti, Duo und Solo. Orientiert euch dabei an der Handlung der Erzählung.

G K *

MIT KLÄNGEN SPRECHEN

A   Erzählt eine assoziative Geschichte mit rein musikalischen Mitteln. Sprecht den Inhalt nicht ab, beginnt gleich rein musikalisch. Ihr könnt mit der Stimme anfangen (z.B. singend, gurgelnd, zischend) und dann auf euren Instrumenten (mit Tönen erzählend) fortfahren.

G K *

STORY CUBES

Story Cubes sind Würfel, auf denen Icons zu einem Thema abgebildet sind. Ursprünglich aus dem Bereich des kreativen Schreibens stammend, handelt es sich um Spielmaterialien, mit denen gemeinsam eine Geschichte anhand einer erwürfelten Folge von Icons erfunden werden kann. Story Cubes gibt es zu verschiedenen Themen mit unterschiedlichen Icons, die sich auch als Vorlage beim Improvisieren einsetzen lassen. Wer sich keine Story Cubes kaufen möchte, kann sich auch selbst welche aus Papier, Pappe oder Holz basteln.

Rory's Story Cubes – Make a story, RSC-Shrink.

Zwei Formen des Einsatzes bieten sich an:

- Würfelt mit einem Würfel und nehmt das jeweilige Icon als Inspiration einer verbalen oder musikalischen Geschichte. Fällt euch nichts mehr ein, würfelt erneut.
- Würfelt mit mehreren Würfeln und überlegt euch eine Reihenfolge als Vorlage für eine Geschichte. Erzählt die Geschichte musikalisch.

Die Schwierigkeit von Assoziationsgeschichten besteht darin, gemeinsam eine spannende Story zu erfinden, die sich nicht nur auf den Anfangsimpuls bezieht, sondern sich weiterentwickelt und mit unerwarteten Brüchen, Wendungen und Ausschmückungen Spannung erzeugt (ohne dabei beliebig zu wirken). Entsprechende dramaturgische Möglichkeiten sollten im Vorhinein angesprochen werden. Gleiches gilt für die musikalische Übertragung. Insbesondere wenn es darum geht, die musikalische Ebene auszudifferenzieren und mehr als nur einfache Lautmalerei zu produzieren, bedarf es einer Auseinandersetzung mit den Gestaltungsmitteln. Von daher sind verbale Assoziationen eine wunderbare Möglichkeit, methodisch mit dem Improvisieren zu beginnen. Letztlich müssen aber musikalische Parameter wie Klang, Dynamik, Artikulation und Tempo im Laufe der Arbeit bewusst eingesetzt werden.

CHARAKTERE RATEN (E) P G K **

M Instrumente, Stimme

Z Musik verkörpern

A Überlegt gemeinsam, welche verschiedenen Typen und Charaktere von Menschen es gibt. Wie verhalten sie sich? Was macht sie aus? Was für Gesten sind typisch? Gebt jedem Typus einen Namen (die Primadonna, der coole Typ, die besorgte Mutter, die Ehrgeizige, der Geizkragen usw.) und schreibt diesen gut sichtbar auf eine Tafel oder ein Kärtchen. Teilt euch in Gruppen und wählt geheim einen Charakter aus. Habt ihr die Begriffe auf Kärtchen geschrieben, könnt ihr auch einfach ein solches ziehen.
Überlegt euch, wie ihr die Charaktere musikalisch darstellen wollt. Probt einzelne Teile und, soweit die Möglichkeit dazu besteht, zieht euch dafür in einen separaten Raum zurück. Kommt dann wieder zusammen und spielt den Anderen euren Charakter vor. Diese haben nun die Aufgabe zu erraten, um welchen Charakter es sich handelt. Ihr könnt daraus auch ein Wettspiel machen.
Besprecht im Anschluss, was und vor allem weshalb jemand gut getroffen wurde. Welche musikalischen Mittel wurden eingesetzt? Wie könnte man den jeweiligen Charakter anders darstellen? Wiederholt das Spiel (gegebenenfalls mit einem anderen Charakter). In weiterer Folge könnt ihr auch Dialoge zwischen den Charakteren, Szenen oder (nach vorhergehender Absprache) mehrteilige Abläufe improvisieren.

Das gleiche Improvisationsspiel lässt sich auch mit anderen Themen durchführen, etwa mit Landschaften, Emotionen, Tieren, Filmfiguren, Theater- und Opernfiguren, Personen aus dem eigenen Umfeld, Farben, Gewürzen oder Düften. Auch hier steht am Anfang eine Phase des gemeinsamen Suchens und Benennens, nachfolgend werden die gefundenen Begriffe vertont. Eine weitere Variante, geeignet eher für Erwachsene, besteht in der Verwendung von Skat- oder Tarot-Karten. Wie lassen sich etwa Bube, Dame, König oder der Zauberer und die Herrscherin vertonen? Ferner kann man auch auf Charaktere und Figuren bekannter musikalischer und literarischer Werke zurückgreifen, etwa Mussorgskys *Der Reiche Goldenberg und der arme Smyle* oder Astrid Lindgrens *Pippi Langstrumpf, Annika und Tommi*.

Weitere Themen: Landschaften, Emotionen, Tiere, Filmfiguren, Theater- und Opernfiguren, Personen aus dem eigenen Umfeld, Farben, Gewürze oder Düfte.

Das Spiel lässt sich sowohl mit Stimmklängen, Percussioninstrumenten, Klangmaterialien jeglicher Art als auch auf dem eigenen Instrument ausführen. Sobald konkrete Töne und traditionelle Tonverbindungen (Tonleitern, Akkorde und dergleichen) verwendet werden, bedarf es entsprechender instrumentaler Fähigkeiten. Leichter ist es, zunächst nur experimentelle Klänge zu verwenden.

SIEHE AUCH
Literaturstücke als Steinbruch für eigene Improvisationen, S. 367–379.

TEXTE ALS VORLAGE

M Texte, Stimme, Instrumente

Z Texte als Anregung und zur Strukturierung von Improvisationen

Geschriebene Texte besitzen meist eine klare Handlungsstruktur, die sich gut als Anregung bzw. als roter Faden einer Improvisation einsetzen lässt. Insbesondere Anfängern und Anfängerinnen hilft der äußere Rahmen einer Handlung, ihre musikalischen Gedanken zu strukturieren. Gleichwohl geht es nicht darum, eine Geschichte bzw. einen Text in Musik zu transformieren – dies wäre letztlich auch gar nicht möglich. Vielmehr bieten geschriebene Texte ähnlich selbst erfundenen Geschichten Anknüpfungspunkte, um eigene Ideen zu entwickeln. Geeignete Texte sind verhältnismäßig einfach zu finden: Zeitungsartikel, Gedichte,

Sachbuch- und Klappentexte bieten sich genauso an wie Kurzgeschichten, Kinderbücher oder Märchen. Für Jugendliche und Erwachsene kommen auch viele Formen trivialer, wissenschaftlicher und poetischer Literatur ebenso wie Schriften aus dem Deutschunterricht der Oberstufe, Kataloge oder Werbetexte infrage.

P G K **

TEXTE DARSTELLEN

M Instrumente, kurze Texte (z.B. Zeitungsartikel, Gedichte oder Kurzgeschichten), Kärtchen mit Sprechrollen (z.B. Mutter, Pfarrer auf der Kanzel, Diktator, Kassiererin im Supermarkt, Anrufbeantworter einer Zahnarztpraxis, eifersüchtige Kellerassel, Golem, Tarzan oder die Eiskönigin Elsa)

A Verteilt die Texte und die Kärtchen mit Sprechrollen. Die Texte und Sprechrollen müssen nicht unbedingt zueinander passen. Lustiger ist es, wenn sie nicht zueinander passen. Es geht nun darum, die Texte entsprechend euren Rollen vorzutragen.
Nun versucht, den Text rein musikalisch mit der Stimme, aber ohne Worte, oder auf eurem Instrument vorzutragen. Bleibt dabei in eurer Rolle und orientiert euch am Text. Nachfolgend überlegt gemeinsam, welche Möglichkeiten beim Vortrag eingesetzt wurden und wie gegebenenfalls der Vortrag noch überzeugender gestaltet werden könnte.

G K **

RAP

M Stimme, kurze Texte

A Bildet Gruppen. Sprecht gemeinsam den Text und überlegt euch gemeinsam eine rhythmisierte Sprechfassung bzw. Rap-Fassung. Übt sie und überlegt euch dabei auch eine Begleitung mit Vocassions. Tragt sie den anderen Gruppen vor.

Interessant ist es, allen Gruppen den gleichen Text zu geben. Zuweilen entstehen sehr unterschiedliche Varianten. Der festgelegte Sprachrhythmus kann nachfolgend auch als Ausgangspunkt einer Improvisation dienen.

(P) G K **

SPRECHKANON

M Stimme, kurze Texte

A Bildet Gruppen. Sprecht gemeinsam den Text und überlegt euch gemeinsam eine rhythmisierte Sprechfassung. Übt sie und tragt sie den anderen Gruppen als Sprechkanon vor.

(P) G K **

IMPRESSIONEN

M Instrumente, Kurzgeschichten, Märchen oder Sachtexte mit Landschafts- oder Stimmungsbeschreibungen

A Lest euren Text. Orientiert euch an der Stimmung der Erzählung und setzt diese musikalisch um.
Improvisiert in verschiedenen Besetzungen. Spielt auch solistisch.

(P) G K **

WEITERERZÄHLEN

M Instrumente, Anfang einer Geschichte

A Lest den Anfang der folgenden Geschichte. Überlegt zusammen, wie sie weitergehen könnte. Erzählt die Fortsetzung auf dem eigenen Instrument.

BEISPIELE

Lulu lag auf dem Sofa. Eigentlich lag sie lieber unter der Heizung im Arbeitszimmer oder in ihrem Körbchen im Flur, doch wie jede Katze liebte sie Abwechslung. Nach dem morgendlichen Speisen und ausgiebigen Putzen hatte sie sich daher auf eines der großen Kissen gelegt und war sofort eingeschlafen. Nachdem alle gegangen waren, öffnete sie langsam ein Auge und spitzte die Ohren. Da war ein Geräusch, ein Knistern und Knacken. Was war das? ...

Josephine rannte fast. Die Typen aus der Nachbarschule hatten sie den ganzen Weg verfolgt und waren immer noch hinter ihr her. Sie hörte ihre Rufe und ihr Gegröle. Sie kannte ihre Namen: Josh, Tom und Malu. Ihre gute Laune war dahin. Nun hatte sie Angst und wusste nicht, was sie tun sollte ...

Kommissar Johansson blieb stehen und lauschte. Ein Tipp hatte ihn in das alte Haus geführt, wo er außer einer alten Pizzaschachtel und Getränkedosen nichts gefunden hatte. Aber immerhin – auf der Schachtel stand der Name der Pizzeria und das war doch schon einmal ein Anhaltspunkt ...

Das kleine Walfangschiff schaukelte auf den Wellen. Seit Wochen hatten sie nichts gefangen und waren daher immer weiter nordwärts gesegelt. Nun waren sie in der Nähe des Eismeers angelangt. Ihre Vorräte gingen langsam zu Neige, und die ständige Kälte machte die Mannschaft mürrisch. Sie mussten bald etwas fangen – ansonsten würde es eng werden. Der Ruf von Svensson war selbst bei stürmischen Wetter zu hören ...

ERLEBNISSE VERTONEN   E P G K **

M   Instrumente
A   Ein Gespräch über Begebenheiten in den Sommerferien, am letzten Wochenende oder in der Schule soll Ausgangspunkt für eure Klanggeschichte sein. Spielt das Erlebnis auf eurem Instrument.

Einigt euch auf ein gemeinsames Thema, z.B.: der Besuch im Zoo, eine Fahrt mit dem Schiff, auf dem Bahnhof, am Strand oder auf dem Dorf/in der Stadt. Vertont das Thema auf eurem Instrument.   **VARIANTE**

Auch soziale Themen wie Gewalt, Empathie, Mitbestimmung, kulturelle Vielfalt oder politische Tagesthemen wie Flüchtlingskrise, Brexit, Totalitarismus können in gleicher Weise als Ausgangspunkt einer Improvisation dienen.

LIVE-HÖRSPIEL   (P) G K **

M   Instrumente, Skriptvorlagen
A   Ihr könnt eine selbst erfundene oder vorgegebene Geschichte zu einem Live-Hörspiel verdichten. Erarbeitet dazu gemeinsam ein Skript. Legt fest, an welchen Stellen improvisiert werden soll.

Skripts können vorgegeben oder aber von der Gruppe selbst erarbeitet werden. Handelt es sich um eine selbst erfundene Geschichte, ist die Geschichte zunächst aufzuschreiben (selbst wenn vorgesehen ist, sie später frei zu erzählen). In größeren Gruppen bietet es sich an, für einzelne Stellen die jeweiligen Besetzungen und den zeitlichen Rahmen der Improvisation festzulegen. Ist eine Aufführung des Live-Hörspiels geplant, müssen die einzelnen Abschnitte und Improvisationen und der Gesamtablauf gezielt vorbereitet werden. Ein glatter Durchlauf, flüssiges, ausdrucksvolles Sprechen des Textes, passende Improvisationen, klangliche Untermalung mit Geräuschen und eine gute dramaturgische Gesamtgestaltung bedürfen der Probe. Natürlich müssen auch die improvisatorischen Mittel in der Arbeit (die oft mehrere Wochen dauert) schrittweise differenziert werden.

(P) G K ✱✱   **MÄRCHEN, MYTHEN UND SAGEN**

M Erzählungen (kürzere Märchen, Mythen oder Sagen), Instrumente

A Sucht euch ein Märchen aus. Lest es euch gegenseitig vor oder – wenn ihr es bereits kennt – erzählt es euch gegenseitig. Achtet dabei auf Einzelheiten und vergesst nicht, Details sprachlich auszuschmücken und den einzelnen Figuren unterschiedliche Stimmen und Charaktere zu verleihen.
Nun überlegt, wie das Märchen aufgebaut ist. Was für Teile finden sich und wie ist es dramaturgisch gegliedert? Erfindet einen mehrteiligen Ablauf als Grundlage für eine Improvisation und gebt jedem Satz einen Titel.

[44] Die Satzbezeichnungen stammen von Peter Jarchow.

Das Märchen Schneewittchen[44] könnte sich etwa wie folgt gliedern:

- Weiß wie Schnee, rot wie Blut und schwarz wie Ebenholz
- Helle Angst und dunkles Grauen
- Sicher hinter sieben Bergen?
- Glühender Todestanz

Beim Anleiten bietet es sich an, die Spieler und Spielerinnen dazu anzuregen, sich auf einige wenige Aspekte einer Geschichte bzw. auf dramaturgische Höhepunkte zu beschränken und sich beim Improvisieren auf diese zu beziehen. Dies sollte auch in den Überschriften zum Ausdruck kommen. Dadurch ergeben sich klare Spannungsverläufe, die einer klassischen Form von Ausgangssituation – Zuspitzung – Auflösung gehorchen. Ein solches formales Prinzip lässt sich auch auf andere Improvisationen übertragen.
Wie beim freien Assoziieren und Geschichtenerzählen führt das Improvisieren über einen Text schnell zu Lautmalerei, die zunächst viel Spaß macht, sich aber schnell musikalisch abnutzt. Es sollten daher weitere Ausdrucksmöglichkeiten erarbeitet werden.
Bei der Arbeit mit Märchen, Mythen und Sagen ist anzuraten, nicht auf alte Originaltexte von Grimm, Tieck u.a. zurückzugreifen, sondern neuere, sprachlich überarbeitete Fassungen zu verwenden. Sie sind meist kürzer und verständlicher. Zudem beschränken sich neuere Sammlungen meist auf die dramaturgisch schlüssigeren Erzählungen. Sie wirken geschlossener, einzelne Handlungsstränge bauen stringenter aufeinander auf. Gleichwohl haben auch alte Sammlungen einen eigentümlichen Reiz, da in ihnen die ursprünglich improvisierte Erzählstruktur noch anklingt. Märchen wurden eben früher nicht in einer immer gleichen Form abgelesen, sondern frei vorgetragen und dabei improvisatorisch ausgeschmückt und verändert.

E P G K ✱ BIS ✱✱✱   **GEDICHTE**

M Gedichte, Instrumente aller Art oder Stimme

Z Durch die Verbindung von Sprache und Musik einen leichten Einstieg ins Improvisieren ermöglichen

Ähnlich dem Einsatz von Bildern vermögen Gedichte die Leser bzw. Leserinnen in eine bestimmte Stimmung zu bringen und ohne viele Worte Handlungen anzudeuten. Das erfordert allerdings ein gutes Textverständnis. Über den unmittelbar durch den Text vermittelten Sinn müssen die implizit mitvermittelten Botschaften erfasst werden. Jüngere Schüler und Schülerinnen müssen also bereits fähig sein, „zwischen den Zeilen zu lesen". Das können einige Kinder schon mit acht Jahren, die meisten vermögen dies erst mit zehn bis zwölf Jahren. Leider verschließen sich insbesondere Jungen in der Pubertät gegenüber gefühlsbetonter Lyrik. Die Gruppe der Kinder und Jugendlichen, mit denen man über Gedichte improvisieren kann, ist deshalb begrenzt.

Es ist nicht einfach, passende Gedichte zu finden. Sie dürfen nicht zu lang sein, damit das Lesen und Erschließen des Textes nicht zu zeitintensiv ist, und sie müssen thematisch zum Alter und den Interessen passen. Ferner müssen sie an die Erfahrungswelt der Spielenden anschließen, was insbesondere in der Arbeit mit Kindern die Auswahl sehr beschränkt. Liebesgedichte, die von allen Lyrikern in großer Zahl geschrieben wurden, bieten sich meist nicht an.

ABENDLANDSCHAFT
Joseph von Eichendorff

Der Hirt bläst seine Weise,
Von fern ein Schuss noch fällt,
Die Wälder rauschen leise
Und Ströme tief im Feld.

Nur hinter jenem Hügel
Noch spielt der Abendschein –
O hätt' ich, hätt' ich Flügel,
Zu fliegen da hinein!

Nicht nur die im Text angedeutete Situation und Stimmung, auch die Beschäftigung mit der Klangsprache romantischer Vertonungen von Eichendorff-Liedern, etwa dem Liederkreis op. 39 von Robert Schumann, können ein guter Ansatzpunkt für verschiedene Improvisationen sein.

MONDNACHT
Rainer Maria Rilke

Weg in den Garten, tief wie ein langes Getränke,
leise im weichen Gezweig ein entgehender Schwung.
Oh und der Mond, der Mond, fast blühen die Bänke
von seiner zögernden Näherung.

Stille, wie drängt sie. Bist du jetzt oben erwacht?
Sternig und fühlend steht dir das Fenster entgegen.
Hände der Winde verlegen
an dein nahes Gesicht die entlegenste Nacht.

Der Titel *Mondnacht* findet sich nicht nur bei Rilke, sondern auch bei anderen Autoren u.a. bei Eichendorff. Spannend kann es sein, die sehr verschiedenen Gedichte gegenüber zu stellen und zu vertonen. Auch nur der Titel kann zunächst als Ausgangspunkt dienen, um eigene Vorstellungen denen von Rilke und gegebenenfalls Eichendorff gegenüber zu stellen.

DER PANTHER
Rainer Maria Rilke

Sein Blick ist vom Vorübergehn der Stäbe
so müd geworden, dass er nichts mehr hält.
Ihm ist, als ob es tausend Stäbe gäbe
und hinter tausend Stäben keine Welt.

Der weiche Gang geschmeidig starker Schritte,
der sich im allerkleinsten Kreise dreht,
ist wie ein Tanz von Kraft um eine Mitte,
in der betäubt ein großer Wille steht.

Nur manchmal schiebt der Vorhang der Pupille
sich lautlos auf –. Dann geht ein Bild hinein,
geht durch der Glieder angespannte Stille –
und hört im Herzen auf zu sein.

Der Panther von Rilke besitzt im Aufbau eine sehr musikalische Struktur. Das Gefühl der Selbstentfremdung des Panthers spiegelt sich im gleichbleibenden Metrum (einem Jambus), dem wiederkehrenden Kreuzreim mit abwechselnden Vokalendlauten und Konsonanten und dem schleppenden Sprachrhythmus wieder. Lediglich in der dritten Strophe findet sich eine leichte Veränderung, die jedoch nur angedeutet wird.

GESPENSTER: AN H.
Stefan George

Ihr tagblind auge flattert über gräber und ruinen
Und schätze wühlen sie aus unheilvoller schicht.
Erlöst sie keiner: schwinden sie dahin und fremd blieb ihnen
Das goldne lachen und das goldne licht.

Das 1907 in der Sammlung *Der siebente Ring* erschienene Gedicht besitzt mit einem Kreuzreim eine scheinbar konventionelle Form, die jedoch durch das wechselnde Versmetrum und den Wechsel von 7 5 7 5 Hebungen formal gebrochen wird. Interessant sind die in sich schwingenden Silben, die einen eigentümlichen Rhythmus besitzen. Inhaltlich regt das Gedicht zu einer plastischen Vorstellung an, wobei unklar bleibt, ob sich das Gedicht auf wirkliche Gespenster bezieht oder ob es sich um eine Metapher handelt. Auf einer musikalischen Ebene arbeitet es mit Gegensätzen, die sich etwa in der Gegenüberstellung von „gräber und runien" mit „goldne lachen und das goldne licht" oder der scheinbaren Stofflichkeit von ausgewühlten Schätzen und der Stofflosigkeit von Gespenstern zeigt.

TIEF VON FERN
Richard Dehmel

Aus des Abends weißen Wogen taucht ein Stern;
tief von fern kommt der junge Mond gezogen.
Tief von fern, aus des Morgens grauen Wogen,
langt der große blasse Bogen nach dem Stern.

Die gleichzeitige Korrespondenz der ersten Zeile mit sowohl der dritten (weiße Wogen – graue Wogen) als auch der vierten (Stern) sowie der zweiten mit der dritten Zeile ist ebenso anregend wie die klanglich komponierten Vokale (etwa Wogen zu Mond, Morgens und Bogen oder taucht zu grauen). Spannend ist auch die Art und Weise, wie das vorherrschende jambische Metrum durchbrochen und die Passage „Tief von fern" rhythmisch wiederholt wird. Doch auch der Titel bietet musikalisch vielfältige Ansatzpunkte.

STRAUCH MIT HERZFÖRMIGEN BLÄTTERN
Erich Fried

Sommerregen warm:
Wenn ein schwerer Tropfen fällt
bebt das ganze Blatt
So bebt jedes Mal mein Herz
wenn dein Name auf es fällt

Erich Fried, Strauch mit herzförmigen Blättern, aus: Erich Fried, Liebesgedichte, © 1979, 1995 Verlag Klaus Wagenbach, Berlin.

Das Gedicht arbeitet mit einer Vielzahl an Assoziationen, etwa dem Blatt als Zeichen der Liebe, dem fallenden Tropfen, der, obwohl er sehr klein ist, das Zittern des Blattes (und der eigenen Seele) auslöst und nicht zuletzt mit der Vorstellung des Sommerregens, der warm und angenehm doch schon bald vorüber ist. Ausgehend von ähnlichen Assoziationen lässt sich eine sommerlich verliebte Musik improvisieren.

DUNKEL WAR'S
Autor unbekannt

Dunkel war's, der Mond schien helle,
schneebedeckt die grüne Flur,
als ein Wagen blitzesschnelle,
langsam um die Ecke fuhr.

Drinnen saßen stehend Leute,
schweigend ins Gespräch vertieft,
als ein totgeschoss'ner Hase
auf der Sandbank Schlittschuh lief.

Und ein blondgelockter Jüngling
mit kohlrabenschwarzem Haar
saß auf einer grünen Kiste,
die rot angestrichen war.

Neben ihm 'ne alte Schrulle,
zählte kaum erst sechzehn Jahr,
in der Hand 'ne Butterstulle,
die mit Schmalz bestrichen war.

Das Gedicht lebt von Widersprüchen. Eine Aufgabe könnte darin bestehen, entsprechende Gegensätze in der Musik zu finden, etwa Klangfarbengegensätze, helle Töne auf tiefen Instrumenten oder Kombinationen von Zeitlupentönen und Passagen im Presto und auf das Gedicht zu beziehen.

DAS SAMENKORN
Joachim Ringelnatz

Ein Samenkorn lag auf dem Rücken,
Die Amsel wollte es zerpicken.

Aus Mitleid hat sie es verschont
und wurde dafür reich belohnt.

Das Korn, das auf der Erde lag,
Das wuchs und wuchs von Tag zu Tag.

Jetzt ist es schon ein hoher Baum
Und trägt ein Nest aus weichem Flaum.

Die Amsel hat das Nest erbaut;
Dort sitzt sie nun und zwitschert laut.

Das Gedicht erzählt eine Geschichte bzw. deutet eine Handlung an, die sich musikalisch aufgreifen lässt. Wie bei jedem anderen Gedicht ist dabei zu unterscheiden, ob das Gedicht rein als Anregung dienen soll oder aber ob man beabsichtigt, sich tiefergehend mit einer Textvorlage zu beschäftigen. Ein Gedicht kann aber auch Ausgangspunkt in der Beschäftigung mit einem Thema bzw. einem Themenkomplex sein. In dem Fall wäre das Gedicht ebenso wie die Improvisation in der Beschäftigung mit einem Thema nur eine Station von vielen.

Auch wenn allein die Aufforderung „Improvisiere über das Gedicht" häufig schon ausreicht, spannende Ergebnisse zu erzielen, bieten sich unterschiedliche Zugänge und Arbeitsweisen und damit Differenzierungsmöglichkeiten an. Gearbeitet werden kann über einen ersten Eindruck im Sinne einer ersten Impression, über den Sinn des Gedichts, die Struktur, den Klang oder die verwendete Sprache. Dies setzt jeweils unterschiedliche Formen der Auseinandersetzung mit der Textvorlage voraus, was auch für die Anleitende bzw. den Lehrer eine entsprechende Vorbereitung erfordert.

ZUM WEITERSCHMÖKERN

Johann Bergmann (Hg.)(2014): Klassiker der Lyrik. Die schönsten deutschen Gedichte, München (Amazon/Kindle)

Rita Harenski (Hg.)(2015): Zauberwort. Die schönsten Gedichte für Kinder, mit Illustrationen von Christine Brand, Würzburg (Arena)

Christian Morgenstern (1986): Galgenlieder. Palmström. Palma Kunkel. Der Gingganz, Stuttgart, Leipzig (Reclam)

Josef Guggenmos (1971/2001): Was denkt die Maus am Donnerstag? 121 Gedichte für Kinder, München (dtv)

Joachim Ringelnatz (1964/1992): Ringelnatz. Gedichte und Prosa, Berlin (Henssel)

HAIKU UND TANKA

M Gedichte, Stimme und/oder Instrumente aller Art
Z Leichter Einstieg in die Improvisationen

E P G K **/***

Neben der europäischen Dichtung sind insbesondere japanische Haikus und Tankas als Textvorlage zum Improvisieren gut geeignet. Haikus sind japanische Kurzgedichte mit drei Zeilen zu jeweils 5, 7 und wieder 5 Silben, die in den deutschen Übersetzungen leider nicht immer erhalten bleiben. Sie haben immer einen starken Gegenwartsbezug und sind inhaltlich bewusst offen gehalten. Im Text wird eine Situation, ein Eindruck bzw. ein Gefühl nicht konkret benannt, sondern nur angedeutet. Ganz ähnlich ist das Tanka, ein Fünfzeiler mit insgesamt 31 Silben. Insbesondere das Haiku ist weniger gefühlsbetont als europäische Lyrik. Beide Formen geben verdichtet Impressionen wieder und sind allein schon aufgrund ihrer Kürze für den Instrumentalunterricht gut geeignet. Leider geht in den deutschen Übersetzungen der unvergleichliche Klang der Originale verloren. Wer dazu die Möglichkeit hat, sollte sich diese zumindest auch auf Japanisch vortragen lassen.

Ola Tarakanova/Shutterstock.com

HAIKU

Der alte Weiher: 　　　古池や　　　furu ike ya
Ein Frosch springt hinein. 　蛙飛び込む　kawazu tobikomu
Oh! Das Geräusch des Wassers. (Bashō) 　水の音　mizu no oto

Ab der Mittagszeit 　　　昼からは　　hiru kara wa
ist es etwas schattiger, 　ちと影も在り　chito kage mo ari
ein Wolkenhimmel (Issa) 　雲の峰　　kumo no mine

Der Gott ist fern.
Die welken Blätter häufen sich
Um´s verlassene Haus. (Bashō)

Den ganzen langen Tag
Gesungen –- aber der Lerche
War er nicht lang genug. (Bashō)

Auf dem Seerosenblatt der Frosch
Aber was macht er
Für ein Gesicht? (Issa)

Wie er doch dufte,
Des Nachbars Pflaumenbaum,
Den ich nicht sehe! (Chora)

Voll Seelenruhe
Ein allerliebstes Kätzchen
Im Fall der Blüten! (Bashō)

Den Klee des Sommers
Am schmalen Pfad der Regen
Zu Tode trommelt. (Kinya)

Das dürre Schilfgras:
„Vor alters hauste hier, ha,
Die alte Hexe!" (Issa)

TANKA

Wenn Frühlingsnebel
Sich an den Bergen hinziehen,
Die Kirschblüte,
Die sich dem Ende zuneigt,
Die Farbe langsam wechselt. (unbekannter Dichter)

Zum Abenddämmern
In kurzem aus den Wolken
Doch in die Reste
Der Mandarinenblüte
Der Sturmwind blasen dürfte. (Fujiwara-no-Sadaie)

Was dort im Herbststurm
Mit Schrei und vollen Segeln
Wie Boote aufkommt
Und kreuzt des Himmels Hafen:
Die Wandergänse sind es! (Kokinwakashū)

Auf meinem Ärmel
Früh morgens zartes Nieseln
Leis niedertropfte:
Hat auch in deinem Herzen
Der Herbst sich eingefunden? (Kokinwakashū)

ZUM WEITERLESEN

Jan Ulenbrook (Hg.)(2010): Haiku. Japanische Dreizeiler, ausgewählt und aus dem Japanischen übersetzt von Jan Ulenbrook, Stuttgart (Reclam)

Jan Ulenbrook (Hg.)(1996): Tanka. Japanische Fünfzeiler, Ausgewählt und aus dem Urtext des Manyōshū, Kokinwakshū, Shinkokinwakashū übersetzt von Jan Ulenbrook, Stuttgart (Reclam)

E P G K ***

POESIE MIT MUSIKBEZUG
M Gedichte, Stimme und/oder Instrumente aller Art
Z Gedicht als Vorlage zum Improvisieren mit klaren musikalischen Spielangaben

Bezogen auf das Unterrichten von Improvisation stellen Gedichte mit einem eindeutigen Musikbezug eine interessante Untergruppe dar, da die angedeuteten Inhalte bereits selbst etwas Klingendes beschreiben und damit gewisse musikalische Vorgaben beinhalten. Ein sehr schönes Beispiel findet sich mit *Tanz* in der Sammlung *Galgenlieder* von Christian Morgenstern, dem Gedicht vom *Vierviertelschwein und der Auftakteule*.

DER TANZ
Christian Morgenstern

Ein Vierviertelschwein und eine Auftakteule
trafen sich im Schatten einer Säule,
die im Geiste ihres Schöpfers stand.
Und zum Spiel der Fiedelbogenpflanze
reichten sich die zwei zum Tanze
Fuß und Hand.

Und auf seinen dreien rosa Beinen
hüpfte das Vierviertelschwein graziös,
und die Auftaktkeule auf ihrem einen
wiegte rhythmisch ihr Gekrös.
Und der Schatten fiel,
und der Pflanze Spiel
klang verwirrend melodiös.

Doch des Schöpfers Hirn war nicht von Eisen,
und die Säule schwand, wie sie gekommen war;
und so musste denn auch unser Paar
wieder in sein Nichts zurücke reisen.

Einen letzten Strich
tat der Geigerich –
und dann war nichts weiter zu beweisen.

A   Lasst euch von diesem Gedicht zu einer mehrsätzigen Improvisation anregen. Ein mögliches Konzept könnte so aussehen:

1. Satz (Das Vierviertelschwein): Spielt ein Stück im 4/4-Takt, molto pesante mit lauten Instrumenten und kräftigen Klangfarben.
2. Satz (Die Auftaktkeule): Spielt einen Tanz, in dem der Auftakt immer wieder vorkommt, mit eher luftigen, zarten Instrumenten.
3. Satz (Das Spiel der Fiedelbogen-Pflanze): Ein melodiöses Solo eines Streichinstrumentes mit vielen Umspielungen und Ornamenten.
4. Satz (Rhythmisches Gekröse und die Reise ins Nichts): Kombiniert verschiedene Rhythmusebenen miteinander, z.B. zwischen einzelnen Instrumentengruppen, verschiedenen Taktarten, oder improvisiert abwechselnd über ein Ostinato. Auch

polyrhythmische Strukturen sind möglich. Verringert gegen Ende die Dichte des musikalischen Satzes (z.B. durch vermehrtes Einbauen von Pausen, einem allmählichen Decrescendo und immer weniger Spieler und Spielerinnen). Am Schluss bleibt ein Streicher übrig, der mit einem Solo das Stück beendet.

KLANGGEDICHTE

E P G K ***

M Gedichte, Stimme und/oder Instrumente aller Art
Z Klang von Wörtern als Anregung für musikalische Aktionen

Einige Gedichte liegen in einem Grenzbereich, in dem die Ebene der Laute der verwendeten Worte gegenüber der Form und dem Inhalt gleichbedeutend ist. Solche Klanggedichte lassen sich inhaltlich deuten, laden aber gleichzeitig zu einem spielerischen Zugang ein. Weniger der Sinn als der Klang der Worte dient dabei als Anregung. Im Gedicht *Onkte tanzen durch den Raum* bleibt z.B. offen, was Onkte und Ponkte überhaupt sind und was sich die Spieler und Spielerinnen darunter vorzustellen haben. Dies lädt zu einem fantasievollen Umgang ein. Gleichzeitig regen die Worte an, sie in Klänge zu transformieren. Auch die Art und Weise, wie diese weiterverarbeitet werden können, ist in den Wörtern „runkend, ronkend" angedeutet.

ONKTE TANZEN DURCH DEN RAUM
Karen Schlimp

onkte tanzen
durch den Raum
bilden einen ponkenden Ronkt
übergehend in einen ronkenden Ponkt
Erheben sich im rankenden Tanz
um den runkenden Punkt
der sich mit Vehemenz ins volle Onk ergießt
ohne Tanz
tanzen die ronkenden Onke
in den Keimpunkt des O
on(kt)e
tanzen durch den Raum

GEDICHT IN BI-SPRACHE
Joachim Ringelnatz

Ibich habibebi dibich,
Lobittebi, sobi liebib.
Habist aubich dubi mibich
Liebib? Neibin, vebirgibib.

Nabih obidebir febirn,
Gobitt seibi dibir gubit.
Meibin Hebirz habit gebirn
Abin dibir gebirubiht.

Das Gedicht von Ringelnatz arbeitet mit Einfügungen. Dieses Prinzip lässt sich auch musikalisch umsetzen.

E P G K ***   **LAUTPOESIE**
M   Instrumente aller Art und/oder Stimme, Gedichte
Z   Verbindung von Sprachlauten und Instrumentalklängen

Ähnlich abstrakter Malerei wird in reiner Lautpoesie auf sprachlichen Sinn bzw. den inhaltlich-darstellerischen Aspekt zu Gunsten der Form und des Klangs der Silben verzichtet. Bei Lautgedichten lässt sich die Bedeutung bestenfalls über den Titel, den historischen Zusammenhang, in dem das Gedicht entstanden ist, sowie die verwendeten Laute und Klänge erschließen. Die Klanglichkeit der Laute stellt eine Brücke zur Musik dar, die Worte selbst besitzen einen musikalischen Charakter, der unmittelbar zum eigenen Erfinden einlädt. Beim Improvisieren bieten sich einerseits Verbindungen von gesprochener Sprache und Musik an, andererseits auch Übertragungen, d.h. die Sprachlaute lassen sich in Instrumentalklänge transformieren.

BRULBA DORI DAULA DALLA
Hugo Ball

brulba dori daula dalla
sula lori wauga malla
lori damma fusmalu

Dasche mame came rilla
schursche saga moll vasvilla
suri pauge fuzmalu

Dolli gamba bokamufti
sabel ize spogagufti
palazuma polja gei

```
mula dampe dori villa
alles virds schavi drestilla
offi lima dozapau
pozadau
```

MONOLOG DES VERRÜCKTEN MASTODONS
Paul Scheerbart

Zépke! Zépke!
Mekkimápsi – muschibróps.
Okosôni! Mamimûne ....
Epakróllu róndima sêka, inti .... windi .... nakki; pakki salône hepperéppe
   – hepperéppe!!
Lakku – Zakku – Wakku – Quakku ––– muschibróps.
Mamimûne – lesebesebîmbera – roxróx – roxróx!!!

Quilliwaûke?
Lesebesebîmbera – surû – huhû

A Lest das Gedicht in der Rolle des Mastodons. Imaginiert dabei, was ihr euch unter einem Mastodon vorstellt (ein Organfortsatz im Körper, eine Zelle einer Pflanze, ein außerirdisches Wesen oder dergleichen). Gestaltet eure Interpretation dementsprechend geheimnisvoll, schräg oder emotional (aber auf jeden Fall ein wenig verrückt). Übertragt den Klang der Wörter mit ihren Konsonanten, Vokalen und Satzzeichen auf euer Instrument.

DAS GROSSE LALULA
Christian Morgenstern

Kroklokwafzi? Semememi!
Seiokrontro – prafriplo:
Bifzi, bafzi; hulalemi:
quasti basti bo...
Lalu lalu lalu lalu la!

Hontraruru miromente
zasku zes rü rü?
Entepente, leiolente
klekwapufzi lü?
Lalu lalu lalu lalu la!

Simarar kos malzipempu
silzuzankunkrei (;)!
Marjomar dos: Quempu Lempu
Siri Suri Sei [ ]!
Lalu lalu lalu lalu la!

[45] Schwitters 1932/1973, 228–230.

SONATE IN URLAUTEN
Kurz Schwitters[45]

dritter teil: scherzo
(*die Themen sind charakteristisch verschieden vorzutragen*)

Lanke trr gll (munter)
    pe pe pe pe pe
        Ooka ooka ooka ooka
. . . .
Lanke trr gll
    pii pii pii pii pii
        Züüka züüka züüka züüka
. . . .
Lanke trr gll
    Rrmmp
    Rrnnf
. . . .
Lanke trr gll
    Ziiuu lenn trll?
    Lümpff tümpff trll
. . . .
Lanke trr gll
    Rrumpff tilff too
. . . .
Lanke trr gll
    Ziiuu lenn trll?
    Lümpff tümpff trll
. . . .
Lanke trr gll
    Pe pe pe pe pe
        Ooka ooka ooka ooka
. . . .
Lane trr gll
    Pii pii pii pii pii
        Züüka züüka züüka züüka
. . . .
Lanke trr gll
    Rrmmp
    Rrnnf
. . . .
Lnke trr gll
_____

Trio
(*äußerst langsam vorzutragen*)

Ziiuuu iiuu
    ziiuu aauu
        ziiuu iiuu
            ziiuu Aaa
. . . .
Ziiuu iiuu
    ziiuu aauu
        ziiuu iiuu
            ziiuu Ooo
. . . .
Ziiuu iiuu
    ziiuu aauu
        ziiuu iiuu
_____

scherzo

Lanke trr gll (munter)
    pe pe pe pe pe
        Ooka ooka ooka ooka
. . . .
Lanke trr gll
    pii pii pii pii pii
        Züüka züüka züüka züüka
. . . .
Lanke trr gll
    Rrmmp
    Rrnnf
. . . .
Lanke trr gll
    Ziiuu lenn trll?
    Lümpff tümpff trll
. . . .
Lanke trr gll
    Rrumpff tilff too
. . . .
Lanke trr gll
    Ziiuu lenn trll?
    Lümpff tümpff trll
. . . .
Lanke trr gll
    Pe pe pe pe pe
        Ooka ooka ooka ooka
. . . .
Lanke trr gll
    Pii pii pii pii pii
        Züüka züüka züüka züüka
. . . .
Lanke trr gll
    Rrmmp
    Rrnnf
. . . .
Lanke trr gll
_____

Lautpoesie verführt dazu, sie rein oberflächlich zu betrachten. Aus einem ersten Impuls heraus scheint sie zwar lustig, jedoch inhaltslos. Es bedarf daher einer genauen und systematischen Arbeit. Eine Erarbeitung kann in folgender Weise geschehen:

A 1. Texterarbeitung

Lest den Text reihum genau, beachtet jede Zeile und jede Silbe bewusst und übt die Aussprache einzelner Silben. In größeren Gruppen teilt den Text auf und sprecht ihn in verteilten Rollen.

Probiert den Text in unterschiedlichen Tempi und Lautstärken.

Lasst euch gegebenenfalls durch verschiedene Schrifttypen zu unterschiedlichen Klangfarben und differenziertem Ausdruck animieren.

Deklamiert Textteile und transformiert diese singend in musikalische Phrasen. Beziet dabei unterschiedliche Klangfarben und individuellen Ausdruck mit ein.

2. Musikalische Erarbeitung

Nun überlegt euch eine musikalische Fassung.

Diskutiert, zu was euch (musikalisch) der Text inspiriert. Wie könnten sich Musik und Sprache gegenseitig ergänzen?

Improvisiert mit den im Text enthaltenen Lauten. Löst etwa einzelne Silben heraus und unterlegt sie mit instrumentalen Klängen.

Spielt mit Vokalen und Konsonanten und überlegt, wie man diese auf euren Instrumenten umsetzen kann.

Ersetzt die Silben durch Klänge, begleitet den Text mit Klängen und/oder sprecht und spielt abwechselnd.

Lest und spielt den Text in verteilten Rollen. Wechselt euch dabei ab.

Überlegt euch verschiedene Varianten in unterschiedlichen Besetzungen, etwa
- als Duovariante – abwechselnd, dialogisch
- im Wechsel zwischen Solo und Unisono
- in freier Kombination des Materials.

3. Verzicht auf den Text

Verzichtet nun komplett auf den Text. Nutzt diesen nur als Inspiration. Erarbeitet verschiedene musikalische Varianten.

ZUM WEITERHÖREN

Originalaufnahmen von Kurt Schwitters finden sich auf den bekannten Videoplattformen. Empfehlenswert ist ferner die Interpretation von Jaap Blonk (Kurt Schwitters, Jaap Blonk: Ursonate, Basta CD 2004).

Hinsichtlich der Verbindung von Musik und Sprache ist Peter Ablingers Zyklus *Voices and Piano* anregend (seit 1998 54 Stücke, Reden berühmter Personen kombiniert mit Klavier, Kairos 2009).

TEXTE ERFINDEN

M Instrumente aller Art und/oder Stimme, Papier und Stifte
Z Verbindung von Sprachlauten und Instrumentalklängen

E P G K ***

Nach der intensiven Auseinandersetzung mit Lautpoesie können auch eigene Gedichte und Texte entstehen, in denen mit Sprache und Musik lautmalerisch umgegangen wird. Dies setzt voraus, dass im Arbeitsprozess nicht nur an den musikalisch-improvisatorischen Fähigkeiten gearbeitet wird, die Spieler und Spielerinnen müssen auch ein Gefühl für die sprachlichen Mittel entwickeln. Lyrische Formen und Ausdrucksqualitäten von Sprache und Lauten müssen ebenso diskutiert werden wie eigene Schreibversuche angeleitet. Eine Fülle von Anregungen dazu findet sich in der Literatur zum kreativen Schreiben.

MONSTERGEDICHT[46]

A Kennst du dein Monster?
Erforsche dein Monster: Wie sieht es aus? Wie alt ist es? Was hat es gern? Wann rastet es völlig aus? Isst es gerne Käse oder mag es Schokolade? Hat es Angst vor Hunden oder der Dunkelheit? Ist es flauschig oder hat es einen rasierten Kopf? ... Dein Monster ist furchtbar verliebt in das Monster im Keller.
Schreibe ein Liebesgedicht in Monstersprache. Vertone es auf deinem Instrument.

LEBENDE LAMPE

A Schau dich in dem Zimmer bzw. an dem Ort, an dem du dich befindest, um. Was für Gegenstände siehst du gerade. Wähl dir einen aus und schreib aus seiner Sicht einen kurzen Text mit dem Titel „Aus dem Leben eines/einer ... (Wasserglases, Brotmessers, Teppichs, Topfpflanze, Stubenfliege). Lass deiner Fantasie freien Lauf. Überleg auch, was für eine Sprache der Gegenstand spricht. Beherrscht er Deutsch, Französisch oder Englisch oder spricht er seine ganz eigene Sprache? Gibt er nur Laute von sich oder kann er vielleicht auch singen? Nun vertone deinen Text auf deinem Instrument.

[46] Die Ideen sind an Methoden zum kreativen Schreiben von Janett Menzel (2016) angelehnt.

ZUM WEITERLESEN

Jochen Neuhaus (2018): Wortgestein. Lyrik, visuelle und dadaistische Poesie, Remscheid (Rediroma)

Karl Riha (Hg.)(2009) Dada. 113 Gedichte, Berlin (Wagenbach)

Mario Leis (2006): Kreatives Schreiben. 111 Übungen, Stuttgart, Leipzig (Reclam)

Christian Scholz, Urs Engeler (Hg.)(2002): Fümms bö wö tää zää Uu. Stimmen und Klänge der Lautpoesie, Schupfart (Engeler)

Ernst Jandl (1986): Laut und Luise, Stuttgart, Leipzig (Reclam)

Kurt Schwitters (1985): Anna Blume und andere. Literatur und Grafik, Berlin (Volk und Welt)

[47] Nach einer Komposition für Ensemble von Karen Schlimp (2003).

P G K **

Für Kinder

E **

E P G **

Für Jugendliche und Erwachsene

E P G **

GEHEIME POESIE[47]

M Papier, Instrumente aller Art, Stimme

Z Fantasie anregen

GEHEIME BOTSCHAFTEN

A Vor euch liegt ein leeres Blatt. Stellt euch vor, darauf sei mit Zaubertinte eine Botschaft geschrieben. Niemand außer euch kann diese Botschaft entziffern. Vielleicht handelt es sich um eine geheime Schatzkarte mit einer Wegbeschreibung oder um eine außerirdische Botschaft. Du kannst auch in die Haut eines anderen schlüpfen. Wer würdest du gerne sein? Von wem hättest du gerne eine Nachricht? Was hättest du geschrieben? Einigt euch über das, was auf dem Blatt steht, und improvisiert ein Stück dazu.

Überleg dir, was auf dem Blatt steht und improvisiere ein Stück dazu.

IN DER WERKSTADT DER KALLIGRAPHEN

A Vor euch liegt ein leeres Blatt/ein Blatt mit merkwürdigen Zeichen. Stellt euch vor, es handele sich um ein Gedicht in einer geheimen Schrift. Was mag es bedeuten? Improvisiert gemeinsam über das Gedicht.

Mögliche Themen des Gedichts könnten sein:

- Zornige Gedanken
- Schreiben ist wie Träumen
- Unerfüllte Sehnsucht
- Geheime Liebe
- Verschwörung

SCHREIBGERÄUSCHE

A Experimentiert auf euren Instrumenten oder auf Gegenständen im Raum mit Schreibgeräuschen. Wie klingt es etwa, wenn ich auf einem Trommelfell mit der Schlägelrückseite unsichtbar schreibe. Wie verändert sich der Klang mit mehr oder weniger Druck? Wie und worauf lassen sich mit dem Geigenbogen tonlose Schreibgeräusche erzeugen? Wie klingen im Klavierinnenraum, auf den Saiten, mit der Hand, mit der Fingerkuppe oder mit den Fingernägeln schnellere oder langsamere Schreibbewegungen?

Aus *In der Werkstatt des Kalligraphen* und *Schreibgeräusche* lassen sich auch längere Improvisationen entwickeln.

Teil 1: Schreibgeräusche in allen Varianten: anfänglich ganz leise, dann immer lauter werdend.
Teil 2: Zuvor vereinbarte geheime Botschaften bzw. geheime Gedichte werden nacheinander vertont. Jede Botschaft bildet dabei einen eigenen Satz bzw. einen eigenen Teil der Improvisation. Verratet den Zuhörern und Zuhörerinnen nichts, die Botschaft/das Gedicht soll geheim bleiben.

GEHEIMNISVOLLE STIMMUNGEN E P G * *

A   Überlegt euch verschiedene geheimnisvolle Stimmungen und stellt sie musikalisch auf euren Instrumenten dar: intensiv aber leise, für sich und doch nach außen durchdringend, spannungsreiche einzelne Klänge ...

GEHEIME BOTSCHAFTEN ERRATEN E P G * *

A   Teilt euch in zwei gleich große Gruppen. Überlegt euch gemeinsam, über welches Thema ihr eine Botschaft in Geheimschrift verfassen wollt. Nun wird jeweils ein Mitspieler bzw. eine Mitspielerin bestimmt, der bzw. die in der nachfolgenden Improvisation die Botschaft in Geheimschrift auf einem Plakat gut sichtbar niederschreibt. Die anderen der Gruppe reagieren musikalisch auf ihren Instrumenten sowohl auf die Schreibbewegungen, die entstehenden Grafismen als auch auf das vereinbarte Thema. Die zweite Gruppe hört gut zu und versucht hinter das Geheimnis der Botschaft zu kommen. Sollten sie das Geheimnis nicht aufdecken, sammelt, was von der Botschaft verstanden wurde und vor allem weshalb.

ტექსტის საიდუმლო წერილი.
एक गुप्त संदेश के साथ एक पाठ।
帶有秘密消息的文本
Текст с секретным сообщением.
Գաղտնի հաղորդագրությամբ տեքստը:
טקסט העדוה םע תידוס.
비밀 메시지가있는 텍스트입니다.
نص برسالة سرية.

Ein Text mit einer geheimen Botschaft.

E P G **

POESIEMOSAIK

M Instrumente, Stimme, Grafiken

Z Fantasie anregen

A Nehmt euch eine der beiden folgenden Zeichnungen. Interpretiert das dargestellte Gedicht und seine grafische Darstellung.

Paul Fülöp: *Erstarrung – Verwandlung – Erlösung*, aus: Fülöp 2011, 41.

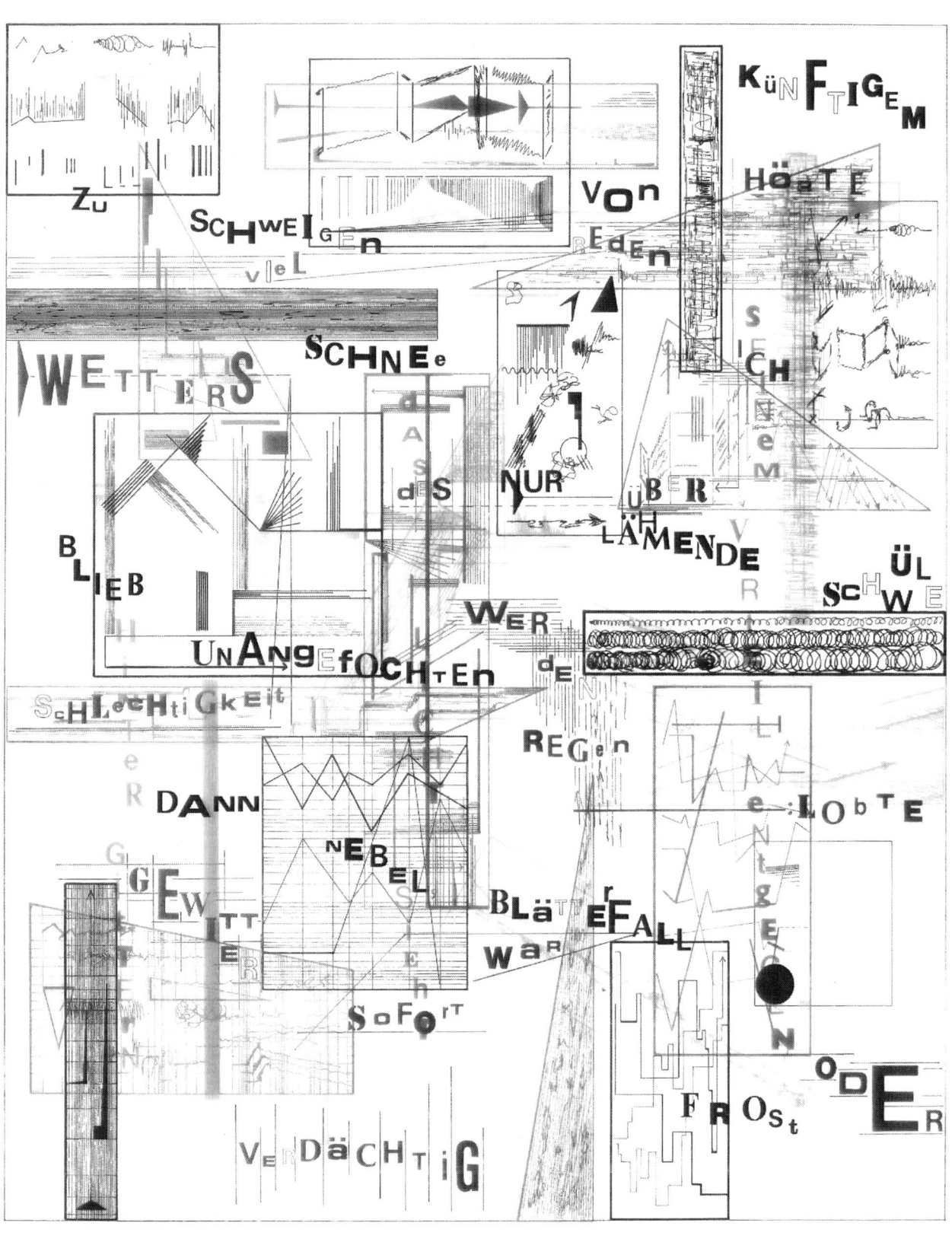

Klaus Feßmann (1986):
Dürson 1, aus dem Zyklus Höhlensprache, Tusche auf Plexiglas, 5 Schichten, 100x100 cm.

E P G K **

LIEDTEXTE AUS POPSONGS

M Lieder und Songtexte, Instrumente/Stimme
Z Verbindung von Musik und Sprache

Liedtexte bzw. Ausschnitte aus bekannten Popsongs sprechen Jugendliche emotional in besonderer Weise an. Die in ihnen behandelten Themen wie Frust, Liebe, Rebellion, Schmerz, Scheitern, innerer Kampf oder Sehnsucht entsprechen den Bedürfnissen dieser Altersstufe. Sie sind daher als Ausgangspunkt in der Arbeit mit Jugendlichen als Textmaterial ausgesprochen geeignet. Dabei ist es nicht nötig, dass das musikalische Original den Jugendlichen bekannt ist, dies kann sich zuweilen sogar als hinderlich erweisen. Da viele Liedtexte verhältnismäßig lang sind, bietet es sich an, Ausschnitte bzw. besonders prägnante Passagen zu verwenden. Wer Texte nicht selbst heraushören möchte, wird im Internet fündig. Die Arbeit mit bzw. an solchen Texten entspricht ansonsten der mit anderen Textsorten, wobei sich das Finden und Experimentieren mit rhythmischen Sprechversionen, das Erfinden von Begleitungen und der Einsatz popmusikalischer Stilmittel anbieten.

A Sucht euch ein paar Zeilen eines Liedertextes aus, der euch anspricht. Erfindet eine Melodie und improvisiert dazu. Soweit ihr gemeinsam in einer Gruppe improvisiert, überlegt euch auch eine Begleitung, einen Beat, eine Basslinie und eine Melodie bzw. einen Sprachrhythmus.
Damit ihr euch nicht zu sehr am Original orientiert, ist es gut, wenn ihr die Melodie nicht kennt bzw. nicht verwendet.

SCHWARZ ZU BLAU
Peter Fox

Müde Gestalten im Neonlicht
mit tiefen Falten im Gesicht.
Frühschicht schweigt, jeder bleibt für sich.
Frust kommt auf, denn der Bus kommt nicht.

SHE IS (EVERYTHING)
Joseph King, Isaac Slade

She is everything I need
That I never knew I wanted
She is everything I want
That I never knew I needed.

REBELL
Die Ärzte

Ich bin dagegen, denn ihr seid dafür.
Ich bin dagegen, ich bin nicht so wie ihr.
Ich bin dagegen, egal worum es geht.
Ich bin dagegen, weil ihr nichts davon versteht.

EIGENE LIEDTEXTE

Z Einen Text schreiben und diesen improvisatorisch vertonen
M Papier und Stifte, Instrumente, Stimme

EPGK **

Sehr anregend kann es sein, eigene Liedtexte zu verfassen, die nachfolgend als Vorlage einer Improvisation gegebenenfalls auch einer Komposition dienen. Anregungen zum Verfassen von Liedtexten finden sich wiederum im Bereich des Kreativen Schreibens. Oftmals reicht es aus, gemeinsam eine Überschrift oder Verszeile zu überlegen, zu der dann alle Kurztexte verfassen. Als Beispiel finden sich folgend Gedichte von Jugendlichen, die im Rahmen der Arbeit der Kunstlandschaft Berlin-Spandau entstanden sind.

TAUSEND STERNE[48]
Luca Sophie

Tausend Sterne in der Nacht
haben dich nach oben gebracht
hell klar leuchtende Sterne
von der Erde in der Ferne
im Weltall funkelt's
im Weltall schunkelt ein Lichtlein
wenn's dich überrumpelt
seit ihr beide angekumpelt

Ist egal ob groß ob klein
jedes hat sein' eig'nen Schein

[48] www.kunstlandschaft-spandau.de/luca-sophie.htm/abgerufen am 27.9.2017, mit freundlicher Genehmigung von Ines Eck und Torsten Kulick.

RUHE[49]
Vivian Bauer (12 Jahre)

Ruhe
Kein Nein. Kein Ja.
Wunderbar.
Kein Hier. Kein Dort.
Einfach Ort.
Kein „Lass". Kein „Tu".
Einfach Ruh.
Muss nicht Action sein,
Frieden ist fein.

[49] www.kunstlandschaft-spandau.de/vivian-bauer.htm/abgerufen am 27.9.2017, mit freundlicher Genehmigung von Ines Eck und Torsten Kulick.

**E P G K ** **

LIEDANFÄNGE WEITERSCHREIBEN
Eine gute Anregung beim Verfassen von Liedtexten sind Fragmente bekannter Lieder. Es reicht zuweilen eine Überschrift, ein Thema oder eine einzelne Liedzeile, um daraus etwas ganz Eigenes zu machen.

[50] Nach Ideen von Peter Jarchow und Ines Eck.

A Verfasst zu folgenden Verszeilen/Überschriften eigene Texte, die ihr anschließend musikalisch umsetzt:[50]
- Blue Moon, Der blaue Mond ...
- Der Wald steht schwarz und schweiget
- Wenn ich ein Vöglein wär
- Music is my best friend.

E P G K ** / **

METAPHORISCHE TITEL

M Stimme, Instrumente

Z Umgang mit Mehrdeutigkeit und Gegensätzen in Sprache und Musik

Metaphern und metaphorische Titel sind Sprachbilder, die aus ihrem ursprünglichen Bedeutungszusammenhang herausgelöst und auf einen anderen übertragen werden. Der bewusste Gebrauch von Metaphern führt imaginativ zu einer starken visuellen Vorstellung. Wer allerdings den ursprünglichen Bedeutungszusammenhang und die bildliche Vorstellung hinter einer Metapher nicht kennt, versteht eine Metapher unvollständig bzw. nicht korrekt.

Metaphern besitzen bereits als solche etwas Zweideutiges, da eine Sache über den Vergleich mit den Eigenschaften einer anderen Sache beschrieben wird. Allerdings ist uns im Alltag nicht bewusst, dass unsere Sprache mit Metaphern durchsetzt ist.

Kombiniert man in einer Metapher zwei konträre Eigenschaften, so klingen die entstehenden Titel nicht nur ausgesprochen poetisch, sie regen auch dazu an, beim Improvisieren gegensätzliche musikalische Eigenschaften aufeinander zu beziehen. Die entstehende Musik wird dadurch abwechslungsreich und kurzweilig. Solche metaphorischen Titel lassen sich ohne viel Mühe selbst finden.

[51] Nach einem Titel von Steffen Schleiermacher.

A Improvisiere ein Stück mit dem Titel:
- Schwankendes Gleichgewicht[51]
- Schnelles Kriechen
- Zügig trödelnd
- Fallend steigen
- Lebhaft ruhend

„Schwankend" meint beispielsweise so viel wie schwingend hin- und herbewegen und stammt ursprünglich aus der Seemannssprache. Ein Schiff und alles darauf schwankt bei hohem Seegang. Das Wort „Gleichgewicht" zielt hingegen auf das Bild einer Waage, bei der auf beiden Waagschalen das gleiche Gewicht aufliegt und ein stabiles Verhältnis entsteht, ein Wort aus der Händlersprache. Die Verbindung „schwankendes Gleichgewicht" kombiniert damit nicht nur sehr unterschiedliche Lebenswelten, es entsteht vor allem ein inhaltlicher Gegensatz, was musikalisch zu interessanten Kontrasten führt.

INSZENIERUNG

PGK **/***

M Stimme, Instrumente, Körper, gegebenenfalls Verkleidungen usw.

Z Größere künstlerische Projekte, in denen Musik eine wichtige Rolle spielt.

Im Rahmen einer größeren Unterrichtsphase oder eines größeren Improvisationsprojekts kann die Beschäftigung mit Poesie auch als Ausgangspunkt für ein größeres Projekt dienen, in dem Textteile, Klang und Musik in unterschiedlichen Besetzungen (im Chor, als Solist, in Duos, als Orchester und in diversen kammermusikalischen Besetzungen) gespielt werden. Auch Kombinationen von Musik, Choreographien und Projektionen sind denkbar. Dabei sollte der Raum der Aufführung bewusst mit einbezogen werden. Sprecherinnen, Musikerinnen und Tänzer können beispielsweise im Raum agieren und verschiedene Positionen einnehmen (etwa im Kreis, hintereinander, nebeneinander, in Gruppen gegenüber, sich im Raum bewegend usw.).

In neuerer Zeit wird im Rahmen der freien Improvisation dieser Ansatz als Offhandopera bezeichnet (Gagel 2015, 27). Vergleichbare Ansätze finden sich seit den 1920er Jahren in der Rhythmik und in inszenierten Konzerten.

VISUELLE ANREGUNGEN

BILDER

EPGK * BIS ***

M Bilder, Fotos oder Zeichnungen, Instrumente, Stimme

Z Sich von Bildern und Darstellungen visuell zum Improvisieren anregen lassen, verschiedene Bildebenen in einen zeitlichen Verlauf transformieren.

Ähnlich der Arbeit mit Texten eignen sich Bilder und Abbildungen gut als Improvisationsanregungen. Die Möglichkeiten einer musikalischen Umsetzung sind dabei vielfältig: eine dargestellte Geschichte oder Szene, die untergründige Atmosphäre bzw. Stimmung, aber auch konkrete Gegenstände wie abstrakte Figuren, Flächen, Farbverläufe, Strukturen und Bewegungen können musikalisch transformiert werden. Die gesamte Komposition von Fläche, Raum, Farbe, abstrakten und konkreten Formen lässt sich ähnlich einer grafischen Partitur lesen.

Je nachdem, wie bewusst dies geschieht, lassen sich beim Improvisieren über Bilder zwei unterschiedliche Formen unterscheiden: Zum einen bewusste Transformationsprozesse, zum anderen assoziative Vorgänge. Im ersten Fall ist eine Beschäftigung mit dem jeweiligen Bild unumgänglich. Das Erfahrene, Erkannte oder Erforschte wird anschließend musikalisch-improvisatorisch umgesetzt. Im zweiten Fall dienen Bilder als allgemeine Anregung, über die assoziativ ohne vorhergehende, bewusste Auseinandersetzung ein Spielprozess angeregt wird. In der Praxis finden sich freilich Mischformen, in denen in verschiedenen Unterrichtsphasen mit einem Bild unterschiedlich gearbeitet wird.

Entsprechend bieten sich zwei Herangehensweisen an: Entweder lässt man ein Bild auf sich wirken und überträgt die Stimmung in die Musik, oder aber man orientiert sich strukturell am Bildaufbau bzw. lehnt die formale Struktur der Improvisation an diesem an. Insbesondere im zweiten Fall ist es wichtig, mit Schülern und Schülerinnen über das Bild zu sprechen. Was ist abgebildet? Was sieht man? Was sieht man nicht? Warum hat der Maler bzw. die Malerin sich für die gewählte Art der Abbildung entschieden? Wie ist das Bild visuell aufgebaut (Vordergrund, Hintergrund, Farben, Zentrales, Peripheres, Perspektive usw.)? Erzählt das Bild eine Geschichte? Wann ist das Bild entstanden? Wie sah die Lebenswelt der abgebildeten Menschen aus? Was berührt das Bild in mir? Woran werde ich beim Betrachten erinnert?

Geeignete Bilder zu finden, ist nicht immer ganz leicht. Konkrete, gegenständliche Darstellungen regen zu eigenen Assoziationen an. Eigene Erfahrung, Vorstellungen und Wünsche und vor allem typische Handlungsskripte fließen in die Interpretation der dargestellten Situation bzw. Szene mit ein. So anregend solche Darstellungen sind, so leicht verführen sie auch dazu, diese beim Improvisieren rein lautmalerisch umzusetzen, was sich, wie bereits ausgeführt, musikalisch schnell abnutzt und wenig ergiebig ist. Je abstrakter eine Darstellung hingegen ist, desto mehr muss auf die Struktur des Bildes geachtet werden. Angedeutete Bewegungen, Linien, Farbflächen sowie das Verhältnis von Hintergrund und Vordergrund dienen als wichtige Anhaltspunkte. Während es älteren Schülern und Schülerinnen für gewöhnlich leichter fällt, über abstrakte Bilder zu improvisieren, bevorzugen jüngere Kinder konkrete Bilder, die eine Geschichte oder Situation andeuten.

Leider gibt es kaum Bildbände, die für das Improvisieren uneingeschränkt empfehlenswert wären. Es existieren zwar einige Bildbände zum Thema *Kunst und Musik*, diese fassen aber meist nur Darstellungen zusammen, die sich äußerlich auf Musik beziehen und weniger bildende Kunst, der selbst etwas Musikalisches innewohnt. Als anregend haben sich für uns Bilder von Paul Klee, K. O. Götz, Gerhard Richter, Piet Mondrian, aber auch von impressionistischen Malern wie Claude Monet, Édouard Manet oder Alfred Sisley, flämischen Renaissancemalern wie Pieter Bruegel oder Hieronimus Bosch erwiesen. Insbesondere für die Arbeit im Instrumental- und Gesangsunterricht bietet es sich an, sich eine Sammlung von Postkarten und Bildbänden zu zulegen. Nach dem Besuch einer Ausstellung wird man in vielen Museumsshops fündig.

STIMMUNGEN

A   Schau dir das Bild an. Spiel ein Stück.

Das Bild lässt sich sowohl abstrakt als auch konkret interpretieren. Sichtbar sind zunächst Übergänge von Schwarz zu Weiß, Flächen und Striche. Man erkennt die Schwünge des Malers, die großen und kleinen Bewegungen. Im Kontrast von Schwarz-Weiß, Fläche und Rundungen liegt eine ungeheure Dynamik und Bewegung, die sich musikalisch aufgreifen lässt. Gleichzeitig meint man aber auch eine Landschaft zu erkennen. Fließendes Wasser, Bäche, Sturm und Eis könnten dargestellt sein. Beim Improvisieren kann beides vertont werden. Improvisiert man in einer Gruppe, kann man sich über das Bild verständigen. Dabei können beim Improvisieren durchaus unterschiedliche Sichtweisen bestehen bleiben. Legitim ist es aber auch, sich auf eine gemeinsame Interpretation zu einigen.

K. O. Götz: *Krakmo* (1958), Museum Wiesbaden, mit freundlicher Genehmigung der K. O. Götz- sowie der Rissa-Stiftung, © Bildrecht, Wien 2018.

Wassily Kandinsky (1937):
Trente. Biomorphic abstraction,
Oil on canvas, 80x100 cm,
Paris, Centre Georges
Pompidou, culture-images.de.

STRUKTUREN

A   Schau dir das Bild an. Wie ist es strukturell aufgebaut? Improvisiere darüber ein Stück. Orientiere dich dabei an der Struktur des Bildes.

Probiert folgende Umsetzungsmöglichkeiten aus:
- Unisono: Alle spielen auf Zeichen immer dasselbe Quadrat.
- In zwei Gruppen: Die eine Gruppe spielt die schwarzen, die andere die weißen Felder.
- Als Duo: Einer spielt ein weißes, eine ein schwarzes Quadrat.
- In unterschiedlichen Besetzungen: Immer zwei bis drei Spieler gestalten zusammen ein Quadrat.
- Als Kontrapunkt: Immer zwei bis drei Spieler oder Spielerinnen gestalten zusammen unterschiedliche Quadrate.
- Mit vorgegebener Zeit: Jedes Kästchen dauert eine Minute. Jeder spielt fünf Kästchen. Eine Spielerin oder ein Dirigent zeigt die vergangene Zeit an.

Bilder mit einer geometrischen strukturellen Gliederung lassen sich ähnlich wie Icons einsetzen. Neben dem spontanen Spiel können für die einzelnen Felder auch bestimmte musikalische Ideen vorab verabredet werden. Aus den Feldern lassen sich dann Stücke konzipieren. Wichtig bei alledem ist es, gut aufeinander zu hören, beim Spielen aufeinander einzugehen und nicht nur die vereinbarten Spielideen einzelner Felder umzusetzen.

SIEHE AUCH
Icons, S. 111–112.

Claudet Monet (1904): *Londres, le Parlement. Trouée de soleil dans le brouillard* / www.shutterstock.com

LICHTSTIMMUNGEN

A Schau dir das Bild an. Lass es auf dich wirken. Spiel ein Stück in der Stimmung des Bildes. Achte besonders auf die Farben und Lichtstimmungen.

Die Bilder von Claude Monet und anderen impressionistischen Malern nehmen eine Zwischenstellung ein. Obwohl noch gegenständlich – man erkennt auf dem Bild das House of Parliament in London – verwischen die Konturen. Anstelle konkreter Darstellungen tritt eine Stimmung, dargestellt durch Farben, Farbverläufe und schemenhafte Umrisse, die eine Fülle von Assoziationen eröffnen. So meint man eben nicht nur Nebel in früher Morgenstimmung zu erahnen, man fühlt ihn fast und kann sich in die Atmosphäre einer allmählich erwachenden Stadt gut hineinversetzen. Impressionistische Malerei eignet sich daher besonders als Anknüpfungspunkt für eigene Erlebnisse.

A An was erinnert dich das Bild? Hast du ähnliches erlebt? Wie hast du dich dabei gefühlt? Lass deine damaligen Eindrücke in deine Improvisation mit einfließen.

VISUELLE ANREGUNGEN 97

EBENEN

A Schau dir das Bild an. Was siehst du? Welche Worte kannst du entziffern? Vertone die unterschiedlichen Ebenen des Bildes, die Farben, die Stimmung, Vordergrund und Hintergrund, den Schriftrhythmus und vermeintliche Botschaften.

Bilder, auf denen sich die verwendeten Materialien strukturell voneinander abheben, bieten die Möglichkeit, mittels verschiedener musikalischer Ebenen zu reagieren. In Gruppenimprovisationen lassen sich dazu einzelne Aspekte auch unterschiedlichen Besetzungen oder Sätzen bzw. Abschnitten zuordnen. Im vorliegenden Bild ließe sich beispielsweise die rudimentär erkennbare Textebene, sprachlich bzw. sprachähnlich, als Schreibgeräusch auf Gegenständen oder als Kratzen auf Instrumenten andeuten. Die sich im Hintergrund befindenden farbigen Flächen changieren nuanciert. Aufgreifen ließen sich diese musikalisch als Klangflächen unterschiedlicher Tonalität, Cluster, tiefe Töne aber auch als tonale Abschnitte, akkordisches Spiel oder Rauschklänge und Kratzgeräusche auf Saiten. Spontan oder geplant kann dabei auch in unterschiedlichen Besetzungen musiziert werden.

Beatrix Kutschera (2014): *Norderday lässt grüßen*, mit freundlicher Genehmigung der Künstlerin Beatrix Kutschera.

Pieter Bruegel der Ältere (1560): *Kinderspiele*, aus: Kunsthistorisches Museum Wien (Wikimedia Commons).

SZENE

A Schau dir das Bild genau an. Was wird dargestellt? Greif einzelne Szenen heraus und vertone sie auf deinem Instrument. Überleg dir einen Weg durchs Bild.

Das Bild hat einen sehr bewegten Charakter. Man erblickt eine Vielzahl an Kindern, die zeitgleich miteinander spielen. Man hört förmlich ihre Rufe und ihr Jauchzen und wundert sich zugleich, wie vertraut die dargestellten Spiele sind (das Bild ist über 350 Jahre alt). Beim Improvisieren lässt sich entsprechend das Gesamtgeschehen in seiner Dynamik aufgreifen, es lässt sich aber auch auf Ausschnitte bzw. einzelne Szenen fokussieren. Beim Spielen kann man sich entweder auf eine Gruppe von Kindern und deren Spiele beziehen oder aber den Blick schweifen lassen. Im Rahmen von Gruppenimprovisationen führen diese Blickweisen zu unterschiedlichen Ergebnissen. Es kann durchaus interessant sein, sich vor dem Improvisieren auf bestimmte Kinderspiele zu einigen oder aber eine bestimmte Anzahl an Kinderspielen festzulegen. Auch Soloimprovisationen, im Wechsel mit Duo- und Gruppenimprovisationen sowie Ratespiele (welches Spiel habe ich dargestellt) bieten sich an.

Kunsthandwerk aus Bali (Privatbesitz), mit freundlicher Genehmigung der Eigentümerin.

FIGÜRLICHES

A Schau dir das Bild an. Was wird dargestellt? Was erkennst du? Was für eine Figur erkennst du, was für einen Charakter mag sie wohl besitzen? Gestalte eine Musik.

Bei der durch Surrealismus und Dadaismus beeinflussten Künstlergeneration finden sich Mischformen aus figürlichen und abstrakten Darstellungen. Bei dieser Abbildung, einem Stoffbild einer regionalen Künstlerkommune in Bali, lassen sich wie bei Miró (der dort tatsächlich eine Zeit lang gelebt hat und dessen Formsprache deutlich zu erkennen ist) Figuren, Symbole und eine Komposition aus farbigen Linien, Punkten und Flächen erkennen, die eine Stimmung vermitteln. All dies lässt sich beim Improvisieren aufgreifen. Vieles bleibt aber offen, man möchte fragen: „Wofür stehen die angedeuteten Formen und Symbole?" „Was hat die Figur in der Hand?" „Ein blauer Mond – gibt es denn so was?" Mögliche Antworten lassen sich musikalisch geben. In Gruppen können einzelne Spieler bzw. Spielerinnen sich wiederum auf Bildausschnitte bzw. isolierte Formen konzentrieren.

FREIE SPIELFORMEN

Walter Pachner (2017):
Mousepad, mit freundlicher
Genehmigung des Künstlers
Walter Pachner.

BEWEGUNG

A Schaue dir die verschiedenen Figuren an. Vertone sie in ihren Bewegungen und ihrer Dynamik.
Entscheide dich für eine Figur und vertone sie als Soloimprovisation.
Experimentiere mit festgelegten und freien Abläufen. Du kannst auch den Farbverlauf als Gesamtstimmung (wie eine Art Begleitung) spielen. Unterlege damit die einzelnen Improvisationen.

Walter Pachner hat sich in Form und Ausführung der Figuren durch Flamencospieler und -tänzerinnen inspirieren lassen. Die Figuren besitzen eine innere Bewegung, gleichzeitig hat jede einen individuellen Ausdruck und eine starke gestische Qualität. So verstanden regt das Bild beim Improvisieren dazu an, diese Bewegungsqualität aufzugreifen. Sie kann dabei in Form tänzerischer Musik, angelehnt an traditionelle Tänze und Tanzformen, oder etwas abstrakter mit einem Fokus auf die Entwicklung einzelner Motive vertont werden.
Trotz der anscheinend akrobatischen Fähigkeiten der Figur bzw. der Figuren hat der Maler auf die übergroßen Hände fokussiert. Das Bild lässt sich entsprechend als Abfolge von Gesten verstehen. Solche Gesten finden sich auch in der Musik und lassen sich entsprechend übersetzen, wobei beim Improvisieren eine recht genaue Arbeit nötig ist, um deren Qualität zu erfassen. Wie aber klingen musikalische Gesten? Wer sich nicht sicher ist, wird in fast jeder Musik fündig, wer sich mehr an der ursprünglichen Inspirationsquelle orientieren möchte, mag sich die vielen Spielarten des Flamenco anhören.
Das Bild kann aber auch als abstrakte Abfolge von Bewegungen gelesen werden. Experimentell lassen sich solche Bewegungen auf das eigene Instrument übertragen und direkt in Form verschiedener Bewegungsformen auf dem Instrument umsetzen. Das klangliche Ergebnis wird vielleicht für einige Spieler und Spielerinnen verstörend wirken und nicht den ästhetischen Konventionen entsprechen, gerade das könnte aber helfen, einen neuen klanglichen Horizont zu erschließen.
Der Titel des Bildes legt aber noch eine ganz andere Interpretation nahe. Die Verwendung des Kunstwerks als Hintergrund eines Mousepads. Über ein Mousepad fährt man mit der der Computermouse, um seinen Computer zu steuern und Inhalte anzuklicken. Diese Vorstellung lässt sich als Idee inszenieren. Würde ich mit der Mouse über das Bild fahren, von welcher Figur zu welcher würde mich mein Weg bringen? Was klingt, wenn ich eine Figur anklicke?

Piet Mondrian (1942/42):
Broadway Boogie Woogie,
Museum of Modern Art
New York City (Wikimedia
Commons).

RHYTHMISCHES

A Betrachte das Bild, und lass dich durch den Bildaufbau musikalisch zu rhythmischen und polyrhythmischen Strukturen inspirieren. Du kannst auch die Farben unterschiedlichen Klängen zuordnen und mit diesen spielen.

Broadway Boogie Woogie gehört zusammen mit *New York City 1 und Victory Boogie Woogie* zu den späten Werken Mondrians. Anders als in seinem Werk der 1920er und 1930er Jahre, in dem große monochrome Flächen dominieren, findet sich eine Vielzahl an kleinen und größeren Quadraten und Rechtecken, die fast einen dinglichen Charakter besitzen. Alle drei erwähnten Bilder besitzen eine große Vitalität. Die ansonsten stark auf Gleichgewicht der Farben ausgerichteten Bilder Mondrians weichen hier einem inneren Rhythmus. Gleichwohl sind auch diese Bilder ausgesprochen minimalistisch. Mondrian hält an den drei Grundfarben gelb, blau und rot fest, die sich von einem weißen Hintergrund klar absetzen und in Mustern wiederkehren.

Broadway Boogie Woogie zeigt allein schon durch den Titel einen Musikbezug. Der rhythmische Puls eines Boogie Woogies findet sich aber auch visuell in der Abfolge der Farben und Formen und kann entsprechend Ausgangspunkt in der musikalisch-improvisatorischen Beschäftigung sein. Dabei sollte man sich nicht zu sehr einschränken, Boogie Woogie sollte weniger als Stil, vielmehr als Charakter verstanden werden. Für Mondrian stand der frühe Jazz für etwas Ungestümes, das er in seinen Bildern bannen wollte. Es bietet sich daher an, sich an den inneren Puls des Bildes anzulehnen.

Das Bild lässt sich aber auch wie eine Karte lesen, mit geometrisch angelegten Wegen, von denen einige viel benutzt und wenige im oberen Bereich kaum beschritten erscheinen. Versteht man die gelben Linien als Wege, so fragt sich, was die kleinen und großen Quader bedeuten (Personen, Autos, Gebäude)? Beim Improvisieren kann man sich durch die Straßen treiben lassen und sich von den Flächen, Figuren und Geraden am Wegesrand anregen lassen, man kann aber auch gezielt von einem Punkt zum anderen fortschreiten.

Schließlich kann man das Bild als Komposition geometrischer und farblicher Elemente verstehen. So besitzen die weißen Flächen jeweils eine unterschiedliche Fläche, die kleinen bunten Quadrate stehen in einem Spannungsverhältnis zu den größeren. Betrachtet man die größeren Rechtecke, so ergeben diese zwei sich kreuzende Linien mit einem leichten Drall nach rechts oben. Das kleine rote Rechteck mittig im unteren Bildausschnitt kann das Gewicht des blau-rot-gelben Rechtecks im oberen, rechten Bildausschnitt in Kombination mit dem rot-weißen Rechteck darunter nicht abfangen. Gerade dadurch erhält das Bild etwas Schwankendes, die kleinen bunten Quadrate scheinen sich fast zu bewegen.

Paul Klee (1929):
Haupt und Nebenwege,
Museum Ludwig (ML 76/3253,
Köln), rba_d000109.

RÄUMLICHES

A Stell dir vor, du würdest durch dieses Bild wandern und deinen Weg musikalisch begleiten. Spiele mit nah und fern, mit kleinen und großen Wegen, mit Unterwegssein und Verweilen.

Wie kaum ein anderer Maler hat Pauk Klee in vielen seiner Bilder einen direkten Musikbezug hergestellt, sei es, dass er musikalische Strukturen, Rhythmen, Harmonien oder Klangfarben aufgreift und visuell transformiert, oder sei es, dass er sich in eher allgemeiner Form durch Musik hat anregen lassen.[52]

Haupt- und Nebenwege gehört zu den Streifenbildern Klees: parallele Linien in unterschiedlicher Breite, Farbe und Form, die wie Notenwerte in einem rhythmischen Verhältnis zueinanderstehen und die sich beim Betrachten zu unterschiedlichen Gebilden zusammenfügen lassen. Vertikale, Schrägen und Horizontale ergeben Proportionen vergleichbar Notenwerten in Halben, Vierteln, Achteln und Sechzehnteln. Sie lassen sich aber auch als aufeinander aufbauende Intervallproportionen interpretieren, wobei die fluktuierenden Breiten eine sehr freie Interpretation zulassen.

Durch die zentralen Fluchtlinien ergibt sich fast zwangsläufig eine Blickrichtung von unten nach oben, die durch breite blaue Streifen am Bildäußeren begrenzt wird. Dem Blick folgend ergeben sich verschiedene Wege, die man beim Betrachten und Improvisieren abschreiten kann. Der Hauptweg verjüngt sich nach hinten und legt visuell ein Vorne und Hinten nahe. Jeder Schritt scheint unterschiedlich lang und wird durch eine eigene Farbe begleitet, deren Pastelltöne innerlich changieren. Beschreitet man Nebenwege, scheint das Bild plötzlich anzusteigen, zuweilen muss man mit dem Auge hinaufklettern, zuweilen handelt es sich um unzählige, kleine Schritte. Wiederum durch die Anordnung der Fluchtlinien und die sich nach hinten hin verjüngenden Quader ergeben sich senkrechte und plane Bereiche. Folgt man diesen, erscheint abseits des Hauptweges der Weg unberechenbar, nicht ganz sicher und recht wackelig. Doch wer weiß, was man auf diesen Wegen alles entdecken kann. Dabei schillern Farben unterschiedlich kräftig, sind immer wieder eingetrübt, einzelne Stufen verändern ihre Konturen.

Beim genauen Betrachten besitzt das Bild in den ungleichmäßigen Schattierungen eine weitere Ebene, die sich der Tiefenwirkung des Bildes entzieht. Sie scheint sich auf der Oberflächenstruktur abzuspielen, schwarze Tupfer und Linien folgen keinem nachvollziehbaren Muster.

Beim Improvisieren ist es naheliegend, zunächst bewusst die Farben (etwa als Klangfarben, Spieltechniken oder Harmonien), die Struktur mit ihrer rhythmischen Qualität und das Verhältnis von oben und unten sowie rechts und links (gegebenenfalls als Tonhöhe) aufzugreifen. Interessant ist es, das Bild auch umzudrehen (was überraschender Weise kaum etwas an der Blickrichtung verändert) und nach verschiedensten visuellen und musikalischen Wegen zu suchen. Subtilere Ergebnisse erzielt man allerdings, wenn man sich auf die weniger offensichtlichen Aspekte konzentriert. Was zunächst als Dreck bzw. als unachtsam Hingemaltes wirkt, besitzt eine ganz eigene Struktur, die beim Betrachten aus der geregelten Struktur des Bildes herausführt, von der aber immer Wege zurück führen. Damit musikalisch zu spielen, ist spannend.

„Ich muß dereinst auf dem Farbklavier der nebeneinanderstehenden Aquarellnäpfe frei phantasieren können." (Paul Klee)[53]

[52] Düchtling 1997, 40–45.

[53] Klee 2007, 302.

Kurt Schwitters (1919):
Undbild, Collage, Gouache
35,8x28,0 cm, Staatsgalerie
Stuttgart, Inv.Nr. 3067,
Foto ©Staatsgalerie Stuttgart.

COLLAGE

A Betrachte das Bild. Was in der Collage inspiriert dich? Was davon ließe sich musikalisch aufgreifen? Sind es die Ziffern, die Farben, die aufgeklebten Materialien, die Linien und die sich ergebenen Formen oder deren Zusammenspiel? Überlege, wie sich musikalisch eine Collage gestalten lässt. Was für musikalische Zitate möchtest du z.B. verwenden, was für Klangerzeuger und Instrumente, auf welche Genres und Stile möchtest du zurückgreifen (und miteinander mischen)? Was für musikalische Materialien möchtest du verwenden?
Spiele eine musikalische Collage.

Das Bild kombiniert unterschiedliche Materialien und Techniken: aufgenagelte Fundstücke, Papierfetzen mit Wörtern und Buchstaben, Gegenstände und Gemaltes. Alles fügt sich im *Undbild* von Kurt Schwitters scheinbar wahllos zusammen. Mittig dominiert ein großes „und", nach Ansicht Schwitters ein Wort, das sich nicht malen lässt. Lässt es sich aber musikalisch darstellen? Welche Möglichkeiten ergeben sich, außer einer sequentiellen Aneinanderreihung musikalischer Fetzen, das Wort darzustellen?

Die verwendeten Materialien sind durchaus nicht wahllos miteinander kombiniert. Aus dem Zusammenspiel von gemalten Ausschnitten und ausgedienten Gegenständen entstehen sich kreuzende Diagonalen, in die sich dynamisch ein blaues Dreieck innerhalb eines hellen Bereichs einfügt. Das Dreieck kann als Ausgangspunkt eigener musikalischer Assoziationen dienen. Musikalische Schichten lassen sich von dort aus miteinander kombinieren, musikalische Fundstücke in verschiedenen Farben und Formen mit selbst Erfundenem kontrastieren, übermalen und in einen neuen Kontext stellen.

Das *Undbild* Schwitters' steht durchaus in literarischer Tradition dadaistischer Arbeitsweisen. Von Tristan Tzara stammt folgende Anweisung, die sich wunderbar auf die Musik übertragen lässt, wobei das entstehende Material natürlich auch als Ausgangsmaterial dadaistischer Improvisationen dienen kann.

UM EIN DADAISTISCHES GEDICHT ZU MACHEN – TRISTAN TZARA

Nehmt eine Zeitung. Nehmt Scheren. Wählt in dieser Zeitung einen Artikel von der Länge aus, die Ihr Eurem Gedicht zu geben beabsichtigt. Schneidet den Artikel aus. Schneidet dann sorgfältig jedes Wort dieses Artikels aus und gebt sie in eine Tüte. Schüttelt leicht. Nehmt dann einen Schnipsel nach dem anderen heraus. Schreibt gewissenhaft ab in der Reihenfolge, in der sie aus der Tüte gekommen sind. Das Gedicht wird Euch ähneln. Und damit seid Ihr ein unendlich origineller Schriftsteller mit einer charmanten, wenn auch von den Leuten unverstandenen Sensibilität.[54]

[54] Nach Riha 2009, 72, siehe auch Rüdiger 2018, 168.

Karen Schlimp und Claus Faber (2015): *Türen und Tore.*

TÜRÖFFNER

A Was lösen diese vier Bilder in dir aus? Erzähle die Geschichte jeder der Türen.
Was passiert, wenn du in deiner Fantasie die Türen öffnest und hineinschaust oder hindurchgehst?
Lass dich von den folgenden Spielanleitungen inspirieren oder finde eigene:

- Meine Tür ist offen
- Hinter verschlossener Tür
- Das Tor in die geheimnisvolle blaue Stadt
- Durch den Türspalt ins Innere blicken

Fotos bieten ebenso wie bildende Kunstwerke vielfältige Anregungen und können als visuelle Inspiration beim Improvisieren eingesetzt werden. Die improvisatorische Beschäftigung findet dabei analog zur Arbeit mit Reproduktionen von Kunstwerken statt. Allerdings können Fotos viel leichter und vor allem qualitativ hochwertig selbst geschaffen und zusammengestellt werden. So bieten sie nicht nur einen äußeren Rahmen für Geschichten und Handlungen, sie verankern das Dargestellte immer auch mit der Lebenswelt der Improvisierenden. Das Dargestellte bezieht sich auf eigene Erfahrungen und Erlebnisse, was sich allerdings beim Improvisieren auch als Nachteil erweisen kann, denn es fällt in der Regel schwer, das Bild vom ursprünglichen Kontext zu lösen und der Fantasie freien Lauf zu lassen. Zumindest der Fotograf weiß immer, was dargestellt wird und in welchem Zusammenhang das Foto aufgenommen wurde.
Fotos lassen sich künstlerisch weiterverarbeiten und etwa mit Fundstücken kombinieren, übermalen oder zu einer Collage zusammenfügen. So bieten gerade Fotos die Möglichkeit, Ausgangspunkt eines größeren Projekts zu sein, im Rahmen dessen auf vielfältige Weise (eben auch musikalisch) mit dem Bildmaterial gearbeitet wird.
Beim Improvisieren ist zu bedenken, dass nicht nur über das Dargestellte improvisiert werden kann, auch Vorstellungen zum Dahinter, Davor und Danach lassen sich musikalisch gestalten. So sieht man räumlich und zeitlich immer nur einen kleinen Bildausschnitt. Was würde man aber wohl sehen, wenn man in die andere Richtung schaute? Was sieht man, wenn man weitergeht oder eine Tür öffnet? Wer hat das Foto aufgenommen? In welcher Situation wurde es aufgenommen? Was passierte davor und danach?

MUSTERBILDER – MALEN

A Schau dir das Bild an und überleg dir, wie es klingen mag. Improvisiere ein Musikstück.

E **

A Schaut euch gemeinsam das Bild an. Was wird dargestellt? Wie wurde das Bild gemalt? Wie ist es strukturiert? Wie wirkt das Bild auf euch? Improvisiert gemeinsam über das Bild.

(E) P G K **

MÖGLICHE VARIANTEN

- Das gesamte Bild gemeinsam spielen: Lasst offen, wann wer was vertont. Sucht euch jeder einen individuellen Weg durch das Bild.
- Einen Ausschnitt bzw. einen einzelnen Kreis gemeinsam spielen: Dazu müsst ihr natürlich vorher abstimmen, welchen Kreis ihr spielen wollt. Versucht euch gegebenenfalls nacheinander an verschiedenen Kreisen.
- Jeder Spieler bzw. jede Spielerin improvisiert über einen anderen Kreis: Stimmt euch vorher ab, wer welchen Kreis vertont.
- Nacheinander verschiedene, vorher abgesprochene Kreise spielen: Überlegt bzw. plant, welche Reihenfolge gut klingen mag. Probiert gegebenenfalls verschiedene Abfolgen aus.
- Experimentiert mit verschiedenen Besetzungen: Auch wenn im Bild verschiedene Kreise gleichzeitig sichtbar sind, müsst ihr beim Improvisieren natürlich nicht alle durchgehend spielen. Das wäre sogar ausgesprochen unschön. Plant, in welchen Besetzungen ihr spielen wollt.
- Betrachtet das Bild und lasst euch zu eigenen Bildern inspirieren.

Bild oben:
Dieter Fercher (2015):
il seno, 44x60 cm, Atelier de La Tour, Veröffentlichung mit freundlicher Genehmigung der Stiftung de la Tour Treffen.

Alternativ können Schülerinnen bzw. Mitspieler zunächst selbst Bilder malen oder fotografieren. Diese können in der Folge als Vorlage (für einen anderen Schüler bzw. eine andere Schülerin) zum Improvisieren dienen. Arbeitet man in Gruppen und wünscht man sich möglichst einheitliche Ergebnisse bzw. möchte man möglichst schnell weiterkommen, so sollte man ein Thema und möglicher Weise auch eine Maltechnik und entsprechende Arbeitsmaterialien vorgeben.

In gleicher Weise kann auch zunächst die Beschäftigung mit einem Bild mit bildnerischen Mitteln stehen. Ein Kunstwerk dient als Anregung, an das angelehnt ähnliche (oder auch ganz andere) Bilder gemalt werden. Im Vergleich mit dem ursprünglichen Bild werden Besonderheiten, verwendete Techniken und künstlerische Strategien geklärt. Nachfolgend dienen die Bilder wiederum als Vorlage zum Improvisieren, wobei durch die vorhergehende künstlerische Auseinandersetzung viele Details bereits geklärt wurden und musikalisch nun analog umgesetzt werden können.

Beliebt sind auch Transformationsaufgaben, bei denen am Anfang ein Stück steht, das als Anregung für ein Bild dient, das wiederum als Improvisationsvorlage genutzt wird. Als Idee steht dabei die Erfahrung dahinter, dass gelungene Transformationen einer Kunstform in eine andere, eine genaue Beschäftigung voraussetzt und vielfach zu kunstbezogenen Erkenntnisprozessen führen. Gerade im Vergleich verwendeter Techniken, Mittel und Strukturen besteht ein großes Lernpotential. Entsprechend sind auch Ketten von Transformationen möglich, die zu interessanten Projekten führen. Eine Spielerin malt ein Bild zu einem vereinbarten Thema, ein zweiter Spieler improvisiert über das Bild, eine dritte Spielerin schreibt zum Bild einen Text, ein vierter Spieler erfindet eine Choreographie, eine fünfte Spielerin fotografiert die Bewegungen usw.

BILDER EINER AUSSTELLUNG

Ähnlich dem bekannten Stück von Mussorgski kann eine Reihe von Bildern auch durch ein Konzert bzw. einen Vortragsabend führen. Sie bilden eine Klammer für ein Projekt, in das sich verschiedene Improvisationen und Vortragsstücke einbetten lassen. Die Bilder, auf die sich die Improvisationen beziehen, können im Raum aufgehängt oder aber auf Notenständern im Raum verteilt werden. Auch eine technische Lösung, etwa Projektionen mittels eines Videobeamers, Bildschirms oder (wer einen solchen noch hat) Diaprojektors, ist möglich.

A Verteilt die Bilder im Raum. Wandert von Bild zu Bild, während ihr eine selbsterfundene Promenade spielt. Diese darf (selbstverständlich) jedes Mal ein wenig anders klingen. Eine einfache Melodie wird als Ausgangspunkt genutzt. Spielt sie zunächst in Originalgestalt, verändert sie in der Folge z.B. durch Hinzufügen von Begleitungen und Nebenstimmen oder Varianten des Rhythmus und der Klangfarbe. Eine solche Promenadenmusik lässt sich auch als Solostück bzw. Soloimprovisation ausführen.

Bezogen auf den gesamten Abend erzeugt eine Promenade einen dramaturgischen Zusammenhalt. Formal entsteht eine Art Rondoform, das gemeinsame Couplet (in dem Fall die Promenade) erklingt zwischen den einzelnen Improvisationen.

ICONS

M Instrumente, Stimme, jeweilige Abbildungen mit Icons
Z Improvisieren über vorgegebene Icons

Der Einsatz von Icons, also grafischen Sinnbildern, die für bestimmte Handlungen, Orte oder Gegenstände stehen, ist dem von Bildern sehr ähnlich. Anders als bei Bildern ist bei Icons die ästhetische Qualität des Abgebildeten aber eher nebensächlich. Sie verweisen auf eine musikalische Idee und haben damit vergleichbar der Notenschrift Zeichencharakter. Ohne das Bezeichnete konkret abzubilden bzw. nachzubilden, besitzen Icons eine gewisse Ähnlichkeit mit dem, auf das sie verweisen. Sie haben damit eine Verwandtschaft mit Grafischen Partituren und der grafischen Darstellung von Texturen. Anders als diese sind Icons aber nicht auf eine musikalische Idee festgelegt. Vielmehr besitzen Sie einen sehr allgemeinen Charakter, der wie in der Arbeit mit Bildern sowohl als assoziative Anregung als auch als Verweis auf sehr konkrete musikalische oder strukturelle Eigenschaften dienen kann. Entsprechend können Icons sowohl am Anfang der Arbeit als Anregung, als auch am Ende als mögliche Niederschrift stehen. Nutzt man Icons auf Kärtchen, so können diese ferner frei kombiniert werden und als Improvisationsanregung dienen.

SIEHE DAZU AUCH
Grafische Partituren, S. 115–119, und *Texturen*, S. 302–306.

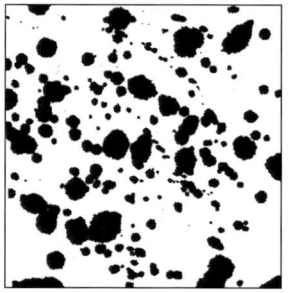 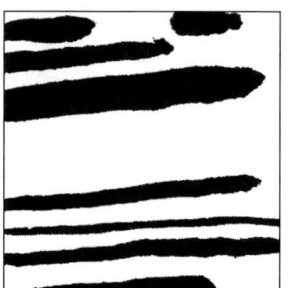
  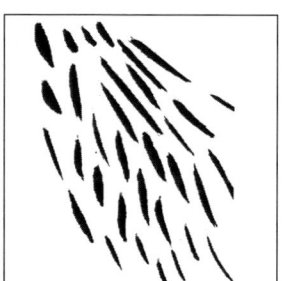

Karen Schlimp (2018): *Klangaktionen* nach einer Idee von Peter Hoch (2002, 13).

VORGEGEBENE ICONS

M Quadrate mit Klangaktionen, Stimme, Instrumente
A Erfindet ausgehend von den fünf Icons ein Musikstück. Einzelne Icons können sich wiederholen.
Gruppiert die Icons immer wieder um und improvisiert über unterschiedliche Reihenfolgen.

EPG *

EPG *

ICONS SUCHEN UND VERSENDEN

M   Handy oder Computer, Instrumente

A   Icons findet ihr überall: auf Flughäfen, auf der Straße, auf Verpackungen, im Internet, als Startbutton von Apps, als Emoticons usw. Sucht drei bis vier Icons, die euch zu Klangaktionen anregen. Bestimmt, wie die Icons zu verstehen sind. Lasst eure Mitspieler bzw. Mitspielerinnen darüber improvisieren.

Ihr könnt Icons auch elektronisch verschicken. Sucht dazu passende Icons auf eurem Computer oder Handy und mailt sie einem Freund bzw. einer Freundin. Bittet sie, über die Icons zu improvisieren und ihre Version aufzunehmen. Schickt euch gegenseitig eure Versionen zu und vergleicht sie miteinander.

EPG *

ICONS ERFINDEN

M   Einfarbige Kärtchen, Stifte, Instrumente

A   Denk dir mindestens drei, möglichst unterschiedliche Klangaktionen aus. Entwerfe für jede Klangaktion ein eigenes Icon und mal es auf jeweils ein Kärtchen. Wenn du möchtest, kannst du besonders schöne Klangaktionen bzw. Icons auch auf mehrere Kärtchen zeichnen. Lege die Kärtchen in eine Reihenfolge und spiele deine Klanggeschichte.

EPG *

ICONS DIRIGIEREN

M   Papier, Stifte, Instrumente

A   Alle Mitspieler und -spielerinnen überlegen sich eine musikalische Idee bzw. Klangaktion und erfinden dafür ein Icon, das sie auf ein größeres Kärtchen zeichnen. Insbesondere relativ einfache, offene Formen, etwa ein gehaltener Ton, eine zu erfindende Melodie, schnelle tiefe Töne oder Tonleitern aufwärts, sind gut geeignet. Alle stellen ihre Ideen nun vor. Anschließend wird ein Dirigent bestimmt, vor dem alle Kärtchen griffbereit liegen. Durch Zeigen auf einzelne (oder auch mehrere) Icons und Spieler bzw. Spielerinnen kann er das musikalische Geschehen steuern.

Icons werden hier ähnlich dem *Live Arrangement*, S. 128–129, eingesetzt.

Diese Variante funktioniert bereits ab zwei Mitspielern, mit mehr Spielern entstehen farbenreichere Improvisationen. Auch hier gilt, dass Pausen, Solopassagen und kleinere Besetzungen bewusst eingeplant werden sollten. Improvisationen, in denen alle durchgehend spielen, sind oft wenig transparent und ermüden die Zuhörer.

EPG *

ICONS ALS NOTATION

Icons eignen sich auch dazu, eine zuvor gespielte Improvisation festzuhalten. Für einzelne Passagen und Ideen können im Nachhinein Icons ge- bzw. erfunden werden. Nun kann mit der Reihenfolge der Icons bzw. dem verwendeten musikalischen Material weitergearbeitet werden.

M   Kärtchen, Stifte, Instrumente

A   Spielt eine Improvisation. Überlegt euch Icons für das, was ihr zuvor gespielt habt. Notiert sie und spielt eure Improvisation erneut eventuell nun in einer anderen Besetzung.

Die Komponistin Katharina Klement verwendet bei ihrer Komposition *Achtung Baustelle* Verkehrszeichen als Icons (in: Herndler, Neuner 2001, 175).

Die hier verwendeten Icons dienen nur als Beispiel. Sie können beliebig erweitert, ganz eigene Zeichnungen können erfunden werden. Dies kann (und soll) auch in der Arbeit mit den Schülerinnen und Schülern geschehen. Selbst wenn man im Malen nicht geübt ist, können für musikalische Ideen entsprechende Icons leicht erfunden werden. Wichtig ist nicht das Icon, sondern die musikalische Idee, auf die das Icon verweist. In der alltäglichen Arbeit bieten sich dafür Post-it-Zettel oder einfarbige Karteikarten an, da sie nicht gesondert hergestellt werden müssen und sich leicht immer wieder neu anordnen lassen.

BILDERBÜCHER UND BILDERGESCHICHTEN

M Bilderbücher, Bildergeschichten oder Comics, Instrumente aller Art oder Stimme
Z Umsetzung visueller Anregungen mit einem vorgegebenen Verlauf

Der Einsatz von Bilderbüchern bzw. Bildergeschichten als Improvisationsanregung unterscheidet sich insofern von der mit anderen visuellen Anregungen, als dass vielfach ein Text bzw. eine Handlung deutend hinzutritt. Insofern gilt hier vieles analog zu dem, was im Kapitel *Texte als Vorlage* ausgeführt wurde.

A Schau dir die Geschichte an. Erzähl sie auf deinem Instrument.

E P (G) * BIS ***

SIEHE DAZU
Texte als Vorlage, S. 65–68.

Gudrun Öhlinger (2018): Wilder Westen.

Mehr noch als in der Arbeit mit Texten und Bildern regen Bilderbücher, Bildergeschichten und kurze Comics dazu an, diese musikalisch nachzuerzählen. Sie geben einen klaren Rahmen vor und leiten durch eine musikalische Geschichte, was insbesondere Kindern entgegenkommt. Da viele neuere Bilderbücher sehr kunstvoll gestaltet sind, eignet sich deren Einsatz aber durchaus auch in der Arbeit mit Jugendlichen und Erwachsenen (soweit sich diese darauf einlassen). Ferner bieten sie sich als Grundlage eines größeren musikalischen Projekts an.

Eine Schwierigkeit besteht wiederum darin, dass insbesondere Anfänger und Anfängerinnen beim Improvisieren dargestellte Aktionen gerne lautmalerisch vertonen. Hier bedarf es in der Arbeit einer feinen Differenzierung und der Suche nach weiteren Ausdrucksmöglichkeiten.

Eine Möglichkeit besteht darin, Klänge schrittweise in musikalische Motive zu verwandeln. Die Tonhöhen von Stimmen und Geräusche lassen sich ebenso wie ein Sprachrhythmus herauslösen und weiterverarbeiten. Insbesondere emotionale Äußerungen besitzen eine innere Motivik, die sich musikalisch aufgreifen lässt. Aus einem Seufzer entsteht auf diese Weise ein absteigendes Motiv.

Dabei spielt auch die Stimmung einer Geschichte oder Szene sowie das Verhältnis von Stimmung und musikalischem Ausdruck eine Rolle. So kann Fröhlichkeit etwa in Form von Trillern, schnellen Läufen, Staccato-Tönen oder Synkopen ebenso ausgedrückt werden wie in der Wahl einer Skala oder eines Metrums und Tempos.

GEEIGNETE BILDERBÜCHER

Mies van Hout (2013): Heute bin ich, Zürich (Acariverlag)

Linard Bardill, Henriette Sauvant (2009): Die Rose von Jericho, Zürich (Atlantis)

Michael Rosen, Helen Oxenbury (2003/2009): Wir gehen auf Bärenjagd, Frankfurt a.M. (Fischer/Sauerländer)

Peggy Rathmann (1994/2006): Gute Nacht, Gorilla, Frankfurt a.M. (Moritz)

Anne Brouillard (1992): Flum, Flo und Pascha, Köln (Middelhauve)

Elzbieta (1991): Trampolina, Hamburg (Carlsen)

Martin Auer, Simone Klages (1990): Und wir flogen tausend Jahre, Weinheim (Beltz & Gelberg)

Michael Ende (1982): Tranquilla Trampeltreu die beharrliche Schildkröte, Stuttgart (Thienemann)

Eric Carle (1969/1997): Die kleine Raupe Nimmersatt, Hildesheim (Gerstenberg)

GRAFISCHE PARTITUREN

E P G K **

M Grafische Partitur, Stimme, Instrumente aller Art
Z Interpretieren und Improvisieren von bzw. über Grafische Partituren
A Spiel das folgende Stück.

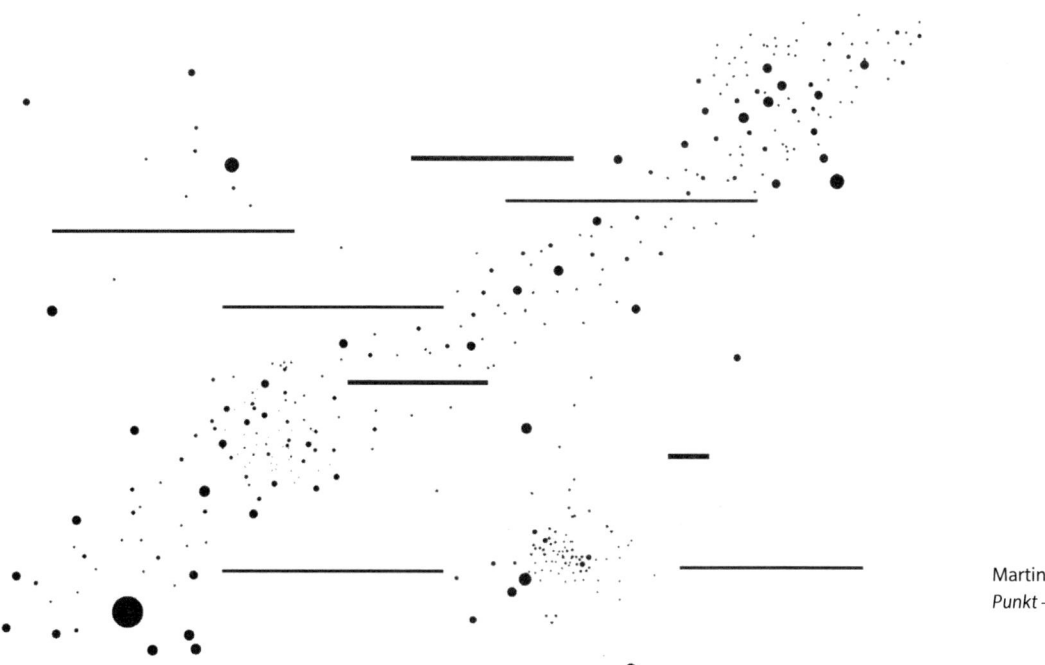

Martin Losert (2018):
Punkt – Strich.

Der Gebrauch von Grafischen Partituren ist sehr unmittelbar und erschließt sich meist ohne viele Worte. Es bietet sich daher an, beim Improvisieren über eine Grafische Partitur zunächst ohne ein längeres vorhergehendes Gespräch über die Grafismen in den Spielprozess einzusteigen. Langes Reden hemmt eigene Ideen und fokussiert unnötiger Weise auf Einzelaspekte. Lediglich bei improvisatorischen Anfängern und Kindern kann es zuweilen nötig sein, schon vor dem Spielen über Möglichkeiten des Lesens und Spielens zu sprechen.

Umso wichtiger ist es allerdings, im Nachhinein über das Gespielte zu sprechen. Dabei sollte man als Leiter bzw. Leiterin darauf verzichten, die eigene Sichtweise zu sehr zu betonen und dadurch die Mitspielenden durch die eigene Interpretation zu beeinflussen. Wohl aber können Vorschläge hinsichtlich möglicher Spielweisen eingebracht werden.

Unerlässlich ist es, dass der Eindruck des Zufälligen und Ungenauen vermieden wird. Grafische Partituren sind Notentexte, die zwar hinsichtlich der Ausführung einiges offenlassen, die trotz allem aber genau interpretiert werden sollten. Neben der Frage, wie sich einzelne Grafismen interpretieren lassen – etwa als Spieltechnik, Motiv, Tonhöhe oder Klangfarbe – besteht eine grundsätzliche Frage darin, in welcher Richtung gelesen werden soll. Mitteleuropäer tendieren meist dazu, beim Lesen mit dem Blick von links nach rechts zu wandern. Aber auch andere Richtungen sind möglich, etwa von rechts nach links, von oben nach unten, unstetig springend oder kreisförmig. Auch Beschränkungen auf einzelne Bereiche bzw. Grafismen sind prinzipiell denkbar. Beim Improvisieren in Gruppen stellt sich ferner die Frage, ob alle in gleicher Weise lesen müssen oder aber jeder seinen individuellen Weg sucht. Im ersten Fall entstehen meist sehr einheitliche Improvisationen, bei denen Spielaktionen parallel oder aber als eine Art Imitation erklingen. Versteht man den Raum von links nach rechts als eine Zeitachse (bzw. timeline), die durch eine Dirigentin oder eine Uhr vorgegeben werden, sind sogar einzelne Aktionen miteinander synchronisierbar. Dabei muss eine Gruppe allerdings entscheiden, ob jeder Mitspieler alle Grafismen spielen muss oder ob diesbezüglich eine gewisse Freiheit besteht. Zudem muss geklärt werden, ob die Grafismen mehr als Partitur mit mehreren Stimmen oder aber als eine Stimme als Ganzes von allen von links nach rechts zu lesen ist.

Grafische Partituren lassen sich auch selbst bzw. in der Arbeit mit Kindern erstellen. Darauf geachtet werden sollte, die Partituren visuell nicht zu überfrachten. Anzuraten ist, sich auf nur wenige Formen und mögliche Varianten zu beschränken.

In der zeitgenössischen Musik werden Grafische Partituren bzw. grafische Elemente in Partituren in sehr verschiedener Weise eingesetzt. Neben verhältnismäßig freien „Bildern", wie jenes aus dem ersten Beispiel, finden sich auch Kombinationen von Notenschrift und grafischen Elementen bzw. von grafischen Elementen mit Zeichen der gewöhnlichen Notenschrift (etwa für Dynamik, Artikulation oder sogar einzelne Töne) sowie strukturelle Partituren, die weniger Spielaktionen als eine bestimmte Form verdeutlichen. Im Beispiel *Kommen und Gehen* wird eine Gruppe von Spielern und Spielerinnen schnell dahin gelangen, dass einige Absprachen hinsichtlich des Ton- und Klangmaterials aber vor allem hinsichtlich möglicher Einsätze nötig sind. Die Grafische Partitur *Studie* ist hinsichtlich möglicher improvisatorischer Entscheidungen viel begrenzter. Hier stellt sich die Frage, ob es sich bei möglichen Realisierungen noch um eine Konzeptimprovisation oder aber um die Interpretationen eines Notentextes handelt.

Martin Losert (2016):
Kommen und Gehen.

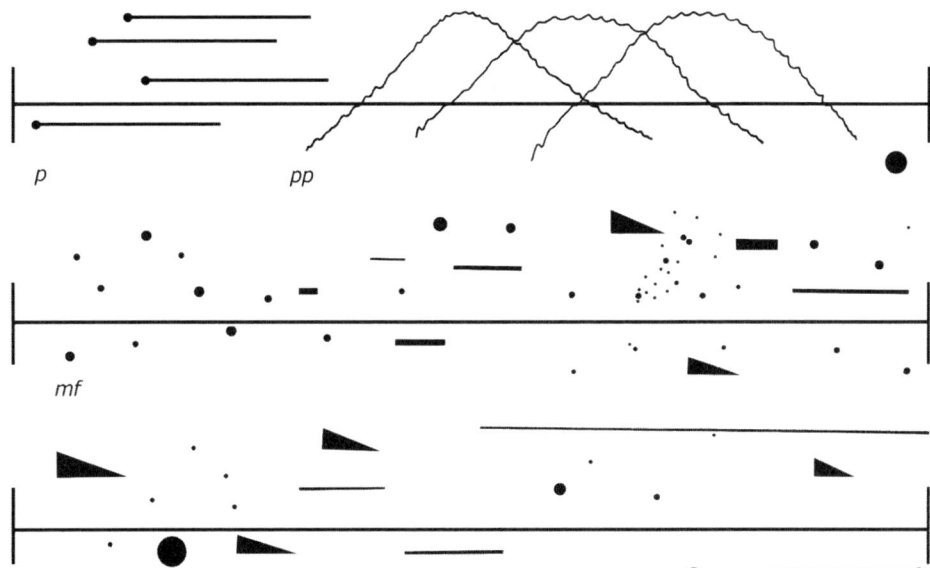

Martin Losert (2016): *Studie*.

Viele grafische Partituren besitzen eine eigene ästhetische Komponente und zeigen daher eine große Nähe zur abstrakten Malerei, von der sie sich rein äußerlich zuweilen kaum unterscheiden. Die Sammlung *Folio* des amerikanischen Komponisten Earl Brown[55] könnte man leicht für eine Sammlung von Zeichnungen halten, *Mit absteigendem Grün* von Peter Loew[56] für eine Grafische Partitur.

[55] Brown 1953.
[56] Loew 2002.

Peter Loew (2002):
Mit absteigendem Grün,
aus den Fugenbildern, mit
freundlicher Genehmigung
von Barbara und Rudolf Loew.

Viele Grafische Partituren stammen aus dem Bereich der zeitgenössischen Musik. Grundsätzlich sind die Grafismen aber offen und lassen sich stilistisch sehr unterschiedlich interpretieren. Durchaus lässt sich über die Zeichen auch tonal improvisieren.

Der Einsatz von Grafischen Partituren muss zudem nicht zwingend am Anfang einer Improvisation stehen. So können Mitspieler und Mitspielerinnen beispielsweise auch eigene musikalische Ideen in Form von Grafischen Partituren festhalten oder aber eine Grafische Partitur wird am Ende einer Improvisation gezeichnet, um das zuvor Gespielte nochmals Revue passieren zu lassen. Der Leiter bzw. die Lehrerin oder alle Mitspielenden skizzieren das Erklungene als Grafische Partitur, um dadurch einzelne Aspekte bewusst zu machen und an diesen zu arbeiten.

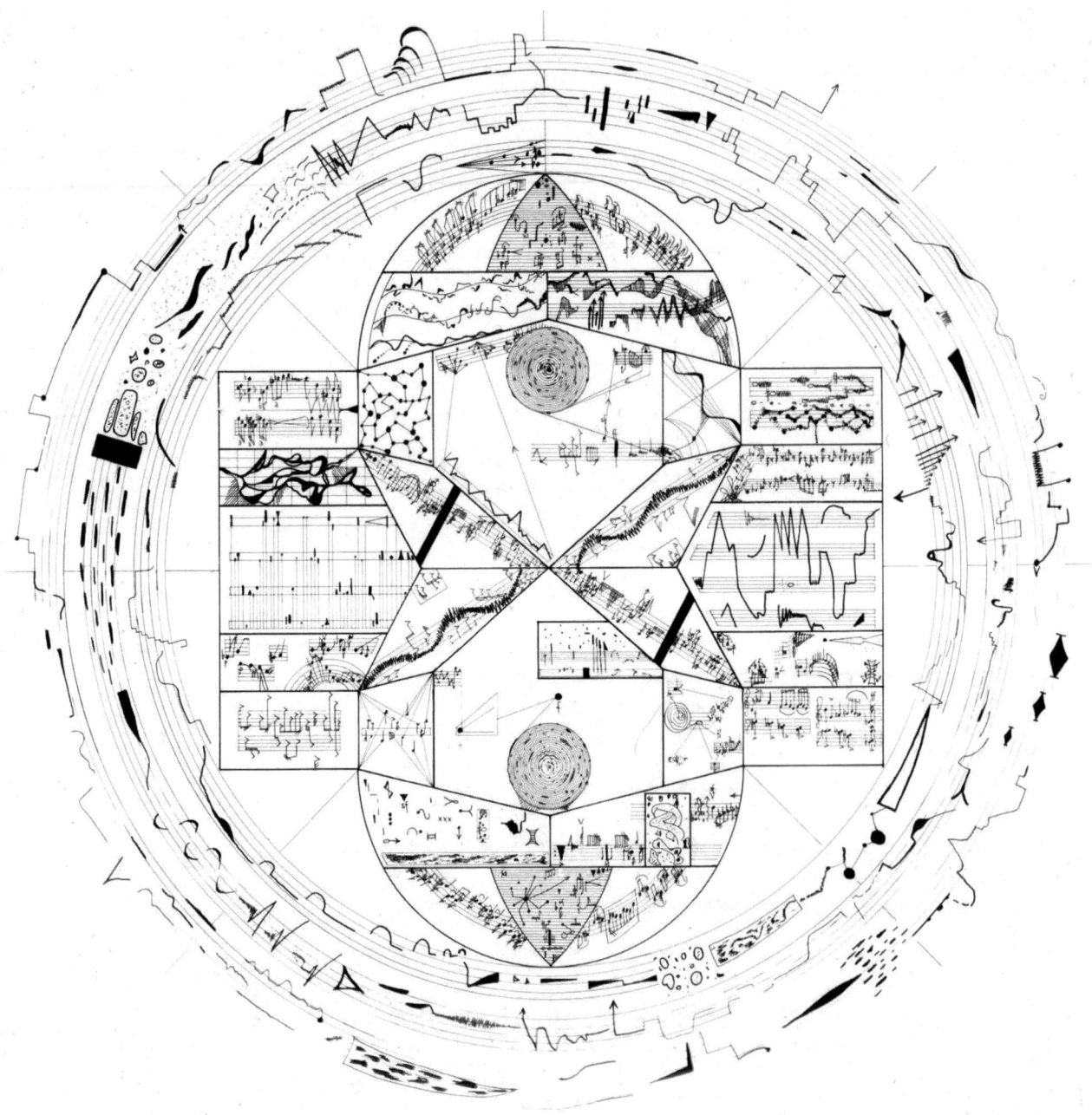

Klaus Fessmann (1976): *Satori*, mit freundlicher Genehmigung des Komponisten.

SATORI[57]

M Instrumente, Stimme

A Betrachtet diese Grafische Partitur. Wählt einzelne Felder aus und spielt diese. Sie können polyphon, solistisch, perkussiv, geräuschhaft u.a. improvisiert oder aber auch ausgearbeitet werden. In größeren Gruppen könnt ihr die Felder auch verschiedenen Besetzungen zuordnen. Spielt auch freie und in der Reihenfolge festgelegte Versionen. Ihr könnt Teile der Partitur auch ausschneiden oder die Partitur vergrößern und am Boden auflegen.

G K ***

[57] www.klaus-fessmann.de/werke.

ZUM WEITERLESEN UND WEITERHÖREN

Klaus Fessmann (2016): Retrospektive, Zürich (emanomedia)

Matthias Spahlinger (1993): Vorschläge. Konzepte zur Ver(über)flüssigung der Funktion des Komponisten (= Rote Reihe 70), Wien (UE)

Roman Haubenstock-Ramati (1970): Ludus musicalis, Wien (Universal Edition)

John Cage (1970): Song Book (Solos For Voice 3–92), New York (Henmar Press)

Diether Schnebel (1969): MO – NO, Schauberg (DuMont)

Cathy Berberian (1966): Stripsody, New York (Peters)

Earl Brown (1953): Folio and 4 Systems, for variable instrumentation (u.a. December 1952), New York (G. Schirmer/AMP)

VIDEOS UND FILME

Ähnlich dem Einsatz von Bildern, Grafiken und Fotos regt auch der Einsatz von Stummfilmen zum Erfinden einer eigenen Musik bzw. zum Improvisieren an. Da Stummfilme meist länger dauern, bedarf es einer größeren Vorbereitungs- und Probenphase. Ein Filmprojekt ist meist ein größeres Unterfangen.

Ältere Stummfilme sind vielfach von Urheberrechten frei und können daher ohne Zahlung von Lizenzgebühren öffentlich gezeigt werden. Sollten Sie ein Filmprojekt planen, ist trotz allem anzuraten, im Vorhinein mögliche Urheber- und Aufführungsrechte bei öffentlicher Aufführung und sich daraus ergebende Zahlungsverpflichtungen zu klären.[58] Entsprechende Filme findet man in den bekannten Filmportalen wie YouTube, Vimeo oder MyVideo, vielfach sogar in hoher Auflösung. Ansonsten sind viele Stummfilm-Klassiker in den letzten Jahren restauriert und auf DVD und Blu-ray neu veröffentlicht worden.

Geeignet sind praktisch alle Genres. Beschränkt man sich auf Stummfilmklassiker, laden sowohl bekannte Slapstickfilme als auch die äußerst kunstvollen dadaistischen Filme zum musikalischen Improvisieren ein. Für einzelne Filme liegen dabei auch nachträglich komponierte Filmmusiken vor. Es lohnt sich, diese vergleichend heranzuziehen. Wer etwas mehr Zeit einplanen kann, mag seine Schüler und Schülerinnen sogar dazu anregen, eigene kleine Filme zu drehen, die dann live vertont werden. Für einfachere Projekte reichen dazu Handykameras und eine kostenfreie Software aus.

Viele der bekannten Stummfilme sind verhältnismäßig lang. Im Rahmen eines Projektes ist daher anzuraten, einen Ausschnitt oder eine gekürzte Fassung zu verwenden. Kürzere Filme findet man vor allem vom Beginn der Stummfilmära aus den Jahren 1896–1926.

[58] In Österreich ist die Verwertungsgesellschaft für audiovisuelle Medien (VAM), in Deutschland die Gesellschaft zur Übernahme und Wahrnehmung von Filmaufführungsrechten mbH (GÜFA) dafür zuständig.

Ob man gleich mit einer Improvisation beginnt oder sich aber den Film erst einmal ansieht, ist von den Mitwirkenden abhängig – beides ist möglich. Auf jeden Fall bedarf es des mehrfachen Ansehens. Bei längeren Filmen ist das Erstellen einer Timeline, in der die Szenenabfolge sekundengenau festgehalten ist und gegebenenfalls auch einzelne musikalische Ideen bereits angedeutet werden, sinnvoll. Insbesondere wenn zu einem Film letzten Endes live dazu improvisiert werden soll, müssen alle Mitwirkenden den Film gut kennen und wissen, zu welcher Szene gespielt werden soll. Ermüdend ist es für die Zuhörer, wenn durchgehend alle spontan improvisieren. Kleine Besetzungen und Soli sollten ebenso wie gezielte Pausen eingeplant oder improvisatorisch eingewoben werden.

MÖGLICHE GESTALTUNGSFORMEN
- Aktionen und Handlungen mitspielen (Mickymousing)
- Stimmungen gestalten
- Charaktere vertonen
- Einzelnen Personen und Situationen ein Leitmotiv zuordnen
- Spiel mit Zitaten (Melodien oder Harmoniefolgen aus Kompositionen verwenden)
- Modelle vorweg festlegen, die einen improvisatorischen Rahmen bieten (Rondoformen, Spiel über Tunes, Turnarounds usw.)

EPGK ***

EINEN FILM ERARBEITEN

M Stummfilm, Stimme, Instrumente

Z Bewegte Bilder in Musik umsetzen, Verläufe gestalten

A Sucht euch einen Film und bestimmt aus diesem einen kürzeren Ausschnitt (ca. 3 Min). Teilt euch in zwei Gruppen: Spielende und Zuschauende.
Spielt spontan zum Film dazu. Diskutiert anschließend eure Ideen. Was war gelungen? Wo habt ihr zu viel gespielt? Die Zusehenden geben den Spielenden Feedback.
Sucht euch in weiterer Folge einen längeren Abschnitt und verteilt die einzelnen Szenen oder aber die dargestellten Personen bzw. Rollen auf mehrere Gruppen und Solisten. Seht euch nun den Abschnitt erneut an und improvisiert dazu. Bei entsprechenden Filmabschnitten bzw. Personen spielt nun immer nur die jeweilige Gruppe, die anderen pausieren und hören zu. Wiederholt das Ganze in wechselnden Besetzungen. Diskutiert über die Wirkung unterschiedlicher Musik und Besetzungen zur selben Szene.
Erfindet eine Musik, die über mehrere Szenen gespielt werden kann. Nur Details sollten nun an die Handlung angepasst werden.
Gestaltet einen langen Abschnitt. Greift dabei auf bereits improvisierte Passagen zurück und setzt diese bei ähnlichen Szenen gezielt wieder ein (etwa eine Musik für eine bestimmte Person oder wiederkehrende Handlung).

Je länger ein Film dauert, desto wichtiger ist es, sich für die Musik ein Formkonzept zu überlegen. Ein solches Formkonzept kann sich an der Handlung des Filmes orientieren, etwa dadurch, dass ähnliche Szenen oder Personen in ähnlicher Weise vertont werden bzw. man auf wiederkehrende Motive und Klänge zurückgreift. Dies gilt insbesondere beim Einsatz sogenannter Leitmotive, also wiederkehrender Motive oder Themen, die einer Person zugeordnet bzw. als Vorankündigung inhaltlicher Bezüge eingesetzt werden. Leitmotive können im Laufe des Filmes in unterschiedlichen Ausprägungen und Varianten vorkommen. Der Handlungsstrang bzw. die Erlebnisse einzelner Protagonisten bzw. Protagonistinnen spiegeln sich in der Verarbeitung des Leitmotivs.

Als Leitmotiv eignen sich neben kurzen melodischen Wendungen auch besondere Klänge und Harmoniefolgen. Besonders geeignet sind ferner selbstkomponierte Songs oder Tunes. Sie lassen sich besonders gut variieren bzw. als Gerüst einer Improvisation einsetzen. Eine Schwierigkeit bei der Vertonung längerer Abschnitte ist die Gestaltung eines größeren musikalischen Spannungsbogens. Entscheidend ist, die Musik hinsichtlich Dynamik, Tempo und Dichte der Klangereignisse nicht zu schnell aufzubauen, der Höhepunkt sollte etwa im letzten Drittel liegen. Große Steigerungen sollten ferner für entscheidende dramatische Ereignisse bis zuletzt aufgehoben werden.

Generell gilt, je größer eine Besetzung ist, desto wichtiger wird es einzelne Szenen vorweg zu planen. Umgekehrt gilt aber auch, dass in kleineren Besetzungen durchaus freier über einen Film improvisiert werden kann. Beim Improvisieren in sehr großen Gruppen ist entsprechend anzuraten, zumindest einzelne Szenen in Duo- oder Triobesetzungen zu spielen und damit einen größeren Freiraum zu schaffen

Plant man, ein Filmprojekt vor Publikum aufzuführen, ist ferner anzuraten die Filmmusik immer wieder auch ohne den Film zu spielen bzw. zu improvisieren. Auf diese Weise lenkt man in den Proben die Aufmerksamkeit immer wieder auf die musikalische Qualität. Beim Vertonen des Films besteht ansonsten die Gefahr, dass die Spieler und Spielerinnen immer weniger ambitioniert musizieren und dies allein durch die Stärke des visuellen Reizes nicht merken.

Als Vorübung sollte man sich vorab die jeweilige Melodie in unterschiedlichen Tonarten, Taktarten, Rhythmen und mit verschiedenen Verzierungen zurechtlegen. Anregungen, wie das gelingt, werden im Kapitel Erwerben –Entwickeln – Gestalten, S. 147–255, sowie im Kapitel Variationsformen, S. 336–366, gegeben.

BEISPIELE STUMMFILM-KLASSIKER

- Charly Chaplin(1936): Modern Times (Stummfilmfassung)
- Fritz Lang (1929): Frau im Mond
- Fritz Lang (1927): Metropolis
- Walter Ruttmann (1927): Berlin, Sinfonie einer Großstadt
- Friedrich Wilhelm Murnau (1926): Nosferatu, eine Symphonie des Grauens
- Friedrich Wilhelm Murnau (1926): Faust
- Buster Keaton: (1926): Der General
- Charly Chaplin: (1925): Goldrausch
- Robert Wiene (1920): Das Cabinett des Dr. Calligari
- Paul Wegner (1915): Der Golem

KURZFILME

- Charles Bunuel (1929): Der andalusische Hund (Dadaismus)
- Laurel and Hardy: (1921–1951) Kurzfilme, darunter: Do Dedectives Think (1927), Habeas Corpus (1928)
- Fernand Léger (1924): Balett mechanique (Dadaismus, geeignet zum Improvisieren rhythmischer Strukturen)
- Buster Keaton: (1922): Electric House (geeignet für klassische und „jazzige" Improvisationen in Kombination mit zeitgenössischen Klängen)
- Charly Chaplin: (1914–1925) Kurzfilme, darunter: Die Rollschuhbahn (1916), Der Vagabund (1916), Der Einwanderer (1917)
- Georges Melies: Kurzfilme (1896–1913) (französischer Fantasmus), darunter: Die Reise zum Mond (1902), Die Reise zum Nordpol (1902), Die Halluzinationen des Baron Münchhausen (1911)

Für Kinder ist es auch spannend, Kurzfilme und Serien zu vertonen, etwa: Donald Duck der Chefkoch, Mascha und der Bär, Die Sendung mit der Maus

ALS VORÜBUNGEN SIEHE
Taktarten kreisen lassen, S. 154, Doppeltes und halbes Tempo, S. 160, sowie Half- and Doubletime, S. 250.

SPIEL MIT PATTERN

Um Musik mit sich wiederholenden Mustern (sogenannten Pattern) zu gestalten, bedarf es der Fähigkeit, einen regelmäßigen Puls zu erleben und zu spielen.

G K **

REPETITIONEN
- **M** Instrumente
- **Z** Improvisation einer Pattern-Musik
- **A** Erfindet oder sucht in einem Repertoirestück eine längere Phrase mit möglichst durchgehenden Sechzehntel- oder Achtel-Bewegungen. Beginnt mit dem ersten Ton, wiederholt diesen und spielt den ersten und zweiten Ton, danach den ersten, zweiten und dritten Ton und so fort. Sobald ihr beim letzten Ton angelangt seid, streicht den letzten Ton und wiederholt die ganze Phrase. Streicht danach auch den vorletzten, danach den vorvorletzten Ton und so fort. Sobald nur noch ein Ton übrig ist, ist das Stück vorbei. Spielt das Stück gemeinsam z.B. in parallelen Quinten, Quarten oder Sexten. Fügt gegebenenfalls eine pulsierende Rhythmusbegleitung an. Experimentiert auch damit, nacheinander zu starten (im Kanon).

Music In Fifth von Philipp Glass (1969) ist nach diesem Prinzip komponiert.

G K **

MINIMAL
- **A** Sprecht einen Tonraum ab. Beginnt individuell mit einem sich wiederholenden, pulsierenden Ton. Erweitert diesen allmählich individuell zu sich wiederholenden melodischen Figuren (Pattern). Verändert diese allmählich. Kommt zurück zum Anfangston.

PATTERNMUSIC

GK * *

A Sprecht einen Tonraum ab. Erfindet gemeinsam verschieden lange melodische Figuren (Pattern) mit 2 bis 32 Sechszehnteln. Solltet ihr euch sehr unsicher sein, notiert eure Pattern. Ihr solltet beim Spielen jedoch möglichst frei mit diesen umgehen können. Bestimmt eine Reihenfolge, in der die Pattern gespielt werden sollen. Etabliert nun einen durchgehenden Puls und beginnt nacheinander mit dem ersten Pattern. Wechselt individuell nach einiger Zeit zum nächsten Pattern. Experimentiert gegebenenfalls beim Spielen mit rhythmischen Varianten. Spielt eure Pattern auch halb und doppelt so schnell. Wenn ihr euren letzten Pattern erreicht, hört nach einigen Repetitionen auf zu spielen.

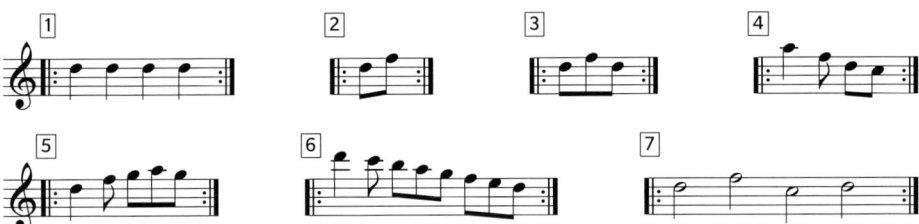

Eine der bekanntesten Pattern-Kompositionen ist *In C* von Terry Riley (1964). Gut funktionieren Pattern in Sechzehntel-Bewegungen. Haben diese unterschiedlich viele Töne (etwa 5 und 6), verschieben sie sich bei jedem Durchgang gegeneinander, was interessant klingt. Im nebenstehenden Beispiel wurde eine dorische Skala auf d verwendet.

PHASING

PG * * *

M Möglichst ähnliche Instrumente

Z Minimale Tempoverschiebung als Gestaltungsmittel erleben

A Erfindet gemeinsam eine kurze, melodische Phrase. Wiederholt sie gemeinsam (als Loop). Ein Spieler bleibt im Tempo. Die anderen Spielerinnen werden unmerklich schneller bzw. langsamer, wiederholen den Loop in ihrem neuem Tempo und verschieben sehr langsam die Phrase Ton für Ton. Lasst euch Zeit dafür. Sobald alle die gesamte Phrase verschoben haben, der erste Ton wieder mit dem des ersten Spielers zeitgleich erklingt, wird erneut das Anfangstempo übernommen. Das Stück endet, sobald alle drei Spieler und Spielerinnen wieder im unisono spielen.

Das Prinzip stammt von Steve Reich. Höre dazu: *It`s Gonna Rain* (1965), *Piano Phase* (1967), *Violin Phase* (1968) oder *Clapping Music* (1972).

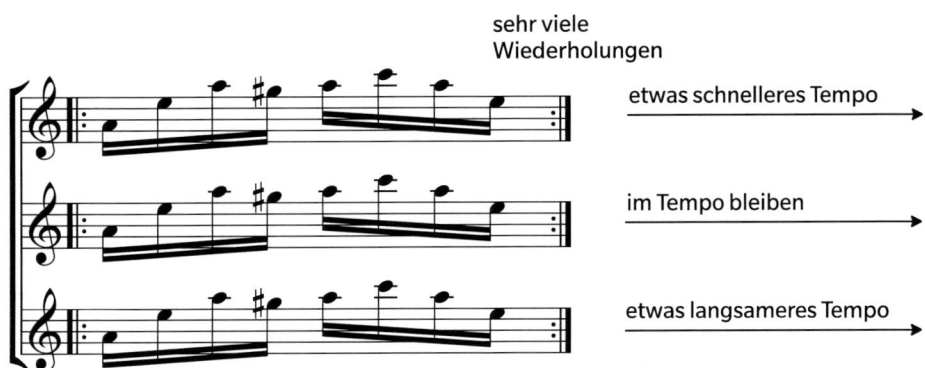

P G K **

Bekannt geworden ist dieses Prinzip durch La Monte Youngs *Composition 1960 #7*.

G K *

Bei Gruppen ab zehn Teilnehmerinnen und Teilnehmern ist es sinnvoll, die Gruppe in mehrere Maschinen aufzuteilen. Diese können nacheinander oder gleichzeitig agieren.

[59] Das Spiel existiert in vielen Varianten unter verschiedenen Namen, etwa als *Musikmaschine*, *Musik Fabrik*, *Klingende Maschine* oder *Klangautomat*.

P G **

[60] Ende 1973, 144.

MEDITATION
M Instrumente, Klangerzeuger
A Etabliert gemeinsam einen Klang. Spielt ihn möglichst lang.

Selbst, wenn man beim Spielen nicht darum bemüht ist, aktiv den Klang zu variieren, entstehen mit der Zeit immer Veränderungen. Spannend ist es, diese ebenso wie die eigene Wahrnehmung und das Zeitempfinden beim Spielen zu beobachten.

DIE LEBENDIGE MUSIKMASCHINE[59]
M Körper, Stimme, Klangerzeuger
Z Kombinieren von Rhythmuspattern
A Ihr seid eine Maschine. Eure Arme und Beine bewegen sich wie am Fließband und erzeugen dabei Industriegeräusche. Überlegt euch jeder eine Bewegung und begleitet diese mit Mouth- bzw. Bodysounds. Setzt die Maschine gemeinsam zusammen und stimmt sie aufeinander ab.
Der Maschinenwärter kann die Maschine und auch einzelne Teile davon ein- und ausschalten, sie schneller oder langsamer regeln sowie lauter oder leiser drehen.

MIT INSTRUMENTEN
A Übertragt die Geräusche auf eure Instrumente. Ihr könnt auch neue Klänge finden und erfinden.

UHRENMUSIK
M Instrumente, Klangerzeuger, wahlweise auch Mobiltelefone/Smartphones mit vorher ausgesuchten Klingeltönen, Wecker, Eieruhren usw.
Z Gestaltung in unterschiedlichen Zählzeiten und Tempi
A Was für Uhren kennt ihr? Was für Klänge produzieren sie? Wie klingeln und ticken alte und neue Wecker, Taschenuhren, Armbanduhren oder Handywecker?
Lest den kurzen Ausschnitt aus Momo von Michael Ende und improvisiert gemeinsam eine Uhrenmusik.

Da gab es winzige edelsteinverzierte Taschenührchen, gewöhnliche Blechwecker, Sanduhren, Spieluhren mit tanzenden Püppchen drauf, Sonnenuhren, Uhren aus Holz, Uhren aus Stein, gläserne Uhren, und Uhren, die durch einen plätschernden Wasserfall getrieben wurden. Und an den Wänden hingen alle Sorten Kuckucksuhren und andere Uhren mit Gewichten und schwingenden Perpendikeln, manche die gravitätisch gingen und andere deren winzige Perpendikel emsig hin und herzappelten. [...] Überall hingen, lagen und standen Uhren. Da gab es auch Weltzeituhren in Kugelform und kleine und große Planetarien mit Sonne, Mond und Sternen. In der Mitte des Saales erhob sich ein ganzer Wald von Standuhren, ein Uhr-Wald sozusagen, angefangen von gewöhnlichen Zimmerstanduhren bis hinauf zu richtigen Turmuhren. Ununterbrochen klingelte irgendwo ein Spielwerk, denn von allen diesen Uhren zeigte jede eine andere Zeit an.[60]

COMPUTERSPIELE

G **

M Computerspiel, Klangerzeuger, Instrumente

Z Übertragung visueller Impulse in Klangaktionen, Gestaltung einer eigenen Form

A Ihr kennt sicherlich verschiedene Computerspiele. Sind euch die Sounds und die musikalische Unterlegung schon einmal bewusst aufgefallen? Sucht euch gemeinsam ein Computerspiel, das sich zur musikalischen Umsetzung eignet. Stellt das Spiel auf lautlos und teilt euch auf. Ein oder mehrere Spieler spielen das Spiel, die anderen begleiten es mit Klängen und Musik auf ihren Instrumenten.
Nachdem ihr das Spiel ein paar Mal live begleitet habt, schaltet das Spiel aus und gestaltet es rein musikalisch. Stellt euch dabei typische Spielzüge vor.

Geeignet sind vor allem Computerspiele mit einem verhältnismäßig einfachen Aufbau bzw. einfachen Spielregeln. Beispielsweise lassen sich Pingpongspiele ebenso wie Jump & Run-Spiele wunderbar vertonen. Figuren, die durch einen Hindernisparcours gesteuert werden und die bei jedem Richtungswechsel, Hindernis und jeder schnellen Aktion einen spezifischen Klang verursachen, eignen sich ebenfalls gut.

MUSIKALISCHES ELEKTROKARDIOGRAMM

A Seht euch die Linien und Zacken des Elektrokardiogrammes (EKG) an. Jede steht für elektrische Spannungsänderungen, die bei der Kontraktion des Herzens entstehen und sich aufzeichnen lassen. Diese lassen sich auch akustisch wiedergeben. Interpretiert sie als Klangspuren und vertont sie auf eurem Instrument. Überlegt, ob ihr sie lieber geräuschhaft oder mit klaren Tönen und Tonverläufen sonofizieren wollt.
Ihr könnt auch über andere medizinische Grafiken, wie etwa einem Elektroencephalogramm (EEG – Hirnstrommessungen) improvisieren.

HINWEIS
Man spricht von *Sonofikation*.

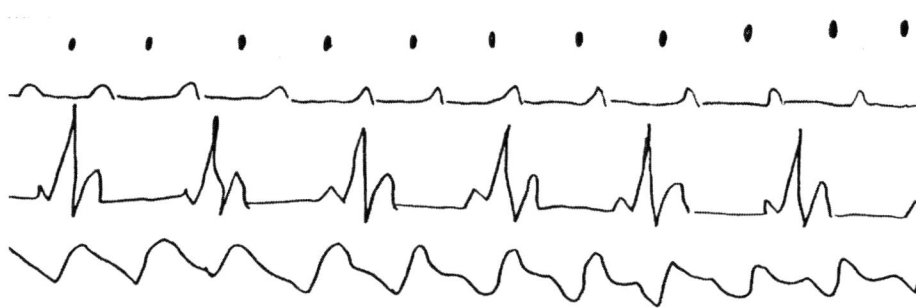

TRAFFIC LOOPS

G K ***

M Instrumente, Stimme, Geräusche, evtl. Hupen, Fahrradklingeln, Tonaufnahmen usw.

Z Mit Pattern aus Alltagsgeräuschen musizieren

A Imitiert Verkehrsgeräusche wie das Rattern auf Schienen, das regelmäßige „Zug fährt ab", „mind the gap", die Klänge eines anfahrenden oder bremsenden Zuges, das Klingeln eines Fahrstuhls, Wartende Autos, das Piepsen von Supermarktkassen usw. Erfindet sich wiederholende Muster (Loops). Kombiniert diese miteinander und gestaltet mit diesen eine Improvisation.
In größeren Gruppen könnt ihr auch verschiedene Schauplätze auswählen und diese untereinander aufteilen. Jede Teilgruppe gestaltet einen Schauplatz, z.B. „am Bahnhof", „auf der Straße", „im Einkaufszentrum". Fügt sie zu einem längeren Stück zusammen.

HÖRANREGUNG
Steve Reich: *City Life* (1995), *Different Trains* (1988).

G K ***

Ab 10 Jahren, Voraussetzung ist harmonisches Hören.

HÖRANREGUNG
Bobby McFerrin (1997): *Circlesongs* (Sony Music Entertainment).

[61] Betzner-Brandt 2011, 16–20.

CIRCLE MUSIC

M Vorzugsweise mobile Instrumente, mit Text beschriftete Karten

Z Improvisation mit groove-orientierten, harmoniebezogenen Ostinati, selbstorganisierte Großgruppenimprovisation mit popularmusikalischen Elementen

Als Circle Music wird die instrumentale Form des Circle Singing bezeichnet. Über sich verändernde rhythmische und harmonische Loops und ostinate Bässe wird melodisch improvisiert. Ursprünglich handelte es sich um eine a cappella Musizierform, mit der Bobby McFerrin bekannt wurde. Die von Michael Betzner entwickelte Form für die Chorarbeit arbeitet mit Aktionskarten, die kreisförmig am Boden verteilt werden.[61] Eine leicht abgewandelte Form hat sich auch für Instrumentalisten in der Praxis sehr bewährt. Am Boden liegen gut sichtbar Aktionskarten, die für bestimmte musikalische Aktionen stehen und mit Hilfe derer die Spieler und Spielerinnen zwischen verschiedenen Aktionen bzw. Funktionen räumlich und musikalisch wechseln.

Als Vorbereitung für Circle Music bietet es sich an, zunächst ohne Instrument mit Stimme und Körperklängen zu experimentieren (Circle Singing). Diese Form kann danach in die instrumentale Version überführt werden.

A3- oder A4-Blätter bzw. große, bunte Karten werden wie folgt beschriftet (auch vorher vereinbarte Symbole eignen sich):

Karte	Ausführung/Lautstärkenvorschläge
Stille und Zuhören	Nicht in Aktion sein und der Improvisation folgen. Dynamik: pp
Rhythmus	Rhythmisches Musizieren mit Körperklängen, Perkussion, Vocasion und perkussiven Klängen auf dem Instrument. Dynamik: mf
Bass	Unisono eine kurze Bassfigur bzw. ein Bassostinato spielen. Dynamik: mf
Harmonien	Wenige Töne über das Ohr zu einem Akkord ergänzen. Dynamik: mp
Solo oder Duo	Ein bis zwei Spieler bzw. Spielerinnen improvisieren abwechselnd über die Begleitung. Dynamik: f
außermusikalisches Thema	Ein vorher abgesprochenes außermusikalisches Thema dient als zusätzliche Inspirationsquelle, für Sänger und Sängerinnen auch als Thema eines zu improvisierenden Textes. Dieses wird ebenfalls sichtbar auf eine Karte geschrieben.

Als Leiter bzw. Leiterin kann man auch Worte oder kurze Textzeilen vorher auswählen, auf Karten kopieren und diese dann von den Sängern bzw. Spielerinnen auswählen lassen.

A Legt die Karten kreisförmig im Raum auf. Achtet darauf, dass rund um die Karten *Stille und Zuhören* und *Perkussive Aktionen* genügend Platz für eine große Gruppe freibleibt. Klärt, bevor ihr beginnt, was bei jeder Aktionskarte stattfinden soll. Ihr könnt jede Karte auch kurz gemeinsam ausprobieren.

Startet alle zusammen bei der Karte *Stille und Zuhören*. Eine Spielerin geht nun zu einer Aktionskarte und erfindet, je nach Karte, einen Bass, einen Rhythmus oder spielt zwei bis vier Harmonien. Die anderen beginnen nun auch und gestalten mit ihren Aktionen an den jeweiligen Raumpositionen dazu passende Begleitungen.

Wechselt im Verlauf einer Improvisation die Raumpositionen und verändert dadurch die Musik. Kehrt auch immer wieder zur Karte *Stille und Zuhören* zurück, um euch von dort aus erneut für neue musikalische Aktionen zu entscheiden und bewusst ruhigere Passagen zu gestalten (es müssen nicht immer alle spielen). Es können und sollten nach Möglichkeit immer mehrere Personen an der selben Position zur selben Karte improvisieren. Lediglich die Position *Solo oder Duo* darf (ganz im musikalischen Sinn) nur von einem Spieler bzw. zwei Spielerinnen gleichzeitig besucht werden.

Instrumente wie Klavier, Hackbrett, Zither, Schlagzeug, größere Percussion Instrumente sowie bedingt auch Kontrabass, Cello und Gitarre sind nur eingeschränkt mobil. Das sollte bei der Planung berücksichtigt werden. Die Instrumente sind so zu positionieren, dass sie in der Nähe passender Karten liegen z.B. *Harmonien* bei Klavier oder Gitarre, *Rhythmus* bei den Percussion-Instrumenten und *Bass* beim Kontrabass oder Cello. Denkbar ist auch für Gitarristen und Cellistinnen, bei den jeweiligen Positionen Stühle aufzustellen. Natürlich dürfen Spielende mit unbeweglichen Instrumenten trotz allem alle Aktionskarten spielen. Sie sollten dann aber zumindest gedanklich den Positionswechsel vollziehen.

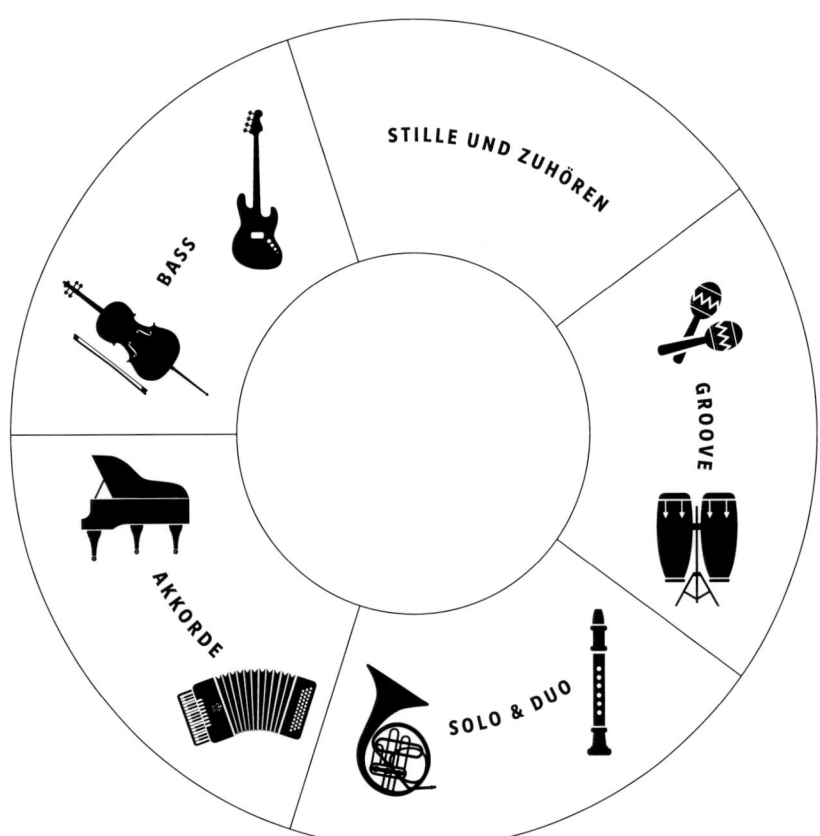

Circle Music.
Grafik mit Bildelementen von www.shutterstock.com.

Ausgangspunkt bei *Circle Music* kann auch eine fertige Aufnahme oder ein Play-Along sein. In dem Fall spielen die Musiker und Musikerinnen zunächst zur abgespielten Musik dazu. Anschließend kann die Musik allmählich ausgeblendet und von den Spielern und Spielerinnen weiterentwickelt werden.
Circle Music lässt sich auch gut mit Live-Elektronik und Effektgeräten kombinieren. Sehr passend sind in dem Fall Loopmachines bzw. entsprechende Computer-Programme. Zu den aufgenommenen und abgespielten Loops kann dazu improvisiert werden.

DIRIGIERTE IMPROVISATIONEN

Es finden sich sehr verschiedene Formen dirigierter Improvisation, vom konventionellen Dirigat mit Einsätzen mittels definierter Handzeichen, bis hin zum Einsatz von Kärtchen und Symbolen, über die Klangaktionen gesteuert werden. Dirigierte Improvisationen sind vor allem für den Dirigenten bzw. die Dirigentin eine interessante Erfahrung, nicht das eigene Instrument wird gespielt, sondern die Gruppe mit ihren Klängen. Allerdings ist für die einzelnen Spieler und Spielerinnen der improvisierte Anteil unterschiedlich groß. Zuweilen improvisiert zwar der Dirigent, nicht aber die einzelne Spielerin. Die verschiedenen Formen eignen sich für unterschiedliche Besetzungen und Größen, sowohl kammermusikalische Formationen, Chöre als auch große Ensembles und Orchester lassen sich in dirigierter Form strukturieren.

Bei den im Folgenden vorgestellten Spielen handelt es sich um einige gängige Varianten.

LIVE ARRANGEMENT

M Körper, Stimme oder Instrumente

Z Pulsorientierte, selbstorganisierte Improvisation, Hören und Gestalten eines größeren Klanggefüges

DIRIGIERTES LIVE ARRANGEMENT

A Teilt die Anwesenden in drei bis vier Gruppen mit jeweils zwei bis fünf Spielern und Spielerinnen. Einigt euch auf einen durchgehenden Puls, den ihr leise mit euren Füßen sicht- und/oder hörbar stompt.

Die Dirigentin bzw. der Arrangeur hat nun die Aufgabe, jeder Gruppe nacheinander einen Rhythmus- oder Melodiepattern vorzusingen, der von den Gruppen im unisono so lange wiederholt wird, bis neue Anweisungen gegeben werden bzw. ein neuer Pattern vorgesungen wird. Gestalte die Pattern immer so, dass sie sich gegenseitig ergänzen.

Die Dirigentin kann im Laufe des *Live Arrangements* auch einzelne Gruppen ein- und ausschalten, die Dynamik anzeigen und die Pattern durch Gesten variieren.

In der ersten Runde sollte zunächst der Leiter bzw. die Leiterin dirigieren. Insbesondere bei Fortgeschrittenen sollten nachfolgend aber auch die Mitspielenden als Dirigent bzw. Dirigentin agieren.

Wer sich eingehender mit den Möglichkeiten des Live-Arrangements beschäftigen möchte, sei auf das Buch von Jürgen Terhag und Jörn Kalle Winter (2011): Live Arrangement verwiesen.

G K **

HINWEIS
Solche Improvisationen können von der Gruppe allmählich variiert werden.

Live Arrangement.

DIE GRUPPE ARRANGIERT SICH SELBST
Dieses Spiel funktioniert wie *Live Arrangement* mit dem Unterschied, dass die Gruppe die Aufgabe des Dirigenten bzw. der Arrangeurin übernimmt und sich selbst leitet.

A Teilt euch in etwa gleich große Gruppen. Agiert in den Gruppen jeweils als gemeinsamer Klangkörper und singt bzw. spielt immer unisono. Hört und spielt euch dafür zusammen. Wenn ein Spieler einen Pattern singt bzw. spielt, steigen die anderen mit ein oder signalisieren, dass sie die neue Idee nicht übernehmen möchten. Pausiert einer in der Gruppe, pausieren auch die anderen, ändert eine Spielerin den Pattern, schließt sich die ganze Gruppe den Veränderungen an. Gestaltet gemeinsam und findet nach einiger Zeit auch ein gemeinsames Ende.

Das Stück funktioniert durch genaues Zuhören, Imitieren, durch das Ergänzen von Mustern und das Verändern einzelner Pattern. Wichtig ist, dass die Gruppen auch immer wieder pausieren, damit sich unterschiedliche Besetzungen und Klangdichten ergeben und so unterschiedliche Besetzungen hörbar werden. Wie immer gilt, dass nicht immer alle spielen sollten.

G K *

Voraussetzung für diese Art des Musizierens ist das selbstorganisierte Improvisieren über einen Puls. Das Spiel ist daher für Schüler und Schülerinnen ab ca. 12 Jahren geeignet. Als Vorübung eignen sich alle Spielarten von *Führen und Folgen* auf S. 52–57.

SPIELEN NACH GESTEN
M Körper, Instrumente, Stimme
Z Entwickeln eines körperlich-gestischen Ausdrucksvermögens und kompositorischen Denkens, ferner: Reaktionsfähigkeit, Gruppenempfinden, improvisierendes Umsetzen von vorgegeben Zeichen

Für das Improvisieren nach Handzeichen haben sich unterschiedliche Konzepte und Bezeichnungen herausgebildet: gestisches Improvisieren, intuitive Körpermusik, Bodyshaping, Soundpainting. Sun Rae, Frank Zappa und Butch Morris (alle USA) waren mit die ersten, die durch dirigierte Improvisation mit Handzeichen bekannt wurden. Inspiration findet man auch bei Phil Minton (GB) und Michael Fischer (A).

IN DIE LUFT ZEICHNEN
A Stellt euch im Halbkreis auf und bestimmt einen Dirigenten bzw. eine Dirigentin. Er bzw. sie malt Zeichen in die Luft, mit denen angezeigt wird, was die anderen singen oder spielen sollen. Interpretiert zunächst mit der Stimme, in weiterer Folge mit euren Instrumenten. Nutzt auch Zeichen für laut und leise, für Anfänge und Ende. Tauscht oft die Rollen, damit jeder einmal dirigierend improvisieren kann.

P G K *

In die Luft gezeichnete Punkte können als Staccato-Töne gedeutet werden, eine waagerechte Geste mit der Hand als langer Ton, eine Bewegung mit beiden Hände nach außen als Crescendo usw.
Musiker und Musikerinnen, die viel mit notierter Musik zu tun haben, werden ferner Auf- und Abbewegungen als Tonhöhen oder Lautstärken interpretieren. Es bietet sich an, sowohl intuitiv auf Bewegungen und Gesten zu reagieren als auch einzelne Gesten abzusprechen.

BEISPIEL

PGK */**

KÖRPERGESTE – KLANGGESTE

A Dieses Spiel funktioniert wie *In die Luft zeichnen*. Zusätzlich kann der ganze Körper mit all seinen Ausdrucksmöglichkeiten eingesetzt werden. Eure Bewegungsabläufe, Gesten, große oder kleine Bewegungen, auch Wege im Raum sowie eure Mimik bestimmen die Klangaktionen. Dadurch können auch Lautstärken, Tonhöhen und der Charakter der Musik in einem größeren Maße gelenkt werden.

BEISPIEL

Die Mimik bestimmt den Charakter des Gespielten, die Raumhöhe (Sprünge – Schneidersitz) die Spannung. Am Boden kriechen kann etwa geheimnisvoll klingen, nach oben zeigen schrill und laut.

Das Improvisieren über Klanggesten kann auch als Einführung von Bewegungsbegleitungen genutzt werden.

Die Spieler und Spielerinnen müssen sich eine ganze Reihe von Handzeichen merken. Das ist nicht für jeden Musiker bzw. jede Musikerin geeignet.

HANDZEICHEN ZUR KLANGGESTALTUNG

A Überlegt euch Klänge, die ihr hören und die ihr in eurer Improvisation einsetzen wollt. Sprecht dafür eindeutige Handzeichen ab. Gestaltet mit diesen eine dirigierte Improvisation. Wechselt nach einer Improvisation den Dirigenten bzw. die Dirigentin. Nutzt sowohl Gruppenzeichen (alle verwenden dieselben Zeichen) als auch individuelle Zeichen (jeder bzw. jede erfindet ein oder mehrere eigene Zeichen, die zusätzlich verwendet werden).

BEISPIEL

Mit dem Finger auf jemanden zeigen	Ein Solo spielen
Mit dem Finger auf zwei Spieler bzw. Spielerinnen zeigen	Ein Duo spielen
Bewegte Finger in der Luft	Murmelnde Klänge
Auf das Ohr zeigen und auf eine Person	Der Person zuhören und dann etwas von ihr aufgreifen bzw. imitieren
Gezeichnete Wellenlinien	Starkes Vibrato oder Glissando

G K ***

SOUNDPAINTING

Bei *Soundpainting* handelt es sich um ein fertiges Konzept, mittels dessen sich über einen Katalog an festgelegten Handzeichen Improvisationen sowohl kleiner als auch sehr großer Besetzungen anregen und dirigieren bzw. *soundpainten* lassen. Als Zeichensprache wurde *Soundpainting* 1974 vom New Yorker Komponisten Walter Tompson entwickelt. Der Name ist urheberrechtlich geschützt, so dass Musiker und Musikerinnen ohne eine entsprechende Ausbildung unter Einbezug der vorgegebenen Gesten offiziell nicht von *Soundpainting* sprechen dürfen. Unterdessen findet sich ein recht umfangreicher Zeichenkatalog, der von der *Soundpainiting*-Community genutzt und immer weiter entwickelt wird.

www.soundpainting.com

Die sehr große Anzahl von über 1500 Gesten und Spielformen zeichnen *Soundpainting* als ein sehr differenziertes Konzept aus. Anzuraten ist allerdings, sich in der eigenen Arbeit von diesem lediglich inspirieren zu lassen, ohne sich sklavisch an Vorgaben zu halten. Dies gilt insbesondere dann, wenn man keine Lust hat, eine offizielle Ausbildung zu absolvieren, und auch eigene Ideen entwickeln möchte.

Die vorhandenen Gesten zielen zum Teil auf ein sehr verbindliches Klangergebnis, besitzen für den Musiker bzw. die Musikerin also wenig improvisatorische Freiheit, zum Teil handelt es sich aber auch um Gesten, bei denen der *Soundpainter* das Ergebnis nur grob umreißt, die Realisierung den Spielern überlassen wird.

Die verwendeten Gesten lassen sich in zwei grundlegende Kategorien unterteilen, solche die beschreiben, was und wie etwas geschehen soll (Sculpting Gestures), und solche, die beschreiben, von wem und wann etwas ausgeführt werden soll (Function Signals). Beim *Soundpainting* wird allerdings nicht immer angezeigt, wie eine Klangaktion konkret gespielt werden soll, es kommt häufig vor, dass die Ausführenden die Qualität und Dynamik des Materials eigenständig bestimmen.

Diese beiden Kategorien werden in sechs Unterkategorien von Gesten unterteilt: solche, die anzeigen, wer konkret spielen soll (etwa das gesamte Ensemble oder nur die Blechbläser), was gespielt werden soll (etwa ein langer Ton, Klanggesten oder minimalistische Figuren), wie das Klangmaterial hinsichtlich Dynamik und Tempo interpretiert werden soll, wann damit begonnen bzw. von vorhergehenden zu neuen Klangaktionen gewechselt werden soll und wie die Spielerinnen auf die Mitspieler eingehen sollen (etwa imitierend oder von einer Klangaktion zu nächsten). Ferner findet sich auch vorkomponiertes Material, das zuvor geübt und geprobt werden muss. In *Soundpainting* wird ferner auch die Geschwindigkeit, wie die Musiker und Musikerinnen vorgegebene Ideen verändern bzw. entwickeln sollen, über Gesten geregelt.

A Beschäftigt euch mit den Handzeichen. Probiert ein paar Zeichen mit eurem Ensemble aus.
Wechselt die Rolle des Dirigenten bzw. der Dirigentin immer wieder. Überlegt euch auch eigene Zeichen und kombiniert diese mit den vorgegebenen.

Leider sind die Handzeichen von *Soundpainting* urheberrechtlich geschützt, weshalb wir sie hier auch nicht in Ausschnitten wiedergeben dürfen. Dieses Kapitel wäre jedoch ohne einen Verweis auf dieses doch recht bekannte und umfangreiche Konzept unvollständig gewesen. Im Internet findet man eine Reihe von Beschreibungen, Grafiken und auf Videoplattformen sogar Video-Tutorials.

G K **/***

SPIELEN MIT AKTIONSKARTEN UND CUES

Die Arbeit mit Aktionskarten entspricht weitestgehend der mit Klanggesten. Der Unterschied besteht darin, dass Zeichen visuell auf farbigen Karten festgehalten werden und der Dirigent bzw. die Dirigentin zum Anzeigen der Spielaktionen auf die Karten zeigt. Insbesondere Anfängern und Anfängerinnen fällt dies leichter, als umfangreiche neue Dirigiergesten zu lernen. Aktionskarten lassen sich auch ohne Dirigenten einsetzen und bieten für die Improvisatorinnen daher eine größere Freiheit.[62]

[62] Siehe dazu auch: John Zorn (1984): *Cobra*, in: Game Pieces; Gagel 2008, 28–31 sowie *Icons*, S. 111.

A Überlegt euch verschiedene Klangaktionen. Wie könnte man diese grafisch darstellen? Überlegt euch für jede Klangaktion ein eigenes Zeichen und malt dieses gut sichtbar auf farbige A4 Karten. Übt gegebenenfalls eure Klangaktionen vor der eigentlichen Improvisation und stimmt die Klänge aufeinander ab.

Beispiel für mögliche Aktionskarten.

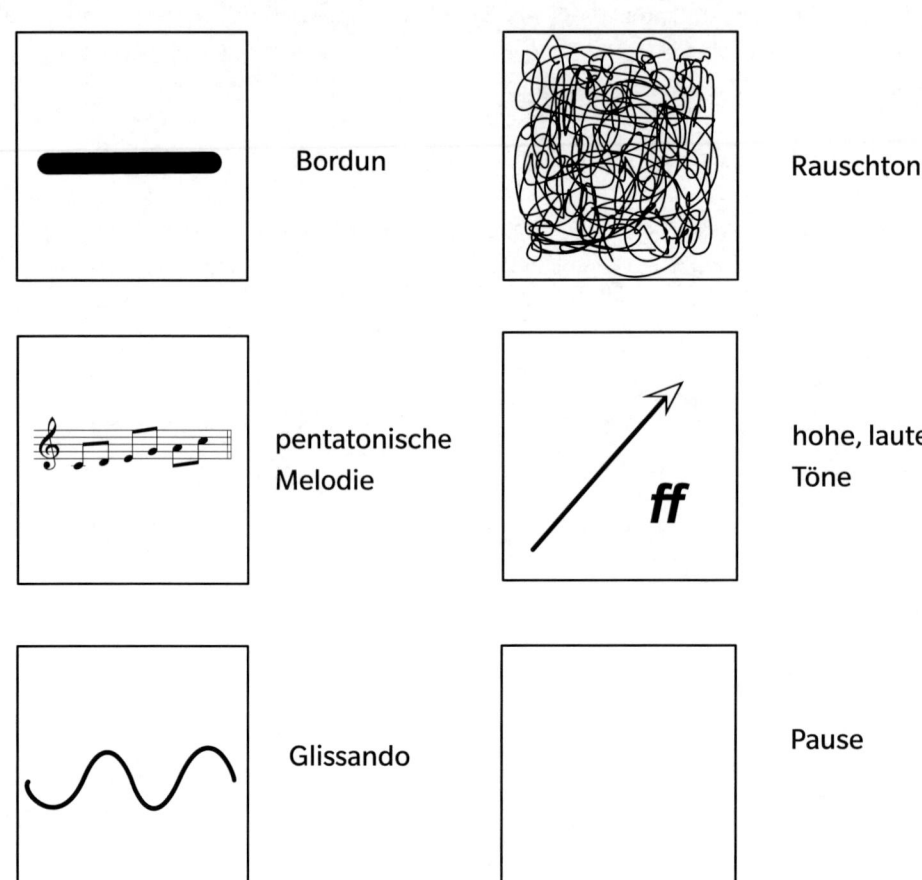

VERSION FÜR FORTGESCHRITTENE

A   Bei fortgeschrittenen Spielern und Spielerinnen sollte über zusätzliche Karten (oder zusätzliche Cues bzw. Gesten) auch geregelt werden, wer jeweils spielt und wie eine Spielaktion interpretiert werden soll.

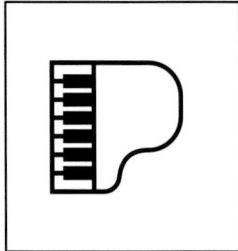 nur Klavier

 nur Streicher

 ein Spieler spielt ein Solo

 alle spielen

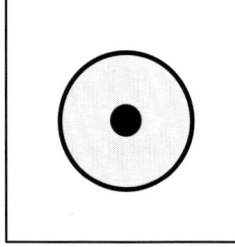 in der Mittellage spielen

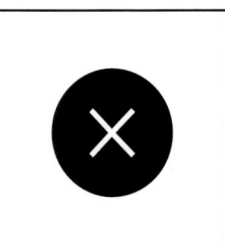 Pause

ERWEITERTE AKTIONSKARTEN
Mit Aktionskarten lässt sich auch ohne Dirigenten bzw. Dirigentin improvisieren. Die Gruppe muss dazu die Karten bzw. Klangaktionen zuvor auswählen und gegebenenfalls in eine bestimmte Reihenfolge bringen sowie gut sichtbar auflegen (z.B. auf einem Notenständer). Alternativ können die Spieler und Spielerinnen auch beim Improvisieren aufstehen und neue Aktionskarten auswählen und den anderen zeigen.

Das Potential dirigierter Improvisationen besteht darin, dass sich insbesondere große Gruppen schnell strukturieren lassen. Die Gefahr besteht allerdings darin, dass die Spieler und Spielerinnen ihre Verantwortung als Improvisierende ein Stück weit an den Leiter bzw. die Leiterin abgeben und nur noch als Ausführende agieren, was oft zu einem Verlust an Initiative, Kommunikation unter den Spielern und bewusstem Zuhören führt. Eine Möglichkeit das Element des Improvisatorischen zu stärken, besteht darin, Aktionen so auszuwählen bzw. zu definieren, dass ein möglichst großer Gestaltungsraum beim Spielen besteht bleibt. Ferner sollte darauf Acht gegeben werden, die Klangaktionen nicht beziehungslos nebeneinander zu stellen, sondern ein bewusstes Reagieren auf Gehörtes zu verlangen.

Klangaktion Töne	Spielt immer mit soviel Pausen, dass jeder Spieler bzw. jede Spielerin mindestens einmal hörbar ist.
Klangaktion Melodie	Führt die Linien eurer Mitspieler bzw. -spielerinnen in derselben Lautstärke weiter.

BEISPIEL

Eine weitere Schwierigkeit liegt insbesondere in der rein dirigierten Form darin, sich alle verabredeten Zeichen zu merken und spielerisch mit diesen umzugehen. Für das Improvisieren ist es deshalb wichtig, die Anzahl der Zeichen so gering zu halten, dass möglichst alle Beteiligten schnell und ohne Nachfragen mitspielen können. Der Einsatz vieler unterschiedlicher Zeichen birgt jedoch auch Chancen. Man schafft feine Differenzierungsmöglichkeiten und die Proben können dahingehend kanalisiert werden, dass eine Musik entsteht, die einen komponierten Charakter besitzt – ein zeitintensives Unterfangen.

G K *

[63] Auch bekannt als *Das lebendige Klavier, Das singende Klavier* (de la Motte 1989, 33), *Das menschliche Xylophon* (Storms 2008, 45).

DIE LEBENDIGE TASTATUR[63]

M Stimme, Instrumente aller Art

Z Bewusstes Hören, Gestalten und Reagieren auf Zeichen

A Stellt euch im Halbkreis auf. Allen wird singend oder auf dem Instrument spielend ein Ton einer Tonleiter zugewiesen. Eine Person ist Dirigent bzw. Dirigentin und kann nun auf der lebendigen Klaviatur spielen, indem er Ton für Ton auf den jeweiligen „Tonträger" weist, der seinen Ton singt bzw. spielt. Mit zwei Händen oder zwei Dirigenten lässt sich auch mehrstimmig auf der Tastatur improvisieren.

Die gesungene Variante lässt sich dahingehend verändern, dass nicht auf neutralen Silben oder Vokalen, sondern auf Solmisationssilben gesungen wird. Dadurch wird ein tonbewusstes Singen gefördert.

Bei der gesungenen Variante fällt es nicht geübten Sängern und Sängerinnen (und damit den meisten Instrumentalisten) schwer, den eigenen Ton zu halten und aus dem Nichts anzustimmen. Vorbereitend können die Töne daher zunächst gemeinsam gesungen werden. Auch in der Folge fällt es meist leichter, wenn zumindest innerlich alle Töne nachvollzogen werden und der eigene Ton nicht aus dem Nichts angestimmt werden muss. Auch musikalisch ist dies sinnvoll, da der eigene Ton als Teil einer musikalischen Linie gedacht wird.

VARIANTE

Stellt euch im Halbkreis auf. Jeder sucht sich vokal oder auf seinem Instrument einen Klang. Eine bzw. einer von euch ist Dirigent und kann nun mit den Klängen improvisieren. Auch hier ist ein „mehrstimmiges" Spiel möglich.
Ändert durch vereinbarte Zeichen auch die Dynamik, Klangqualität und Tonhöhe.

Die Klänge können auch eingangs von dem Lehrer bzw. der Leiterin vorgegeben werden (etwa auf vorbereiteten Zetteln) oder von der Gruppe oder einzelnen Spielern erfunden und in weiterer Folge festgelegt werden.
Den meisten Schülerinnen macht es Spaß, als Leiter zu fungieren und eine Gruppe zu „spielen". In einer ersten Phase experimentieren die Mitspieler daher meist mit verschiedenen Möglichkeiten. Damit das lebendige Klavier nicht zur belanglosen Spielerei wird, sollte mit den Ergebnissen entsprechend konstruktiv gearbeitet, und es sollten Gestaltungsmöglichkeiten herausgearbeitet werden, etwa hinsichtlich der Melodiegestaltung oder der Weiterentwicklung von Motiven.

ZUM WEITERLESEN

Mark Harris, Walter Thompson (2017): Soundpainting – A Language of Creativity for Music Educators, New York (Thompson)

Michael Betzner-Brandt (2011): Chor kreativ, Singen ohne Noten, Circlesongs, Stimmspiele, Klangkonzepte, Kassel (Bärenreiter)

Jürgen Terhag, Jörn Kalle Winter (2011): Live-Arrangement. Vom Pattern zum Song, Mainz (Schott)

Walter Thompson: Soundpainting (2006–2014): The Art of Live Composition, Workbook 1–4, New York (Thompson)

KONZEPTE UND IDEEN

Eine Reihe von Improvisations-Konzepten bzw. Improvisations-Stücken ist im Grenzbereich zwischen Komposition und Improvisation angesiedelt. Je nach Ansatz und musikalischem (zuweilen aber auch weltanschaulichem) Hintergrund, kursieren sehr unterschiedliche Bezeichnungen: *Konzeptimprovisation, Komprovisation, Instant Composition, Realtime Composition* oder auch *Intuitive Musik*. Auch wenn die jeweiligen Ideen sich in einer Reihe von Details unterscheiden, ist ihnen allen gemeinsam, dass eine Reihe musikalischer bzw. struktureller Elemente vorgegeben werden, mit denen die Musiker dann frei (improvisatorisch) umgehen sollen. Entsprechende Konzepte sind aber in der Regel soweit festgelegt, dass die klingenden Ergebnisse einander zumindest ähneln. Die vorgegebenen Elemente unterscheiden sich dabei nicht nur musikalisch, sondern vor allem in der Art der Darstellung und Beschreibung. Fast immer finden sich ausführliche, verbale Hinweise, die es vor dem Spiel gründlich zu lesen und zu studieren gilt. In vielen Fällen handelt es sich sogar ausschließlich um verbale Anweisungen, in anderen Fällen finden sich auch Notentexte, grafische Partituren, Bilder und Grafiken.

Die Bezeichnung *Konzeptimprovisation* ist vermutlich am wenigsten festgelegt und meint nicht viel mehr, als dass eine Improvisation auf einem vorher erstellten Konzept basiert, das gegebenenfalls grafisch, schriftlich oder in Form von Notentexten festgehalten wurde. *Komprovisation* meint zum einen den Vorgang, bei dem eine zunächst freie Improvisation immer weiter festgelegt wird und in eine Komposition mündet. Zum anderen versteht man darunter aber auch Kompositionen mit denen die Musiker frei umgehen sollen, in denen gegebenenfalls einzelne Parameter nicht oder nur skizzenhaft notiert sind. Der Begriff *Instant Composing* (bzw. *Composition*) versteht sich als Komponieren im Augenblick, was oftmals einen Leitenden bzw. eine Komponierende voraussetzt. Auch wenn die Bezeichnung es nahelegt, müssen die Ergebnisse nicht weiter reproduzierbar und erneut aufführbar sein. Entsprechende Projekte beziehen sehr oft auch andere Kunstformen (Performance, Tanz, Theater, Bildende Künste u.a.) mit ein. *Realtime Composition* ist der Bezeichnung *Instant Composition* sehr ähnlich. Mehr als in dieser finden sich aber festgelegte Strukturen und Abläufe, nach denen komponiert bzw. improvisiert wird. Ein typisches Beispiel ist das bereits angesprochene *Soundpainting*. Die Bezeichnung *Intuitive Musik* schließlich meint eine Musik, die ganz aus der Intuition heraus entsteht und in der rationales Denken, traditionelle musikalische Erfahrungen und technische Fertigkeiten möglichst keine Rolle spielen sollten. Entsprechende Konzepte verlangen entsprechend einen Blick nach innen und die Fähigkeit sich auf Ungewohntes einlassen.

Spielanweisungen in Textform sind insbesondere in den Konzepten aus dem Bereich der zeitgenössischen Musik eine verbreitete Form, wobei sie vielfach mit Notenschrift oder grafischen Partituren kombiniert werden. Die Fülle der Konzepte lässt sich schwerlich auf ein Grundmodell zurückführen. Die Bandbreite reicht von der Beschreibung sehr konkreter musikalischer Bausteine und Spielformen bis hin zu eher esoterischen Formulierungen. Bei textbasierten Konzepten ist das genaue Lesen und Besprechen mit den Mitmusikern ein wichtiger Schritt, für den man sich genügend Zeit nehmen sollte. Kaum ein Konzept gibt absolut eindeutige Spielanweisungen. Vielfach spielen die Komponistinnen mit mehrdeutigen Anspielungen, um dadurch den Interpretations- und Improvisationsrahmen zu vergrößern. Entsprechend wichtig ist das Nachbesprechen der Improvisationen.

Konzeptimprovisation, Komprovisation, Instant Composition/Composing, Realtime Composition, Intuitive Musik.

HINWEISE
Zum Feedback und der Arbeit mit den folgenden Improvisationskonzepten siehe *Vermittlung improvisatorischer Fähigkeiten*, S. 23–43, dort insbesondere *Nachbesprechen – Feedback*, S. 37–40.

KONZEPTIMPROVISATIONEN

G K ***

Karlheinz Stockhausen: Aus den sieben Tagen | 15 Textkompositionen für intuitive Musik | Nr. 26, © Copyright 1968 by Universal Edition A.G., Wien/ UE 14790.

RICHTIGE DAUERN
für circa 4 Spieler
von Karlheinz Stockhausen (1968)

Spiele einen Ton
Spiele ihn so lange
bis Du spürst
dass Du aufhören sollst

Spiele wieder einen Ton
Spiele ihn so lange
bis Du spürst
dass Du aufhören sollst

Und so weiter

Höre auf
wenn Du spürst
daß Du aufhören sollst

Ob Du aber spielst oder aufhörst:
Höre immer den anderen zu

Spiele am besten
wenn Menschen zuhören

Probe nicht

MORE OR LESS
realtime composition von Karlheinz Essl

M Instrumente, Stimme

G K ★★★

SPIELAKTIONEN

ORGELPUNKT/BORDUN
Spiele einen lang anhaltenden leisen Klang oder Ton so lange, wie du möchtest. Gestalte den Ton dynamisch mit Crescendi und Decrescendi. Du kannst den Orgelpunkt wiederholen. Füge dann aber bewusst eine Pause vor die Wiederholung ein.

PULSATION/OSTINATER RHYTHMUS
Erzeuge einen sich wiederholenden Rhythmuspattern auf einem perkussiven Klang. Du kannst den Rhythmus mit der Zeit aushöhlen und einzelne Schläge auslassen oder durch zusätzliche Beats erweitern.

EXPLOSION
Erzeuge explosive Klänge mittels der Klanggestaltung, Dynamik und Intensität. Die Klänge entwickeln sich klar und schnell zu einem Höhepunkt hin und verschwinden anschließend im Nichts.

FALLENDE KLÄNGE
Erzeuge absteigende Klänge und Linien: Glissandi, Tonleitern, Decrescendi, Ritardandi. Die Klänge und Phrasen sollten einen fallenden Charakter besitzen.

TONTRAUBEN
Erzeuge eine indifferente Klangstruktur (eher im Piano, eher verrauschte Klänge), viele Töne mit nicht klar bestimmbarer Tonhöhe im hohen Tempo mit unterschiedlichen Rhythmen. Das Klangergebnis sollte trotz innerer Bewegung statisch wirken.

Die Spielaktionen sollten zunächst geübt und für die jeweiligen Instrumente gut klingende Umsetzungsmöglichkeiten gefunden werden. Nun beschriftet jeder Mitspieler jeweils fünf Karteikarten mit den Titeln der Spielaktionen, mischt seine Karten und legt sie vor sich hin. Zu Beginn spielt jeder die jeweils oberste Karte. Nach einer selbst bestimmten Zeit wird die nächste Karte aufgedeckt und gespielt. Wichtig ist es dabei, trotz der zufälligen Reihenfolge auf die Spielaktionen der Mitspielerinnen zu hören und (moderat) zu reagieren. Zwischen den Spielaktionen sollten Pausen eingefügt werden. Die Improvisation endet, wenn alle ihre Karten gespielt haben.

Das Original *more or less. realtime composition for computer-controlled soloists* (1999–2007) des österreichischen Komponisten Karlheinz Essl findet sich unter www.essl.at/works/more_or_less.html. Die Idee einer analogen Adaption mittels Kärtchen stammt von Hans Bucher. Mit freundlicher Genehmigung des Komponisten.

KURZKONZEPTE

Die folgenden Beispiele bzw. Kurzkonzepte sollen anregen, selbst eigene Konzepte und Spielanweisungen zu formulieren. Sie können auch als Ausgangspunkt neuer Ideen fungieren oder zu größeren Konzepten zusammengefügt werden. Selbstverständlich können dergleichen Ideen sich auch auf ein bestimmtes Klangmaterial bzw. einen bestimmten Stil beziehen. Anregungen dazu finden sich in den Folgekapiteln.

E P G K ***   **MINUTENSTÜCK**
- **M** Instrumente
- **Z** Konzentration auf wenige Ideen
- **A** Erfinde eine Musik von genau einer Minute Länge. Beschränke dich dabei auf drei Spielaktionen (Wiederholungen sind erlaubt, Varianten nicht).

E P G K **   **EISLANDSCHAFT**
- **M** Instrumente
- **Z** Klänge bewusst gestalten und wahrnehmen, Verzicht auf musikalische Entwicklung
- **A** Erfinde eine statische Musik die sich kaum verändert. Nutze lange Töne, Ostinati und Pausen.

P G K **   **TONFLÄCHE**
- **M** Blas- und Streichinstrumente, elektronische Instrumente, Stimme
- **Z** Klänge finden und aufeinander abstimmen
- **A** Spielt gemeinsam eine Tonfläche. Erzeugt dazu Töne und Klänge (keine Motive oder Melodien). Bleibt bei euren Ideen – hört den anderen zu und reagiert aufeinander.

P G K **   **TONTRAUBEN**
- **M** Instrumente, Stimme
- **Z** Virtuose Phrasen spielen, die zueinander passen, jedoch nicht aufeinander abgestimmt sind
- **A** Erfindet eine gehetzte Musik, schnelle Phrasen aufwärts und abwärts, nicht zur Ruhe kommend. Beginnt und endet gemeinsam.

P G K **   **RAUSCHKLANG-TON**
- **M** Instrumente, Stimme
- **Z** Varianten von Übergängen von Ton zu Rauschen finden
- **A** Sucht euch, jeder einzeln, einen geräuschhaften Klang. Transformiert den Rauschklang langsam in einen gewöhnlichen Ton oder Akkord und dann wieder zurück in den Rauschklang. Sucht anschließend einen neuen Rauschklang und verwandelt ihn in gleicher Weise. Nutzt dabei unterschiedliche dynamische Verläufe. Hört den anderen gut zu – die Klänge müssen zueinander passen.

P G K ***   **UNISONO**
- **M** Stimme, Bläser und Streicher
- **Z** Bei seinem Ton (seiner Idee) bleiben und aufeinander zugehen
- **A** Sucht euch jeder für sich einen eigenen Ton oder Klang. Spielt diesen bewusst und erzeugt einen Cluster oder Akkord. Glissandiert langsam in einen gemeinsamen Ton. Verharrt dort einen Moment und geht dann zurück zu eurem Anfangston bzw. -klang.

ZWISCHEN RUHE UND BEWEGUNG
M Instrumente, Stimme
Z Abschnitte unterschiedlichen Charakters improvisieren
A Findet Klänge, die Ruhe ausstrahlen und solche, die sehr quirlig sind. Gestaltet damit eine Improvisation mit drei unterschiedlichen Abschnitten.

P G K **

DO IT YOURSELF

DREI GUTE DINGE
M Instrumente, Stimme
Z Erstellen von Spielanleitungen in unterschiedlichen Schwierigkeitsgraden

Die folgende Anweisung basiert darauf, dass gute Improvisationen oftmals auf drei Ideen bzw. Entscheidungen basieren. Solche Ideen sollten dabei sehr verschiedene Aspekte betreffen, etwa die Form, den Charakter eines Stückes und das verwendete Tonmaterial. Weniger gut funktionieren Ideen, die strukturell jeweils den gleichen Aspekt aufgreifen, etwa drei verschiedene Rhythmen oder drei Skalen. Sind drei Entscheidungen getroffen, ist es sinnvoll, andere Bereiche bzw. musikalische Parameter offen zu lassen und nicht weiter festzulegen.

A Überlegt euch ein musikalisches Ausgangsmaterial, eine Besetzung und einen Verlauf der geplanten Improvisation.

- Spielt einen Bordun im 6/8 Takt.
- Improvisiert mit einer dorischen Skala auf e.
- Wechselt zwischen zarten und feurigen Teilen.

E P G K ***

Ideen dazu finden sich in Jarchow, Schlimp 2010.

SIEHE AUCH
Literaturstück als Steinbruch für eigene Improvisationen,
S. 367–379.

BEISPIEL

VON DER NACHT ZUM TAG
M Instrumente
Z Verschiedene Skalen frei einsetzen
A Improvisiert mit unterschiedlichen Skalen (z.B. phrygisch, dorisch und lydisch) ein Stück in drei Teilen mit unterschiedlichen Charakteren.

E P G K ***

EINDRÜCKE UND OBJEKTE VERTONEN
M Instrumente, Stimme
Z Ideen und Anregungen beim Improvisieren aufgreifen
A Lasst euch von außermusikalischen Themen und Objekten inspirieren, z.B.: Gegenstände im Raum, Ausblicke aus dem Fenster, Parkettbodenstrukturen, Anzahl der Fenster im Raum, Personen, der Aufdruck auf einem T-Shirt eines Mitspielers usw. Entwickelt daraus musikalische Materialien bzw. Ideen und einen formalen Ablauf.

E P G K **

E P G K **

MUSIK- UND RAUMKONZEPT
M Instrumente, Stimme, Körper
Z Bewusst den Raum beim Improvisieren einbeziehen
A Sucht euch einen Ort, der euch beim Improvisieren inspiriert und bindet ihn bewusst in eure Performance ein. Überlegt euch einen Ablauf mit einem äußeren Raumkonzept.

BEISPIELE

- Ein Waschbecken mit tropfendem Wasserhahn
- Beleuchtungskörper, die durch Ein -und Ausschalten den Ablauf der Improvisation bestimmen
- eine Heizung als zu bespielender Klangkörper
- Türen, die beim Spielen geöffnet und geschlossen werden können, als Zeichen für verschiedene Abschnitte
- ein langer Gang oder Raum, der durchschritten werden kann – die Wegstrecke strukturiert zeitlich die Improvisation

Bei solchen und vergleichbaren Ideen werden Musiker zu Performern. Musikalische Improvisation, Bewegungen, Singen, Sprechen und andere verbale Aktionen werden miteinander verbunden. Entsprechend naheliegend ist es, verschiedenen Kunstformen von Anfang an mitzudenken und miteinander zu verbinden, etwa Musik mit Schauspiel oder bildender Kunst.

FREIE IMPROVISATION

SIEHE INSBESONDERE DIE ABSCHNITTE
Freie Spielformen, S. 45–140, *Skalen in der zeitgenössischen Musik*, S. 207–217, sowie *Texturen*, S. 302–306.

[64] Wer sich mit Freier Improvisation intensiver beschäftigen möchte, sei auf die umfangreiche Literatur und vor allem auf vorhandene Aufnahmen verwiesen, u.a. Mäder, Baumann, Meyer 2013; Beins et al. 2011 sowie Aufnahmen von nuova consonaza, dem Scratchorchester, dem Trio Adesso und vorhandenen Free-Jazz-Anthologien.

Freie Improvisation meint eine Spiel- bzw. Improvisationsform, bei der auf dezidierte Vorgaben bewusst verzichtet wird. Sie entstand in einem (unterdessen historischen) Kontext, in dem es darum ging, sich von Konventionen aller Art beim Musizieren und Komponieren zu befreien. Dabei handelte es sich um eine Bewegung, die sowohl im Jazz, in der Pop-Musik und der Neuen Musik entstand.[64] In diesem Buch finden sich in fast allen Kapiteln Ansätze, die im Bereich der Freien Improvisation entstanden sind oder aber durch sie beeinflusst wurden.

Eine Spielform, deren besonderes Kennzeichen der Verzicht auf Regeln ist, scheint in einem Kapitel, in dem es vor allem um klare und übersichtliche Spielregeln geht, ausgesprochen deplaziert. Gleichwohl schien uns dieser Abschnitt der einzig passende, da Spielregeln zwar nicht Ausgangspunkt Freier Improvisation sind, wohl aber in der Arbeit an neuen Ideen als Zwischenergebnis einer Gruppe eine Rolle spielen. Zudem spielen Absprachen zwischen den Musikern und Musikerinnen auch in der Freien Improvisation eine gewisse Rolle. Sie regeln allerdings mehr den äußeren Rahmen einer Improvisation, als einzelne musikalische Aspekte. Dazu gehören beispielsweise kommunikativen Vorgänge zwischen den Musikern, die zu spielende Zeit, die Besetzung bzw. die verwendeten Instrumente (und damit oft die verwendete Stimmung).

Während in der Anfangszeit in den 1960er und 1970er Jahren meist unausgesprochen eine Reihe von Verboten galten (etwa „Spiel keine tonale Melodien" oder „Nutze keine harmonischen Strukturen") öffnen sich die Szenen Freier Improvisation gegenwärtig immer weiter. Frei meint daher auch die Freiheit auf vielfältige Tonsprachen und musikalische Ansätze zurück zu greifen.

In einem Unterrichtskontext ermöglicht Freie Improvisation zudem dem Leiter bzw. der Leiterin die Tonsprache der Spieler und Spielerinnen kennenzulernen, insbesondere dann, wenn diese bereits über musikalische Vorerfahrungen verfügen. Sie bietet einen Rahmen über improvisationsrelevante Themen wie Länge einer Improvisation, musikalisches Material, Form, Spannungsverlauf, Zusammenspiel, Innen- und Außenwahrnehmung, Kommunikation zwischen den Musikern und Musikerinnen u.v.m. zu sprechen. Aus der Diskussion entsprechender Überlegungen lassen sich zuweilen Spielregeln ableiten.

Anders als in der Arbeit mit Spielregeln oder der Vermittlung musikalischer Bausteine, verzichtet man beim freien Improvisieren auf eine dezidierte Einführung. Es reicht meist die Aufforderung: „Kommt, lasst uns ein Stück improvisieren." Entsprechend wichtig ist allerdings die Reflexion des Gehörten bzw. Gespielten, aus der sich dann das weitere Vorgehen herleitet. Folgende Fragen können in einer Nachbesprechung eine Rolle spielen:

- Wie lange hat das Stück gedauert? Wie war beim Spielen das subjektive Zeitempfinden?
- Welche musikalischen Materialien wurden verwendet? Wie haben sie gewirkt? Was haben sie bewirkt?
- Wie wurde mit den verwendeten musikalischen Materialien umgegangen? Wie wurden sie verarbeitet?
- Wie war die Improvisation aufgebaut? Gab es verschiedene Abschnitte? Wie standen diese miteinander in Beziehung?
- Was für eine Form ist beim Improvisieren entstanden bzw. hatte die Improvisation eine Form? Wie ist diese entstanden?
- Wie haben die Spieler und Spielerinnen miteinander kommuniziert? Gab es wiederkehrende Konstellationen?
- Wie haben sich die einzelnen Spieler und Spielerinnen beim Improvisieren eingebracht? Wie (oft) waren einzelne Instrumente zu hören? Haben Einzelne durchgehend oder nur selten gespielt?
- Was haben die einzelnen Spieler und Spielerinnen gespielt? Gab es wiederkehrende Rollen bzw. Funktionen? Was war der spannendste Moment für die Spieler und Spielerinnen?
- Gab es etwas Neuartiges, Ungewohntes, Verstörendes, besonders Schönes …?

Abhängig davon, als wie gelungen eine Gruppe selbst eine Improvisation einschätzt und vor allem wie sie es versteht, über das Gespielte zu sprechen und daraus Konsequenzen zu ziehen, lassen sich zuweilen recht konkrete Übungen bzw. Spielanleitungen ableiten. Wie dies gelingt ist auch von den Fähigkeiten des Leiters bzw. der Leiterin abhängig.

SITUATIVE ÜBUNGEN
Die Gruppe erkennt, dass fast durchgehend alle gespielt haben.

A   Spielt eine dreiminütige Improvisation. Jeder bzw. jede sollte in gleichem Maß spielen und pausieren.

Die Gruppe empfindet eine Improvisation als zu uneinheitlich. Zwar wurden viele Ideen gespielt, diese standen aber unverbunden nebeneinander.

A   Gestaltet eine Musik mit nur zwei Ideen (oder mit nur einer Idee).

SIEHE DAZU AUCH
Vermittlung improvisatorischer Kompetenzen, S. 23–43.

Frei kann man natürlich auch im Einzel- oder Partnerunterricht improvisieren. Spannender wirkt allerdings allein schon auf Grund der Anzahl der Spieler und Spielerinnen sowie den dadurch eingebrachten Ideen eine Gruppenimprovisation.

Die Gruppe erkennt, dass sich die lauten Instrumente besser durchsetzen und kaum Raum für leise Instrumente lassen.

A Spielt so, dass ihr gleichzeitig euch selbst und die Anderen hören könnt. Lasst laute Instrumente öfter pausieren oder durchlöcherter (mit Pausen zwischen den Tönen) eure Spielaktionen. Überlasst den leisen Instrumenten das Spiel prägnanter Strukturen.

Die Gruppe tendiert dazu, ähnliche, meist sehr bewegte bzw. schnelle Passagen zu spielen. Ganz ruhige bzw. statische Passagen gelingen ihr kaum.

A Jeder spielt nur drei Klangaktionen. Hört gut aufeinander. Genießt die Stille zwischen den Tönen.

Freie Improvisation ist im Unterricht nicht für jeden Schüler bzw. jede Schülerin in gleicher Weise geeignet. Während mutige Spieler und Spielerinnen freies Improvisieren oft als befreiend empfinden, lehnen vorsichtige bzw. schüchterne Schüler und Schülerinnen ein solches zuweilen ab. Sie fordern klare Anweisungen und Spielregeln, die sie dann auch meist lustvoller umsetzen.

Für ein funktionierendes Zusammenspiel spielt die Gruppengröße eine wichtige Rolle. Sinn- und lustvolles freies Spiel braucht ein Gespür für die erklingende musikalische Struktur und damit den zeitgleich erklingenden Stimmen und Klängen. Ein solches Gespür besitzen unerfahrenere Spieler und Spielerinnen meist in einem geringeren Maß. Freie Improvisation in kleineren Gruppen wird daher schneller als befriedigend erlebt. Bei größeren Gruppen ab etwa sieben bis 30 Spielern und Spielerinnen ist das Klangergebnis schnell lärmig und undurchsichtig. Gerade in einer Mischung aus sehr lauten und sehr leisen Instrumenten entsteht leicht Chaos und Krach, was zu Frustration insbesondere bei Spielern und Spielerinnen leiser Instrumente führt. Um musikalisch sinnvolle Prozesse zu initiieren, bedarf es daher selbst in Freier Improvisation einer gewissen Strukturierung in Form von Zeitvorgaben und/oder einer Einteilung in verschiedene Ensembles (etwa in Duos, Trios oder Quartette).

Während Neulinge der Freien Improvisation in der Regel damit beschäftigt sind, für sie neue Klänge zu finden, Interaktionsformen zu erforschen und die Fähigkeit gleichzeitig zu hören und zu spielen verbessern, stellen sich für fortgeschrittene Spieler fast entgegengesetzte Herausforderungen. Sie kennen meist schon bewährte Klänge und Interaktionsmuster, was sie allerdings dazu verleitet, genau diese immer wieder einzusetzen. Eine bewährte Methode den Bahnen des Gewohnten zu entkommen und zu mehr Abwechslung beim Improvisieren anzustiften, besteht darin, vor jeder Improvisation gesonderte Aufgabenstellungen zu formulieren, die auf ansonsten vernachlässigte bzw. ungewöhnliche Aspekte beim Improvisieren fokussieren. Dies ist nicht dahin miss zu verstehen, dass erneut Spielregeln formuliert werden sollen, vielmehr geht es darum, an den Bedürfnissen einer Gruppe sich orientierende Aufgaben zu finden, die das freie Improvisieren unterstützen.

ROLLENFLEXIBILITÄT[65]

M Instrumente, Stimme

Z Wahrnehmen der Rollen bzw. Funktionen der Improvisierenden in einer Gruppe

Zu beobachten ist immer wieder, dass Spieler und Spielrinnen ähnliche Rollen bzw. Funktionen beim Spielen übernehmen.

A Welche Rollen bzw. Funktion nehmt ihr beim Improvisieren ein (Impulsgeber, Begleiter, Unterstützer, Kontrastierer, Solist, Clown, Rhythmus-Crew usw.)? Haben alle in gleicher Weise Ideen eingebracht oder immer wieder dieselben Personen? Findet heraus, was eure Lieblingsrolle ist und nehmt in den folgenden Improvisationen gezielt eine eher unvertraute Rolle ein.

WAHRNEHMUNG

M Instrumente, Stimme

Z Bewusstes Wahrnehmen der Umgebung

Ein weiterer, oft vernachlässigter Aspekt ist die Umgebung, in der eine Improvisation stattfindet. Entsprechend bereichernd kann ein veränderter Fokus auf Klänge der Umgebung, vorhandene Stille und Geräusche sein.

A Welche Klangaktion bereichert eure Improvisation? Was „will" die Stille hören?[66]

In gleicher Weise kann die Beschäftigung mit inneren, musikalischen (teilweise persönlichen) Gedanken, Gefühlen, Bildern, Vorstellungen und Abläufen, also der eigenen Intraaktion[67] zu einem veränderten Spielgefühl beitragen.

A Welchen Impulsen geht ihr beim Improvisieren nach? Inwiefern fluktuiert eure Aufmerksamkeit zwischen Hören, Spüren, Bewegungsimpulsen und inneren Bildern?

UNVORHERSEHBARES

M Instrumente, Stimme

Z Neue, unerwartete Aktionen spielen

Eine der größten Herausforderungen für gute Spieler und Spielerinnen ist es, so im Moment bzw. dem eigenen Improvisieren zu sein, dass man sich selbst immer wieder überrascht.

A Lass dich zu Klangaktionen verführen die unerwartet sind. Reagiere anders als dein Partner bzw. deine Partnerin es erwarten würden.

EIGENSPRACHLICHKEIT

M Instrumente, Stimme

Z Eine eigene Klangsprache entwickeln

Ein sehr wichtiger Aspekt beim freien Improvisieren ist auch die Entwicklung einer eigenen Klangsprache bzw. Eigensprache.[68]

A Mit welchen musikalischen Mitteln drückt ihr euch aus? Welches ganz persönliche musikalische Vokabular verwendet ihr? Baut es aus.

(P) G K **

[65] Nach: Schlimp 2014, 28–30.

Gerade beim Unterrichten ist es sehr ertragreich, die Rollen der Spieler und Spielerinnen zu thematisieren und dazu anzuregen, diese bewusst zu wechseln. Eine Möglichkeit besteht darin, Rollen auf Kärtchen vorab zu notieren und per Zufall zu verlosen.

(P) G K **

[66] Nach einer Aufgabenstellung von Barre Phillips am 7.8.2017.

[67] Schlimp 2014, 29.

(P) G K **

(P) G K **

[68] In der Linguistik und Kommunikationspsychologie findet man diesbezüglich den Begriff der *Idiolektik*.

[69] Nach: Nina Polaschegg (2011): *Bruchstücke einer Geschichte der Freien Improvisation*, Vortrag gehalten an der Bruckner Privatuniversität Linz.

In den Freien Improvisations-Szenen der Gegenwart haben sich neue, teils sehr unterschiedliche und vor allem höchst individuelle Klangsprachen entwickelt wie etwa Energyplaying, looporientierte Geräuschimprovisation, mikroskopische Sounderforschung, Experimenteller Popsong, Pointilismus oder Bricollage.[69] Ein Kennen möglichst verschiedener Klangsprachen und darauf aufbauend das Entwickeln und Experimentieren mit eigenen Ideen und Vorstellungen kann auch ein Ziel von Improvisationsunterricht mit Freier Improvisation sein.

ZUM WEITERLESEN

Hans Schneider (2017): musizieraktionen – frei, streng, lose: Anregungen zur V/Ermittlung experimenteller Musizier- und Komponierweisen. Mit 29 Originalbeiträgen, Büdingen (Pfauverlag)

Wolfgang Rüdiger (2015): Ensemble & Improvisation: 20 Musiziervorschläge für Laien und Profis von Jung bis Alt, Regensburg (Con Brio)

Reinhard Gagel (2014): Improvisation als soziale Kunst, Mainz (Schott)

Urban Mäder, Christoph Baumann, Thomas Meyer (2013): Möglichkeiten und Grenzen der Vermittlung, Luzern (Hochschule Luzern), unter: http://doi.org/10.5449/idslu-01113596 (Stand: 11.12.2018)

Michael Vetter (2011): Pianissimo. Improvisation am Klavier. Eine Rezeptesammlung, Zürich (Atlantis)

Karen Schlimp, Peter Jarchow (2010): Impro-Mosaik, Breikopf & Härtel (Wiesbaden)

Matthias Schwabe (1992): Musik spielend erfinden. Improvisation in der Gruppe für Anfänger und Fortgeschrittene, Kassel (Bärenreiter)

Diether de la Motte (1990): Musik ist im Spiel. Geschichten, Spiele, Zaubereien, Improvisationen, Kassel (Bärenreiter)

Gertraud Meyer-Denkmann (1972): Struktur und Praxis Neuer Musik im Unterricht, Wien (Universal Edition)

Gertraud Meyer-Denkmann (1970): Klangexperimente und Gestaltungsversuche im Kindesalter, Wien (Universal Edition)

Lilli Friedemann (1969): Kollektivimprovisation als Studium und Gestaltung Neuer Musik, Wien (Universal Edition)

KONZEPTE (AUSWAHL)

Carl Bergstrøm-Nielsen (1999): From the Danish Seasons. 50 Improvisational pieces for ensemble ad lib solo, Kopenhagen (Society for the Publication of Danish Music)

Matthias Spahlinger (1993): Konzepte zur Ver(über)flüssigung der Funktion des Komponisten, Wien (Universal Edition)

Vinko Globokar (® 1979): Individuum ←→ Collectivum, Saarbrücken (Pfau)

Dieter Schnebel (1974): Gesums, Mainz (Schott)

Dieter Schnebel (1974): Schulmusik, Mainz (Schott)

Cornelius Cardew, George Brecht, Michael Chant, Hugh Shrapnel, Howard Skempton, Christian Wolff u.a. (1971): Scratch Anthology of Compositions, Rochester (Springhead)

Dieter Schnebel (1970): Maulwerke, Mainz (Schott)

Dieter Schnebel (1969): Mo-No. Musik zum Lesen, Köln (DuMont)

John Cage (1969): Notations, New York (Something Else Press), unter: https://monoskop.org/images/9/92/Cage_John_Notations.pdf (Stand: 02.06.2018)

Christian Wolff (1969): Prose Collection, unter: http://www.frogpeak.org/unbound/wolff/wolff_prose_collection.pdf?lbisphpreq=1 (Stand: 02.06.2018)

Karlheinz Stockhausen (1968): Aus den sieben Tagen, Nr. 26, Wien (Universal Edition)

FREIE IMPROVISATION

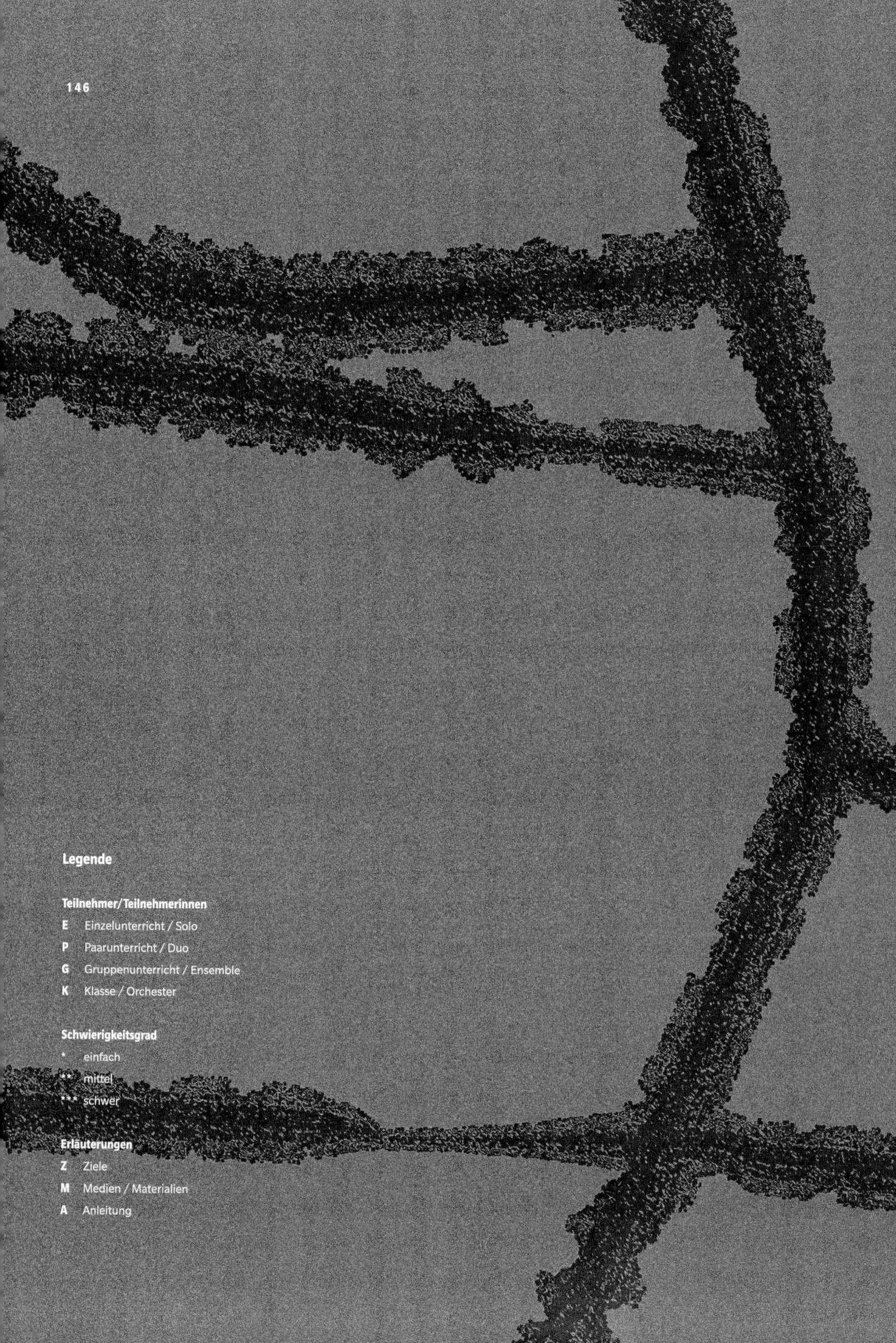

Legende

Teilnehmer/Teilnehmerinnen

- **E** Einzelunterricht / Solo
- **P** Paarunterricht / Duo
- **G** Gruppenunterricht / Ensemble
- **K** Klasse / Orchester

Schwierigkeitsgrad

- * einfach
- ** mittel
- *** schwer

Erläuterungen

- **Z** Ziele
- **M** Medien / Materialien
- **A** Anleitung

ERWERBEN – ENTWICKELN – GESTALTEN

Das Erwerben, Üben, Entwickeln, Gestalten und Verarbeiten von musikalischem Material ist Thema dieses Kapitels. Vor allem im Bereich der idiomatischen, stilgebundenen Improvisation ist es notwendig, sich mit den Elementen und Gesetzmäßigkeiten, mit denen improvisiert wird, auseinanderzusetzen. Das Wissen und das damit verbundene Können, wie und mit welchen Tönen, Rhythmen, Akkorden und Klängen in einem bestimmten Stil gespielt werden kann, müssen sich Anfänger sukzessiv erarbeiten.

Auch für professionelle Musikerinnen und Musiker, die jahrelang ausschließlich vorgegebene Noten interpretiert haben, ist der Weg, selbst musikalische Materialien zu gestalten, anfänglich meist unvertraut. Ein möglicher Weg hin zum eigenen Improvisieren führt über die systematische Beschäftigung mit dem musikalischen Vokabular, also mit den in Improvisationen und Kompositionen verwendeten musikalischen Materialien. Dazu gehören insbesondere Skalen, Arpeggien und andere typische Tonverbindungen, aber auch die Frage, wie sich solche musikalischen Bausteine flexibel und vielfältig in verschiedenen Stilen einsetzen lassen. Es geht daher immer auch darum, wie sich aus einfachem Tonmaterial eine Idee entwickeln und kurze Motive fortentwickeln und variieren lassen.

Skalen, Arpeggien, typische Bausteine – Ideen fortentwickeln.

Wir verfolgen eine Idee, die wir als *musikalischen Spracherwerb* bezeichnen. Bei der Beschäftigung mit verschiedenen musikalischen Bausteinen geht es zunächst nicht darum, diese hinsichtlich spezifischer musikalischer Stile zu thematisieren. Es geht erst einmal nur darum, grundlegende Prinzipien und musikalische Materialien beim Improvisieren zu vermitteln. Auch wenn diese anhand einiger spezifischer Beispiele dargestellt werden, so finden dennoch besondere Eigenheiten einzelner Stile keine weitere Thematisierung. Vielmehr werden stattdessen allgemeine Möglichkeiten aufgezeigt, wie sich grundlegende Fähigkeiten aneignen lassen und wie Lehrende improvisatorische Fähigkeiten im Unterricht vermitteln können. Das Üben von musikalischen Bausteinen ist vergleichbar dem Lernen von Vokabeln und grammatikalischen Regeln. Wer sie nicht beherrscht, kann sich in einer Sprache nicht frei bewegen. Doch allein deren Kenntnis führt nicht zur Sprachfähigkeit.

Musikalischer Spracherwerb.

Viele Autoren von Lehrwerken zur Improvisation begnügen sich damit, die zu verwendenden musikalische Materialen zu notieren und gegebenenfalls Hörbeispiele zu geben, an denen man sich beim Üben und eigenen improvisatorischen Versuchen orientieren soll. Wir halten ein solches Vorgehen für methodisch problematisch, gleichwohl kommen auch wir nicht ohne entsprechende Beispiele aus. Sie dienen uns aber vor allem dazu zu zeigen, womit man improvisieren kann und vor allem, wie sich das Lernen, Üben und Unterrichten spannend und zielführend gestalten lässt.

Improvisierendes Üben. Worin unterscheiden sich improvisierendes Üben und übendes Improvisieren vom gebräuchlichen Üben von Stücken? *Improvisierendes* Üben bedeutet nicht, lediglich eine Spielfigur solange zu wiederholen, bis man sie memoriert hat, sondern von Anfang an mit ihr gestalterisch zu agieren, sie also zu verändern, in jedem Durchgang Neues zu beleuchten, sie jeweils mit anderen musikalischen Elementen zu kombinieren, sie in unterschiedliche Zusammenhänge zu stellen und sie spielerisch und variantenreich zu üben. Unter

Übendes Improvisieren. *Übendes Improvisieren* verstehen wir die Beschäftigung mit einer Idee oder einem überschaubaren Material. Die Beschäftigung führt dabei im Sinne eines *Herumwerkelns* beim Üben zu einer längeren Improvisation. Weniger das Repetieren und Lernen als der spielerische Umgang stehen im Vordergrund. Dabei kann es passieren, dass man in unbeabsichtigte musikalische Gefilde vordringt, aus der Spiellust heraus aus einem Muster ausbricht, Kontraste einbaut und dabei neue Möglichkeiten findet und seine Fähigkeiten verbessert. Beim Unterrichten sprechen wir bei dieser Art des Übens auch von *einer Improvisations-*

Improvisationsetüde. *etüde*, also einer thematisch gebundenen Improvisation, anhand derer ein bestimmtes Können erworben werden soll. Was konkret gelernt werden soll, ist abhängig vom jeweiligen Unterrichtskontext: musikalische Bausteine, Formen des Hörens, die Fähigkeit, musikalisch im Ensemble miteinander zu kommunizieren u.v.m.

Ganz gleich, ob man Improvisation individuell übt, ob man in einer Gruppe gemeinsam probt und spielt oder ob man beim Unterrichten Aufgaben bzw. Hausaufgaben stellt: Das Üben und Lernen von musikalischem Material und Spielfiguren sollte nicht als losgelöstes

Nicht losgelöst üben. Exerzitium betrieben werden. Wenn es durchaus auch darum geht, technische Fähigkeiten zu verbessern und ein Wissen über musikalische Gestaltungsmöglichkeiten zu erwerben, sollte immer die künstlerische Ausdrucksfähigkeit im Vordergrund stehen. Mit jedem Baustein, sei es ein Rhythmuspattern, ein Takt, eine Tonleiter oder ein Arpeggio, sollte daher von Anfang an gespielt und experimentiert werden. Dies verlangt insbesondere beim Üben oft eine Beschränkung des Materials. Darin liegt jedoch methodisch eine Chance. Um zu improvisieren, muss man das jeweilige Material noch gar nicht in Gänze beherrschen. Eine Tonleiter muss etwa noch nicht rasend schnell über den gesamten Bereich des Instruments gespielt werden können. Oft reichen einige wenige Töne bereits aus. Durch das Spiel mit den Tönen übt man diese. In diesem Sinne kann das Improvisieren eine sehr lustvolle Form des Übens sein. Zuweilen ist aber auch ein Üben ohne Spielen nötig. Improvisieren lenkt den Fokus auf das musikalische Gestalten. Die Konzentration auf einen gleichmäßigen Bewegungsablauf, den Klang oder eine saubere Artikulation stellen sich nicht (bzw. nicht immer) von selber ein. Als Lehrender ist es daher wichtig zu unterscheiden, wann improvisierendes Lernen angebracht ist und wann zuerst das musikalische Material und entsprechende Spielfähigkeiten erworben werden müssen, um diese für eigene Ideen nutzen zu können.

Musikalische Bausteine - Spielfiguren, Muster, Pattern. In und mit jedem musikalischen Parameter müssen auch musikalische Bausteine erarbeitet und zu Spielfiguren, Mustern bzw. Pattern zusammengefasst werden. Dies ist deshalb nötig, weil menschliche kognitive Fähigkeiten erheblichen Beschränkungen unterliegen. Schnelle Spielfiguren lassen sich beim Improvisieren nicht als Ganzes neu erfinden, dafür reichen unsere Fähigkeiten nicht aus. Deshalb ist es durchaus wichtig, Spielbewegung als ganze Bewegungsmuster zu erlernen, um diese dann beim Spielen als größere Einheiten einsetzen zu können. Das bedeutet nicht, dass wir Spielfiguren nur in immer gleicher Form abspulen können bzw. sollten. Veränderungen und Varianten im Moment des Improvisierens sind durchaus möglich, nur etwas komplett Neues zu erfinden, gelingt ab einem Tempo von ca. M.M. = 108 in Sechzehntel-Ketten für gewöhnlich nur als Zufallsprodukt (was durchaus zu sehr spannenden Ergebnissen führen kann).

Der Erwerb von improvisatorischen Fähigkeiten lässt sich von vielen Seiten angehen. Dabei besteht das grundsätzliche Problem, dass beim Musizieren die unterschiedlichen musikalischen Ebenen, etwa basale Figuren, Verarbeitungsmöglichkeiten, aber auch größere Formen, Kompositionsweisen und stilistische Eigenheiten, nicht voneinander zu trennen sind. Musik erklingt immer als Ganzes. Gleichwohl müssen sie einzeln thematisiert und die vielfältigen Zusammenhänge aufgezeigt werden. Wir haben uns daher dazu entschlossen, in diesem Kapitel musikalische Bausteine und grundlegende Variations- und Verarbeitungsprozesse darzustellen. Im nachfolgenden Kapitel werden einige wenige harmonische Prinzipien aufgezeigt. Dieses Kapitel ist bewusst kurz gehalten, da eine Fülle guter Darstellungen vorliegen, die wir nicht ersetzen können und wollen. Es geht primär darum, einen möglichen Weg der Vermittlung eines harmonischen Gespürs und basaler Fähigkeiten zu vermitteln. Darauf aufbauend werden anschließend Formen und Kompositionsweisen dargestellt. Die Kapitel stehen jeweils für sich und lassen sich in beliebiger Reihenfolge lesen. Bei allem, was wir zeigen, erheben wir weder bezogen auf irgendeinen Stil noch im Allgemeinen den Anspruch auf Vollständigkeit.

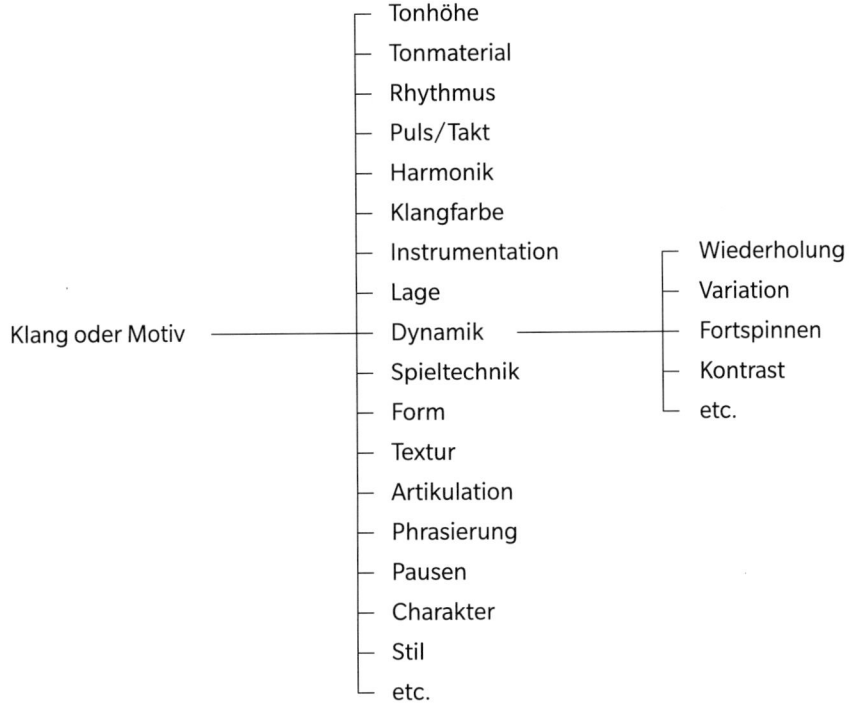

Jeder musikalische Aspekt kann Ausgangspunkt und Gestaltungsmittel beim Improvisieren sein.

E P G ✳✳✳

SPIEL MIT WECHSELNDEN PARAMETERN
M Instrumente, Stimme, Tafel/Pinnwand/Kärtchen
Z Improvisieren mit wechselndem Fokus
A Mit welchen musikalischen Mitteln lässt sich gestalten? Welche musikalischen Parameter stehen euch zur Verfügung? Tragt sie zusammen und schreibt sie für alle gut sichtbar auf.

Sammeln möglicher Gestaltungsmittel.

Das Sammeln und Darstellen ist Aufgabe des Leiters bzw. der Lehrerin. Am schnellsten geht es, wenn man mögliche Gestaltungsmittel gut sichtbar an die Tafel schreibt. Man kann aber auch mit Mediatoren-Kärtchen arbeiten und die Ergebnisse dann an einer Magnettafel bzw. Pinnwand sammeln, was den Vorteil hat, dass man ähnliche Begriffe räumlich einander zuordnen kann. Bei nicht ganz so großen Gruppen können Kärtchen auch einfach am Boden ausgelegt bzw. auf Flipcharts oder Plakaten zusammengetragen werden. Das Ergebnis kann ähnlich der Abbildung auf der Vorseite aussehen.

Wichtig ist, dass alle Mitspieler und Mitspielerinnen eine Vorstellung von den Begriffen und den sich bietenden Möglichkeiten entwickeln. Wenn also etwas unklar erscheint, muss es (am besten praktisch über ein Beispiel) erklärt werden. Ferner sollte man zumindest ansatzweise einige sich bietende Gestaltungsmöglichkeiten beim Improvisieren mit den jeweiligen Parametern ansprechen. Diese Phase sollte allerdings eher kurz gehalten werden, da es im Anschluss darum geht, dass die jeweiligen Parameter improvisatorisch erforscht werden.

Im Folgenden bekommt die Gruppe nur eine sehr allgemeine Improvisationsaufforderung. Allerdings soll sie nun in verteilten Rollen auf einen bestimmten Parameter Acht geben.

A Teilt euch in Spieler und Hörerinnen auf (am einfachsten ist die Übung mit 1–2 Spielerinnen und den übrigen als Zuhörern). Ihr Spieler habt die Aufgabe, gemeinsam ein Stück zu improvisieren. Ihr Hörerinnen sollt der Improvisation genau zuhören und von außen Impulse geben und den Fokus auf einen (oder auch mehrere) Aspekt(e) lenken. Zeigt dazu einfach auf einen der zuvor gesammelten Begriffe. Agiert dabei wie Komponistinnen. Eure Entscheidungen sollten musikalisch begründet sein und die Improvisation folgerichtig entwickeln. Ihr Spieler sollt beim Improvisieren nicht plötzlich etwas ganz Neues beginnen. Versucht nur, des beim Spielen im Fokus stehenden Aspekts gewahr zu sein und diesen bewusst zu gestalten.

SIEHE AUCH
Musikalisches Verarbeiten, Variieren, gestalterisches Denken, S. 236–255, sowie *Vorgegebene Formen und Kompositionsweisen,* S. 311–379.

Diese Übung lässt sich sowohl als Einstiegsübung in der Beschäftigung mit verschiedenen Parametern als auch in der folgenden Arbeit, in der es darum geht zu zeigen, wie musikalische Materialien sich variieren und weiterentwickeln lassen, einsetzen.[70]

[70] Vgl. Schlimp 2011.

ZEITGESTALTUNG:
PULS – TAKT – RHYTHMUS – PAUSEN

M Instrumente, Stimme, Körper

Z Beschäftigung mit Puls, Takt, Rhythmus und Pausen

Ausgangspunkt vieler musikalischer Ereignisse ist die Zeitgestaltung. Puls, Takt, Rhythmus und Stille sind grundlegende musikalische Phänomene, die entsprechend auch am Anfang des Improvisieren-Lernens stehen können. Bevor Puls und Rhythmus in komplexeren musikalischen Gestalten auf dem eigenen Instrument genutzt werden, sollten sie aber davon losgelöst körperlich erfahren und mit ihnen gestalterisch experimentiert werden. Pulsierende Klangereignisse lassen sich gruppieren, kombinieren, variieren, es lassen sich darüber Rhythmen gestalten, und sie lassen sich auch vermeiden und ignorieren.

PULS

Der menschliche Leib ist pulsierend. Herzschlag, Puls, Schritte, Bewegungen, Atem, Kauen, Trinken und vieles mehr erzeugen körpereigene Pulsationen. Diese lassen sich hörbar und sichtbar machen, etwa dadurch, dass man den eigenen Puls dirigiert, das Ein- und Ausatmen klanglich untermalt oder Schritte bewusst laut setzt. Zu einem solchen Eigenpuls lässt sich auch mit Bodysounds oder perkussiven Klängen auf Gegenständen rhythmisch improvisieren. Improvisiert man in der Gruppe, ist es spannend, erst einmal von den unterschiedlichen Eigenpulsationen auszugehen. Diese können sich nun einem gemeinsamen Puls annähern. Methodisch geschieht dies ohne großes Zutun, es reicht allein der Hinweis, dass alle aufeinander hören und sich einander annähern sollen.

Körpereigene Pulsationen sicht- und hörbar machen.

Sobald ein regelmäßiger Puls etabliert wurde, beginnt eine Gruppe meist auch ohne weitere Aufforderung und vereinbarte Spielregeln zu spielen. Für pulsorientierte Improvisationen ist dies ein dankbarer Einstieg in die Gruppenimprovisation. Ein solcher Einstig kann sehr frei erfolgen, es können aber auch einzelne Gestaltungsaufgaben erteilt werden, um rhythmische Elemente wie Betonungen, Gruppierungen, Pausen, Tempo oder Rhythmuspattern zu üben.

RHYTHMISCHES SPIEL MIT BODYSOUNDS

**G K **

A Überlege dir einen Bodysound (mit den Händen, Füßen oder dem Mund). Gib nun mit deinem Bodysound einen Puls vor. Die anderen Spieler und Spielerinnen suchen sich nun auch einen eigenen Bodysound und improvisieren gemeinsam rhythmisch über den vorgegebenen Puls.

Methodisch sinnvoll ist es, zumindest in einigen Gruppen den Anfangspuls vorzugeben. So kann man als Leiter bzw. Leiterin das Tempo stabilisieren, steigern oder das Ende anzeigen. Allerdings ist ein Puls, der von einer Gruppe gefunden und etabliert wird, oftmals stabiler. Ein Gruppenpuls lässt sich auf folgende Art etablieren:

G K **

GEMEINSAMER SCHRITTPULS UND BODYPERCUSSION

A Geht durch den Raum in einem euch angenehmen Tempo. Ihr müsst nicht im Kreis gehen, sucht verschiedene Wege. Nun macht eure Schritte hörbar (durch gleichzeitiges Klatschen, Schnipsen, Bodysounds oder auch durch lautes Gehen). Hört auf die anderen und findet allmählich ein gemeinsames Schritttempo. Alle überlegen sich nun einen Rhythmuspattern und spielen diesen mit Bodysounds.
Wenn euch ein Rhythmus eines Mitspielers bzw. einer Mitspielerin gefällt, spielt ihn mit. Verändert euren Rhythmus, sucht auch immer wieder Neues. Findet nach einiger Zeit ein gemeinsames Ende.

Bodysound 1	•		•	•		•	•		•	•		•	•
Puls (Schritte)	X		X		X		X		X		X		X
Bodysound 2		Δ		Δ		Δ		Δ		Δ		Δ	

P G K **

KLÄNGE IM RAUM

A Sucht Klänge im Raum. Wie klingen Stühle, Tische, Wände oder herumliegende Gegenstände? Womit kann man sie zum Klingen bringen (etwa mit der Handfläche, einem Stift, einem Stick oder durch anblasen). Erfindet gemeinsam ein rhythmisches Stück mit Klängen der Umgebung.

Tisch	•		•	•		•	•		•	•		•	•
Hand		O		O		O		O		O		O	
Tafel	Δ			Δ	Δ			Δ	Δ			Δ	Δ

P G K **

SPIEL MIT GRUPPIERUNGEN UND BETONUNGEN

A Etabliert einen gemeinsamen Puls. Spielt mit Bodysounds unterschiedliche Gruppierungen. Betont deutlich den Beginn einer jeden Gruppierung.

Möchte man diese Spielform komplexer gestalten und nicht immer in derselben Gruppierung spielen, kann man auch verschiedene Gruppierungen kombinieren und unter den Titel *Geheimcode* stellen.

G K ***

Nach Silke Egeler Wittmann.

SPIEL MIT GEHEIMCODES

A Etabliert einen gemeinsamen Puls. Jeder überlegt sich nun eine vierstellige Zahlenkombination und verdeutlicht diese als wiederkehrende Gruppierungen. Bei großen Gruppen können sich auch mehrere Kleingruppen auf jeweils einen Code einigen.

2753	•		•						•			•	
4364	•			•		•		•				•	
6127	•					•	•		•				

PULSE IN UNTERSCHIEDLICHEN TEMPI

A Ertastet Pulsstellen am Körper (Hals oder Handgelenk). Verdeutlicht euren Puls durch Schnipsen, Klatschen oder Stompen. Begleitet euren Puls mit der Stimme.

G K ***
VARIANTE 1 (SITZEND)

A Geht durch den Raum in einem euch angenehmen Tempo. Ihr müsst nicht im Kreis gehen, sucht verschiedene Wege. Versucht, euer individuelles Tempo wahrzunehmen und bewusst beizubehalten. Nehmt nun auch das Tempo eurer Mitspieler und Mitspielerinnen wahr. Begleitet eure Schritte mit Klängen. Bleibt irgendwann stehen. Behaltet innerlich euer Tempo bei und improvisiert mit Klängen und Rhythmen.

VARIANTE 2 (GEHEND)

STILISTISCHE AUSPRÄGUNGEN

Dass Musik sich über einem gemeinsamen Puls rhythmisch entfaltet, ist nichts Stilspezifisches, sondern findet sich in fast allen Stilen und Musikkulturen wieder. Unterschiedlich ist die Art und Weise, wie Rhythmus und Pulsation zueinander in Beziehung gesetzt werden bzw. wie mit dem zugrundeliegenden Puls umgegangen wird, ob etwa der Puls als rhythmisches Muster hörbar ist, nur von den Musikern und Musikerinnen mitgedacht wird oder aber mehrere unabhängige Pulsationen zur gleichen Zeit erklingen. Letzteres entspricht beispielsweise einem Prinzip, das seit der Mitte des 20. Jahrhundert bis in die Gegenwart in der zeitgenössischen Musik beliebt ist. Sich gegeneinander verschiebende Rhythmuspattern, die über einem durchgehenden Puls erklingen, entsprechen hingegen einem Prinzip der Minimal- bzw. Patternmusic. Erklingen in vielen Werken des Barockzeitalters pulsierende Rhythmen, deren Verwandtschaft zu höfischen Tänzen noch unmittelbar nachzuvollziehen ist, fehlen solche vielfach in der Orchesterliteratur Ende des 19. Jahrhunderts. Noch viel mehr gilt dies in der Jazz- und der Popmusik der letzten 50 Jahre. In der Rap- und Technomusik etwa ist der grundlegende Puls nicht nur durchgehend hörbar, die Musik baut auf diesem auf. Er besitzt eine eigene ästhetische Qualität.

BEISPIELE
György Ligeti (1962): *Poème Symphonique für 100 Metronome* oder Chatschatur Kanajan (2009): *Die Glasglocke*.

BEISPIELE
finden sich u.a. bei Terry Riley, Steve Reich und Philipp Glass.

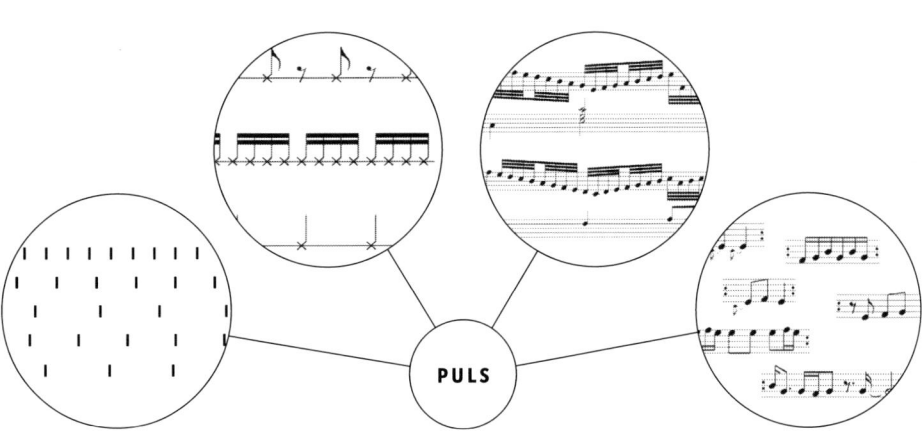

TAKT

M Körper, Stimme, Instrumente
Z Takte und Pulsation erspüren und festigen

Takt = gleichmäßige Pulsation mit wiederkehrenden betonten und unbetonten Schlägen.

Takte gruppieren gleichmäßige Pulsationen durch wiederkehrende Einheiten mit betonten und unbetonten Schlägen bzw. durch schwere, leichte und unbetonte Taktzeiten. Mit Taktarten zu experimentieren, bedeutet sich entsprechend die jeweilige Gruppierung bzw. die jeweiligen Betonungen bewusst zu machen. Spielt man einen Rhythmus oder ein Motiv auf einer schweren Taktzeit, gestaltet man anders als auf einer leichten. Gleiches gilt übertragen auch für Synkopen, Offbeats und Auftakte, die eine andere rhythmische Energetik besitzen. Taktarten lassen sich gut über körperliche Bewegungen, insbesondere das Gehen im Raum, einführen und erschließen.

P G K *

GEMEINSAME BETONUNGEN

A Geht im gemeinsamen Tempo durch den Raum. Nun verdeutlicht verschiedene Taktarten, betont jeden zweiten Schlag (2/4-Takt), jeden dritten Schlag (3/4-Takt), jeden 4. Schlag (4/4-Takt) usw.

P G K **

INDIVIDUELLE BETONUNGEN

A Geht im gemeinsamem Tempo durch den Raum. Alle überlegen sich nun eine Taktart und verdeutlichen diese durch Bodysounds auf den jeweiligen Betonungen. Experimentiert dabei auch mit ungeraden und ungewöhnlicheren Taktarten etwa dem 5/4-Takt, dem 7/8-Takt oder dem 9/8-Takt. Wechselt nach einiger Zeit eure Taktart.

A (4er)	X	•	•	•	X	•	•	•	X	•	•	•	X	•	•	•
B (5er)	X	•	•	•	•	X	•	•	•	•	X	•	•	•	•	X
C (3er)	X	•	•	X	•	•	X	•	•	X	•	•	X	•	•	X

Um eine Taktart in einem Ensemble oder einer Gruppe zu festigen, kann man die Zählzeiten auch auf einzelne Gruppenmitglieder aufteilen.

G K **

TAKTARTEN KREISEN LASSEN

A Stellt euch im Kreis auf. Lasst im gleichmäßigen Tempo verschiedene Taktarten im Kreis herumwandern. Jeder Mitspieler bzw. jede Mitspielerin erzeugt einen Klang pro Schlag. Betont jeweils die 1 eines jeden Taktes. Sobald die einzelnen Schläge stabil pulsieren, experimentiert mit dem Tempo, werdet allmählich langsamer oder schneller. Vermeidet aber plötzliche Tempoveränderungen.

Besonders reizvoll ist es, wenn die Anzahl der Mitspieler nicht der Anzahl der Schläge pro Takt entspricht, beispielsweise wenn vier Spielerinnen einen Dreier- oder Fünfer-Takt darstellen.
Die Spiele lassen sich leicht auch auf die Arbeit mit Instrumenten übertragen, wobei gerade anfänglich möglichst einfaches Tonmaterial verwendet werden sollte, um eine möglichst große rhythmische Stabilität bzw. gleichmäßige Pulsation zu gewährleisten.

ZEITGESTALTUNG: PULS – TAKT – RHYTHMUS – PAUSEN

TAKTARTEN AUF INSTRUMENTEN KREISEN LASSEN

A   Stellt euch mit euren Instrumenten im Kreis auf. Legt eine Taktart und einen (begrenzten) Tonvorrat fest. Lasst nun wieder im gleichmäßigen Tempo die Schläge im Kreis herumwandern. Versucht gemeinsam, eine einfache Melodie zu gestalten.

Bei dieser Möglichkeit können auch rhythmische Varianten gespielt werden, wobei die Mitspielerinnen angehalten werden sollten, sich trotz allem auf den durchgehenden Puls und die Übergänge zwischen den einzelnen Mitspielern zu konzentrieren. Der Fokus sollte sich zumindest zunächst nicht auf die rhythmische Ausgestaltung richten.
In der nachfolgenden Arbeit kann die Übung dahingehend erweitert werden, dass die Spielerinnen nicht nur einen einzelnen Schlag, sondern einen ganzen Takt bzw. mehrere Takte gestalten. Trotz allem sollte die rhythmische Präsenz nicht nachlassen. Der Fokus sollte auf einer gleichmäßigen Pulsation, dem Wechsel von betonten und unbetonten Schlägen und dem Übergang zwischen den Spielern liegen.
Herausfordernd ist es, bewusst mit ungeraden Taktarten und Taktwechseln zu experimentieren.

GK ★★

Wer kein portables Instrument spielt, kann auch seine Stimme einsetzen. Alternativ können sich alle um das jeweilige Instrument herum positionieren.

Takt aufgeteilt auf drei Spieler bzw. Spielerinnen.

Jeweils nur einen Takt.

Alle spielen drei Takte.

Mit unterschiedlichen Taktgliederungen in geraden und ungeraden Takten spielen.

TAKTGLIEDERUNG

Jede Taktart lässt sich unterschiedlich gliedern, wobei je nach Anzahl der Schläge und Stilrichtung einige Unterteilungen gängiger sind als andere. Beim 5/4- und 7/8-Takt erscheinen die möglichen Varianten noch recht offensichtlich. Sie regen unmittelbar zum Spielen mit Unterteilungen an.

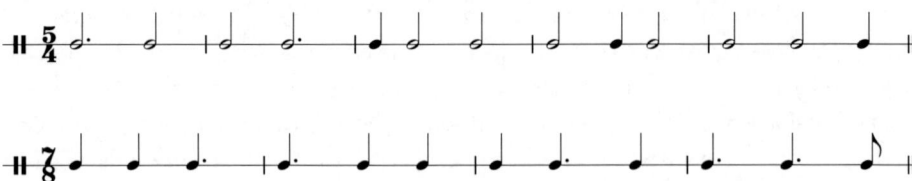

Anders sieht es in den scheinbar einfachen geraden Taktarten, wie dem 4/4- und dem 3/4-Takt, aus. Auch sie ermöglichen aber neben den traditionellen Unterteilungen in 4 x 4 bzw. 3 x 4 Schläge eine Fülle von weiteren Gliederungen, mit denen man beim Improvisieren spielen kann. So findet sich etwa in der lateinamerikanischen Musik mit dem Claves-Rhyhtmus eine 4/4-Unterteilung von je 3 3 2 Achteln. Ähnliches gilt für den 3/4 Takt, der in der griechischen Folklore auch in je 2 2 2 3 Triolen-Achteln verwendet wird.

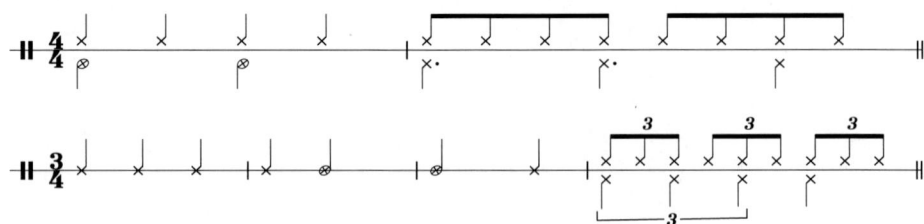

E *

SPIEL MIT TAKTGLIEDERUNGEN

A Nimm dir eine Taktart heraus und überlege, wie man diese gliedern kann. Wenn es dir schwerfällt, dies im Kopf zu tun (und die Varianten im Kopf zu behalten), schreibe sie auf. Nun klatsche (mit kleinen Bewegungen) Achtel und tippe mit den Fußballen (sitzend und stehend) deine Unterteilungen.

Experimentiere nun in gleicher Weise mit allen dir bekannten Taktarten und erspüre, was die verschiedenen Varianten bewirken.

Sobald du sicher bist, übertrage die Übung auf dein Instrument. Benutze zunächst sehr übersichtliches Tonmaterial (2–3 Töne). Beschränke dich auch rhythmisch zunächst auf möglichst einfache Strukturen und konzentriere dich auf die Taktgliederung.

Ebenso wie der Takt sich als Ganzes gliedern lässt, können auch die einzelnen Schläge rhythmisch unterteilt werden. Am gängigsten sind binäre und ternäre Unterteilungen, also solche, bei denen der einzelne Schlag in zwei bzw. drei Teile bzw. Pulsfolgen unterteilt wird. Sie finden sich sowohl in der klassischen Musik z.B. im 4/4-, 2/4-, 6/8- oder 3/8 Takt, als auch im Jazz in bi- oder ternären bzw. den sogenannten Swing-Phrasierungen.

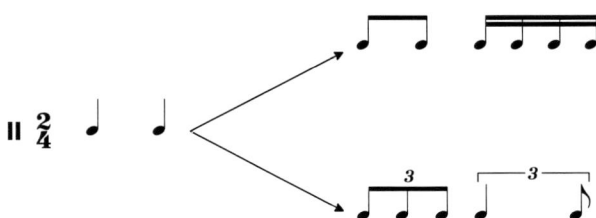

Darüber hinaus finden sich in der osteuropäischen Musik wie auch in der zeitgenössischen Musik Unterteilungen in Quintolen und Septolen.

Unterteilungen können sich, müssen sich aber nicht im Takt zeigen. So klingen beispielsweise Triolenachtel über einem 2/4-Takt genauso wie Achtelfolgen in einem 6/8-Takt.

Sinnvoll ist es daher, nicht von einem möglichen Schriftbild auszugehen, sondern einzig vom klingenden Ergebnis, also einzelnen Pulsfolgen, Untergliederungen und Betonungen.

EPG *** **SPIEL MIT BINÄREN UND TERNÄREN UNTERTEILUNGEN**

A Gehe von einem gleichmäßigen Puls aus. Wähle ein mittleres Tempo (zwischen M.M. = 60–80). Singe auf einer Silbe (oder klatsche) Zweier- und danach Dreierunterteilungen. Sobald du sicher bist, wechsle zwischen den beiden Möglichkeiten.
Übertrage dies nun auf dein Instrument. Improvisiere über einen begrenzten Tonraum (2–8 Töne)
- mit Zweierunterteilungen
- mit Dreierunterteilungen
- mit Zweier- und Dreierunterteilungen.

Steigere allmählich das Tempo. Nimm weitere Töne hinzu.

Binäre Unterteilung.

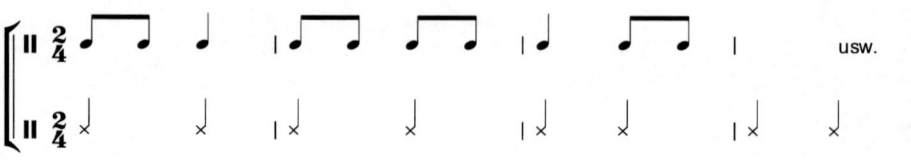

Ternäre Unterteilung in zwei Varianten.

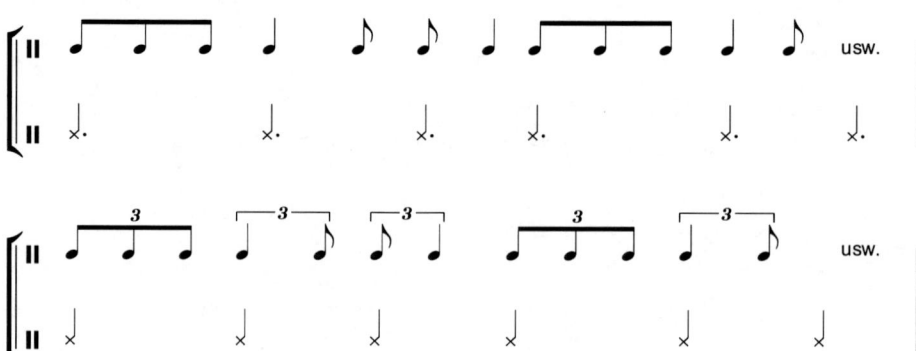

E P *** **SPIEL MIT QUINTOLEN UND SEPTOLEN**

A Gehe wieder von einem gleichmäßigen Puls im mittleren Tempo aus. Singe auf einer Silbe (oder klatsche) Quintolen und Septolen. Sobald du sicher bist, wechsle zwischen verschiedenen Unterteilungen.
Übertrage dies nun auf dein Instrument. Improvisiere über einen begrenzten Tonraum (2–8 Töne)
- mit Quintolen
- mit Septolen.

Bevor man die bestehenden Möglichkeiten öffnet und gleichzeitig verwendet, sollten sie systematisch miteinander kombiniert werden. Singend, klatschend und spielend bieten sich folgende Übungen an:

- Wechsle zwischen den bestehenden Varianten. Spiele abwechselnd Duolen, Triolen, Quartolen mit jeweils einer eingefügten Viertel dazwischen.
- Spiele Duolen, Triolen, Quartolen, Quintolen, Sextolen und Septolen mit jeweils einer eingefügten Viertel dazwischen.
- Spiele Duolen, Triolen, Quartolen, Quintolen, Sextolen und Septolen, nun jedoch ohne eine eingefügte Viertel dazwischen.
- Versuche nun, alle möglichen Varianten zu mischen. Nutze dabei eher einfache Tonverbindungen und Rhythmen und konzentriere dich auf die verschiedenen Unterteilungen. Erweitere allmählich das Tonmaterial.

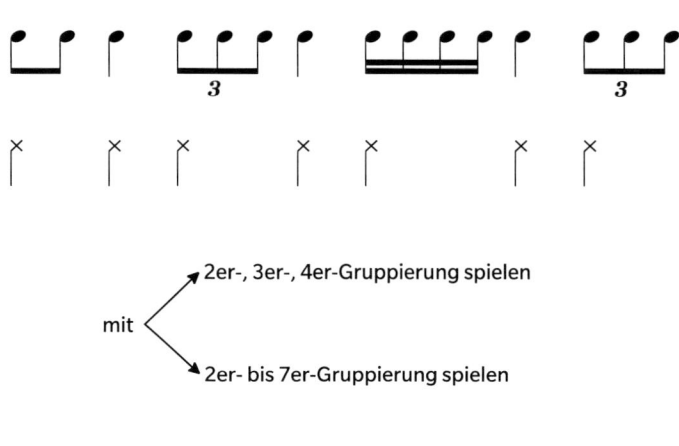

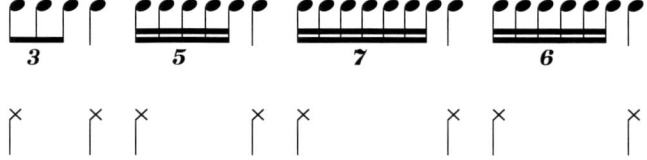

Nicht nur Schülern und Schülerinnen, zuweilen auch noch Musikstudierenden fällt der Wechsel von Duolen zu Triolen und erst recht zu Quintolen und Septolen schwer. Hier bietet sich der Einsatz von Rhythmussprachen bzw. von einzelne Rhythmussilben an.

Den Wechsel von Duolen, Triolen, Quartolen, Quintolen, Sextolen und Septolen gezielt üben und damit spielen.

ANREGUNGEN
zur Verwendung von Rhythmussilben findet man u.a. in der Tonika-Do Methode (Losert 2011), Kodály-Methode (Szönyi 1973), in TaKeTiNa nach Reinhard Flatischler (2006) und indischen Rhythmussilben (Nelson 2008).

Verdopplung und Halbierung von Rhythmen.

Eine weitere Möglichkeit der Unterteilung besteht in der Verdopplung oder Halbierung von Notenwerten. Ein Rhythmus wird über denselben Puls halb- oder doppelt so schnell gespielt. Dadurch verschieben sich die Betonungen zum Teil über den Takt hinaus. Eine einfache, auch schon in der Barockmusik bekannte Form der Verdopplung, ist die Hemiole, bei der zwei 3/4-Takte zu einer größeren Einheit zusammengefasst werden. Solche Akzentverschiebungen bewirken Steigerungen.

E P ***

DOPPELTES UND HALBES TEMPO

A Nimm aus dir bekannten Stücken einige einfache Rhythmuspattern oder denke dir eigene Rhythmuspattern aus. Schreibe sie, solltest du Schwierigkeiten haben, sie dir zu merken, gegebenenfalls auf. Gehe von einem eher langsamen Tempo aus und singe nun deine Rhythmen im einfachen, doppelten und halben Tempo. Bleibe dabei aber im Metrum. Experimentiere mit den verschiedenen Varianten (etwa den ersten Teil doppelt so schnell, den zweiten Teil plötzlich im Originaltempo). Improvisiere nun mit den Möglichkeiten auf deinem Instrument. Beschränke dich dabei auf einige wenige Töne. Achte darauf, kein zu schnelles Tempo zu wählen.

E P **

WATCHING SPORTS

A Magst du Fußball? Sieh dir in Gedanken (oder tatsächlich) einige Szenen eines Spiels an. Nun begleite die Bewegungen der Spieler bzw. Spielerinnen mit freiem Ton- und Rhythmusmaterial.
- Ein Tor ist gefallen. Die letzten 30 Sekunden werden nochmals in Zeitlupe gezeigt.
- Das Spiel geht weiter, die Spieler bzw. Spielerinnen laufen wieder im normalen Tempo.
- Der Kommentator beschreibt eine Schlüsselszene des Spiels. Dazu zeigt er einen Abschnitt im Zeitraffer.

Kommentiere musikalisch dein Fußballspiel. Spiele mit den einzelnen Zeitebenen.

P G ***

FUSSBALLFILM

A Ihr seid Regisseur und habt die Aufgabe, einen Film über ein legendäres Fußballspiel zu drehen (z.B. jenem in Córdoba – Deutschland gegen Österreich). Bildet dazu zwei Gruppen (bzw. Mannschaften). Die Spielerinnen sollten so gewählt werden, dass sie klanglich deutlich unterschiedliche Instrumente spielen (z.B. Holzblasinstrumente und Blechblasinstrumente oder Schlaginstrumente und Streicher).

Ein Spieler oder eine Spielerin ist der Filmregisseur und hat die Aufgabe die Mannschaften zu dirigieren. Drei Spielaktionen stehen ihm zur Verfügung: Originaltempo, Zeitraffer und Zeitlupe. Vereinbart vor dem Spielen dafür klare Zeichen. Nutzt beim Spielen (bzw. Improvisieren) rhythmisch einfaches Material und wählt gemeinsam ein nicht zu schnelles Tempo. Wenn ihr wollt, könnt ihr euch auf eine bestimmte Tonleiter einigen, ihr könnt aber auch freie Spielaktionen wählen. Wenn ihr Lust habt, könnt ihr eurer Mannschaft einen Namen geben.

SIEHE AUCH
Halftime und Doubletime, S. 250.

Sollten in der Gruppe nur gleiche oder ähnliche Instrumente gespielt werden, so lässt sich das Spiel auch mit unterschiedlichen Tonmaterialien spielen (etwa sehr hohen und sehr tiefen Tönen, Dur und Moll oder Legato- und Staccatospiel). Wichtig ist nur, dass sich die Mannschaften musikalisch deutlich unterscheiden.

RHYTHMUS

Fast mehr als die Tonhöhen dient der Rhythmus beim Improvisieren der musikalischen Gestaltung. So erkennen wir Motive insbesondere durch deren rhythmische Prägnanz. Formen entstehen durch Wiederholungen von Rhythmen und wir erzeugen Steigerungen vor allem durch rhythmische Mittel (etwa kleinere Notenwerte). Dies alles geschieht freilich immer im Zusammenspiel mit dem gewählten Tempo, dem Takt, der Phrasierung, der Artikulation und dem verwendeten Tonmaterial. Die Qualität einer guten Improvisation erkennt man aber in der rhythmischen Ausgestaltung.

> Die Qualität einer Improvisation zeigt sich insbesondere in der rhythmischen Ausgestaltung.

A Erkennen Sie das Stück besser anhand des Rhythmus oder der Tonhöhen?[71]

> [71] Es handelt sich um das Thema des ersten Satzes der Sinfonie KV 440, G-Moll von W. A. Mozart.

Beim Improvisieren bedarf es eines Repertoires an Rhythmuspattern, das sich im Laufe der Zeit möglichst verändern und erweitern sollte. Rhythmuspattern sind klar abgrenzbare rhythmische Figuren von meist einem oder zwei Takten Länge, die sich in einem Stück oder einer Improvisation wiederholen und leicht wieder zu erkennen sind. Drei Möglichkeiten bestehen prinzipiell in der Beschäftigung mit Rhythmuspattern. Es ist möglich, vorgegebene Rhythmen als Pattern zu lernen und zu versuchen, diese beim Improvisieren einzusetzen. Rhythmuspattern lassen sich aber auch finden, etwa in Stücken, die man spielt, in Improvisationen anderer Musiker und Musikerinnen oder in Musik, die man hört. Solche rhythmischen Fundstücke können die Grundlage einer ganz eigenen Liste von Rhythmuspattern sein, die den Vorteil hat, dass sie auf Musik basiert, die man im günstigsten Fall mag. Zuletzt könnte man mit kleinen rhythmischen Bausteinen experimentieren und selbst mögliche Rhythmuspattern suchen und erfinden.

> Erstaunlich ist es daher, wie wenig das Üben und Spielen von Rhythmen in Improvisationskonzepten thematisiert wird. Soweit überhaupt, wird über Pulsation und Timing gesprochen, nicht aber über Rhythmen und rhythmische Gestaltungsprinzipien.

> Ein Repertoire an Rhythmuspattern suchen und erfinden.

Der Versuch, alle möglichen Varianten zu errechnen und zu lernen, verbietet sich schon rein mathematisch. Geht man von einem Viertelpuls und nur zehn möglichen rhythmischen Varianten aus, so ließen sich schon allein in einem 4/4-Takt 10^4 (also 10.000) Varianten finden. Entsprechende Aufzählungen hätten über die reine Systematik hinaus kaum einen musikpädagogischen Wert, denn wer könnte oder wollte eine rein nach systematischen Gesichtspunkten erstellte Liste lernen und üben? Es ist daher sinnvoller, sich suchend und experimentierend mit Rhythmuspattern zu beschäftigen.

> **SIEHE DAZU**
> Abbildung *Rhythmuspyramide*, S. 163.

FUNDSTÜCKE

A Suche in Stücken, die du gespielt hast oder die du gerade spielst, nach Rhythmuspattern. Schreibe sie auf. Spiele nun zunächst rein perkussiv mit den Pattern. Kombiniere sie in unterschiedlicher Reihenfolge. Erfinde auch Neues beim Spielen und verändere deine Pattern sukzessiv. Experimentiere nun mit den Pattern auf deinem Instrument. Beschränke dich zunächst auf einen Ton und erweitere dann allmählich die Anzahl der Töne.

E *

SIEHE DAZU
Spielen mit vorgegebenen Formen und Kompositionsweisen,
S. 311–379.

E P G **/*

GEFUNDENE RHYTHMUSBAUSTEINE

Rhythmen lassen sich einfach lernen, wenn sie vorgespielt werden und auf Rhythmussilben, Worten oder Texten nachgesungen werden. Erst anschließend sollte man sie auf dem Instrument spielen und sich mit der Notation beschäftigen. Gerade Kindern fällt es auf diese Weise leicht, einen Pattern zu lernen und neue Varianten zu erfinden. Selbstverständlich sollte außerhalb der Beschäftigung mit Improvisation auch das Lesen und Verstehen von notierten Rhythmen geübt werden.

EIGENE RHYTHMEN FINDEN

A Nachfolgend findest du eine Auswahl von kleinen Rhythmusbausteinen. Schaue sie dir an und wähle einige aus. Lerne sie auswendig. Spiele mit diesen auf einem Ton und schaue, welche Möglichkeiten sie dir bieten. Du musst sie nicht immer gleich wiederholen, variiere sie.
Wenn du sie gut beherrschst, spiele mit ihnen auf unterschiedlichen Tonhöhen.

A Wähle nun eine Taktart und eine Tonart/eine Tonleiter. Spiele darüber mit den Rhythmusbausteinen und suche nach Melodien mit Rhythmuspattern von einem Takt Länge. Sie sollten dir gut gefallen. Beschränke dich zunächst weiterhin auf wenige Töne. Wenn du sicherer wirst, erweitere das Tonmaterial, konzentriere dich aber weiterhin auf den Rhythmus.

Bei dieser Übung hilft es, wenn der Lehrer oder eine andere Schülerin eine einfache Begleitung spielt, um so das Taktschema und den Grundton bzw. die Tonart zu festigen. Selbst eine einfache Rhythmusbegleitung auf einem Schlaginstrument, einem Drum-Computer mit einem guten Beat oder ein einfaches Metronom können hier helfen.

Die vorgestellten Rhythmusbausteine stellen bei weitem nicht alle Möglichkeiten dar. Es fehlen Kombinationen und Varianten mit Halben, punktierten Halben und Ganzen sowie Quintolen und Septolen. Ebenso sind nicht alle Pausenwerte genutzt worden. Alle Rhythmusbausteine lassen sich ferner im Tempo halbieren und verdoppeln. Insbesondere für fortgeschrittene Schüler und Schülerinnen kann es lohnend sein, weitere Varianten zu erforschen. Vor einer reinen Systematik sei aber gewarnt. Nicht alles, was denkbar ist, ist musikalisch sinnvoll. Anstatt eine vollständige Aufzählung anzustreben, ist es sinnvoller, mit einigen wenigen Varianten zu spielen und sie in unterschiedlichen Kombinationen und Zusammenhängen auszuprobieren.

BEISPIEL

Eine durchaus sinnvolle Aufgabe im Unterricht ist es, zumindest anfänglich systematisch verschiedene Rhythmusmöglichkeiten und Kombinationen zu erforschen und von den Schülern und Schülerinnen auch aufzuschreiben zu lassen. In der folgenden Abbildung wurde dazu die Form einer Pyramide gewählt. Damit solche Pattern auch beim Improvisieren tatsächlich eingesetzt werden können, müssen sie zuvor geübt werden.

RHYTHMUSPYRAMIDE   E P */***

M Instrumente, notierte Rhythmuspyramide

Z In einem Takt mit verschiedenen Rhythmen spielen können

A Hier siehst du verschiedene Rhythmuspattern, notiert in Form einer Rhythmuspyramide. Überlege dir weitere Pattern und vervollständige die Pyramide. Wähle dann einige der Rhythmen aus und improvisiere mit diesen. Erweitere dein Pattern-Repertoire im Laufe der Zeit.

Überlege dir auch Rhythmuspyramiden für andere Taktarten (auch ungewöhnliche und ungerade) und experimenteire mit diesen. Suche gegebenenfalls nach typischen Rhythmen für bestimmte Stile (etwa für lateinamerikanische Musik, Swing oder Volksmusik).

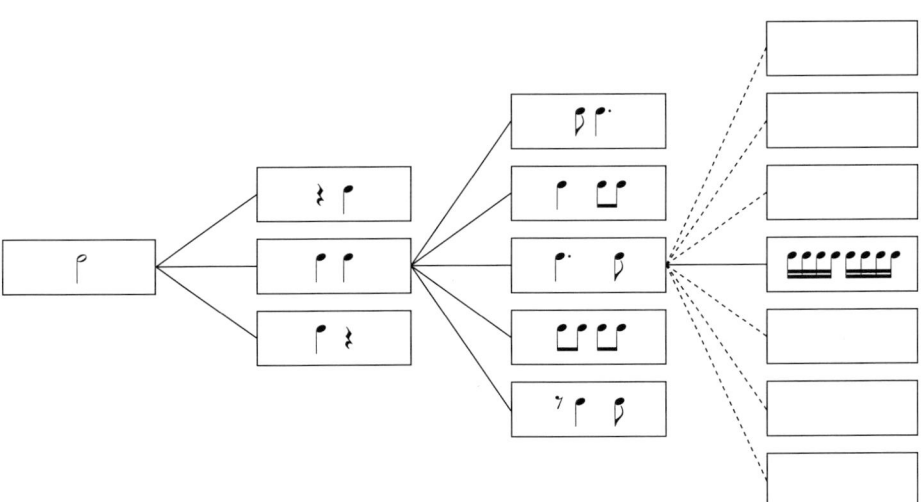

BEISPIELE

Phrasenbildung und
Kombination von Rhythmen.

In der Feedbackphase sollte unbedingt auf Phrasenbildung und die Wirkung einzelner Kombinationen von Rhythmen eingegangen werden. Als Gestaltungsgrundsatz gilt, dass Rhythmen mit zunehmend größeren Notenwerten einen Spannungszuwachs bewirken. Allerdings ist diese Wirkung von der Lage, dem gewählten Tempo und vor allem vom jeweiligen Kontext abhängig. Spannung entsteht immer aus Kontrast.

Steigerung durch größere
Notenwerte, aus: Jaques Ibert:
Concertino da Camera für
Altsaxophon und Orchester,
T. 114–120.

So erzeugt eine Zunahme des Tempos oder Diminutionen (also das Einfügen kleinerer Notenwerte in einen bestehenden Rhythmus) Spannung. Hingegen können die gleichzeitige Zunahme des Tempos und Diminution diese Wirkung verfehlen. Eine Phrase fällt plötzlich nach vorn und wirkt gehetzt. Insbesondere in aufsteigenden Passagen besteht diese Gefahr, da es sich hier um eine typische Kopplung handelt, gegen die man als Musiker bzw. Musikerin bewusst gegensteuern muss. Hohe Passagen tendieren dahingehend, zu schnell gespielt zu werden, tiefe Passagen zu einem etwas langsameren Tempo. Interessanterweise lässt sich auch mit größeren Notenwerten und einem abnehmenden Tempo Spannung erzeugen und dies ganz unabhängig davon, ob eine Melodielinie aufsteigt, absteigt oder im jeweiligen Register bleibt. Dieser Effekt bedarf allerdings eines gleichzeitigen Crescendos.

Steigerung durch immer kleinere Notenwerte, aus: Alexander Glasunow: *Konzert für Altsaxophon und Orchester*, T. 301–313.

Auch wenn die Beschäftigung mit Rhythmuspattern und Rhythmus der Erweiterung des rhythmischen Repertoires dienen soll, gilt beim Improvisieren, dass eine möglichst große rhythmische Vielfalt nicht zwingend zu einer guten Musik führt. Das Gegenteil ist meist der Fall. Sich aneinanderreihende rhythmische Varianten ohne Wiederholungen führen dazu, dass es zu keiner Motivbildung kommt, sich in der Musik also nichts findet, an dem man sich als Zuhörer bzw. Zuhörerin festhalten kann. Nur durch Wiederholungen erkennen wir in Musik Strukturen. Die Wiederholung von Rhythmuspattern ist daher für eine gelungene Improvisation wichtig. Dabei muss ein Pattern nicht originalgetreu repetiert werden. Wichtig ist einzig, dass der Hörer bzw. die Hörerin einen Zusammenhang erkennt.

SIEHE DAZU
Rhythmisches Ausgestalten, S. 239–240.

Die Wiederholung von Rhythmuspattern erzeugt musikalischen Sinn.

ARTIKULATION

Ähnlich wie der gewählte Takt und die Taktgliederung beeinflusst auch die Phrasierung die rhythmische Qualität. Am deutlichsten zeigt sich dies an Tonleiterpassagen und Arpeggien, die durch eine entsprechende Artikulation eine Art zweite rhythmische Ebene erhalten.

Doch auch ansonsten belebt eine Artikulation eine rhythmische Phrase und gibt ihr einen spezifischen Charakter. Auch wenn dieser wiederum stark vom musikalischen Kontext abhängt (etwa von weiteren erklingenden Stimmen, einer Begleitung, der Klangfarbe und dem gewählten Tonmaterial), eine Artikulationsform sich also nicht eindeutig einem Charakter zuschreiben lässt, konturiert und belebt Artikulation jeden Rhythmus. Jeder Musiker bzw. jede Musikerin benötigt daher sowohl beim Improvisieren als auch beim Interpretieren eine Auswahl an Möglichkeiten. Die Besonderheiten der jeweiligen Artikulationsmuster lassen sich am besten durch eigenes Experimentieren und genaues Zuhören ergründen.

E P */**

ARTIKULATION AUSPROBIEREN

Z Wirkung von Artikulation erfahren

M Instrumente, Stimme

A Nachfolgend findest du einige Artikulationen für durchgehende Sechzehntel-, Triolenachtel- und Achtelgruppen. Nimm dir eine Tonleiter oder einen Tonvorrat, den du gut beherrschst und spiele mit verschiedenen Artikulationsformen. Was bewirken sie? Wie lassen sie sich miteinander kombinieren? In welchem Register entfalten sie eine besondere Wirkung?

A Überlege dir weitere Artikulationen und schreibe sie auf. Suche dir nun eine Tonleiter und drei Rhythmuspattern und experimentiere mit verschiedenen Kombinationen.
In der Tabelle finden sich vor allem Kombinationen von Legato und Staccato. Experimentiere nun mit weiteren Möglichkeiten wie dem Spiccato ('), Tenuto (–) und Accent (>). Suche auch nach Formen zwischen dem Legato und Staccato. Wie weit lässt sich die Artikulation auf deinem Instrument differenzieren?
Quintolen, Sextolen und Septolen ermöglichen ganz andere Kombinationen von Artikulationen. Suche einige Möglichkeiten, experimentiere mit ihnen und schreibe sie gegebenenfalls auf.
Gestalte eine Improvisation durch Artikulation. Wiederhole melodische Figuren möglichst ähnlich mit anderen Artikulationsvarianten.

SIEHE AUCH
Musikalisches Verarbeiten, Variieren, gestalterisches Denken, S. 236–255.

FREIE ZEITGESTALTUNG

Z Rhythmisch freies Improvisieren

M Instrumente, Stimme, Sprechstimme

Nicht jede Musik besitzt einen übergeordneten Puls bzw. ein Metrum. Sowohl in den klassisch-westeuropäischen als auch in vielen anderen Musikkulturen finden sich sowohl einzelne Passagen und Sätze als auch ganze Stile, in denen ein eher freies Zeitkonzept zu Grunde gelegt wird. Dies trifft etwa auf freie Einleitungen (Präludien), Kadenzen und rezitative Formen zu, aber auch auf *Doinas* in der rumänischen *Klezmermusik* oder *Alaps* in klassisch-indischer Musik. Ferner findet sich in der Musik des späten 20. und 21. Jahrhunderts eine Reihe von Konzepten, die auf eine pulsbasierte Ordnung verzichten. Ein Beispiel dafür ist das Spiel mit sogenannten *time brackets*. Dabei handelt es sich um melodische Partikel, die in einem bestimmten Zeitraum gespielt werden müssen und die über Stoppuhren frei miteinander koordiniert werden. *Time brackets* können wie bei John Cage nur einen Ton oder Klang umfassen oder komplexe Rhythmen und Tonmaterialien wie etwa bei Diether Schnebel.[72]

Auf eine pulsbasierte Ordnung verzichten.

[72] Siehe dazu z.B. die *Number Pieces* von John Cage oder *Sisyphos* von Diether Schnebel.

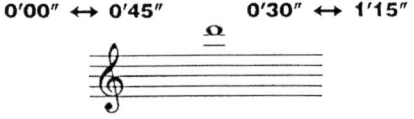

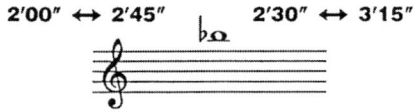

Time brackets, aus: John Cage (1991): *Four5* für 4 Saxophone.

TIME BRACKETS

A Wählt sechs Töne. Bestimmt für jeden Ton eine Zeitspanne (time bracket) in der die Töne erklingen sollen. Spielt euer Stück.

SPRACHE ALS AUSGANGSPUNKT

E P * * *

A Überlege dir einen langen Satz. Sprich ihn laut und fließend. Achte darauf, ihn nicht zu rhythmisieren, sondern ihn im natürlichen Sprachrhythmus zu deklamieren (es sollten dabei unterschiedlich lange Silben und Betonungen entstehen).

Nun denke deinen Satz lediglich und spiele den Sprachrhythmus auf einem Ton. Erweitere nun das Tonmaterial, bleibe aber vorerst noch beim Sprachrhythmus deines Satzes.

Fange an, mit dem Sprachrhythmus zu spielen. Dehne ihn etwa wie in Zeitlupe oder spiele ihn schneller wie in Zeitraffer. Du kannst ihn auch unterbrechen, Teile auslassen, hinzufügen oder wiederholen.

Das rhythmisch ungebundene Spiel ist (vor allem für Kinder) zunächst sehr naheliegend. Sobald aber erst einmal ein Gefühl für Takt und Rhythmus besteht, fällt es Laienmusikern bzw. Laienmusikerinnen mitunter schwer, dieses wieder fallen zu lassen.

Selbst Alltagssprache besitzt in der Abfolge von Lauten eine innere Metrik. Sie zeigt sich nicht nur in der Wahl der Worte, sondern auch im Ein- und Ausatmen, dem Klang der Worte und den mitschwingenden Emotionen. Insofern führt der Weg über die Arbeit mit Sprache und Sprachrhythmus tatsächlich nur bedingt zu einer wirklich freien Zeitgestaltung. Es bedarf unbedingt auch des bewussten Spiels mit unterschiedlichen Tonlängen und Klangaktionen.

Auch Sprache besitzt eine innere Metrik.

SIEHE
Texte und Geschichten, S. 61–91.

E P G K **

ZEIT GESTALTEN

A Spiele ganz frei. Spiele lange und kurze Töne und Tonfolgen. Dehne einzelne Töne übermäßig, spiele kurze Phrasen und extrem kurze Töne. Mache zwischen den Klangaktionen unterschiedlich lange Pausen.

Insbesondere als Einstieg in die Improvisation bieten sich rhythmisch ungebundene Aufgaben an, die an die Erfahrungswelt der Schüler und Schülerinnen anknüpfen. Geeignet sind etwa: „auf dem Instrument vom Wochenende erzählen", „den Wind/das Wetter musikalisch begleiten" oder „Mönche beim Beten". Auch Transformationsaufgaben kommen diesbezüglich in Frage:

SIEHE DAZU
Visuelle Anregungen, S. 91–121, sowie Texte als Vorlage, S. 65–68.

- Körpergesten bzw. Bewegungen mit Instrumenten bzw. der Stimme begleiten
- Bilder vertonen
- Texte vertonen.

PAUSEN

Z Verschiedene Arten von Pausen kennenlernen und differenziert gestalten
M Instrumente, Stimme

Pausen haben in der Musik eine ähnliche Funktion wie Rhythmen. Sie gliedern und schaffen Spannung. Dabei sind Pausen nicht gleichbedeutend mit der Abwesenheit von Klang, vielmehr dienen Pausen dazu, dem Gespielten eine stärkere Wirkung zu verleihen. In der Pause ist der Klang zwar de facto akustisch nicht vorhanden, musikalisch aber umso präsenter. Auf die Gestaltung von Pausen beim Improvisieren wird daher von allen Improvisationspädagogen immer wieder hingewiesen. Dass in fast jedem Improvisationsworkshop der Hinweis, die Spielerinnen mögen mehr Pausen machen, zu hören ist, zeigt nicht nur, wie musikalisch wichtig das bewusste Setzen von Pausen und das Pausieren einzelner Spieler ist, es zeigt auch, dass ebenso wie das Spielen das Nichtspielen geübt werden muss.

Das Nichtspielen üben.

Allein schon die Auseinandersetzung damit, welche Arten von Pausen in der Musik vorkommen, schafft ein vages Verständnis. Es finden sich Pausen innerhalb von Rhythmen, die einzelne Töne artikulieren bzw. akzentuieren, Atempausen, die nicht nur für Bläser unmittelbar für das Spielen ihres Instruments vonnöten sind, sondern einer Musik einen lebendigen Fluss verleihen, Gliederungspausen, die der Verdeutlichung einer formalen Struktur eines Stückes dienen, Spannungspausen, die dem Spannungsaufbau bzw. dem Halten einer erreichten musikalischen Spannung vor oder nach einer Passage dienen und Voraus- und Nachhörpausen, die der mentalen Orientierung dienen. Schließlich findet sich insbesondere in zeitgenössischer Musik gestaltete Stille, in der das Pausieren selbst zum Thema wird. Pausen müssen sich ferner nicht immer auf alle Spielerinnen bzw. ein ganzes Stück beziehen, auch das Pausieren einzelner Spieler hat eine wichtige Funktion. Im Ensemble entstehen nur so unterschiedliche Besetzungen bzw. Instrumentationen, was zu einer größeren Klangvielfalt führt.

Verschiedene Arten von Pausen kennen und einsetzen.

Beim Unterrichten von Improvisation ist es wichtig, immer wieder das Pausieren zu thematisieren und den Fokus auf die verschiedenen Formen bzw. Funktionen von Pausen zu lenken. Durchaus gewinnbringend kann es in entsprechenden Phasen sein, die Unterschiede systematisch zu erarbeiten.

ZEITGESTALTUNG: PULS – TAKT – RHYTHMUS – PAUSEN

UNTERWEGS MIT VIELERLEI PAUSEN   E P G *

A   Du bist auf der Wanderung. Vertone dein Gehen und Rasten.
Unterwegs machst du immer wieder Verschnaufpausen. In der Ferne siehst du dein Ziel. Mit neuer Kraft geht es schneller voran. Dort angekommen, verweilst du (Ruhepause). Frisch gestärkt geht es weiter. Du findest eine Höhle, rufst hinein und hörst ein Echo. Du spielst mit den Klängen und lauschst (Nachhörpausen). Du gehst weiter. Da, ein unbekanntes Geräusch (Innehalten). Als du es erneut hörst, bekommst du es mit der Angst zu tun und rennst, so schnell du kannst, zum nächsten Rastplatz. Dort kommst du langsam zur Ruhe.

Dieses Spiel lässt sich sowohl als Solovariante als auch als Gruppenimprovisation realisieren. Eine spannende Variante besteht darin, dass einer der Spieler bzw. Spielerinnen die Pausenarten erraten soll, was zur Diskussion darüber führen kann, woran eine Pause erkannt oder eben auch nicht erkannt wurde.

WELCHE PAUSE MACHEN WIR?   G **

A   Überlegt gemeinsam, was für Pausen ihr kennt und sammelt diese gut sichtbar an einer Tafel (etwa Mittagspause, Atempause …). Beziht auch Pausen mit ein, die nicht als Pausen bezeichnet werden (etwa das Nickerchen oder der Urlaub). Nun spielt euch die Pausen pantomimisch vor. Wer eine Pause erraten hat, muss immer auch sagen, woran er sie erkannt hat. Bedenkt dabei, dass wir in einigen Pausen durchaus aktiv sind, in anderen hingegen gerade nicht.
Nun spielt die Szene musikalisch. Immer einer bzw. eine improvisiert ein Stück und baut mindestens eine Pause bewusst ein, die anderen müssen erraten, um was für eine Pause es sich handelt.

Das bewusste Spielen von Pausenlängen lässt sich gut auch systematisch üben. Als Grundlage können sowohl Kadenzfortschreitungen, Ostinatobässe oder Leadsheats verwendet werden. Im folgenden Beispiel wurde das Leadsheat zu *Blue Monk von Thelonius Monk* zu Grunde gelegt.

Mit Pausenlängen spielen.

SIEHE DAZU
Akkordfortschreitungen, S. 279–280, *Variationen über Ostinatobässe*, S. 336–350, *Leadsheet*, S. 319–320.

Thelonius Monk (1954): *Blue Monk* (Blues).

E P G ***

MIT PAUSENLÄNGEN GESTALTEN

Z Pausenlängen variieren, Zeitablauf und Timing in den Pausen weiterdenken

A Schaue dir das Leadsheat auf der Vorseite an, übe das Thema und mache dir die Akkorde und mögliche Skalen bewusst (du kannst durchgehend die C-Bluestonleiter oder aber die Mixolydischen Skalen auf C, F und G verwenden). Improvisiere über das Stück.
– Improvisiere immer einen Takt und pausiere einen Takt lang.
– Improvisiere immer zwei Takte und pausiere einen Takt lang.
– Improvisiere immer drei Takte und pausiere zwei Takte lang.
– Improvisiere immer eineinhalb Takte und pausiere einen halben/einen Takt lang.
– Mische die Varianten und spiele Phrasen und Pausen von unterschiedlicher Länge.

In der klassischen Moderne sowie in der Avantgarde der 1950er und 1960er Jahre wurden einige Stücke komponiert, die in besonders drastischer Weise die Wirkung von Pausen verdeutlichen. Dazu gehören etwa *In futurum* aus den *Fünf Pittoresken op. 31* von Erwin Schulhoff (1919), *4.33* von John Cage (1952) oder Diether Schnebels *Nostalgie, Solo für einen Dirigenten* (1960/1962). Während es sich bei Schulhoff um ein durchkomponiertes Stück handelt, in dem statt Tönen nur Pausen notiert wurden, findet sich bei Cage neben einer Zeitangabe lediglich die Aufforderung „tacet" (also er/sie schweigt). Auch bei Schnebel erklingt kein einziger Ton, die Bewegungen des Dirigenten sind jedoch durchchoreographiert. In allen Fällen lässt sich die Erfahrung machen, dass es trotz des Nichterklingens von Musik nicht still ist (die Uraufführung von *4.33* war durch laute Zwischenrufe gekennzeichnet und alles andere als still).

In der Beschäftigung mit der Wirkung von Pausen können diese Stücke zu wichtigen Erfahrungen führen. Dazu reicht es allerdings nicht, sich die Stimmen anzuschauen. Sie müssen auf der Bühne und/oder im Publikum erlebt werden.

Abwesenheit von Klang führt nicht zwingend zu einer musikalischen Pause.

III. In futurum.

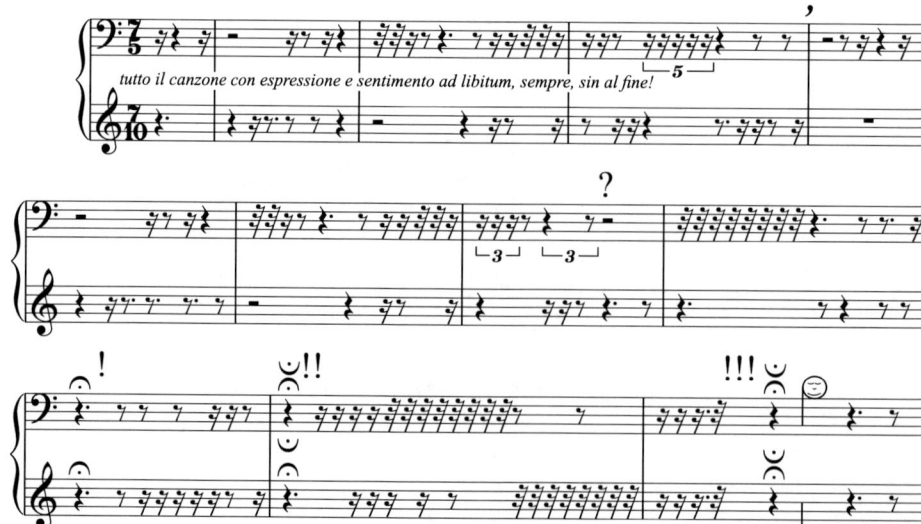

Erwin Schulhoff (1919): *In futurum*, aus: Fünf Pittoresken Op. 31.

PAUSENAKTIONEN EPG */***

M Instrumente, Umgebungsgeräusche

Z Wahrnehmung und Einbezug von Umgebungsgeräuschen während des Spielens

A Spiele eine Improvisation mit unterschiedlichen Klängen. Höre immer wieder auf zu spielen, um andere Klänge im Raum hervortreten zu lassen. Lausche auf all das, was du dabei hörst (etwa das Zischen der Heizung, das Brummen von Autos, Vogelgesang oder das Knacksen von Leitungen). Beziehe es bewusst in dein Spiel mit ein.

KLANGFARBE

In vielen Musikkulturen und -stilen spielt die bewusste Gestaltung der Klangfarbe eine annähernd gleich große Rolle wie die Gestaltung der Tonhöhen und der rhythmisch-motivischen Gestalt. Während sich allerdings in der westlichen klassisch-romantischen Musik die Klangfarbe vor allem in der Orchestrierung zeigt, hat sich sowohl in der neueren Popmusik als auch in der zeitgenössischen Musik der Fokus auf das einzelne Instrument verschoben. Klangfarbe entsteht nicht nur im Einsatz und Zusammenspiel von Instrumenten, sondern auch durch die Klangmöglichkeiten eines jeden Instruments. Zudem sind gerade im Jazz- und Popbereich Solisten sehr darum bemüht, ihren spezifischen Sound zu entwickeln. Grundsätzlich muss zwischen verschiedenen Ebenen der Klanggestaltung unterschieden werden. Zum einen werden Klangfarbenveränderungen als Ornamente (Verzierungen) eingesetzt. Dies ist durchaus keine Neuheit, schon im 18. Jahrhundert wurden neben Trillern, Vorschlägen, Doppelschlägen, Tremoli und Vorhalten, auch Verzierungen wie das Vibrato, das Flatement oder die Bebung (Tremblement) verwendet. Bei Letzteren handelt es sich um Veränderungen im mikrotonalen Bereich bzw. der Klangfarbe. In der Jazzmusik spricht man entsprechend von *Embellishments* und meint damit sowohl Klangeffekte die man auf einem Ton erzeugen kann (etwa dem *Smear* oder dem *Dwa-oo* Effekt)[73] als auch jede Art von Vorschlägen, Vorhalten, Glissandi und Umspielungen. In der klassischen indischen Musik spricht man diesbezüglich von *Alankaras* und meint damit ebenfalls sowohl die Klangfarbengestaltung (*Shabda allankaar*, die Art und Weise, wie ein Klang erzeugt wird) als auch die Tonhöhengestaltung (*Varna allankaar*, die Gruppierung der Töne).

In der zeitgenössischen Musik gab es diesbezüglich ein Umdenken. Sprachen Musiker und Musikerinnen noch in den 1970er Jahren von *Effekten*, spricht man heute in der Regel von *erweiterten Spieltechniken*.[74] Auch wenn in beiden Fällen dieselben Techniken gemeint sind, zeigt sich doch in der Bezeichnung ein Wandel. Ein Effekt ist etwas, was zusätzlich dazu gespielt wird. Er verändert aber die grundlegende Struktur nicht weiter. Eine Spieltechnik hingegen ist Bestandteil einer Musik. Sie wird nicht zusätzlich hinzugefügt, ohne sie entstehen keine Töne.

Auf einer zweiten Ebene geht es um die Tonqualität des Instruments an sich. Auch hierbei handelt es sich im Kern um kein neues Phänomen, schon immer haben Musiker und Musikerinnen über die Beschaffenheit der von ihnen hervorgebrachten Töne nachgedacht. Neu ist allerdings, wie intensiv Musiker nach einem spezifischen, möglichst individuellen, unverwechselbaren Sound suchen. Während auf traditionellen Instrumenten aufgrund der Bauweise hinsichtlich der Klanggestaltung natürliche Grenzen gesetzt werden, bestehen im Bereich der elektronischen Klangerzeugung immer wieder neue Möglichkeiten. Elektronische Instrumente sind so gesehen hinsichtlich ihrer Klanggestalt im Prinzip unbegrenzt variabel. Eine dritte Eben zeigt sich in der Gestaltung der eigentlichen Klangfarbe. Hier besteht eine gewisse Nähe zur Instrumentierung eines Orchesters. Anstatt allerdings zwischen verschiedenen Instrumenten und Kombinationen von Instrumenten zu wechseln, wird

---

Klangfarbenveränderungen als Ornamente.

[73] Siehe dazu Berliner 1994, 69.

[74] Bis vor wenigen Jahren sprach man noch von „Neuen Spieltechniken". Da die meisten damit bezeichneten Spieltechniken aber gar nicht mehr so neu sind, wirkt diese Bezeichnung ein wenig anachronistisch.

Klanggestalt des Instruments.

Klangveränderungen durch erweiterte Spieltechniken.

versucht, verschiedene Farben auf einem Instrument zu erzeugen. Auch dieser Ansatz ist nicht neu, der Einsatz verschiedener Dämpfer auf Blechblasinstrumenten, die jeweils zu einem spezifischen Klang führen, ist beispielsweise auch schon im klassischen Repertoire gefordert. Allerdings hat sich die Bandbreite der klanglichen Gestaltung deutlich verändert. In diesen Bereich fallen etwa Präparationen der Saiten eines Klaviers, das Spielen von Saiteninstrumenten mit Handventilatoren oder das Erzeugen von obertonreichen Sweepsounds auf dem Saxophon.

Als Vorbereitung auf die Beschäftigung mit Klangfarbe kann das Hören von Aufnahmen dienen. Spannend sind diesbezüglich Aufnahmen von Djivan Gasparian (armenischer Dudukspieler), Hamlet Gonashvili (georgischer Sänger), Walja Balkanska (bulgarische Sängerin),[75] aber durchaus auch von älteren Jazz-Größen wie Ben Webster (Saxophon) oder Popkünstlerinnen wie Björk. Sprechstimmvarianten finden sich beim holländischen Stimmkünstler Jaap Blonk in seinen phonetischen Etüden. Empfehlenswert sind ferner viele zeitgenössische Solowerke, etwa *Pression* für Violoncello solo von Helmut Lachemann oder die *Sequenzen* (für unterschiedliche Instrumente) von Luciano Berio.

[75] Entsprechende Aufnahmen finden sich auf den einschlägigen Videoplattformen.

E P G K **

EINTONSTÜCK

M Instrumente, Stimme

Z Klangfarben und Spieltechniken differenzieren

A Erfinde ein Stück für einen Ton. Suche nach möglichst vielen Klangfarben. Spiele dabei u.a. mit verschiedenen Spieltechniken, Tonlängen, Artikulationen und Lautstärken.

P *

TECHNO[76]

A Spieler A: Erfinde einen repetitiven Bass. Wechsle nach vielen Takten zu einem der benachbarten Töne und komme nach einiger Zeit wieder zurück. Variiere das Material möglichst wenig. Bleibe aber durchgehend im Puls.

Spielerin B: Spiele einzelne Töne und Akkorde. Gestalte diese hinsichtlich ihres Klanges. Nutze dabei auch dynamische Möglichkeiten (etwa Crescendo und Decrescendo). Verzichte aber möglichst auf eine rhythmische Ausgestaltung.

[76] Angelehnt an eine Idee von Jörg Schweinbenz.

Du kannst alle Töne nutzen, die Du bereits spielen kannst.
Wenn du dich beschränken möchtest, verwende die markierten Töme

P *

MONODIE

A Spielerin A: Spiel eine einfache Bordunbegleitung (einen sich wiederholenden Ton oder eine Quinte). Du kannst den Bordun leicht rhythmisieren, schön ist es aber auch, wenn du den Ton bzw. die Quinte einfach nur aushältst. Wechsle nach einiger Zeit zu einem anderen Bordunton.

Spieler B: Improvisiere eine meditative Musik über den Bordun. Benutze nur wenige Töne einer passenden Skala. Gestalte jeden einzelnen Ton bewusst.

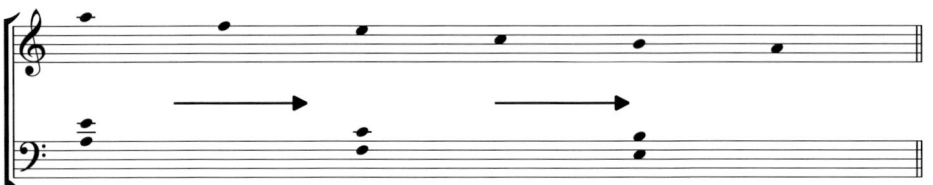

Beispiel einer Monodie über einen Bordunbass.

Die Gestaltung von Klangfarben erfordert oftmals spezifische Techniken, die sich von Instrument zu Instrument unterscheiden und sich oftmals nicht oder nur sehr schwer durch eigenes Suchen erschließen. Sie müssen zumindest zum Teil im Unterricht gezielt vermittelt werden. Gerade weil einige der Techniken die Klanglichkeit vollständig verändern, regen sie sehr zum eigenen Experimentieren und Spielen an.

Exemplarisch seien einige der klanglichen Möglichkeiten auf dem Saxophon erwähnt. Auch wenn es sich hierbei um sehr spezifische Spieltechniken handelt, die sich nur bedingt auf andere Instrumente übertragen lassen, so vermittelt allein die Aufzählung ein Gefühl dafür, wie mannigfaltig sich die Klangfarbe differenzieren lässt.

Erweiterte Spieltechniken im Unterricht vermitteln.

KLANGFARBENPALETTE

Farbunterschiede der einzelnen Register	Die einzelnen Töne besitzen deutliche Klangunterschiede. Für gewöhnlich sind Spieler darum bemüht, diese möglichst zu minimieren. Sie lassen sich allerdings auch bewusst einsetzen und durch Dynamikunterschiede verstärken. Insbesondere das sehr hohe Register (*Altissimoregister*) besitzt eine sehr helle, obertonreiche Klangfarbe.
Tonhöhen-Vibrato	Auch ohne dass dies gesondert vorgeschrieben wird, nutzen viele Spielerinnen das *Tonhöhen-Vibrato*. Es wird durch minimale Veränderungen der Spannung im Bereich der Lippe und Mundhöhle erzeugt. Ähnlich einer Ringmodulation wird durch ein *Tonhöhen-Vibrato* ein Ton tragfähiger und etwas lauter.
Intensitäts-Vibrato	Beim *Intensitäts-Vibrato* handelt es sich um schnelle dynamische Schwankungen.
Subtone	Beim *Subtone* wird das Blatt entweder durch die Zunge oder die Lippe leicht abgedeckt. Der Ton verliert dadurch einen Teil seiner Obertöne. Diese Technik ist nur in der unteren Oktave möglich. Ein ähnlicher Effekt lässt sich aber in den höheren Lagen durch eine etwas engere Luftführung erzeugen.
Erhöhter Druck auf das Blatt	Der Ton wird dadurch etwas schärfer und nasaler. Zudem steigt er minimal an.
Verringerter Druck auf das Blatt	Der Ton wird wesentlich obertonreicher und wirkt unkontrolliert. Es besteht eine Tendenz zum Unterblasen.
Farbgriffe/Fingerings	Für fast alle Töne gibt es alternative Griffmöglichkeiten, die sich oft nicht nur im Klang, sondern auch in der Tonhöhe unterscheiden.
Flatement/Farbtriller	Ein schneller Wechsel zwischen zwei alternativen Griffen. Insbesondere in der höheren Lage lassen sich Farbtriller durch das schnelle Öffnen und Schließen tieferer Klappen erzeugen.
Multiphonics/Mehrklänge	Das Prinzip der *Multiphonics* besteht darin, dass zwei unterschiedliche Luftsäulen im Instrument zum Schwingen gebracht werden. Dazu reicht es aus, wenn in zwei getrennten Bereichen Klappen geschlossen werden. Es finden sich sowohl sehr dissonante als auch sehr konsonante bzw. weich klingende Mehrklänge.

Sweepsound	Der *Sweepsound* klingt ähnlich einem *Multiphonic*, wird jedoch über den Ansatz erzeugt. Vorzugsweise bei einem tiefen Ton werden einzelne Obertöne verschoben, wodurch ein *Sweep* entsteht.
Rauschtöne (nur Rauschen und Ton-Rauschen-Gemische)	Durch einen besonders lockeren Ansatz lassen sich Klänge mit einem hohen Rauschanteil erzeugen.
Alla Tromba (Trompetenansatz)	Anstatt mit einem regulären Mundstück spielt man das Instrument ohne Mundstück bzw. mit einem Trompetenmundstück und Trompetenansatz. Nicht nur der Klang, auch die Tonhöhe verschiebt sich dadurch.
Flatterzunge	Wird durch ein Flattern der Zunge ähnlich dem bayerischen Zungen-R erzeugt. Dem Ton mischt sich ein Grollen bei.
Frullato	Wird durch ein Flattern des Zungenzäpfchens ähnlich dem Gaumen-R erzeugt. Wie bei der Flatterzunge mischt sich dem Ton ein Grollen bei. *Frullato* und *Flatterzunge* klingen bei unterschiedlichen Musikern zuweilen sehr verschieden.
Flageolett/Obertöne	Die Grundtöne lassen sich über den Ansatz herausfiltern, einzelne Obertöne gezielt anspielen.
Zahntöne	Anstatt eines gewöhnlichen Ansatzes werden die Zähne auf das Blatt gesetzt. Es entsteht ein sehr hoher, meist in der Tonhöhe unkontrollierter Ton.
Slap	Der *Slap* ist ein perkussiver Klang, der durch eine etwas andere Zungenstellung und einen etwas engeren Ansatz erzeugt wird. Er lässt sich auch als Artikulation als Tonbeginn einsetzen.
Slap-ouvert	Ein lauter Knall, der durch das plötzliche Aufreißen des Mundes während des Spiels erzeugt wird.
Slap renverser	Ein sehr leiser perkussiver Klang. Es handelt sich um einen Rauschton, gefolgt von einem schnellen und heftigen Crescendo, das mit der Zunge abgebrochen wird.
Klappengeräusche	Auch ohne zu blasen, erzeugt das Schließen der Klappen einen perkussiven Klang. Schließt man das Mundstück, besitzt dieser eine klare Tonhöhe.
Growl/Singen und Spielen	Spielen und Singen lassen sich kombinieren. Der gesungene Ton kann bewusst gesteuert werden oder undifferenziert „gegrölt" werden. In beiden Fällen entsteht ein stark verzerrter Klang.
Viertel- und Achteltöne	Durch spezielle Griffe lassen sich auf vielen Tönen Viertel- und Achteltöne bilden. Vielfach handelt es sich um Farbgriffe, die mittels des Ansatzes entsprechend angepasst werden.
Glissandi	Insbesondere höhere Töne lassen sich mittels des Ansatzes nach unten und zum Teil auch nach oben glissandieren. *Glissandi* sind auch, wenn man zusätzliche Griffe nutzt, über größere Intervalle möglich.

Ganz eigene Klänge bzw. Spieltechniken lassen sich auf praktisch allen Instrumenten finden, etwa auf dem Klavier durch verschiedene Anschlagsarten, Pedalisierung, Zupfen der Saiten, Abdämpfen der Saiten, auf den Saiten abgegriffene Flageolets oder auf Streichinstrumenten durch eine Variation des Bogendrucks, der Strichstelle, den Einsatz von verschiedenen Dämpfern usw.

EPGK**

KLÄNGE SUCHEN

A Sucht, erforscht und tauscht Möglichkeiten aus, einen Ton bzw. einen Klang auf eurem Instrument zu gestalten. Notiert sie oder überlegt euch ein Symbol dafür. Spielt mit den gefundenen Klangmöglichkeiten eine gemeinsame Improvisation.

KLANGFARBENKONTINUUM

PG **

A Eine Spielerin erzeugt auf ihrem Instrument einen Klang mit einer besonderen Klangfarbe.

Die anderen lauschen auf die Klangfarbe und versuchen, diese zu imitieren. Versucht, insbesondere wenn ihr sehr verschiedene Instrumente spielt, dem jeweiligen Klang möglichst nahe zu kommen. Ist dies nicht möglich, sucht etwas Passendes. Versucht die Klänge, möglichst unmerklich ineinander übergehen zu lassen.

Bei dieser Übung lernt man in der Auseinandersetzung mit anderen Instrumenten sein eigenes Instrument besser kennen und entdeckt dadurch gegebenenfalls neue Klangfarben und Spieltechniken.

Im Bereich der freien Improvisation beschränken sich Spieler bei der Gestaltung der Klangfarbe für gewöhnlich nicht nur auf ihr Instrument. Zusatzinstrumente und Klangerzeuger werden hinzugezogen. Alles was klingt, kann zum Improvisieren dienen. Vier Bereiche lassen sich hier unterscheiden, die zumindest kurz angesprochen seien. Zum einen werden reguläre Instrumente verwendet. Dies können Zweitinstrumente sein (bei Saxophonisten etwa oft die Klarinette und die Flöte), besondere Bauformen (etwa eine Bass-Oboe oder ein Toi-Piano) aber auch Instrumente, die nicht oder nur rudimentär von den Spielern und Spielerinnen beherrscht werden. Im letztgenannten Fall geht es oft mehr um die Suche nach neuen Klängen als um das kompetente Spielen eines Instruments. Beliebt sind auch Spielzeuginstrumente, Schlaginstrumente und einfache Pfeifen und Flöten.

Zum anderen bauen sich viele Improvisatoren eigene Instrumente oder verändern und erweitern das herkömmliche Instrumentarium. Dies beginnt beim Präparieren der Saiten eines Klaviers, dem Anspielen eines Streichinstruments mittels eines Ventilators, dem Verlängern der Luftsäule eines Blasinstruments mittels eines Schlauchs oder dem Anbringen räsonierender Materialien und endet bei ganz eigenen Konstruktionen und Erfindungen. Dabei steht nicht ein klassisches Bild eines schönen Tons im Vordergrund, gesucht wird vor allem nach Neuem und Ungewohntem.

Ferner werden seit den 1960er Jahren auch Alltagsgegenstände als Instrumentarium verwendet. Auch hierbei stehen das Experimentieren und die Suche nach Spannendem im Vordergrund. Auch mit Bechern, Gläsern, Besteck, Werkzeugen, Holzresten, Steinen oder auch einer Bohrmaschine lassen sich interessante Klänge finden, mit denen es sich lohnt zu experimentieren.

Zuletzt wird, ebenfalls seit den 1960er Jahren, mit elektronischen Klangerzeugern experimentiert und improvisiert.[77] Dieser Bereich überschneidet sich mit den anderen Bereichen, denn es geht zum einen darum, mittels elektronischer Mittel neue Instrumente zu bauen, gleichzeitig werden aber auch akustische Fundstücke elektronisch nachbereitet, verfremdet und neu zusammengesetzt. Insbesondere in den letzten Jahren fand im Bereich der Improvisation ein regelrechter Boom statt, was vermutlich auch damit zu tun hat, dass das entsprechende Equipment unterdessen vergleichsweise preiswert ist. Ein Computer, ein Audiointerface, Software und gegebenenfalls ein Controller reichen bereits aus, teures Spezialequipment ist kaum mehr nötig. Eine Reihe von Programmen steht für alle Computerplattformen mittlerweile zur Verfügung, etwa *Max/MSP*, *Pure Data (PD)*, *Audio Mulch* oder *Ableton live*.

Zusätzliche Instrumente als Erweiterung der Klangfarbe.

Zweitinstrumente.

Bauliche Veränderungen.

Alltagsgegenstände als Instrumentarium.

SIEHE DAZU

Musik konkret – die klingende Umgebung, S. 51.

[77] Erste elektronische Instrumente wurden bereits in den 1920er Jahren konstruiert. In dieser frühen Phase der elektronischen Musik stand aber eher das Experimentieren mit den neuen Klangmöglichkeiten als das Improvisieren mit eben diesen im Vordergrund.

SIEHE AUCH

Klänge erforschen, S. 51–52.

SPIEL MIT FIGUREN UND SKALEN

EINEN TONVORRAT ERARBEITEN UND GESTALTEN

Schon im Anfangsunterricht lässt sich bereits mit den ersten Tönen improvisieren. Dabei besteht ein lernpsychologisches Problem, dem man methodisch entgegenwirken sollte. Die ersten Töne, die eine Schülerin lernt, festigt sie für gewöhnlich durch einfache Wiederholungen. Dies ist zunächst einmal nicht falsch, stellt doch die Wiederholung den Kern eines jeden Übens dar. Allerdings erfolgt die Wiederholung gerne in einer festgelegten Reihenfolge, etwa als Tonleiter oder dem Spiel von Tetrachorden (Viertongruppen), was dazu führt, dass verhältnismäßig starre Bewegungsmuster eingeübt werden, die beim Improvisieren (und auch beim Interpretieren) nur ein geringes Maß an Variabilität zulassen. Wichtig ist es deshalb, von Anfang an verschiedene Permutationen zu nutzen, die Reihenfolge der Töne beim Üben also möglichst vielseitig zu gestalten.

BEISPIEL

Neue Töne immer in verschiedenen Kombinationen üben.

Sollte ein Schüler keine eigenen Varianten finden (wollen), kann es zuweilen nötig sein, eine Auswahl vorzuspielen und als Übe-Aufgabe für zu Hause auch aufzuschreiben. Generell ist aber eher anzuraten, beim Suchen und Finden möglicher Tonkombinationen auf eine Niederschrift zunächst zu verzichten, da ein Notentext dazu verleitet, weniger über das Hören als über das Sehen zu lernen

E P G *

SPIEL MIT DREI TÖNEN

M Instrumente, Stimme

Z Mit ersten Tönen kreativ umgehen

A Überlege dir mit drei Tönen, die du bereits spielen kannst, verschiedene Kombinationen, die dir gut gefallen. Einzelne Töne können sich dabei durchaus wiederholen. Notiere sie als Gedankenstütze in einem Musterbild. Nutze deine Kombinationen beim Üben und wiederhole sie mehrfach. Kombiniere deine Musterbilder in freier Reihenfolge und erfinde damit ein kleines Stück.

MUSTERBILD

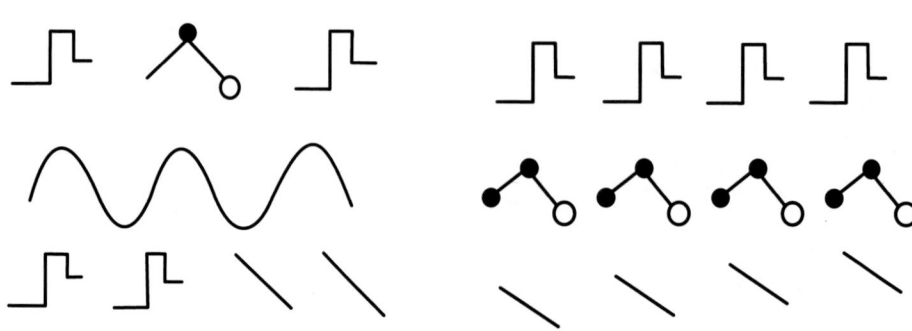

Eine Möglichkeit, wie die Musterbilder mit den ersten Tönen auf der Violine realisiert werden könnten (die Ziffern beziehen sich auf den Fingersatz), ist nachfolgend exemplarisch abgedruckt. Anders als das Notenbild suggeriert, ermöglichen aber die Musterbilder viele Realisierungen, sie lassen sich auf unterschiedlichen Tonhöhen, Transpositionen und Intervallen ausführen.

Musterbild umgesetzt für Violine.

In ähnlicher Weise kann mit ersten Tönen auf jedem Instrument verfahren werden (z.B. auf der Blockflöte und der Querflöte mit den Tönen g a h, auf dem Saxophon mit den Tönen c h a oder auf der Klarinette und der Trompete den Tönen c d e).

Eine der zentralen Aufgaben des Anfangsunterrichts ist es, eine Verbindung zwischen dem Hören, dem Greifen und dem Bezeichnen bzw. Schreiben einzelner Töne herzustellen. Aus dem bereits Gesagten ergibt sich die generelle Forderung, vom Hören und Spielen auszugehen. Die Bezeichnung in Form von Tonnamen und jede Form von Schriftlichkeit sollten nicht am Anfang stehen, sondern stellen eher ein späteres Ziel dar. Auch wenn es methodische Unterschiede im Vorgehen zwischen den Instrumenten gibt, findet sich ein typischer Dreischritt. Ausgegangen wird vom einzelnen Ton bzw. einfachen Tonverbindungen, denen man lauschen und die man nachsingen kann. Diese werden mit einem Griff bzw. bei Tasteninstrumenten mit einem Tastenbild verbunden. Auf dieser Stufe geht es ganz basal erst einmal darum, Töne zu produzieren und sich auf dem jeweiligen Instrument zurechtzufinden. Erst anschließend werden die Griffe mit Tonnamen und einem Notenbild verknüpft. Ergänzend können dabei relative Solmisationssilben hinzutreten.

Hören – Singen – Spielen.

Aufbauend auf diesem methodischen Dreischritt lassen sich einige Improvisationsspiele formulieren, mittels derer sowohl instrumentaltechnische Fähigkeiten angebahnt als auch erste Erfahrungen beim Improvisieren gesammelt werden können. Dazu lassen sich gut Tastenbilder, Tabulaturen oder Griffbilder einsetzen. Exemplarisch sind im Folgenden einige Improvisationsspiele für den Klavieranfangsunterricht beschrieben. Auch wenn sich in einem solchen einige sehr spezifische Probleme ergeben, lässt sich das Vorgehen auf den Unterricht anderer Instrumente übertragen.

FAHRENDER ZUG[78]

E *

Z Orientierung auf der Klaviatur

M Klavier

A Du bist ein Zug und stehst im Bahnhof. Die Ansage kommt, du fährst los und wirst immer schneller. Nach einer Weile wird der Zug wieder langsamer, er fährt in die erste Station ein. In der Station ist viel zu sehen, Menschen steigen ein und aus, ein Hund bellt ... Der Zug setzt seine Fahrt wieder fort.

Erzähle die Geschichte auf dem Ton f. Spiele alle Oktaven. In den Stationen darfst du frei improvisieren und auch Geräusche im und am Klavier sowie andere Töne verwenden.

[78] Für einen Spieler bzw. eine Spielerin auf einem beliebigen Ton, nach einer Idee von Frauke Losert.

Rahmenhandlungen als Improvisationsanweisungen.

Es handelt sich nur um eine Rahmenhandlung, die vom Schüler bzw. der Schülerin konkretisiert und ausgeschmückt werden sollte. Sie kann entsprechend durch andere Erzählungen ersetzt werden (etwa eine Schlittenfahrt oder die Reise eines Kängurus). In der gegebenen Variante entscheidend ist zum einen das Fahren des Zuges, dargestellt auf einem Ton in verschiedenen Lagen. Diese Passage übt die Orientierung auf der Tastatur, zum anderen aber auch die freien Passagen, in denen ein freies Spiel angebahnt wird. Ohne viel darüber zu sprechen, entsteht eine Art Rondo- bzw. Variationsform.

P * *

[79] Nach einer Idee von Frauke Losert.

FEHLENDE TÖNE HÖREN[79]

A Sprecht ab, in welcher Tonleiter ihr improvisieren wollt. Wiederholt gegebenenfalls nochmals die Töne.
Spielerin A: Improvisiere eine Melodie mit Tonleiterausschnitten. Spiele keine Sprünge. Nur an einzelnen Stellen lasse einen Ton aus und spiele den übernächsten Ton.
Spieler B: Du hörst Spielerin A zu. Sie spielt eine Melodie mit Tonleiterausschnitten. Wenn du hörst, dass sie einen Ton auslässt (also einen Sprung spielt), gib ein Zeichen. Wechselt nach einiger Zeit die Rollen.

Technische Fertigkeiten spielerisch erarbeiten.

Das Spiel lässt sich je nach verwendeter Tonleiter in unterschiedlichen Schwierigkeitsgraden spielen. Das Spiel ist bereits für den Anfangsunterricht geeignet, sobald die Schüler und Schülerinnen fünf Töne beherrschen.
Für das nächste Spiel muss man sich die entsprechenden Karten selbst basteln. Auf eine schreibt man einen Tonnamen bzw. einen Ton in Notenschrift, auf die andere malt man den Ton als Griffbild bzw. Griffschrift. Die Karten müssen von der Rückseite her alle gleich aussehen.

Anregung: Erstellen Sie Griffbilder für ihr Instrument.

P G *

[80] Nach einer Idee von Frauke Losert.

MEMORY[80]

M Tasteninstrument, Memory-Kärtchen, Tasten-und Notenbilder
Z Töne auf der Tastatur erkennen und improvisierend einsetzen
A Alle Karten liegen umgedreht auf dem Tisch. Es geht darum, immer zwei zusammenpassende Pärchen zu finden. Auf der einen Karte ist ein Tonname, auf der anderen Karte ein dazugehöriges Griffbild abgebildet. Du drehst jeweils zwei Karten um. Hast du zwei zusammengehörige Karten aufgedeckt, gehören sie dir. Du gehst dann zum Klavier und spielst den Ton in allen Lagen auf dem Klavier. Merke dir gut, welche Karten bereits aufgedeckt wurden.
Sind alle Karten gewonnen, spiele eine Improvisation mit deinen Karten.

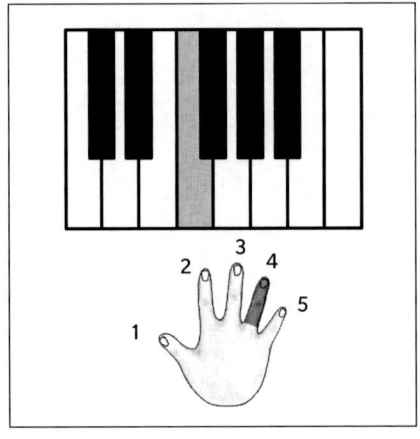

Auch beim nächsten Spiel Noten-Bingo müssen die Spielmaterialien zunächst selbst gebastelt werden. Benötigt werden verschiedene Spielpläne mit 3 x 3 Feldern. Auf jedem Feld ist jeweils ein Ton entweder als Tastenbild, als Notenname oder aber als Note abgebildet. Die Töne sollten harmonisch oder als Tonleiter bzw. Tonmaterial zueinander passen. Auch größere Spielpläne sind möglich, etwa die gebräuchliche Norm von 5 x 5 Feldern. Sie benötigen allerdings entsprechend mehr Zeit und sind für den Unterricht daher nur bedingt geeignet. Ferner werden Karten in der Größe der Felder gebraucht, auf denen jeweils ein Ton als Tonname, Tastenbild oder Notenbild in Liniennotation (Violin- und Bassschlüssel) geschrieben ist. Gespielt wird nach Bingo-Regeln, wobei das Spiel sich je nach den verwendeten Karten im Schwierigkeitsgrad erheblich differenzieren lässt. Ferner werden Spielmünzen benötigt.

Anregung.

NOTEN-BINGO[81]

M Instrument, Spielplan, Münzen

A Jeder bzw. jede bekommt einen Spielplan. Ein Spieler ist der Ausrufer. Er zieht vom Kartenhaufen jeweils eine Karte und spielt den darauf abgebildeten Ton auf dem Klavier (die anderen Spieler und Spielerinnen können auf die Tasten schauen). Alle, die den entsprechenden Ton auf ihrem Spielplan finden, markieren diesen mit einer Spielmünze. Hat man horizontal, vertikal oder diagonal auf drei Feldern eine Münze liegen ruft man laut „Bingo" und hat gewonnen.

Alle spielen mit ihren erspielten Tönen eine kurze Improvisation.

P G *

[81] Nach einer Idee von Frauke Losert.

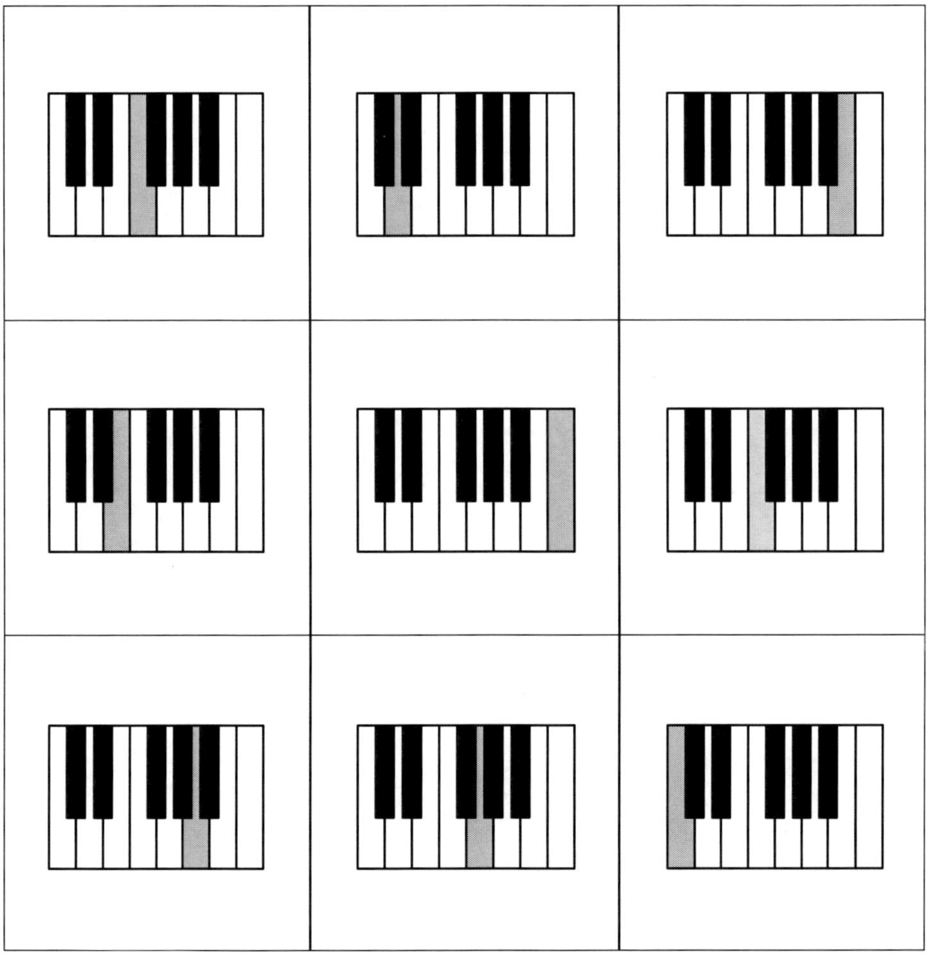

Ein Spielfeld eines Notenbingos für Tasteninstrumente.

(E) P *

BUCHSTABENSPIEL

A Gestaltet mit den Tönen (Tonbuchstaben) a b c d e eine Improvisation. Achtet darauf, möglichst vielfältige Varianten zu finden.
Spielt einen Dialog, begleitet euch wechselseitig mit einer Bordun-Begleitung. Überlegt euch einen schönen Anfang und einen überzeugenden Schluss.

Assoziative Vorstellungen als Ausgangspunkt einer Improvisation.

Das folgende Spiel zeigt, wie im Rahmen eines Instrumental- bzw. Improvisationsunterrichts mit einem begrenzten Tonmaterial über eine assoziative Vorstellung größere Improvisationen gestaltet werden können. Die assoziative Vorstellung, hier die von im Wasser schwimmenden Fischen, dient nicht nur der Inspiration, sondern führt zu einer spezifischen musikalischen Verarbeitung. In diesem Beispiel erfinden Schüler und Schülerinnen meist wellenhafte Figuren, nutzen gedämpfte Dynamik und gestalten Einzeltöne als Wassertropfen. Das Tonmaterial fis-c-h-e zielt in diesem Fall auf das Sujet, was allerdings nicht generell bei dieser Art von Spielen der Fall sein muss. Hier ergeben die Töne nicht nur als Tonbuchstaben einen Sinn, sie klingen auch ausgesprochen gut. Es handelt sich um einen Ausschnitt aus einer hemitonischen Fünftonskala, bei der der fünfte Ton (das g) fehlt. Über die Beschäftigung mit den Tönen und möglichen Tonkombinationen finden auch hier die Schüler und Schülerinnen nicht nur verschiedene Motive und Klänge, sie üben diese gleichzeitig.

SIEHE DAZU
Fünftonskala, S. 185.

P G *

FISCHE SCHWIMMEN IM WASSER[82]

M Zwei bis fünf Melodieinstrumente oder zwei bis drei Klavierspieler bzw. -spielerinnen
Z Einen Tonvorrat erarbeiten und anhand einer Assoziation eine größere Form improvisieren

[82] Nach einer Idee von Heidemarie Schneider-Klimpfinger.

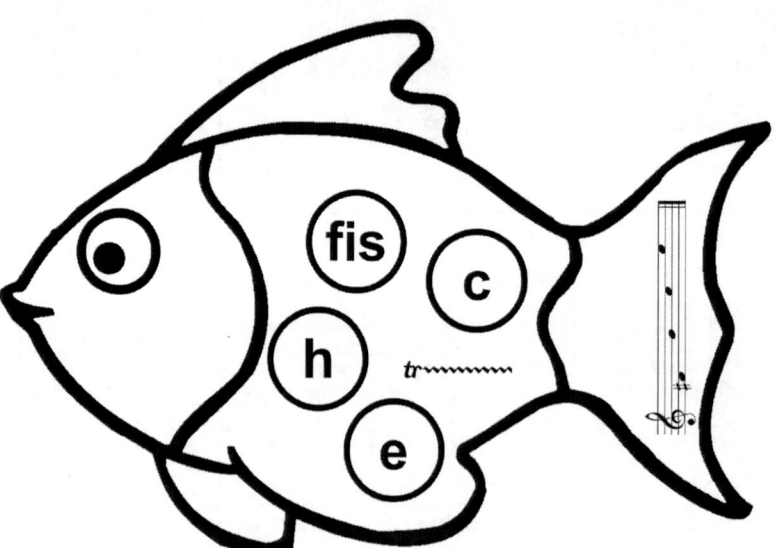

A Gestaltet mit den Tönen fis h c e eine Unterwassermusik. Überlegt gemeinsam, wie Wasser, Wellen, Fische, Pflanzen und diverse Unterwasserwesen klingen könnten (etwa kurze schnelle Motive als flink vorbeischwimmende Fische, lang ausgehaltene tiefe Töne als ein großer Riesenkrake usw.). Jeder bzw. jede sollte verschiedene Wesen spielen, wechselt euch also in euren Rollen ab. Legt den Ablauf fest.

Im Laufe der Arbeit kann der Wunsch entstehen, das Arbeitsergebnis schriftlich festzuhalten. In dem Fall wird aus der Improvisation eine Komposition, wogegen nichts spricht. Wie immer sollte die schriftliche Form jedoch den improvisatorischen Zugang nicht stören und, wenn überhaupt, am Ende des Arbeitsprozesses stehen. Neben der traditionellen Notenschrift lassen sich auch grafische Notationsformen einsetzen. Das folgende Beispiel entstand in der Arbeit mit einer Schülergruppe.

Schülerin, 11 Jahre: *Im Meer*
(Original mehrfarbig).

PENTATONIK UND GANZTONLEITER

In der abendländischen Kunstmusik kennt man, ebenso wie im Jazz, in der Popmusik und vielen volksmusikalischen Stilen, melodische Wendungen bzw. Spielfiguren, die beim Improvisieren eingesetzt werden. Vielfach handelt es sich um einen Vorrat an kurzen melodischen Figuren, die fest mit einer Skala[83], einem Grundton oder einer Harmonie verbunden sind und die beim Improvisieren entweder als Ganzes oder aber in variierter Form gespielt werden. Selbst in der zeitgenössischen Musik finden sich solche Klangkonstellationen und Spielformen, die zumindest einen groben Rahmen vorgeben und in immer wieder ähnlicher Weise eingesetzt werden. Gerade routinierte Improvisatoren besitzen ein großes Repertoire an entsprechenden Spielfiguren. Diese müssen im Rahmen der Vermittlung improvisatorischer Fähigkeiten gelehrt bzw. gelernt werden.

Zu beobachten ist, dass insbesondere in schnellen Passagen gerne auf ein eingeübtes Repertoire von Spielfiguren zurückgegriffen wird. Dies ist verständlich, da beim Spiel im höheren Tempo die Zeit nicht ausreicht, über einzelne Entscheidungen nachzudenken. Spieler und Spielerinnen nutzen daher ihnen bekannte Wege und gut funktionierende Tonverbindungen. Dies birgt allerdings die große Gefahr, dass Improvisationen nach einer gewissen Zeit monoton und wenig abwechslungsreich wirken. Die einzige Option, dem zu entgehen, ist allerdings nicht, Spielfiguren nicht zu verwenden, sondern nach vielfältigen Möglichkeiten zu suchen. Spieler und Spielerinnen, die ein großes Repertoire an Spielfiguren besitzen, können in der Regel abwechslungsreicher spielen als solche, die nur wenige kennen.

In der Musikgeschichte haben sich in den verschiedenen Kulturen über die Jahrhunderte sehr unterschiedliche Tonsysteme herausgebildet. In vielen dieser Tonsysteme werden Skalen zur Gestaltung von Motiven, Phrasen und Melodien verwendet. Die bekanntesten Beispiele dafür in der westlichen Musikkultur dürften die diatonische Tonleiter bzw. Dur- und Moll-Tonleiter, die pentatonischen Skalen sowie die unterschiedlichen Kirchentonarten sein, die nicht nur in der Kunstmusik, sondern in vielen volksmusikalischen und populären Stilen eingesetzt werden. Daneben finden sich insbesondere in verschiedenen Volksmusiken Skalen, die teilweise erheblich von den diatonischen Skalen mit der verbreiteten gleichschwebenden Stimmung abweichen. Ferner wurden Ende des 19. Jahrhunderts bis weit in das 20. Jahrhundert hinein von verschiedenen Komponisten und Komponistinnengruppen neue Skalen entwickelt. Dazu gehören insbesondere symmetrische Skalen wie die Halbton-Ganztonskala. In der zeitgenössischen Musik haben Skalen als Tonmaterialien jedoch an Bedeutung verloren. Ausgegangen wird oftmals von Klängen bzw. Intervallschichtungen, aus denen sich dann wiederum Tonmaterialien ableiten lassen.

Eine ganze Reihe von Skalen ist im Jazz gebräuchlich und firmieren zuweilen sogar unter dem Terminus „Jazzskalen" (eine höchst zweifelhafte und historisch nicht korrekte Bezeichnung). Dazu gehören die Pentatonischen Skalen, die Blues-Skala, die kirchentonalen bzw. modalen Skalen sowie die Bebop-Skala und die Mixolydische Skala mit hochalterierter Quarte (#4b7). Ferner werden im Jazz symmetrische Skalen wie die Halbton-Ganztonleiter, die Ganzton-Halbtonleiter, die Ganztonleiter oder die Halbtonleiter verwendet.

Skalen sind Grundbausteine, die beim Improvisieren in vielfältiger Weise eingesetzt werden: als längere Passage, als Skalenausschnitt oder als motivisches Material zum Entwickeln oder Fortspinnen einer Idee. Die scheinbare Simplizität von Skalen sollte nicht darüber hinwegtäuschen, dass selbst wenige Töne ausreichen, musikalisch interessante Ideen zu entwickeln. Sie lassen sich auf immer wieder neue und ungewöhnliche Art einsetzen.

---

[83] Im Folgenden sprechen wir übergreifend von Skala und meinen damit sowohl diatonische Dur- und Moll-Tonleitern, kirchentonale Modi als auch alle aus anderen Kulturen stammenden, schrittweise aufsteigenden Tonvorräte, soweit diese musiktheoretisch und praktisch normiert wurden.

SIEHE
Orientalische, indonesiche und indische Skalen, S. 199–206.

SIEHE
Skalen in der zeitgenössischen Musik, S. 207–217.

SIEHE
Gebräuchliche Skalen, S. 194.

Das Üben von Skalen dient in der musikalischen Ausbildung für gewöhnlich dazu, technische Fertigkeiten zu schulen. Es bereitet technisch auf die Interpretation klassischer Kompositionen gut vor. Beim Skalenspiel werden Bewegungsabläufe losgelöst von ihrem musikalischen Kontext trainiert, um beim Spielen von Stücken weniger Konzentration auf wiederkehrende Tonverbindungen lenken zu müssen. Auch beim Improvisieren bedarf es einiger Virtuosität, die durch das Skalenspiel geschult wird. Die Skalen sollten dabei aber nicht als trockene Exerzitien, sondern als lebendiges Material betrachtet und entsprechend geübt werden: als Material zum Gestalten von Musik, zum Experimentieren und Ausprobieren. Es geht beim Üben von Skalen demnach nicht darum, lediglich eine feste Reihenfolge von Tönen abzuarbeiten, sondern darum, musikalische Möglichkeiten zu erforschen.

Je nach Ausbildungsstand können die Tonmaterialien schrittweise eingeführt und über die Jahre allmählich auf alle Transpositionen ausgeweitet werden. Dies ist ein Unterfangen, dass in den ersten Unterrichtsstunden ansetzt und jeden Musiker bzw. jede Musikerin ein ganzes Leben begleitet. Wer meint, er bzw. sie beherrsche bereits alle Skalen, muss sich nur mit solchen anderer Kulturen oder mit den vielfältigen Möglichkeiten von Viertel- und Dreiviertelton-Skalen beschäftigen.

Für den Anfang reichen bereits wenige Töne zum Gestalten kleiner Improvisationen. Beim Hinzunehmen weiterer Töne muss methodisch darauf Acht gegeben werden, dass die größeren technischen Anforderungen nicht zu einer Verminderung des Einfallreichtums führen. Immer geht es darum, sowohl technische Fertigkeiten zu verbessern als auch neue Klänge und Ausdrucksvarianten zu ermöglichen.

PENTATONIK

Pentatonische Skalen und die beiden Ganztonleitern eignen sich gut für einen Einstieg in das Improvisieren über Skalen. Sie umfassen nur fünf bzw. sechs Töne und sind damit verhältnismäßig übersichtlich und, je nach Instrument und Lage, oft leicht zu lernen. Zudem muss weniger als etwa bei den diatonischen Skalen auf das Verhältnis von dissonanten und konsonanten Tönen geachtet werden. Im Prinzip können fast immer alle Töne erklingen, kein Ton muss vermieden oder in eine Konsonanz aufgelöst werden.

Als Pentatonik werden alle Skalen bezeichnet, die aus fünf verschiedenen Tönen aufgebaut sind. Dabei unterscheidet man grundsätzlich zwischen hemitonischer und anhemitonischer Pentatonik, also solchen mit Halbtonschritten und solchen ohne diese. Ferner finden sich in vielen Kulturen pentatonische Skalen mit Intervallen zwischen einem Ganzton sowie einem Ganzton und Halbton (etwa Slendor und Pelog in Indonesien), die sich nur unzureichend mittels der in Europa gebräuchlichen Notation darstellen lassen. Da die hemitonische Pentatonik verhältnismäßig unbekannt ist und mit Pentatonik meist die anhemitonische Pentatonik gemeint ist, unterscheiden wir zur besseren Übersicht zwischen (anhemitonischer) Pentatonik und (hemitonischen) Fünftonskalen.

Dur-Pentatonik.

Bei Anfängern bzw. Anfängerinnen, die bereits Skalen spielen, lässt sich Pentatonik über die Diatonik einführen. In dem Fall müssen lediglich die Halbtonschritte ausgelassen werden.

Pentatonische und diatonische Skala im Vergleich.

Musikalisch sinnvoller ist allerdings, den umgekehrten Weg zu gehen, also zunächst von der Pentatonik auszugehen und von dort zur Diatonik fortzuschreiten. Dies bietet sich zum einen deshalb an, weil Improvisationen mit Pentatonik schnell gut klingen, zum anderen da es eine Fülle pentatonischer Lieder gibt, die technisch verhältnismäßig einfach zu spielen sind. Allerdings ist dieser Weg methodisch nicht auf allen Instrumenten gangbar. In der Regel sind nebeneinander liegende Töne leichter umzusetzen als Sprünge. Rein technisch betrachtet sind daher pentatonische Skalen oft etwas anspruchsvoller als diatonische. Für einen Einstieg in die Improvisation über eine vorgegebene Skala bieten sie sich trotzdem an. Wie von allen Skalen lassen sich auch von pentatonischen Skalen Umkehrungen bilden.

Umkehrungen der pentatonischen Skala.

Transponiert auf den Grundton c, sehen die Umkehrungen wie folgt aus:

Umkehrungen der pentatonischen Skala transponiert auf den Grundton c.

Nicht alle Umkehrungen finden in gleicher Weise Anwendung. Im Jazz, Pop und mittel- wie nordeuropäischer Volksmusik wird neben der Grundstellung vor allem die 4. Umkehrung, die sogenannte Moll-Pentatonik, verwendet.

Methodisch ist anzuraten, zunächst die am häufigsten verwendeten Varianten der Dur- und Moll-Pentatonik einzuführen und zu üben. Nicht auf allen Instrumenten sollte man jedoch mit der Transposition auf c beginnen. Auf Tasteninstrumenten bietet es sich z.B. an, von der Dur-Pentatonik auf fis (den schwarzen Tasten) auszugehen. Entscheidend für den Anfang ist jeweils eine technisch möglichst leichte Umsetzbarkeit. Die Schüler bzw. Schülerinnen sollten so bald wie möglich mit eigenen musikalischen Versuchen starten, technische Vorübungen soweit wie möglich minimiert werden.

FÜNFTONSKALA

Wie die anhemitonische Pentatonik finden sich hemitonische Fünftonskalen in sehr verschiedenen Kulturen, etwa in Island, in Japan oder in Indien. Die folgende Fünftonskala stammt aus Japan, ist aber auch in Island gebräuchlich.

Fünftonskala (hira joshi).

Auch von dieser Fünftonskala lassen sich vier Umkehrungen bilden.

Umkehrungen der Fünftonskala.

Transponiert auf den Grundton c sehen die Varianten wie folgt aus:

Umkehrungen der Fünftonskala transponiert auf den Grundton c.

GANZTONLEITER

Bei der Ganztonleiter handelt es sich um eine symmetrische Skala, d.h. sie entsteht durch die Schichtung von immer gleichen Intervallen, in dem Fall der Schichtung von großen Sekunden. Genau genommen ist diese Erklärung allerdings nicht ganz korrekt, denn aufbauend auf dem c müsste auf den sechsten Ton ais ein his und nicht ein c folgen. Der Ton his klingt jedoch in der gleichschwebenden Stimmung gleich dem c, es handelt sich um eine enharmonische Verwechslung.

Die Ganztonleiter ist ein Kunstprodukt, dass in der klassischen Harmonielehre noch nicht vorkam. Erstmals prominent eingesetzt wurde sie von Claude Debussy. Sie eignet sich gut, um Klangimpressionen zu improvisieren. Vergleichbar der Pentatonik und der Fünftonskala sind alle Töne ähnlich konsonant bzw. dissonant. Beim Improvisieren muss man nicht auf besonders dissonante oder konsonante Töne achten.

Die Ganztonleiter existiert in der gleichschwebenden Stimmung in zwei Transpositionen:

Ganztonskala.

Ganztonleitern müssen nicht als Ganzes eingeführt werden, bereits vier Töne reichen aus, um den speziellen Klang zu erforschen. Die fehlenden Töne können anschließend schrittweise ergänzt werden.

Alternativ lassen sich Ganztonleitern auch über zwei ineinander geschachtelte übermäßige Dreiklänge einführen. In dem Fall würde man zunächst mit beiden Dreiklängen spielen und von dort zur Ganztonleiter fortschreiten.

Ganztonleiter abgeleitet aus zwei übermäßigen Dreiklängen.

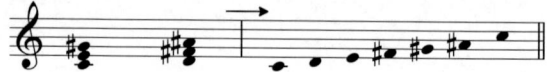

Pentatonik, Fünftonskala und Ganztonleiter ergeben sehr unterschiedliche Klanglichkeiten. Gleichwohl bieten sich im Unterricht methodisch ähnliche Herangehensweisen an. Die folgenden Spielanweisungen beziehen sich daher auf alle drei Varianten.

E G K */**

SPIEL MIT PENTATONIK, FÜNFTONSKALA UND GANZTONLEITER
- **Z** Zuhören, Improvisieren mit Pentatonik, Fünftonskalen oder Ganztonleitern
- **M** Instrumente
- **A** Spiele und experimentiere mit der Skala. Horche genau auf die Besonderheiten. Welche Töne klingen ungewöhnlich, welche klingen vertraut? Erinnern sie dich an eine dir bekannte Musik? Wenn ja, erfinde eine ähnliche Musik.

G *

KLANGFLÄCHEN
- **A** Gestaltet gemeinsam eine Musik mit Tonflächen. Jeder Ton der pentatonischen Skala ist erlaubt und darf zu jeder Zeit erklingen. Achtet darauf, dass ihr etwa gleich laut spielt. Einzelne Spieler und Spielerinnen können aber kurz hervortreten und Motive etwas lauter spielen.

G *

STIMMUNGEN
- **A** Erfindet gemeinsam ein Stück zum Thema: „Im Zauberwald".

Alternative Themenvorschläge für Kinder: Nacht, Morgen, Tanz der Elfen und Kobolde.
Für Erwachsene: Seerosen auf einer Wasseroberfläche, Tanz der Libellen.

LINIEN ÜBER BORDUNTÖNEN

E P *

M Mindestens zwei Spieler bzw. Spielerinnen, auch als Solo auf einem Tasteninstrument spielbar

A Spieler A: Spiele einen lang ausgehaltenen Bordunton (Orgelpunkt). Wechsle den Bordunton nach einiger Zeit. Du kannst alle Töne der vereinbarten Skala verwenden (siehe Notenbeispiel). Wenn du magst und es musikalisch passt, kannst du den Bordunton auch rhythmisieren.

Spielerin B: Improvisiere frei über den Bordunton. Höre genau auf die entstehenden Klänge.

Weitere Spieler bzw. Spielerinnen können weitere Borduntöne und Liegetöne oder zusätzliche Stimmen improvisieren. Hört euch aber immer gut zu und schaut, was rhythmisch und melodisch zueinander passt.

Pentatonik, Fünftonskalen und Ganztonleiter verleiten dazu, sich an impressionistischen und asiatischen Klangwelten zu orientieren und diese oberflächlich zu kopieren. Das ist zunächst naheliegend, haben solche imitatorischen Improvisationen doch die Funktion eines Türöffners. In der weiteren Beschäftigung sollten Schüler bzw. Schülerinnen jedoch dahin geleitet werden, sich sowohl mit der entsprechenden Skala als auch dem jeweiligen Stil tiefer zu beschäftigen. Es bedarf dazu auf der einen Seite eines analytischen Blicks auf die Literatur impressionistischer Komponisten und Komponistinnen (bzw. entsprechende asiatische Musik), auf der anderen Seite eines explorativen Ansatzes, also der Suche nach neuen klanglichen und motivischen Möglichkeiten abseits von musikalischen Stereotypen: Welche weiteren Möglichkeiten bieten Ganztonleitern?

VON FÜNFTONRÄUMEN ZU KIRCHENTONARTEN

Neben dem Einstieg in die Improvisation über Pentatonik und Ganztonleitern ist ein solcher auch über das Spiel mit Fünftonräumen möglich. Damit sind hier in Abgrenzung zu Fünftonskalen fünf nebeneinanderliegende Töne gemeint, die sich auf vielen Instrumenten verhältnismäßig einfach spielen lassen.

Fünftonraum auf a'.

Je nach Instrument wird man entweder im Quintraum von einer aufsteigenden Skala (etwa bei Tasteninstrumenten) oder aber von einer absteigenden Skala (etwa bei Holzblasinstrumenten) ausgehen. In den folgenden Beispielen, die natürlich an das jeweilige Instrument angepasst werden müssen, gehen wir von einer aufsteigenden Skala aus.

SIEHE
Eigene Skalen beim Spielen erfinden, S. 206.

TRÄLLERLIEDCHEN

A   Du hast sicherlich schon einmal auf dem Fahrrad oder unter der Dusche einfach drauflos gesungen und ein Lied geträllert. Spiele dir die Fünftonreihe vor und erfinde ein Lied mit einem Nonsenstext. Denke dabei nicht viel nach, singe einfach los. Starte im Fünftonbereich und schaue, wo es dich hintreibt.
Übertrage das Lied auf dein Instrument. Singe eine Zeile und spiele diese danach instrumental. Versuche dabei, auch den Text klanglich hörbar zu machen.
Nun singe eine Zeile und antworte musikalisch auf deinem Instrument.

Schu-bi du-bi   da-ka-ku-kau-da-do-di la-la-la   di-bi-du du-bi du-bi   la-la la-la   usw.

Quinträume lassen sich leicht zu Skalen erweitern.

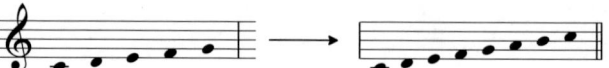

VOM QUINTRAUM ZUR SIEBENSTUFIGEN SKALA

Es lassen sich Moll-Varianten, in denen der dritte Ton in Bezug zum Grundton eine kleine Terz bildet, von Durvarianten, in denen der dritte Ton eine große Terz bildet, unterscheiden. Allein auf Grundlage von vier Fünftonräumen ergeben sich alle sechs gebräuchlichen Modi (Kirchentonarten).

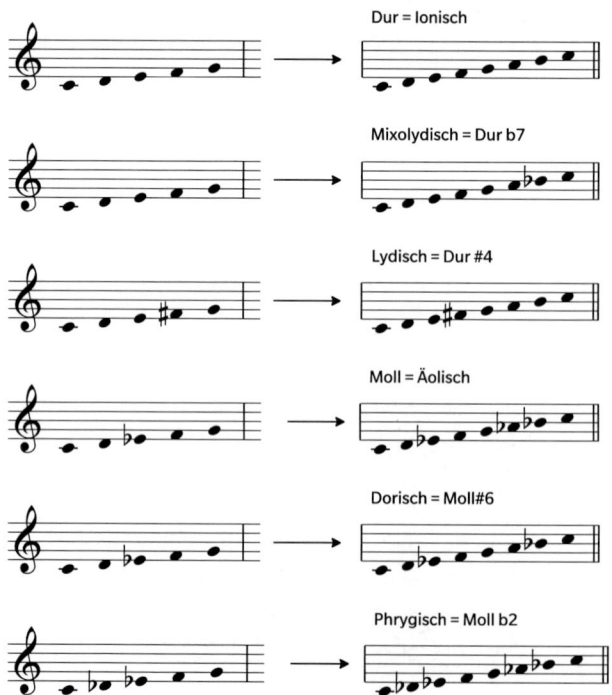

In der auf der rechten Seite dargestellten Form zeigen sich die Besonderheiten einer jeden Skala, etwa bei Mixolydisch die kleine Septime oder bei Lydisch die erhöhte Quarte. Eine zweite Möglichkeit, sich die Modi herzuleiten, besteht darin, sie auf eine zugrundeliegende diatonische Skala zu beziehen. Die jeweilgen Modi entstehen durch wechselnde Grundtöne.

Die Skalen als Ableitung von Dur (Ionisch).

Beide Formen der Herleitung haben Stärken und Schwächen. Während die erste Form charakteristische Intervalle und damit deren eigenständigen Charakter hervorhebt, vernachlässigt sie den Zusammenhang zu anderen Skalen. Mit der zweiten Form verhält es sich genau umgekehrt. Letztlich muss man als Spieler bzw. Spielerin aber sowohl die Besonderheiten einer jeden Skala als auch deren harmonisch-melodischen Kontext kennen. Als Zwischenschritt mag es für Einige sinnvoll sein, sich diesen Zusammenhang schriftlich zu verdeutlichen. Wir haben hier bewusst auf eine Wiedergabe aller Skalen in allen Transpositionen verzichtet, denn das eigenständige Herleiten und Verstehen stellt einen wichtigen Lernschritt dar, den jeder Musiker bzw. jede Musikerin selbständig vollziehen muss. Zudem zeigt sich in der Praxis immer wieder, dass es beim Üben besser ist, ohne Noten zu arbeiten. Sie verleiten schnell zum rein mechanischen Wiederholen, ohne ein tieferes musikalisches Verständnis zu wecken.

Auch wenn methodisch im Unterricht der Weg über den Fünftonraum naheliegt, standen historisch bei der Entwicklung der heute gebräuchlichen siebenstufigen Skalen Tetrachorde (also Viertonskalen) Pate.[84] Das Prinzip sei kurz erläutert, da es methodisch durchaus auch im Unterricht eingesetzt werden kann.

Ausgegangen wird von einer Folge von Ganztonschritten und gegebenenfalls einem Halbtonschritt in beliebiger Reihenfolge. Im folgenden Beispiel handelt es sich, aufbauend auf dem Grundton, um die Schichtung Ganzton-Halbton-Ganzton, doch auch andere Folgen sind möglich und gebräuchlich. Nun wird auf dem letzten Ton oder aber (was häufiger vorkommt) im Abstand von einer großen Sekunde der gleiche Tetrachord mit gleicher Intervallfolge wiederholt, wobei der letzte Ton dem oktavierten Grundton entsprechen sollte. Dadurch entsteht eine Skala mit sieben Tönen.

Übe langfristig alle Modi auf allen 12 Grundtönen – eine Aufgabe für mehrere Jahre.

[84] Siehe dazu Kaiser 2010 und Paul/Boethius 1872.

Skalen als Ableitung von Tetrachorden.

In der abendländischen Musiktheorie sind viele gängige Skalen symmetrisch aufgebaut und basieren letztlich auf zwei gleichen Tetrachorden. Von daher ist es, solange man ausschließlich Halb- und Ganztonschritte verwendet, kaum möglich, ganz neue Skalen zu konstruieren. Anders sieht es aus, wenn man (wie es auch in der arabischen Musiktheorie üblich ist) auch Dreivierteltonschritte verwendet.

Das Denken in Tetrachorden ist aber auch rein methodisch sinnvoll. Es macht einen Unterschied, ob man vier Tetrachorde in 12 Transpositionen oder aber sechs Modi (mit jeweils sieben Tönen) in 12 Transpositionen übt.

E P *

SPIEL MIT DREI BIS SIEBEN TÖNEN

M   Instrumente

A   Such dir eine Skala aus und spiele mit den Tönen. Kehre immer wieder zum Grundton zurück. Nutze auch wiederkehrende Tonrepetitionen und zentrale Töne. Solche haben eine große Wirkung. Beginne erst mit nur einem Ausschnitt der Skala (die ersten drei Töne). Wenn sie dir geläufig sind, erweitere sie schrittweise. Soweit du mit dem Fünftonraum vertraut bist (gegebenenfalls erst nach einigen Tagen oder Wochen), erweitere ihn zur kompletten Skala. Lass dir aber immer genügend Zeit, bis du alle Töne hörend verstehst und sie dir spielend geläufig sind.

E P **

MODALES BICINIUM

M   Zwei Instrumente oder Tasteninstrument (beidhändig gespielt)

A   Sucht euch eine Skala aus, die ihr gut beherrscht. Wählt einen Ton, der auf eurem Instrument leicht zu spielen ist. Beim Spielen wechselt euch immer ab, während der eine improvisiert, spielt der bzw. die andere seinen Bordunton. Wenn ihr merkt, dass der Bordunton nicht zur Improvisation eures Partners bzw. eurer Partnerin passt, ändert ihn einfach. Es ist nur wichtig, dass es euch leicht fällt, ihn über einen längeren Zeitraum ohne Anstrengung zu spielen.
Beim Improvisieren spielt zuerst nur im Fünftonraum (gegebenenfalls zunächst nur mit drei Tönen) und erweitert schrittweise die Anzahl der verwendeten Töne. Bleibt immer wieder auf einzelnen Tönen stehen und horcht auf die entstehenden Klänge (am Anfang bieten sich der Grundton, die Quinte und die Quarte dafür an).

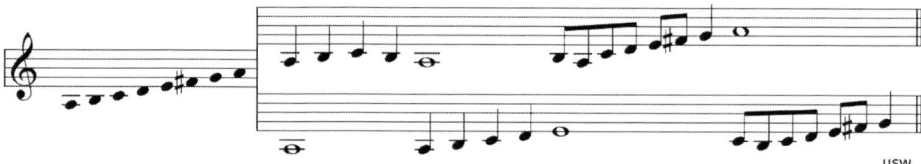

usw.

Die gleiche Aufgabe lässt sich dahingehend verändern, dass der Bordun stärker rhythmisiert wird. Schon einfache Viertel- oder Halbenoten in Kombination mit einem Quintbordun besitzen eine starke Wirkung. Entsprechende Improvisationen lassen sich entweder auf einem Tasteninstrument oder aber als Gruppenimprovisation (ab drei Spielern bzw. Spielerinnen) umsetzen.

Beispiel rhythmisiertes Bicinium.

Ein Bordunton lässt sich auch zu einem einfachen Pendelbass bzw. Ostinato erweitern. Die Improvisationsaufgabe kann dabei ansonsten gleichbleiben. Ähnliche Aufgaben lassen sich im Klavierpartnerunterricht aber auch in gemischten Gruppen gut umsetzen. Ergänzen kann man solche Improvisationen durch eine Percussion-Begleitung, wodurch die Stücke etwas leicht Archaisches erhalten.

Die folgenden drei Bässe, über die man sowohl über C-Mixolydisch als auch über C-Dorisch improvisieren kann, sind beispielhaft zu verstehen.

Weitere Bassformeln finden sich unter *Gängige Bassmodelle*, S. 337–339.

In ähnlicher Weise lassen sich begleitende Borduntöne auch als Akkordostinati weiterentwickeln. Sehr einfache Akkord-Fortschreitungen, gegebenenfalls in arpeggierter Form, treten an die Stelle des Borduntons und bilden das Fundament der Improvisation. Die Art und Weise, wie entsprechende Improvisationen angeleitet werden, unterscheidet sich methodisch im Übrigen nicht von den vorhergehenden Aufgaben.

SIEHE AUCH
Ein Lied in verschiedenen Gewändern, S. 356–366.

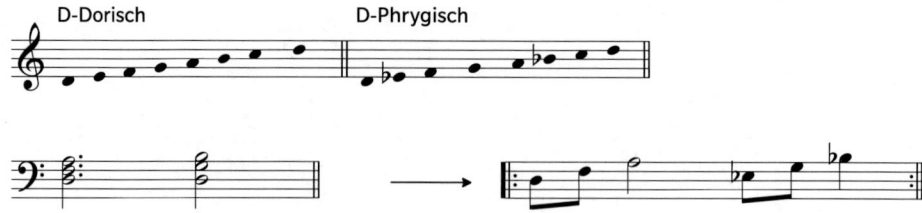

(E) P **/***

SKALENSPIEL – DUO

M Für zwei Harmonieinstrumente (Klavier, Akkordeon, Gitarre o.a.)

A Wählt euch eine Skala in einer Transposition, die ihr gut beherrscht.
Spieler A: Entwickle ein Akkord-Ostinato, in dem der Grundton möglichst oft vorkommt. Die verwendeten Akkorde sollten typisch für die gewählte Skala sein.
Spielerin B: Improvisiere über das Akkord-Ostinato.
Wechselt nach einiger Zeit eure Rollen.

SIEHE DAZU
Variationen über Ostinatobässe, S. 336–350.

(E P) G **/***

SKALENSPIEL – TRIO

M Für zwei bis drei Melodieinstrumente

A Wählt euch eine Skala in einer Transposition, die ihr gut beherrscht.
Spielerin A: Entwickle aus den Skalentönen ein Ostinato, in dem der Grundton oft vorkommt. Die Ostinatofigur muss nicht im Bass liegen, ihr könnt sie auch in die Oberstimme oder in die Mittelstimme legen.
Spieler B: Improvisiere über die Ostinatofigur.
Spielerin C: Ergänze entweder die Ostinatofigur von Spielerin A oder erfinde eine eigenständige Nebenstimme, die zur Improvisation von Spieler B passt.
Wechselt nach einiger Zeit eure Rollen.

Skalenspiel.

E P G */***

SKALEN ERHÖREN

M Für zwei bis vier Spieler bzw. Spielerinnen (maximal ein Akkordspieler)

A Spielerin A: Überlege dir eine Skala und beginne in dieser zu improvisieren.
Die übrigen Spieler: Hört Spielerin A gut zu und findet heraus, mit welcher Skala sie improvisiert. Setzt in der gleichen Skala ein und improvisiert dazu.
Wechselt die Rollen (und damit die verwendete Skala).

Diese Spielanweisung kann dahingehend verändert werden, dass Spielerin A nicht nur die Skala, sondern auch die Taktart, den Stil und die Phrasierung vorgibt. Ferner kann vereinbart werden, dass auch während des Spiels alle Spielerin A folgen, also auf Änderungen der Skala, des Taktes, der Phrasierung und des Stils reagieren müssen.

DUR- UND MOLLTONLEITERN

Auch gängige Dur- und Moll-Tonleitern eignen sich bestens als Material zum Improvisieren. Wie beschrieben bietet sich ein Einstieg über Fünftonräume, Pentatonik oder Fünfskalen an, die sich dann zur Diatonik bzw. den verschiedenen Modi erweitern lassen.

Dur- und Moll-Skalen.

In der Beschäftigung mit Skalen bzw. dem Improvisieren über Skalen ist es wichtig, das jeweils Besondere zu erfassen: den durch die Tonverbindungen vorgegebenen (oder vermeintlichen) Charakter, die Spannung der Töne untereinander und im Verhältnis zum Grundton, seine spezifische Intervallcharakteristik (und dies jeweils auch im Vergleich zu anderen Skalen).

SIEHE
Klänge erforschen, S. 258.

SKALEN EXPLORIEREN

EPGK **/***

M Alle Instrumente, Stimme

A Spielt euch eine Skala vor. Horcht und beschreibt euren Klangeindruck. Singt die Skala nach. Nun sucht die Töne auf eurem Instrument (versucht dies erst einmal ohne weitere Hilfestellungen). Erforscht nun die Skala auf eurem Instrument in allen Lagen. Spielt frei mit den Tönen.
Gestaltet in weiterer Folge mit der erforschten Skala eine längere Improvisation, z.B. mit unterschiedlichen Abschnitten oder in unterschiedlichen Besetzungen, metrisch oder frei.
Reflexionsphase: Sobald ihr die neue Skala singen und spielen könnt, solltet ihr die Töne auch benennen können. Dabei geht es zum einen darum, über die Bezeichnung der Töne eine größere Sicherheit zu erlangen, zum andern aber darum, die Unterschiede zu anderen Skalen zu erfassen. Die Tonnamen ermöglichen es uns, über verwendete Töne zu sprechen.

Für das häusliche Üben ist es zuweilen nötig, die Skala in irgendeiner Weise festzuhalten. Eine Möglichkeit besteht darin, diese von den Schülern bzw. Schülerinnen im Unterricht aufschreiben zu lassen. In Bezug auf das Improvisieren ist es allerdings besser, mittels der Aufnahmefunktion eines Handys das neue Tonmaterial akustisch festzuhalten. So ist der Schüler bzw. die Schülerin auch zu Hause gezwungen, bewusst zu zuhören. Er bzw. sie kann nicht einfach nur manuell Tonverbindungen wiederholen. Klar sollte aber sein, dass sowohl das eigene Ausprobieren und Suchen nach klanglichen und melodischen Möglichkeiten als auch das konkrete technische Üben einer Skala notwendig sind. Auf Beides sollte im Unterricht vorbereitet werden, zu Beidem sollten Schüler und Schülerinnen auch zu Hause angehalten werden.

EP(G) **/***

TONLEITEROSTINATO

M Zwei Melodieinstrumente oder ein Tasteninstrument

A Spieler A (alternativ als unisono von mehreren Spielern und Spielerinnen ausführbar): Spiel die neue Skala als langsame Ostinatofigur (abwärts oder aufwärts).
Spielerin B: Improvisiere in schnellerem Tempo über das Tonleiterostinato. Schön klingen solche Improvisationen in Gegenbewegung. Wechselt nach einiger Zeit die Rollen.

Improvisation über ein Tonleiterostinato.

Von einer starren, wiederkehrenden Ostinatofigur kann Spieler A nach einigen Durchgängen abweichen und kleinere Variationen einbauen. Entscheidend bei diesem Spiel ist, dass eine klare Aufteilung zwischen Begleit- und Melodieimprovisation besteht, die natürlich immer wieder wechseln sollte.

GEBRÄUCHLICHE SKALEN

In der nachfolgenden Tabelle sind einige der gebräuchlichsten Skalen auf dem Grundton c' abgebildet. Bei einigen handelt es sich um ausgesprochene „Jazz-Skalen", andere finden sich mehr in verschiedenen volksmusikalischen Stilen bzw. Kontexten wieder.

Gebräuchliche Skalen.

MÖGLICHKEITEN MIT SKALEN ZU SPIELEN
- Gegenseitig vorspielen und zuhören
- gegenseitig vorspielen und die Skala erraten
- nachsingen
- singend mit Skalenabschnitten spielen
- Unterschiede zu anderen Skalen hörend nachvollziehen
- Unterschiede zwischen zwei Skalen benennen
- Skalen (technisch) üben
- über Skalen auf dem Instrument improvisieren
- Melodiewendungen erfinden
- Melodiewendungen aus Stücken heraushören und damit spielen.

Da es nicht nur Musik mit dem Grundton c gibt, muss man die hier abgebildeten Skalen natürlich auch in andere Tonarten übertragen und üben. Dabei sollte als Kontrollinstanz immer das Ohr dienen. Das bedeutet aber keinesfalls, dass man nicht auch mit dem Verstand den Intervallaufbau nachvollziehen und kontrollieren sollte. Nur das Denken und technische Ausführen sollte auf keinen Fall auf Kosten des bewussten Hörens geschehen. Beim Üben sollte man sich nicht übernehmen. 23 Skalen in 12 Tonarten zu beherrschen, ist eine gewaltige Aufgabe. Besser ist es, sich zunächst auf benötigte bzw. gängige Formen und Transpositionen zu beschränken. Es ist besser, man beherrscht einige Skalen gut, als viele nur unsicher.

SKALEN DER ROMA UND SINTI UND KLEZMER-SKALEN

Viele traditionelle Stile greifen auf ein festgeschriebenes Repertoire an Skalen zurück. Dies gilt nicht nur für die klassisch-romantische Musik des Abendlandes, sondern auch für volksmusikalische Stile, sei es in Form von Diatonik und damit einhergehender Dreiklangsmotivik in der alpenländischen Musik, des Dorischen und Ionischen in der irischen Volksmusik oder der besonderen Skalen und Stimmungssysteme in der arabischen, persischen, indischen oder indonesischen Musik. Die Beschäftigung mit solchen Skalen außerhalb ihres traditionellen Rahmens lohnt sich für all jene, die für sich ein neues Ausdrucksrepertoire suchen.

In Mitteleuropa noch verhältnismäßig bekannt und gebräuchlich sind die aus Osteuropa stammenden Skalen der Roma und Sinti (ehemals *Zigeunertonleitern*), die schon von Haydn, Brahms, Liszt und anderen Komponisten gern als besondere Klangfarbe eingesetzt wurden. In der Verwendung übermäßiger Intervalle innerhalb dieser Skalen ist der Einfluss verschiedener Kulturen noch spürbar, mit denen die Roma und Sinti in Verbindung standen und stehen. Indische, arabische und osteuropäische Musik findet darin ebenso einen entfernten Widerhall wie spanischer Flamenco. In der langen Geschichte von Vertreibung und Wanderung haben die Sinti und Roma eine Vielzahl an Stilen und kulturellen Eigenheiten in ihre Musik übernommen, so dass allein aufgrund der geografischen Streuung über ganz Europa, Nordafrika und Teile Asiens hinweg nicht von einer einheitlichen Musik gesprochen werden kann.[85] Gleichwohl steht die Musik der Roma und Sinti Osteuropas und Andalusiens (Flamenco) für eine ganz eigene musikalische Tradition.[86]

[85] Renard & Fellman 2011, 378–392.

[86] Die Bezeichnung „Zigeunertonleiter" ist ausgesprochen problematisch, da der Begriff soziologisch, soziografisch und musikethnologisch nicht nur sehr ungenau, sondern auch diskriminierend ist. In der Fachliteratur finden sich allerdings keine zufriedenstellenden Alternativen. Die Bezeichnung „Skalen der Sinti und Roma" würde etwa suggerieren, dass es sich um ein musikalisches Element handelt, das kulturübergreifend von den Sinti und Roma genutzt wird, was nicht der Fall ist. Zudem wird die Skala natürlich auch von anderen Musikern und Musikerinnen sehr verschiedener Stile genutzt. Eine rein technische Beschreibung (etwa als Äolisch #4#7 oder Ionisch b2b6) verschleiert hingegen, dass es sich um eine sehr gebräuchliche Skala handelt.

Skalen der Roma und Sinti Osteuropas.

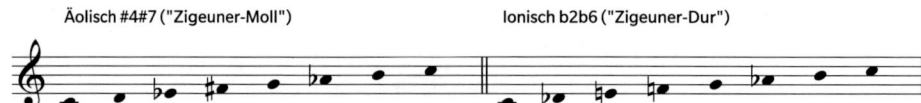

Auch bei den in der Klezmermusik verwendeten Skalen sind die vielfältigen Einflüsse Osteuropas und jüdischer Traditionen in Kombination mit europäischer Salonmusik sowie der Anfang des 20. Jahrhunderts entstehenden Jazzmusik noch spürbar. In den Bezeichnungen der Skalen spiegelt sich deren ursprüngliche Verwendung innerhalb der jüdischen Liturgie wieder. *Ahava Raba* lässt sich etwa mit „erhabene Liebe" übersetzen. Die Bezeichnung leitet sich von den Eröffnungsworten der Sabbatliturgie ab, die über diese Skala gesungen wird. Neben harmonisch Moll *(Adonoi Molokh)* und Dur sind vor allem *Ahava Raba* (auch *Freygish*) und *Misheberakh* gängige Skalen.

In der Klezmer-Musik gebräuchliche Skalen.

Generell handelt es sich bei Klezmer um keine frei improvisierte Musik. Passagen, in denen über Akkordfolgen, eine festgelegte Form oder Skala improvisiert wird, sind verhältnismäßig rar. Mit Ausnahme kurzer Breaks und freier Einleitungen handelt es sich mehr um ein Ausschmücken der Melodie als um ein komplettes Neuerfinden. Der Solist ist eng an das Melodiegerüst gebunden und fügt lediglich Verzierungen und Durchgänge an. Das gilt selbst für die ansonsten recht frei erscheinende Doina, in der der Solist mehr als in anderen typischen Tänzen bzw. Stücken sein virtuoses Können präsentieren kann.[87] Klezmer ist diesbezüglich vergleichbar mit Dixieland, ein Solo erklingt über den vollständigen Satz inklusive Melodie. Das bietet methodisch im Unterricht große Vorteile, da dem Spieler bzw. der Spielerin ein festes Gerüst geboten wird, an dem er bzw. sie sich orientieren kann. Die Aufgabe besteht erst einmal nur im Ausschmücken der Melodie.

Soweit man sich nicht unabhängig von Klezmer mit Klezmer-Skalen beschäftigt, ist es sinnvoll, sich dieser Musik erst einmal hörend anzunähern. Ein wunderbarer Einstieg kann das Stück *Der Heyser Bulgar* (der heiße Bulgare) sein. Eine der schönsten Aufnahmen davon ist sicherlich immer noch jene des Naftule-Brandwein-Orchesters von 1923, die man auf vielen Videoplattformen findet. Der *Heyser Bulgar* ist eines der klassischen Klezmer-Stücke, die Anfang des 20. Jahrhunderts entstanden sind und bei denen die Autorenschaft nicht eindeutig festzustellen ist.

[87] Siehe dazu Sapoznik 1987, 19–29.

SIEHE DAZU AUCH
Fantasien, Präludien, Doinas,
S. 315–318.

Der Heysar Bulgar, nach einer Aufnahme des Naftule Brandwein Orchesters (1923).

Allein der Vergleich mit dem Notentext zeigt die typischen Verzierungs- und Spielformen: schnelle Triller und Doppelschläge, glissandierende Töne, Vibrati. Das Tempo wird von der Band eisern gehalten, man hat fast den Eindruck, gegen Ende ziehen die Musiker das Tempo eher ein wenig an.

E P G *

VOM HÖREN ZUM SPIELEN (BULGAR)

M Tonaufnahme, alle Instrumente

A Hört euch das Stück gemeinsam an. Nun versucht, über das Ohr die verwendete Skala herauszufinden (und wenn möglich im ersten Teil die beiden Harmonien).
Spielt mit der Skala und ergründet, was den besonderen Klang ausmacht.
Hört die Melodie heraus. Wenn ihr Schwierigkeiten damit habt, nutzt eine App wie den *Amazing Slowdowner* (sie verlangsamt das Tempo, ohne die Tonhöhen zu verändern). Nur im Notfall greift auf die Noten zurück.
Probiert die verschiedenen Glissandi aus, das kurze meckrige auf einem Ton und das lange zwischen zwei Tönen. In gleicher Weise übt Triller und Doppelschläge.
Nun hört euch genau die Begleitband an. Was spielt sie? Welche Rhythmen nutzt sie, wo geht sie über wiederkehrende Muster hinaus?
Überlegt euch gemeinsam ein einfaches Arrangement: Eine einfache Akkordbegleitung auf den Schlägen 2 und 4, Basstöne auf 1 und 3, ein oder zwei Melodieinstrumente, eine einfache Schlagzeugbegleitung (typisch wäre ein Achtelpuls in der Aufteilung 3 3 2).

Wer keine Zeit oder Lust hat, für sich alle Materialien mühevoll herauszuhören, sondern einfach nur in die Welt des Klezmers hineinschnuppern mag, sei auf die sehr schöne Sammlung von Stücken von Sapoznik (1987) verwiesen.

Der *Bulgar* ist eine der typischen Tanzformen im Klezmer und steht nach der *Donia* und vor dem *Khosidl* an zweiter Stelle einer typischen Tanzsuite. Ursprünglich handelte es sich bei ihm um einen Reihentanz aus Bessarabien, der durch rumänisch-moldawische sowie jiddische Elemente ergänzt wurde. Er steht im 8/8-Takt, der in zwei Dreier- und eine Zweiergruppe gegliedert wird. Der amerikanische *Bulgar* entwickelte sich schon in den 1920er Jahren zum Inbegriff der Klezmermusik.
Das Stück nutzt den Modus *Mi Schberbach*, bei dem in typischerweise die I (hier D-Dur), die IV (hier G-Moll) sowie ein Moll-Akkord auf der VII (hier C-Moll) genutzt werden.

Freylach von Warsaw.

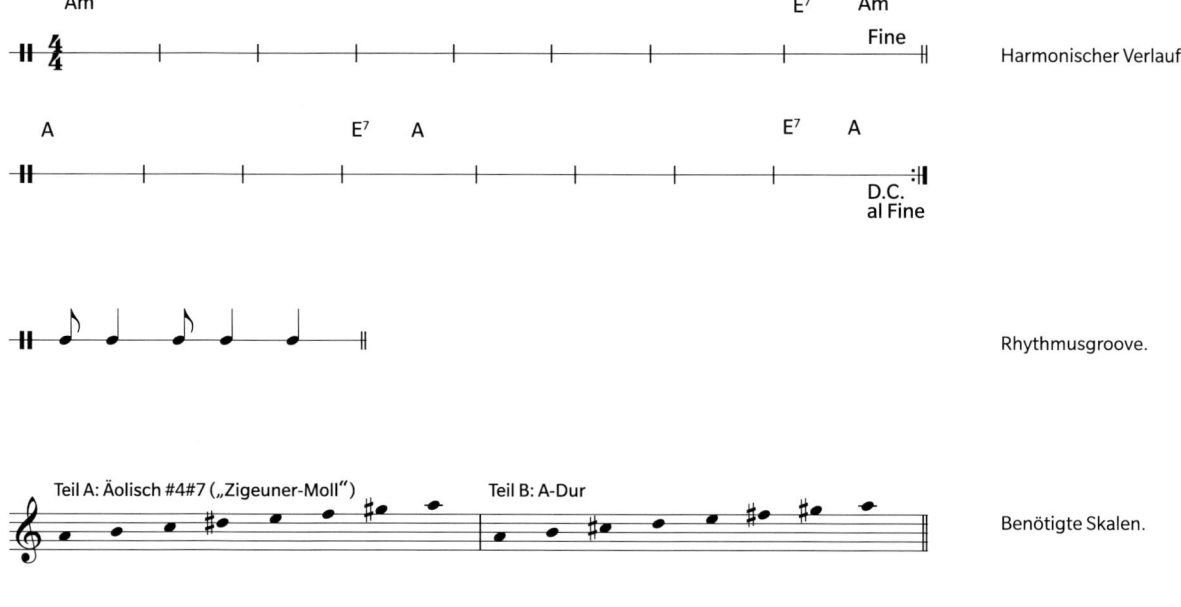

Harmonischer Verlauf.

Rhythmusgroove.

Benötigte Skalen.

VOM NOTENTEXT ZUM IMPROVISIEREN (FREYLACH)   E P G ***

M   Notentext und Instrumente

A   Lest und spielt den Notentext. Verteilt die Stimmen je nach Instrument (Melodie, Bass, Akkordbegleitung, Rhythmusbegleitung). Gestaltet das Stück und achtet dabei insbesondere auf das Tempo und die Verzierungen.
Improvisiert reihum eine freie Einleitung mit den angefügten Materialien.
Improvisiert über das Harmonieschema mit den entsprechenden Skalen (Äolisch #4#7, A-Dur).

ORIENTALISCHE, INDONESISCHE UND INDISCHE SKALEN

Immer wieder spannend ist es, sich mit Skalen anderer Musiktraditionen bzw. Musikkulturen zu beschäftigen. Eine solche Beschäftigung muss nicht bedeuten, dass man sich gleichzeitig mit Eigenheiten der jeweiligen Musikkultur auseinandersetzt. Die Beschäftigung kann auch einfach nur der Erweiterung der musikalischen Möglichkeiten im Rahmen des eigenen Improvisierens dienen. In diesem Sinne sind die nachfolgenden Ausführungen zu verstehen. Uns ist bewusst, dass die intensive Beschäftigung mit einer unbekannten Musikkultur sehr viel mehr verlangt, als das, was wir hier vorführen. Die Beispiele, die wir bringen, sollen lediglich dazu anregen, die eigene Improvisationsfähigkeit hinsichtlich der verwendeten Skalen und Stimmungssysteme zu erweitern.

Zu bedenken ist, dass es in den meisten Fällen nicht ausreicht, Töne nur zu übertragen und auf seinem Instrument umzusetzen. Dies hat zwei Gründe, einen eher pragmatischen und einen inhaltlichen. Zum einen kennen viele Musikkulturen keine temperierten Stimmungen, entsprechend lassen sich diese Skalen-Systeme auf europäischen Instrumenten (insbesondere den Tasteninstrumenten) nur bedingt weidergeben, was sich auch in der Notation zeigt. Ohne entsprechende Zusätze für Viertel- und Achteltöne lassen sich die Töne nicht einmal annäherungsweise mittels unserer Notenschrift darstellen. Zum andern besitzen Skalen innerhalb der Musikkulturen ähnlich der Affekten-Lehre des 18. Jahrhunderts in Mitteleuropa eine kulturelle Bedeutung. Ihr Einsatz geschieht bewusst immer in einem bestimmten Kontext und verfolgt einen tieferen, zuweilen religiösen Zweck. Allein das Tonmaterial besitzt diese Qualität (zumindest für europäische Ohren) nicht. Es ist zwar nicht zwingend, doch vielfach produktiv, sich zumindest rudimentär mit dem Kontext auseinanderzusetzen.

Was es braucht, ist ein gutes Gehör und erweiterte Spieltechniken (oder aber ein umgestimmtes bzw. umgebautes Instrument), um etwa arabische *Maqāmāt*, das indonesische *Slendro* und *Pelog* oder indische *Ragas* auf europäischen Instrumenten zu spielen. In der arabischen Musiktheorie finden sich neben den bei uns gebräuchlichen Halb- und Ganztonschritten auch Dreivierteltonschritte. In der indischen Musiktheorie wird die Oktave in 22 Tonschritte, sogenannte *Shrutis*, unterteilt. Obwohl ein *Raga* nur fünf bis sieben Töne umfasst, weichen die Intervalle von denen der temperierten (und auch der reinen) Stimmung ab. Es finden sich sehr viel kleinere und größere Tonschritte.

DIE ARABISCHEN MAQAM

[88] In der persischen Musik verwendet man dafür auch den Begriff *Dastgahr*.

[89] Vgl. Touma 1989.

[90] Siehe dazu Tuoma 1989; Reinhard & Reinhard 2007² sowie www.maqamworld.com/.

[91] Vgl. Powers 2005.

Sowohl die arabische und türkische als auch persische Musik kennt *Maqams* (arb. für „der Ort, auf dem etwas errichtet ist").[88] Verwendet wird der Begriff *Maqam* im Sinne von *Skala*, wobei ein *Maqam* hinsichtlich der verwendeten Töne immer auch ein entsprechendes Stimmungssystem umfasst. Anders als in der abendländischen Musiktheorie werden Terzen nicht nur in große und kleine Sekunden gegliedert, eine kleine Terz kann auch in zwei Dreivierteltöne aufgeteilt werden.[89]

Trotz großer Gemeinsamkeiten zwischen den orientalischen Musikkulturen finden sich doch auch Unterschiede. Selbst die Stimmungen und damit zusammenhängend die *Maqams* sind nur miteinander verwandt, nicht aber identisch.[90]

Maqams sind siebenstufige Skalen. Charakteristisch sind bei allen *Maqams* nicht nur die Intervallproportionen, sondern auch spezielle Rezitationstöne, der jeweilige Grundton und sich wiederholende melodische Floskeln, insbesondere am Anfang und am Ende eines Stückes, Zäsuren und ein jeweils typischer melodischer Aufbau. Zudem besitzen alle *Maqams* feste Tonhöhen, sind also zumindest theoretisch nicht transponierbar (was Musiker und Musikerinnen aber nicht davon abhält sie doch zu transponieren). Dies unterscheidet *Maqams* nicht grundsätzlich von abendländischen Skalen und Modi, letztere besitzen in aller Regel aber eine größere Vielfalt. *Maqams* ähneln so gesehen den Modi in der europäisch-mittelalterlichen Musik.

Innerhalb eines Musikstückes oder auch einer Improvisation kann ein *Maqam* gewechselt werden, wodurch sich verschiedene Rezitationstöne und Grundtöne ergeben. Am Ende eines Stückes kehrt der Spieler bzw. die Spielerin aber in aller Regel zum ursprünglichen *Maqam* zurück. Auch wenn nicht immer mit dem Grundton eines Maqams begonnen werden muss, enden sie immer auf diesem.

Die Gesamtzahl der *Maqams* geht in die Hunderte, sie sind bzw. waren aber nicht alle überall und in gleicher Weise gebräuchlich. Zudem findet sich eine Fülle zusammengesetzter *Maqams*. Verschiedene Komponisten und Komponistinnen haben zudem auch eigene erfunden bzw. bestehende *verändert*. Im Folgenden werden nur einige gebräuchliche angeführt.[91]

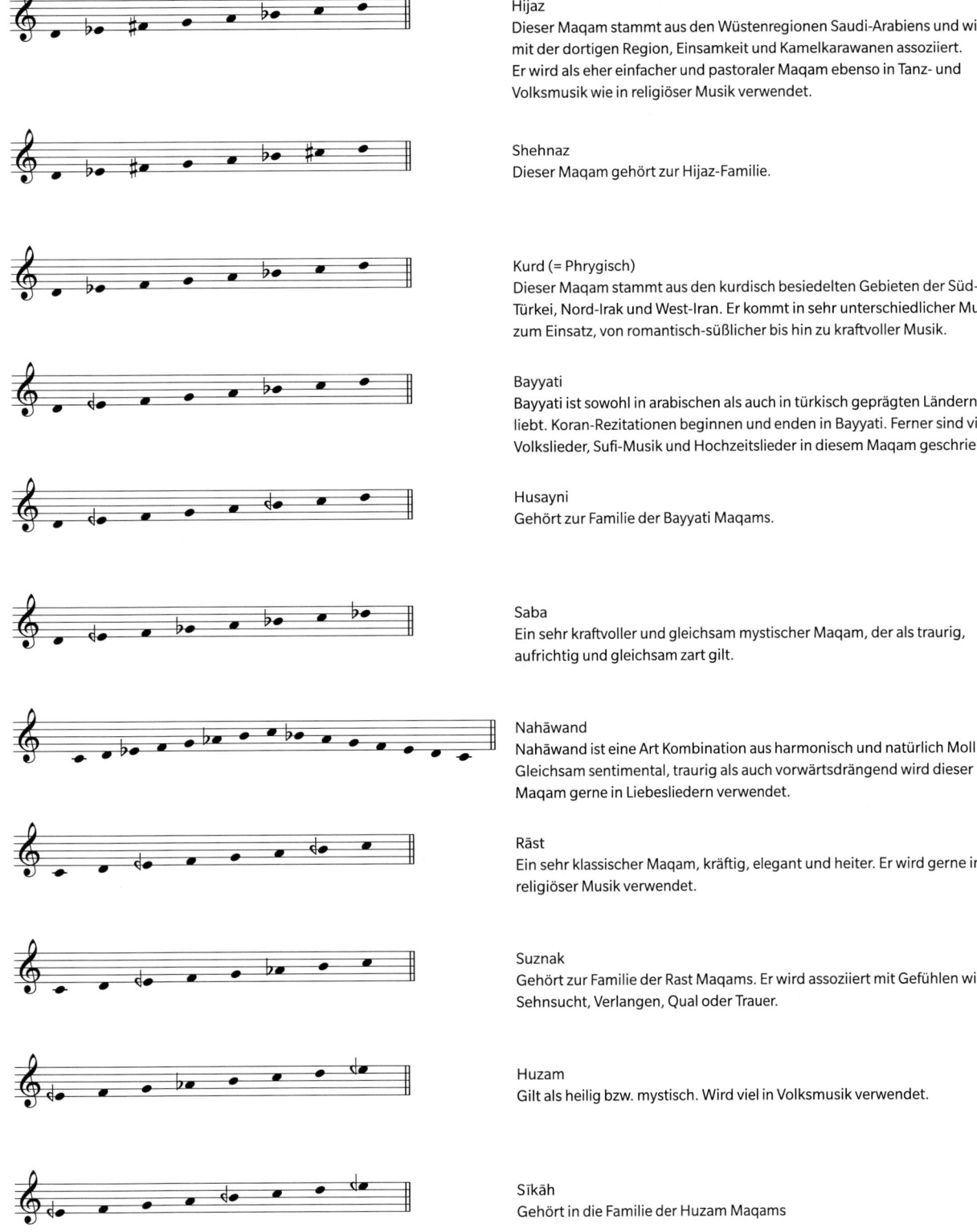

Hijaz
Dieser Maqam stammt aus den Wüstenregionen Saudi-Arabiens und wird mit der dortigen Region, Einsamkeit und Kamelkarawanen assoziiert. Er wird als eher einfacher und pastoraler Maqam ebenso in Tanz- und Volksmusik wie in religiöser Musik verwendet.

Shehnaz
Dieser Maqam gehört zur Hijaz-Familie.

Kurd (= Phrygisch)
Dieser Maqam stammt aus den kurdisch besiedelten Gebieten der Süd-Türkei, Nord-Irak und West-Iran. Er kommt in sehr unterschiedlicher Musik zum Einsatz, von romantisch-süßlicher bis hin zu kraftvoller Musik.

Bayyati
Bayyati ist sowohl in arabischen als auch in türkisch geprägten Ländern beliebt. Koran-Rezitationen beginnen und enden in Bayyati. Ferner sind viele Volkslieder, Sufi-Musik und Hochzeitslieder in diesem Maqam geschrieben.

Husayni
Gehört zur Familie der Bayyati Maqams.

Saba
Ein sehr kraftvoller und gleichsam mystischer Maqam, der als traurig, aufrichtig und gleichsam zart gilt.

Nahāwand
Nahāwand ist eine Art Kombination aus harmonisch und natürlich Moll. Gleichsam sentimental, traurig als auch vorwärtsdrängend wird dieser Maqam gerne in Liebesliedern verwendet.

Rāst
Ein sehr klassischer Maqam, kräftig, elegant und heiter. Er wird gerne in religiöser Musik verwendet.

Suznak
Gehört zur Familie der Rast Maqams. Er wird assoziiert mit Gefühlen wie Sehnsucht, Verlangen, Qual oder Trauer.

Huzam
Gilt als heilig bzw. mystisch. Wird viel in Volksmusik verwendet.

Sīkāh
Gehört in die Familie der Huzam Maqams

Es ist nicht ganz einfach, sich arabischen *Maqams* zu nähern. Wie bei allen Skalen ist ein forschender, horchender und vor allem spielerischer Zugang anzuraten. Ferner sollte man sich traditionelle arabische Musik anhören.

DAS INDONESISCHE SLENDOR UND PÉLOG

Gamelan meint nach indonesischem Verständnis die Gesamtheit der unterschiedlichen Musikensembles und Stile insbesondere auf Java und Bali. Besonders typisch sind dabei Ensembles mit Percussioninstrumenten wie Bronzegongs, Metallophone und Xylophone, aber auch Trommeln, Saiteninstrumente, Flöten und Gesangsstimmen. Gestimmt sind die Instrumente entweder im fünfstufigen *Slendro* oder dem siebentönigen *Pélog*, wobei für *Slendro* und *Pélog* jeweils ein anderer Satz von Instrumenten verwendet wird. Jedes Stück ist ähnlich den westlichen Tonarten und Tongeschlechtern immer für eine Stimmung geschrieben. Anders als man vermuten könnte, werden aber auch in *Pélog* immer nur fünf der sieben Töne genutzt, wodurch verschiedene Modi möglich sind. Eine einheitliche Stimmung der beiden Tonbereiche besteht nicht, insbesondere zwischen Bali und Java aber auch zwischen anderen Landesteilen und Ensembles finden sich Abweichungen.

Die Abstände der Töne im *Slendro* sind nahezu gleich und liegen immer etwa 1/8- bis 1/4-Ton über einem Ganzton. Exakt betragen die Abstände 253, 236, 225, 263 und 223 Cent, wobei 100 Cent dem Abstand eines Halbtons entspricht. Hierbei handelt es sich allerdings nur um die Messung eines Instruments, die Stimmung anderer Instrumente weicht mehr oder weniger davon ab. Mit Ausnahme der Oktave finden sich keine reinen Intervalle. Eine Annäherung gibt das folgende Notenbild wieder, das mit Musikern aus Zentraljava erprobt wurde.

Slendro.

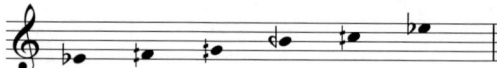

Das historisch jüngere Pélog besitzt sieben Töne in den Abstände 120, 150, 270, 130, 115, 165, 250 Cent. Von diesen sieben Tönen wird immer nur eine Auswahl von jeweils fünf verwendet. Auf Java gängig sind etwa Pélog Nema und Pélog Barang, die (als Annäherung) im nachfolgenden Notenbeispiel dargestellt sind.

Wie in anderen Musikkulturen werden Slendor und Pélog bestimmte Charaktere zugeschrieben. Diese scheinen allerdings nicht einheitlich zu sein. Gilt etwa auf Java Pélog als weibliche, traurige Tonart, so wird sie auf Bali als glückliche Tonart angesehen und dient u.a. im Rahmen der Hochzeitsmusik. Inwiefern dies auch dem unterschiedlichen Klang der Instrumente (auf Java klingt das Gamelan insgesamt etwas gedeckter als auf Bali), den sehr verschiedenen Tempi und nicht zuletzt den sozialen und theologischen Unterschieden geschuldet ist, kann nur vermutet werden.

Pélog Nem und Pélog Barang.

INDISCHE RAGAS

Ragas (Sanskrit für „Was den Geist färbt") sind Tonmaterial, Stimmungen und die Art und Weise, wie Töne in der klassisch-indischen Musik zueinander in Beziehung gesetzt werden. So gesehen handelt es sich um Skalen, die jedoch immer in einem klaren musikalischen und lebensweltlichen Bezug stehen. Sie verlangen bestimmte melodische und ornamentale Wendungen und beziehen sich inhaltlich auf Tageszeiten, Jahreszeiten, Gemütsverfassungen und hinduistische Gottheiten.

Vermittelt und gelernt wird ein *Raga* in Indien über die Solmisationssilben Sa Re Ga Ma Pa Da Ni Sa.[92] In jedem *Raga* gibt es Haupt- und Nebentöne, die entsprechend häufiger bzw. seltener eingesetzt werden. Einzelne Töne unterscheiden sich dahingehend, ob sie nur von unten, nur von oben oder aus beiden Richtungen angespielt werden dürfen. Es finden sich Ton-Kombinationen, die wie in der arabischen Musik in Form typischer Floskeln, Figuren, Umspielungen, Durchgängen und Schleifer genutzt werden, und zuletzt finden sich einzelne Töne, die nur in auf- bzw. absteigenden Figuren verwendet werden.

Schon dies allein lässt erkennen, dass es sich bei *Ragas* eben nicht um isolierte Tonansammlungen handelt, sondern dass diese immer in eine syntaktische Struktur eingebunden sind. Übertragen auf das Verhältnis von Buchstaben und Wörtern einer Sprache entsprächen die Töne eines *Ragas* einem einzelnen Buchstaben, der erst in Kombination mit anderen Buchstaben zu einem Wort wird, das wiederum mit anderen Wörtern einen Satz bildet und damit einen nachvollziehbaren Sinn erhält. So finden sich mehrere *Ragas*, die aus demselben Tonmaterial bestehen. Die Art und Weise, wie deren Töne konkret verwendet werden, wie sie kombiniert, wie häufig sie eingesetzt und wie sie strukturell eingebettet werden, unterscheidet diese jedoch voneinander. In den folgenden Notenbeispielen werden Haupttöne eines Ragas durch weiße, Nebentöne durch schwarze Notenköpfe dargestellt.[93]

Obwohl die Töne des *Raga Bhairavi* bezogen auf die Intervallstruktur einer phrygischen Skala entsprechen, besitzt der *Raga* zusätzlich eine Ton-Hierarchie. Zentral treten die Töne c und f (Grundton und Quarte) hervor.

Im *Raga Yaman* werden die Töne noch deutlicher qualitativ voneinander unterschieden. Das Tonmaterial entspricht hier einer lydischen Skala. Im melodischen Spiel erklingen jedoch die Töne rund um den Grundton (Sekunde Re und Septime Ni) am häufigsten und dies nicht nur als Umspielung, sondern oft als längerer Ton. Dies führt zu einer ganz eigenen Klanglichkeit. Den Einsatz der Töne beim Musizieren vergleicht *Venkat Balaji*[94] beim Unterrichten mit der Zubereitung von Speisen: „Manche Töne sind die Kartoffeln, andere die Gewürze, man muss wissen wieviel man, von was, verwendet."

[92] Die Silben (Sargam) entsprechen unseren Solmisationssilben do re mi fa so la ti do. Punkte über und unter den Silben bezeichnen die Oktavierungen, Striche eine Erhöhung oder Absenkung. Die nachfolgenden Notenbeispiele stellen eine Annäherung an westliche Notation dar. In indischer Musik wird ausschließlich mittels Solmisationssilben, über das Ohr und das praktische Tun musiziert. Eine Notation wurde zumindest ursprünglich nicht verwendet.

[93] Notation angelehnt an Danielou 1991, 61.

Raga Bhairavi in aufsteigender und absteigender Form in westlicher und indischer Notation.

Es besteht eine gewisse Ähnlichkeit zur mittelalterlichen Musizierpraxis, einen Cantus Firmus melismatisch zu verzieren. Danach besaßen die Töne der einzelnen Modi ebenfalls einen Grund- und Repetitionston (in Phrygisch auf c etwa der Grundton c und die Sexte as). Jeder Ton besaß zudem unterschiedliche Qualitäten und wurde im Rahmen typischer melodischer Wendungen eingesetzt.

[94] Venkat Balaji ist Violin- und Gesangsprofessor für Klassische Indische Musik an der Universität Benares.

Raga Yaman in einer vereinfachten Notation in aufsteigender und absteigender Form.

Rag Yaman gilt als eine sehr alte Skala. Ihrem mystischen Ursprung nach gilt die Göttin Yamuna als Schöpferin. Neueren Forschungen nach besteht ein Zusammenhang mit dem altpersischen *Maquam Eiman*, der sich in Indien fortentwickelt hat.

Als wichtigste Töne des *Ragas Yaman* treten Ni (der siebte Ton – hier das h) und Re (der zweite Ton – hier das d) hervor. Die Quarte wird etwas höher als in der temperierten Stimmung intoniert. Der Grundton Sa wird als Nebenton behandelt und deshalb kaum verwendet, außer in Ornamenten und aufwärts gerichteten Passagen, gelegentlich auch in der unteren Oktave in Abwärtsbewegungen.

INDISCHE MUSIK ANHÖREN

A Höre dir Improvisationen im jeweiligen *Rag* an. Berühmte Interpreten der Generation von Ravi Shankar (Sitar) sind beispielsweise Hariprasad Chaurasia (Bansuri-Indische Bambusquerflöte), Bimsehn Joshi (Gesang) oder V. G. Jog (Violine). Entsprechende Aufnahmen finden sich auf den bekannten Video- und Audioplattformen im Internet.

In der klassischen indischen (hindustanischen und karnatischen) Musik gibt es über tausend Ragas, 300 davon sind in Gebrauch. Die wenigen, hier ausgewählten sollen zur Improvisation mit Ungewohntem anregen.

AUSWAHL INDISCHER RAGAS
Die Darstellung der Tonhöhen in Form von Viertel- und Achteltönen stellt nur eine Annäherung an die tatsächlichen Tonhöhen der Shrutis dar.

[95] Danielou 1991, 58–66.

[96] Bei Danielou (1991, 65) wird der *Rag Vasanti* ohne g notiert. In vielen Hörbeispielen findet sich allerdings die Quinte.

Raga[95]	Tageszeit/Jahreszeit	Gottheit
Vasanti[96]	Frühling	„Sie trägt Ohrringe aus den Blüten des Mangobaums, ein Diadem, dass sich öffnet wie der Federfächer eines Pfaus […], vom Glück begünstigt, sie ist die Herrin des Frühlings"

| Shri | Erntezeit und Nachmittag | „Sri Raga ist 18 Jahre, zarte Blütenblätter zittern an seinen Ohren. Er ist das Ebenbild des Gottes der Liebe. Rot gewandet gleicht er einem König." |

| Gaud Saranga | Nach der Mittagsstunde | „Unter dem Baum des Überflusses sitzend, sein Leib weiß wie Schnee, die Pferde erschöpft, erscheint Gaud Saranga am Nachmittag auf einer Laute spielend. Die Weisen behaupten, er habe die Stimme einer Nachtigall." |

Raga	Tageszeit/Jahreszeit	Gottheit
Malakosha (auch Malkauns oder Malakaushika)	Mitternacht	„Seine Keule trieft vor Blut, als Halskette trägt er die Schädel der Helden, [...] er ist der Tapferste der Tapferen."

(Notenbeispiel Malakosha)

Vibhasa (auch Bibhas)[97]	Bei Sonnenaufgang	„Er ist von heller Hautfarbe, mit anmutigem Antlitz, weißgewandet. Stolz wie der Hahnenschrei bei Tagesanbruch, schüttelt sein Lachen die Locken auf seiner Stirn."

(Notenbeispiel Vibhasa)

[97] Viele Ragas kursieren unter verschiedenen Namen, etwa Sanskrit-*Vhibhasa* als *Bibhasa*. Siehe dazu Bor 1999.

Die nachfolgenden Spiele dienen der Auseinandersetzung mit der Klangwelt indischer *Ragas*, lassen sich aber auch in der Erarbeitung anderer Skalen einsetzen, wobei von einem auditiven und explorativen Zugang ausgegangen wird.

TÖNE SERVIEREN E P G ***

Z Kennenlernen einer noch unbekannten Skala, intensives, bewusstes Zuhören

M Instrumente, Stimme

A Alle wählen einen Ton. Der Spieler, der an der Reihe ist, umspielt seinen Ton einmal von unten, einmal von oben, mit kurzen Vorschlägen oder mit einer längeren Passage. Er serviert seinen Ton seinem Nachbarn und versucht, seinen Ton schmackhaft zu machen. Die Nächste in der Runde versucht den Ton zu erraten, indem sie ihn musikalisch beantwortet. Gelingt ihr dies, hat sie sich den Ton erspielt. Sie wiederholt ihn und sucht sich einen neuen Ton aus, den sie wiederum ihrem Nachbarn spielend schmackhaft macht, usw.

Töne können aus der Skala frei ausgewählt werden. Zur Schulung des Hörens bietet es sich jedoch an, nur Töne auszusuchen, die zuvor noch nicht erklungen sind. Verwenden beispielsweise Spielerin A und B den zweiten und sechsten Ton der Skala, können die Nachfolgenden nur noch den ersten, dritten, vierten, fünften und siebten Ton auswählen. Das Spiel lässt sich einfach, aber auch sehr schwierig gestalten, abhängig davon, wie kunstvoll man den Ton umspielt und wie oft der gewählte Ton erklingt.
Als weitere Variante kann man die entstehende Improvisation als Dialog gestalten. Dabei wetteifern die Spieler bzw. Spielerinnen in der Kunstfertigkeit der Umspielung.

SPIEL MIT SKALEN ÜBER TAGESZEITEN E P G ***

A *Ragas* stehen für bestimmte Tageszeiten, zu denen sie erklingen sollen. Sucht euch eine Tageszeit heraus und improvisiert über einen Bordunton freie Melodien. Welche Stimmung kannst du mit den Tönen erzeugen? Wie kannst du mit den Tönen eine Melodie formen, die nach Morgen, Mitternacht oder Sonnenuntergang klingt?

ERWERBEN – ENTWICKELN – GESTALTEN

P G **

HINDUISTISCHE GOTTHEITEN MUSIKALISCH DARSTELLEN

Z Improvisieren einer Einheit von Skala, Charakter und Tages- wie Jahreszeit

M Instrumente (drei Mitspielende pro Raga)

A Sucht euch aus der obigen Tabelle eine Gottheit aus. Wählt dazu eine Taktart oder eine Zähleinheit (Tala). Startet mit einem Bordun ohne Metrum. Spielt nun mit den Tönen des jeweiligen *Raga*. Lasst euch dabei von den Beschreibungen der Gottheiten inspirieren. Wenn alle Töne erklungen sind, kann der Bordun langsam rhythmisiert werden. Spielt abwechselnd jeweils ein Solo über den Bordun.

BEISPIEL

Vibhasa: Von heller Hautfarbe, mit anmutigem Antlitz …
Tonvorrat: c, des, e, fis, a, c
Tala (Metrum): 6/8 Takt

Bildliche Darstellungen Indischer Gottheiten zu den Ragas finden sich in Raga-Guides und im Internet.

Gaud Saranga: Unter dem Baum des Überflusses sitzend …
Tonvorrat: c e fis g a h c
Tala: 5/4 Takt

E P G ***

EIGENE SKALEN BEIM SPIELEN ERFINDEN

Z Intensives, bewusstes Hören, die Wirkung von Tönen zu einem Grundton erkunden

M Stimme bzw. Instrumente

A Ein Spieler beginnt und spielt einen Ton. Er dient fortan als Grundton. Die Mitspieler und Mitspielerinnen steigen in diesen Ton mit ein und spielen ihn als Bordunton (eventuell zusammen mit einer Bordunquinte). Die nächste Spielerin wählt einen weiteren Ton usw. Die Skala entsteht im gemeinsamen Spielen. Es werden solange neue Töne eingebracht, bis fünf Töne erklungen sind. Diese Töne dienen fortan als selbst kreierte Skala. Sehr versierte Spieler und Spielerinnen können auch Skalen mit sechs oder sieben Tönen erfinden.

Improvisiert mit eurer Skala immer abwechselnd Melodien.

Nach einiger Zeit kann sich in eurer Improvisation ein Takt herauskristallisieren. Spielt im Dialog rhythmisch über diesen Takt. Steigert eure Improvisation immer weiter und findet am Höhepunkt ein gemeinsames Ende. Nutzt dazu entweder Audio-Cues (ein prägnanter Rhythmus, der dreimal wiederholt wird) oder findet zurück in die metrische freie Form und lasst eure Improvisation damit ausklingen.

ZUM WEITERLESEN

Kurt Reinhard, Ursula Reinhard (2007[2]): Die Musik der Türkei, Bd. 1, Die Kunstmusik, Wilhelmshaven (Heinrichshofen)

Cameron Powers (2005): Arabic Musical Scales. Basic Mama Notation, Colorado (Boulder)

Joep Bor (Hg./2002[2]): The Raga Guide, a survey of 74 Hindustani ragas, Rotterdam (Nimbus Records with Rotterdam Conservatory of Music)

Alain Danielou (1991): Einführung in die indische Musik, Wilhelmshaven (Heinrichshofen)

Habib Hassan Tuoma (1989): Die Musik der Araber, Wilhelmshaven (Heinrichshofen)

Henry Sapoznik (1987): The Complete Klezmer, Cedahurst (Tara Publications)

Maqamworld: http://www.maqamworld.com/

ZUM WEITERHÖREN

Moods of the day. Indian classical music (Decca)
Die Aufnahmen finden sich auch online. Spannend ist die Zusammenstellung, geordnet nach Tageszeiten, sowie die Auswahl klassischer indischer Instrumentalisten.

SKALEN IN DER ZEITGENÖSSISCHEN MUSIK

In der westlichen zeitgenössischen Musik spielen Skalenkonzepte nur noch eine sehr untergeordnete Rolle. Sieht man vom Bereich der angewandten Musik und damit einhergehenden Stilkopien sowie von der vor allem im englischsprachigen Bereich immer noch beliebten Minimal Music ab, finden sich diesbezüglich weder harmonisch oder melodisch noch formal einheitliche Konzepte. Vielmehr sind Komponisten und Komponistinnen in der Regel dahingehend bemüht, jeder Komposition eine eigene künstlerische Gestalt zu geben und, sofern dies nicht möglich ist, zumindest einen unverwechselbaren Personalstil zu entwickeln. Zwar finden sich durchaus immer wieder ähnliche Ideen und Ansätze, dies allein reicht aber nicht aus, übergreifende Skalenkonzepte zu beschreiben.
Trotz allem lassen sich verschiedene Ansätze beschreiben, die bedingt die Rolle von Skalen in der zeitgenössischen Musik der letzten 50 Jahren wiederspiegeln.

TONSPIEL   E P G **

Z   Improvisation atonaler Stücke

M   Stimme bzw. Instrumente

A   Wähle sieben Töne aus einer chromatischen Skala aus, die nicht Teil einer diatonischen Tonleiter (Dur oder Moll) sind. Wähle bewusst Töne mit und ohne Vorzeichen. Improvisiere ein Stück. Spiele dabei mit Tönen in unterschiedlicher Länge, Lautstärke und Artikulation. Fasse maximal drei bis fünf Töne zu einer Phrase zusammen. Mache Pausen.

A   Als Tonmaterial dienen alle Töne der chromatischen Tonleiter. Improvisiert gemeinsam ein ruhiges Stück. Hört gut aufeinander. Spielt vor allem Einzeltöne und Klänge. Achtet darauf, dass ihr jedes Mal, wenn ihr neu einsetzt, einen Ton mit anderer Länge, Lautstärke, Artikulation und Tonhöhe spielt.

G ***
Schwerer wird das Improvisationsspiel, wenn der gerade erklungene Ton erst wieder gespielt werden darf, nachdem möglichst viele (fünf bis elf) andere Töne erklungen sind. Das Spiel lässt sich auch mit Tongruppen von drei bis fünf Tönen spielen.

TONSCHRITTE

Z   Einfaches Improvisieren mit kleinen Intervallen

M   Stimme oder Instrumente

A   Spiele eine Improvisation nur mit Tonschritten (Sekunden). Gestalte deine Improvisation als Gespräch (fragen, antworten, etwas ausdrücken, zuhören, verneinen, streiten usw.). Wenn du etwas besonders hervorheben willst, verwende ein anderes Intervall. Wenn du das Gefühl hast, dass du fertig bist, darf der nächste Spieler bzw. die nächste Spielerin sich etwas ausdenken.

E P G *

Das Improvisationsspiel kann durch eine der folgenden Zusatzregeln verändert werden:

- Spiele in einer ausgewählten Tonart bzw. einer vereinbarten Skala.
- Spiele freitonal, versuche nicht nur die Töne einer Skala zu verwenden. Nutze möglichst enge Intervalle, wechsle diese aber immer wieder. Stell dir eine dahin kriechende Melodie vor.

VERMEIDEN VON KONSONANZEN

Eines der ältesten „Skalenkonzepte" stammt vom Anfang des 20. Jahrhunderts und wurde u.a. von Anton Webern gerne eingesetzt. Bis heute spielt es in der Bildung von melodischen Linien eine wichtige Rolle. Genau genommen handelt es sich nicht um ein Skalenkonzept, sondern um das bewusste Vermeiden jeglicher tonaler Bezüge, insbesondere von Dreiklangsmelodik und Diatonik. Was einfach klingt, ist tatsächlich relativ schwierig, da die meisten Instrumente technisch auf das Spiel von harmonischen Akkorden und Diatonik ausgelegt sind. In schnellem Tempo handelt es sich daher um eine durchaus anspruchsvolle Aufgabe (probieren Sie es einfach aus). Zwei einfache Möglichkeiten bieten sich: Das Verwenden übermäßiger Intervalle und der schnelle Wechsel von Skalen.

E P * * *

DISSONANZEN
- **Z** Dissonanzen improvisieren
- **M** Stimme oder Instrumente
- **A** Spiele eine Improvisation nur mit dissonanten Intervallen (Sekunden, Tritonus, Septimen, Nonen). Finde kurze Tonfolgen. Verzichte nach Möglichkeit auf Tonleiterausschnitte sowie konsonante Intervallfortschreitungen (Terzen, Quinte, Sexten, Oktave).

Gern werden Dissonanzen konsonant aufgelöst. Der Tritonus wird etwa zur Quinte, die große Septime zur Oktave weitergeführt. Geschieht dies, sollte man im Feedback darauf aufmerksam machen, da genau dadurch sich letztlich doch ein tonaler Kontext etabliert.
Die Spielregel verzichtet auf Angaben zur Gestaltung des Rhythmus, der Pausen, der Klangfarben, der Dynamik und der Phrasierung. Dies ist durchaus sinnvoll, da sich dadurch die Spieler und Spielerinnen beim Improvisieren auf einen Aspekt konzentrieren können. Ungeachtet dessen kann man, soweit die Spielregel ansonsten ausgereizt wurde, im Feedback und weiteren Durchgängen genau dort ansetzen.

G * * *

SPINNWEBEN IN EINEM ABBRUCHHAUS
- **M** Stimme oder Instrumente
- **Z** Erforschen von Sekunden und Septimen
- **A** Gestaltet ein Stück nur mit Sekunden und Septimen im freien Tempo. Ein Spieler hält einen Bordunton, eine zweite Spielerin spielt darüber Sekund- bzw. Septimklänge, und zwar immer so, dass ein Zweiklang längere Zeit liegen bleibt. Ändert immer wieder die entstehenden Klänge und nach einiger Zeit auch den Bordunton. Pianisten bzw. Pianistinnen können die Intervalle auch als dissonante mehrstimmige Akkorde spielen.
Die anderen Mitspieler und Mitspielerinnen improvisieren über die Sekund- und Septimklänge Melodiefragmente – ebenfalls mit Sekunden und Septimen.

ÜBERMÄSSIGE INTERVALLE

Auch der Einsatz übermäßiger Intervalle führt nicht im eigentlichen Sinne zu einem skalenbasierten Ansatz, vielmehr geht es um ein konsequentes intervallisches Denken.
Folgende zwei Regeln gelten:

1. Jedes Intervall ist erlaubt.
2. Nach einer Konsonanz (Terz, Quinte, Oktave) sowie nach einer großen Sekunde folgt ein dissonantes bzw. übermäßiges Intervall (Tritonus, kleine und große Septime, kleine und große None, auch kleine Sekunden und Quarten).

Häufungen von Quarten und kleinen Sekunden sind zwar nicht verboten, klingen aber nicht so gut und werden in der Regel vermieden (sie klingen zu offensichtlich nach Neoklassizismus).

usw.

Ein gewisses Augenmerk muss man beim Spiel auch auf die verwendeten Rhythmen und die Artikulation richten. Wiederkehrende Rhythmen führen unweigerlich zu Motivbildungen (auch wenn man ganz andere Töne spielt). Beabsichtigt man dies, kann man bewusst rhythmische Wiederholungen nutzen.
Auch mittels der Artikulation kann eine größere musikalische Spannung erzeugt werden. Das gilt insbesondere für große Intervalle, die bewusst gebunden oder auch gestoßen eine starke Wirkung entfalten.

ATONALE KANTILENE E ***
- **Z** Improvisation atonaler Melodien
- **M** Stimme bzw. Instrumente
- **A** Gehe von einem auf deinem Instrument angenehmen Ton aus. Erfinde im Sinne der beiden Intervallregeln eine langsame Melodie. Gestalte die Rhythmen und die Artikulation entsprechend der Melodielinie.

ATONALES DUO E ***
- **Z** Improvisation atonaler Duos
- **M** Stimme bzw. Instrumente
- **A** Erfindet gemeinsam nach den oben genannten Regeln ein kleines Duo. Folgt zuweilen dem anderen Spieler bzw. der anderen Spielerin. Wiederholt, was der bzw. die andere gespielt hat, wenn ihr es lohnenswert findet. Habt ihr eine schöne Idee, bleibt bei euren eigenen Gedanken und verfolgt diese weiter. Ihr könnt euren Mitspieler bzw. eure Mitspielerin auch bewusst begleiten und mit dem, was ihr spielt, etwas zurücktreten.

Das Spiel lässt sich sowohl metrisch frei als auch in einem festen Metrum realisieren. Es ist reizvoll, von einem klaren Puls auszugehen. Ein Fehler, den viele begehen, ist, zu schnell eigene Ideen fallen zu lassen und den Mitspieler bzw. die Mitspielerin einfach nur zu imitieren. Spannender ist es, nur ab und zu Ideen des bzw. der anderen aufzugreifen, sie dann aber auch ganz eigen fortzuspinnen.

SCHNELLER WECHSEL VON SKALEN

Beim schnellen Wechsel von Skalen geht es mehr um den entstehenden Höreindruck als um die tatsächlich erklingenden Töne. Durch den Wechsel von Skalen in möglichst entfernte Tonarten (etwa von C-Dur nach Fis-Dur oder von A-Dur nach F-Moll) innerhalb nur weniger Schläge stellt sich kein Gefühl für ein tonales Zentrum ein. Keine der erklingenden Skalen hat ein solches Gewicht, dass man nachfolgende Töne darauf beziehen könnte. Dieses Prinzip eignet sich vor allem für Läufe im hohen Tempo. Spielt man langsam, sind die skalenbezogenen Abschnitte mit einem klaren tonalen Zentrum deutlich hörbar. Es ist so gesehen mehr Schein als Sein.

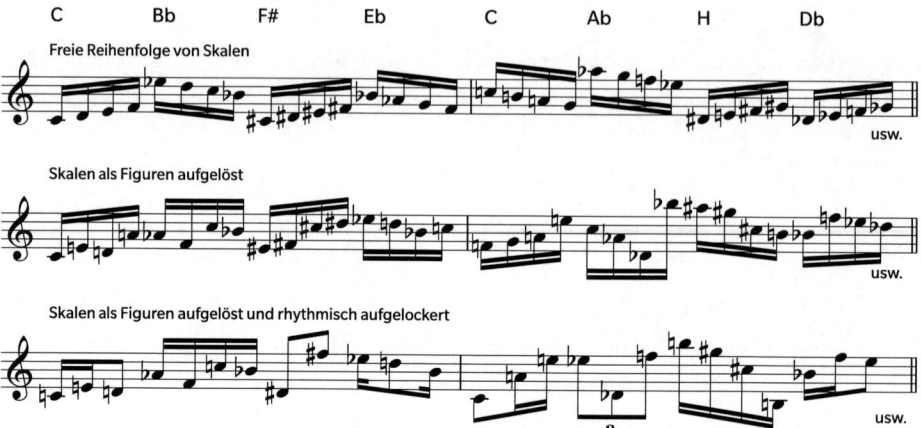

Ein wirklich atonales Konzept, in dem auch auf engem Raum nicht skalenbezogen improvisiert wird, funktioniert in der Regel nur im langsamen Tempo und selbst dabei besteht immer die Gefahr unbewusst in geübte, meist tonale, Figuren hineinzurutschen. Dies gilt u.a. auch für das scheinbar zufällige Spielen einzelner Töne, also den Versuch, möglichst zusammenhanglos Töne zu erfinden. Auch hier handelt es sich größtenteils um Folgen geübter Sequenzen, oftmals von Skalen-Abschnitten und Teilen geübter Stücke. Natürlich kann man sich Folgen von Tönen zurechtlegen, üben und in seine Improvisationen einbauen. Beim schnellen Spiel würde man jedoch vermutlich wieder nur auf diese Passagen zurückgreifen.

KOMPLEMENTÄRKLÄNGE

Eine weitere Denkhilfe vor allem für Spieler und Spielerinnen von Akkordinstrumenten kann auch die Kombination von Tonfolgen aus Tönen mit und ohne Vorzeichen sein – sogenannte *Komplementärklänge*.

Das Prinzip der *Komplementärklänge* ist dem eben beschriebenen recht ähnlich, mit dem Unterschied, dass nicht von Skalen, sondern von Drei- bzw. Vierklängen ausgegangen wird. Zwei Akkorde, die möglichst wenige gemeinsame Töne haben, werden ineinander verschachtelt. Das Prinzip funktioniert gut mit zwei Dominantseptakkorden im Abstand einer kleinen Sekunde, aber auch im Abstand eines Tritonus, einer kleinen Terz, einer kleinen oder großen Sext. Dabei entsteht zum einen ein spezifischer Akkord, zum anderen lassen sich die Akkordtöne aber auch zum Spielen von Phrasen und Motiven nutzen.

Während allerdings die Klänge aufgrund der enthaltenen Dissonanzen ein großes Spannungspotential besitzen, handelt es sich bei den Tonfolgen vielfach um herkömmliche Skalen. Innerhalb einer Improvisation sollte man daher die Akkorde bzw. die melodisch verwendeten Akkordtöne wechseln, wobei man im Ensemble nicht immer die gleiche Transposition spielen muss. Reizvoll ist es, zum Teil gleiche, zum Teil divergierende Komplementärklänge und deren Töne melodisch und harmonisch miteinander zu kombinieren.

ZWÖLFTONREIHEN

Das Prinzip des Improvisierens mit 12 Tönen, greift auf das gleichnamige Prinzip des Komponierens mit 12, nur aufeinander bezogenen Tönen nach Arnold Schönberg zurück.[98] Es bedarf dazu einer Reihe, in der alle zwölf Töne genau einmal erklingen und in der kein Ton doppelt verwendet wird. Ausnahmen sind direkte Tonrepetitionen sowie Tonverdoppelungen in einem anderen Instrument oder einem Akkord.

Grundsätzlich lassen sich aus jeder Reihe vier Formen bilden: die Grundform, der Krebs (rückwärts gespielt), die Umkehrung (jedes aufwärts gespielte Intervall wird abwärts gespielt und andersherum – aus b-es´ wird b-f) und die Krebsumkehrung. Von diesen vier Formen lassen sich wiederum 12 Transpositionen bilden, womit von jeder Reihe 48 Varianten bestehen. Dies führt schnell zu einer Komplexität, die das Improvisieren, basierend auf Zwölftonreihen, sehr erschwert. Es besteht die Gefahr, dass man sich beim Improvisieren zu sehr auf das Einhalten von Regeln und etwaig verbotene Töne konzentriert, so dass das Ergebnis musikalisch wenig inspirierend wirkt.

Zwölftonreihen müssen allerdings nicht zwangsläufig atonal klingen. Drei chromatisch ineinander verschobene Dominantseptakkorde ergeben ebenfalls eine Zwölftonreihe. Das Ergebnis ist zwar nicht tonal im Sinne der Dur-Moll-Harmonik, besitzt aber so etwas wie ein tonales Zentrum.

[98] Siehe dazu Schönberg 1911/1921; Schönberg 1992; Webern 1960.

12 UNTERSCHIEDLICHE TÖNE   E ***

Z   Bewusstes Erfinden von Zwölftonreihen

M   Instrumente, Stimme

A   Erfinde frei improvisierend eine Reihe mit 12 unterschiedlichen Tönen. Wenn dir das schwerfällt, versuche es erst einmal mit einer Reihe, die weniger Töne enthält. Taste dich allmählich vor zu komplizierteren Formen.
Wenn du kannst, wiederhole deine Zwölftonreihe. Wenn nicht, erfinde einfach eine neue Reihe.

Das Erfinden einer Zwölftonreihe aus dem Stehgreif ist verhältnismäßig schwer und musikalisch zunächst einmal alles andere als ausdrucksstark. Insbesondere, wenn man sich damit begnügt, Zwölftonreihen hintereinander zu reihen, kann dies für den Hörer bzw. die Hörerin ausgesprochen ermüdend sein. Viel interessanter ist es, mit einer vorgegebenen Reihe von 12 Tönen zu spielen, einzelne Tonfolgen herauszulösen und mit diesen zu spielen. Die Möglichkeiten, die sich hier bieten, sind ähnlich der Arbeit mit einer Skala bzw. einem Motiv. Der Unterschied besteht lediglich darin, dass die Reihenfolge der Töne vorgegeben ist und im Prinzip nicht verändert werden darf. Töne können aber oktaviert und rhythmisch gestaltet werden, gänzlich neue Tonkombinationen sollte man allerdings vermeiden. Beim Improvisieren sollte man dies jedoch nicht zu streng handhaben – selbst die meisten Komponisten und Komponistinnen sind mit dem Tonmaterial einer Reihe recht frei umgegangen.

Im folgenden Quadrat ist die Reihe aus Arnold Schönbergs Op. 33a abgebildet. Das Quadrat ist so aufgebaut, dass sich alle Transpositionen aller vier Formen leicht ablesen lassen. Von links nach rechts gelesen handelt es sich um die Grundform des Themas in all seinen Transpositionen, von rechts nach links gelesen handelt es sich um den Krebs, von oben nach unten gelesen handelt es sich um die Umkehrung und von unten nach oben gelesen um die Krebsumkehrung.

Zwölftonreihen aus Op. 33a von Arnold Schönberg in ihrer Grundform, Krebs, Umkehrung und Krebsumkehrung.

b	f	c	h	a	fis	cis	es	g	as	d	e
es	b	f	e	d	h	fis	gis	c	cis	g	a
as	es	b	a	g	e	h	cis	f	fis	c	d
a	e	h	b	gis	f	c	d	fis	g	cis	es
h	fis	cis	c	b	g	d	e	gis	a	es	f
d	a	e	dis	cis	ais	f	g	h	c	fis	gis
g	d	a	gis	fis	es	b	c	e	f	h	cis
f	c	g	fis	e	cis	gis	b	d	es	a	h
cis	gis	es	d	c	a	e	fis	b	h	f	g
c	g	d	cis	h	gis	es	f	a	b	e	fis
fis	cis	gis	g	f	d	a	h	es	e	b	c
e	h	fis	f	es	c	g	a	cis	d	gis	b

E P G (BIS TRIO) ***

ZUG UM ZUG IM ZWÖLFTON-LABYRINTH

Z Erforschen der Ausdrucksmöglichkeiten einer Zwölftonreihe

M Instrumente, Stimme

A Nutze die Zwölftonreihe von Arnold Schönberg für eine eigene Improvisation. Nimm dafür das Zwölftonquadrat als Ausgangspunkt und lass dich erst einmal treiben. Spiele einzelne Reihen. Ändere die Bewegungsrichtung nach Belieben. Suche deinen eigenen Weg durch das Labyrinth. Wenn dir eine Tonkombination gefällt, spiele damit. Wird sie dir langweilig, lass dich weiter treiben.

Lerne die Reihe in ihren vier Grundformen auswendig (erst einmal ohne Transpositionen). Improvisiere eine Musik damit. Experimentiere mit der Lage der einzelnen Töne. Was passiert beispielsweise, wenn du einzelne Töne sehr hoch und/oder sehr tief spielst. Was passiert, wenn du Töne oder Tongruppen sehr lang, andere aber sehr kurz spielst. Suche nach einer geeigneten Dynamik.

Wenn du ein Tasteninstrument spielst, experimentiere auch mit Akkorden, gebildet aus den Tönen der Reihe. Wenn du Lust hast, erfinde eine eigene Reihe (du wirst sehen, eine gut klingende Reihe mit vielen inneren Bezügen ist schwer zu komponieren).

Schönberg ging es darum, durch eine Reihe einen inneren Zusammenhang bzw. viele strukturelle Bezüge zu schaffen. Tatsächlich gelingt das recht gut, da die wiederkehrenden Intervalle ähnlich dem Thema einer Fuge klanglich sehr prägnant hervortreten. Das kann musikalisch aber auch sehr problematisch werden, denn schnell hört man sich in eine Reihe ein. Folgen dann nicht neue musikalische Ideen, fängt eine solche Musik an zu „plätschern" und wird langweilig. Beim Improvisieren ist es daher entscheidend, auch die anderen musikalischen Parameter bewusst zu gestalten, insbesondere die Lage, die Tondauer und die Dynamik. Doch auch hier gilt, dass es nicht darum geht, möglichst große Kontraste zu schaffen. Auch dies würde letztlich gleichförmig wirken. Alles muss wohl dosiert werden.

In der Nachfolge der Neuen Wiener Schule (dazu gehörten neben Schönberg insbesondere Alban Berg und Anton Webern) wurde im Sinne einer Idee Olivier Messiaens das Prinzip der Reihe auch auf alle anderen musikalischen Parameter übertragen. Reihen mit Tondauern, Intensitäten (Dynamik) und natürlich Tonhöhen wurden miteinander kombiniert. Das allein ergibt leider noch keine gute Musik, sondern zunächst einmal nur verhältnismäßig komplexe musikalische Strukturen. Zum Improvisieren ist zudem das Prinzip ungeeignet, da zu viele Parameter gleichzeitig beachtet werden müssen. Als Anregung beim Improvisieren eignet sich Serialismus jedoch gut.

SPIEL MIT REIHEN   EG ***

M Instrumente, Stimme

Z Abwechslungsreicher Einsatz verschiedener musikalischer Parameter

A In der folgenden Grafik finden sich Tonhöhen, Artikulationen und Dynamikangaben. Nimm dir jeweils drei heraus und improvisiere damit ein Stück. Erweitere schrittweise die Anzahl und nimm weitere Dynamikangaben, Artikulationen und Tonhöhen hinzu.

Anders als im Serialismus muss die Reihenfolge der einzelnen Parameter in einer solchen Improvisation nicht streng eingehalten werden. Es geht nicht um eine festgelegte Reihe, sondern um den bewussten Einsatz ausgewählter musikalischer Parameter. Methodisch sinnvoll kann es daher sein, dass man sich als Zwischenschritt erst einmal nur auf einen Parameter fokussiert und ein reines Dynamik- oder Artikulations-Stück improvisiert.

SIEHE DAZU AUCH
Variationsformen, S. 334–336.

Wie schon mehrfach in diesem Buch sei einmal mehr der Rat gegeben, sich entsprechende Musik anzuhören. Es ist allerdings nicht ganz leicht, hier Hörtipps aufzulisten. Es gibt sehr wohl (und leider sehr viel) mittelmäßige zeitgenössische Musik, doch es finden sich auch wunderbare Meisterwerke. In den 1950er bis in die 1970er Jahre (also in der Hochzeit des Serialismus) waren – um nur ein paar Namen zu nennen – u.a. Karlheinz Stockhausen, Luciano Berio, Pierre Boulez, Bruno Maderna und György Ligeti herausragende Protagonisten. Zu allen Komponisten liegen unterdessen umfangreiche Aufnahmen vor. Als Einstieg eignen sich vor allem die frühen Stücke für großes Ensemble oder Orchester.

MESSIAEN-SKALEN

[99] Vgl. Messiaen 1966, 56 sowie Prey o.J., 2.

Vom französischen Komponisten Olivier Messiaen (1908–1992) stammt eine Reihe symmetrischer Skalen (*Modes à transpositions limitées*).[99] Die Skalen sind so aufgebaut, dass zumindest eine Transposition mit der Urgestalt identisch ist. Das zugrundeliegende Prinzip lässt sich auf zwei Arten erklären. Als intervallisches Prinzip handelt es sich um die Abfolge immer gleicher Intervallfolgen. Als Oktavteilung wird die Oktave in Abschnitte mit identischem Aufbau geteilt.

Messiaen-Skalen = *Modes à transpositions limitées*.

Die Beschäftigung mit den Skalen kann ähnlich den weiter vorn beschriebenen Prinzipien und Spielen geschehen (siehe S. 176–195). Letzten Endes sollte man sich spielend, forschend, horchend wie auch übend mit dem Material auseinandersetzen und sich dabei auch mit den vorhandenen Transpositionen beschäftigen.

Olivier Messiaen hat selbst die Skalen in seinen Kompositionen kaum verwendet, jedoch viele seiner Schüler bzw. Schülerinnen angeregt, sich mit dem symmetrischen Prinzip der Skalen auseinanderzusetzen. Die Skalen eignen sich wunderbar zum Improvisieren und sind – insbesondere Mode 1–3 – in sehr verschiedenen Improvisations-Stilen ausgesprochen verbreitet.

ALLINTERVALLFOLGEN

Allintervallfolgen sind sowohl ein harmonisches als auch ein melodisches Prinzip. Es baut auf Folgen von Intervallen auf, die in sich bzw. zwischen einander alle möglichen Intervalle innerhalb einer Oktave abbilden, wobei enharmonische Verwechslungen als gleiche Intervalle betrachtet werden. Daher werden nur Intervalle bis zum Tritonus berücksichtigt, da in oktavierter Form alle größeren Intervalle enthalten sind. So ergeben beispielsweise die Töne c-f abhängig von der Lage sowohl eine Quarte als auch eine Quinte. Gleiches gilt für c-e in Bezug auf eine große Terz und eine kleine Sext. Dies führt dazu, dass letztendlich vier Töne ausreichen, um alle möglichen Intervalle darzustellen. Es finden sich zwei Varianten, die sich dahingehend unterscheiden, ob die Intervalle auf- oder absteigen, ob also die Abfolge mit einer kleinen Sekunde startet oder endet.

Allintervallreihen.

Beide Varianten lassen sich natürlich wiederum auf 12 mögliche Grundtöne transponieren. Es existieren damit 24 Formen. Da jede Reihe aus vier Tönen besteht, ist damit jeder Ton letztlich in sechs der Formen enthalten.

Für das akkordische Spiel reicht dieses Prinzip aus, um Klänge mit allen möglichen Dissonanz- und Konsonanzgraden zu erfinden. Für das melodische Spiel bleiben die Möglichkeiten aber letztlich recht beschränkt. Hier bietet es sich an, die Tonfolgen bis zur Oktave als Tetrachordreihe zu spiegeln. Dadurch entstehen symmetrische Sechstonreihen (Hexachorde).

Diese Reihen lassen sich ebenfalls transponieren, wobei durch den symmetrischen Aufbau nicht 12 sondern nur jeweils sechs Transpositionen entstehen.

SKALEN ERFORSCHEN

M Instrumente

Z Erforschen der Klanglichkeit einer Skala

A Suche dir eine Skala heraus und erforsche deren Klanglichkeit. Welche Intervallschritte und Tonverbindungen sind charakteristisch?
- Suche nach spezifischen Figuren.
- Erfinde eine längere Melodie.
- Suche nach Akkorden, bestehend aus Tönen der Skala (Tasteninstrumente und Gitarre).
- Im Duo: Improvisiert gemeinsam mit den Tönen einer (oder mehrerer) der Skalen.

E P **

In der Beschäftigung mit Allintervallreihen bedarf es einer längeren Explorationsphase, um die klanglichen Möglichkeiten zu erforschen. Möglichst bald sollten aber kleinere Duos und größere Besetzungen improvisiert werden.

SPEKTRALKLÄNGE

Die Idee, das akustische Klangspektrum mit seinen Partialtönen musikalisch zu nutzen, ist sehr alt und hat letztlich auch zur Ausbildung der klassisch-abendländischen Musiktheorie geführt. Dur- und Moll-Akkorde lassen sich ebenso wie diatonische Tonleitern über die in einem Klang vorhandenen Partialtöne erklären. In den 1970er Jahren wurde dieses Prinzip jedoch von Komponisten wie Gérard Grisey, Tristan Murail oder Michaël Levinas stark erweitert. In der Spektralmusik (*musique spectrale*) wurde durch die Analyse komplexer Klangverläufe eine neue Art der Klanglichkeit entwickelt.

Grundsätzlich baut das Prinzip auf einer gewöhnlichen Obertonreihe auf.

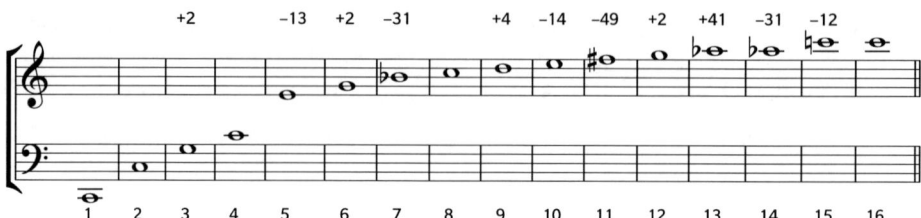

Obertonreihe auf C.

Spielt man nun mindestens zwei (besser mehr) der Partialtöne auf einem akustischen Instrument, so entsteht ein Klang, bei dem psychoakustisch der (gegebenenfalls physikalisch gar nicht vorhandene) Grundton als Kombinationston deutlich hervortritt. Entscheidend ist dabei allerdings, dass man sehr genau intoniert und auch die mikrotonalen Abweichungen[100] beachtet. Mit diesem Material lassen sich wunderbare Klanggebilde improvisieren.

[100] Genau genommen handelt es sich um keine Abweichungen, sondern vielmehr um eine reine Stimmung, von der die gebräuchliche temperierte (unsaubere) Stimmung abweicht.

SPEKTRUM

M Instrumente, Stimme

Z Gute Intonation, Kennenlernen von Spektralklängen

A Nehmt euch das Spektrum auf C oder einem anderen Ton. Ein Spieler beginnt mit einem Ton aus dem Spektrum, die anderen Spieler und Spielerinnen setzen nacheinander ein. Spielt immer nur die Töne der Obertonreihe (des Klangspektrums). Haltet die Töne eine Weile, wechselt nicht zu schnell von einem Ton zum nächsten. Achtet genau auf die Intonation. Wenn ihr gut seid, hört man durchgängig den Grundton ohne große Schwankungen. Experimentiert mit den unterschiedlichen Lagen und Dynamikstufen. Versucht Steigerungen und ein klares Ende zu gestalten.

G ***

Auch bekannt als Spiel mit Obertönen/Partialtönen.

BOGEN

A Nehmt euch das Spektrum auf c oder einem anderen Ton. Eine Spielerin beginnt mit einem Ton, die anderen steigen nacheinander ein. Etabliert das Klangspektrum und lasst es einige Zeit stehen. Fügt allmählich fremde Töne und Klänge ein. Spielt schnellere Tonfolgen und werdet immer wilder. Kommt nach einiger Zeit wieder zurück zum Klangspektrum. Werdet am Ende allmählich leiser und hört nacheinander auf zu spielen.

VIERTELTONSCHRITTE

Zuletzt sei zumindest erwähnt, dass in der zeitgenössischen Musik Viertel-Tonschritte in vielen neuen Werke eher die Regel als die Ausnahme sind. Das bedeutet nicht, dass chromatische Viertel-Tonleitern gehäuft vorkommen, sondern dass zusätzliche Intervalle neben den temperierten verwendet werden. Anstatt mit 12 Halbtonschritten wird mit 24 Vierteltonschritten in der Oktave gespielt. Auch beim Improvisieren können Vierteltonpassagen interessante Farben erzielen. Auch Passagen mit ganz eigenen Stimmungen und Intervallen (etwa ¾-Tonschritten oder einer großen Terz und einem Viertelton) bieten ganz eigene Ausdrucksmöglichkeiten. Hier besteht ein spezielles Experimentierfeld.

Vierteltonreihe.

INTERVALLFORTSCHREITUNGEN

Dieses Buch durchzieht als unsichtbarer Faden ein innerer Widerspruch. Auf der einen Seite scheint es uns essentiell, recht konkret zu zeigen, wie man Improvisation üben und lernen kann. Wir zeigen daher u.a. im nachfolgenden Abschnitt, wie typische melodische Bausteine aussehen und wie man diese Bausteine verwenden und üben kann. Auf der anderen Seite wissen wir aber um die Gefahr, die das intensive Studium eben solcher musikalischer Bausteine mit sich bringt. Sie verleiten dazu, einfach nur abgespielt zu werden, ohne sie bewusst zu gestalten und ohne mit ihnen spielerisch umzugehen. Daher wird immer beides benötigt: das Aneignen eines entsprechenden melodischen Repertoires und die Fähigkeit, mit diesem Material spielerisch umzugehen. Zudem braucht es immer den Mut, vorhandenes Material auch völlig außer Acht zu lassen und eigene Ideen zu entwickeln. Im Folgenden werden typische Intervallfortschreitungen behandelt. Bevor (und während) man anfängt, sich mit den Materialien systematisch auseinanderzusetzen, sei aber angeraten, sich frei damii zu beschäftigen.

EPG ⁎⁎

SPIEL MIT SEKUNDEN

M Stimme bzw. Instrumente

Z Exploration von Spielfiguren jenseits standardisierter Formen

A Improvisiere eine Musik mit Sekundintervallen. Suche nach verschiedenen Fortschreitungen und Gängen mit kleinen und großen Sekunden (nur kleine oder große Sekunden, abwechselnd, gemischt). Experimentiere auch mit der unterschiedlichen Wirkung von Sekundgängen in verschiedenen Oktaven.

BEISPIEL

A Suche dir nun mindestens drei Skalen mit dem gleichen Grundton (etwa D-Dur, D-Dorisch und D-Freygisch) und improvisiere im Sekundbereich. Wechsle zwischen den Skalen. Erforsche die unterschiedlichen Sekundschritte.

Neben einfachen Tonleitern sind Intervallfortschreitungen die einfachste Form von Spielfiguren. Ein Motiv wird um immer das gleiche Intervall schrittweise durch eine Skala verschoben. Die verbreiteteste Form stellen Terzgänge dar, die jeweils eine Sekunde nach oben oder nach unten verschoben werden, in der Form: Terz aufwärts, Sekunde abwärts (1 3 2 4 3 5 usw.) oder Terz abwärts, Quarte aufwärts (3 1 4 2 5 3 usw.).

Terzgänge.

Die zweite Form lässt sich auch ab dem zweiten Ton als Quartgang in der Form Quarte aufwärts, Sekunde abwärts: (3) 1 4 2 5 3 usw. verstehen, was zeigt, wie wichtig der Anfangston für das Verständnis von Intervallfortschreitungen ist.

Auch abwärts bieten sich zwei Varianten an, die sich in ihren Intervallschritten unterscheiden: Terz abwärts, Sekunde aufwärts (8 6 7 5 6 4 usw.) sowie Terz aufwärts, Quarte abwärts (8 10 7 9 6 8 usw.).

Terzgänge, insbesondere in der Form 1 3 2 4 aufwärts und 8 6 7 5 abwärts, gehören zum Standardrepertoire klassischer westlicher Musiker und Musikerinnen. Beim Bestreben, diese technisch möglichst perfekt zu spielen, vergisst man aber schnell, dass es sich um musikalische Bausteine handelt. Es lohnt sich, diese als musikalisches Material wiederzuentdecken und mit ihnen zu spielen.

E ⁎⁎

TERZGÄNGE

M Instrumente

Z Üben von Terzgängen als musikalisches Material

A Lege eine Tonart fest. Erfinde eine Musik mit Terzgängen und Tonleiterausschnitten. Versuche, unterschiedliche Emotionen auszudrücken.

ROCK BEAT

M Instrumente

Z Üben von Terzgängen über rhythmisierten Begleitungen

A Suche dir auf deinem Handy, Tablet oder Computer eine Drumcomputer-App (z.B. *Garage-Band* oder *Metrodrummer*). Spiele deine Terzgänge zu einem Rock-, Jazz oder Technobeat. Experimentiere mit Pausen und Wiederholungen. Wie verändert sich dein Spiel bei verschiedenen Beats?

E P **

DOPPELTES TEMPO

Z Üben von Terzgängen als musikalisches Material

M Instrumente

A Vereinbart eine Tonart und ein Tempo. Spielt Terzgänge in der gleichen Tonart. Wechselt dabei plötzlich in das doppelte oder halbe Tempo. Haltet dabei aber immer den Grundpuls. Baut Wiederholungen einzelner Figuren und Pausen ein. Legt gegebenenfalls einen Rockbeat unter eure Improvisation.

P **

SIEHE AUCH
Musikalisches Verarbeiten, Variieren, gestalterisches Denken, S. 236–255.

Beide Figuren lassen sich auch miteinander verbinden. Es entsteht dabei die Fortschreitung 1 3 4 2 3 5 6 4 usw.

Diese Art von Spielfiguren können auch mit Quarten, Quinten, Sexten, Septimen oder Oktaven gebildet werden. In der klassischen Spielliteratur sind solche Formen allerdings eher selten, für das Improvisieren (insbesondere in den freieren Formen) können sie aber Abwechslung mit sich bringen.

Alle Spielfiguren sind melodische Materialien, d.h. es sind Tonschnipsel, um damit Musik zu gestalten. Es gilt daher immer, die Materialien klanglich zu erforschen, sie zu üben und mit ihnen zu improvisieren.

Quart- bis Oktavgänge.

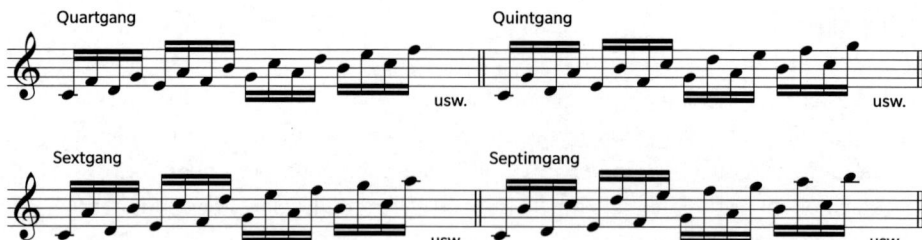

In allen Fällen muss dabei die zugrunde gelegte Tonart bzw. Skala beachtet werden. Das folgende Beispiel zeigt einen Gang übermäßiger Quarten über eine chromatische Tonleiter sowie einen Sextgang über eine Halbton-Ganztonskala.

In gleicher Weise lassen sich solche Fortschreitungen aber auch über jede andere Skala spielen.

Verhältnismäßig gängig sind noch Sekundgänge in der Form Sekunde aufwärts und abwärts, Sekunde aufwärts (1 2 1 2 3 2 3 4 3 usw.). Sie besitzen einen triolischen Charakter und wirken meist sehr energetisch.

Verschiebt man bei dieser Spielfigur den Anfangston, ergeben sich weitere charakteristische Formen, etwa ab dem zweiten Ton ein abwärts gerichteter Sekundgang und ab dem dritten Ton ein um eine Sekunde verschobener Tonleiterausschnitt.

Verschiebt man bei dieser Figur den Schwerpunkt und spielt sie als Sechzehntelfigur, erhält sie, auch wenn es sich um die gleichen Töne handelt, einen ganz anderen Charakter. Sie wirkt als Hemiole wesentlich rhythmischer.

SPIELMATERIAL ERFORSCHEN

E **/***

- **Z** Erforschen und Üben musikalischer Bausteine
- **M** Instrumente
- **A** Alle Spielfiguren lassen sich in alle möglichen Skalen und Transpositionen übertragen. Denke dir zu der Skala, die du gerade übst, verschiedene Spielfiguren aus bzw. lege dir aus den vorgestellten Möglichkeiten einige zurecht. Übe sie über die Töne deiner Skala.

Die Vielfalt an Möglichkeiten birgt die Gefahr, schnell die Übersicht zu verlieren. Es ist nicht ganz einfach zu entscheiden, was wichtig und was eher unwichtig ist, was man zuerst üben sollte, was warten kann und was man vielleicht gar nicht üben muss. Eine Hilfe kann sein, dass man sich vergegenwärtigt, in welchem Stil man sich ausdrücken möchte. Skalen und Wendungen, die in dem jeweiligen Stil ungebräuchlich sind, muss man nicht als erstes üben. Man sollte sich aber auch nicht gleich durch stilistische Vorgaben unnötig einschränken.

Soweit man sich jedoch im Bereich tonaler und modaler Improvisation aufhält (dazu gehört auch ein Großteil des Jazz), sollte man sich zunächst auf Terz- und Sekundgänge in Dur- und Moll-Tonarten beschränken und hier auch nur die in den gespielten Stücken verwendeten Tonarten perfektionieren. Welche Tonarten das im Konkreten sind, hängt vom jeweiligen Instrument ab. Nach und nach können dann weitere Spielfiguren in weiteren Tonarten und Modi dazu kommen.

Im Jazz sind zudem Quartgänge, in der freien Improvisation entsprechende Figuren auf chromatischen Tonleitern, Ganztonleitern und Halbton-Ganztonleitern verbreitet.

Für den Anfang bietet es sich ferner an, die Anzahl der Töne zu beschränken und mit einem überschaubaren Material in einem langsamen bis mittleren Tempo zu improvisieren. Erst wenn Skalen und Figuren gut beherrscht werden, kann man sich auch an Improvisationen im schnellen Tempo heranwagen.

Terz- und Sekundgänge in Kombination mit Tonleiterausschnitten und arpeggierten Akkorden bieten bereits eine Fülle von Möglichkeiten in sehr verschiedenen Stilen. Nachfolgend finden sich einige Beispiele:

Domenico Scarlatti (1685–1757): *Sonate in D-Moll*, K1 L 366, Allegretto.

Terzgang in A-Moll mit einem an eine Salsa angelehnten Rhythmus.

Terzgänge und Skalen im freitonalen Spiel.

Selbst verhältnismäßig einfache Ideen können überraschend komplexe Ergebnisse zur Folge haben. Im folgenden Beispiel, das an eine Idee der Minimal Music der 1960er Jahre angelehnt ist, spielen beide Stimmen nur mit Ausschnitten eines Terzganges und einer C-Dur-Tonleiter, die jeweils sukzessiv erweitert werden. Im Notenbild wirkt die Idee verhältnismäßig komplex, beim Improvisieren und Spielen merkt man davon aber kaum etwas.

E ***

ÜBEND ZUM TANZ AUFSPIELEN

M   Instrumente

A   In der nachfolgenden Tabelle findest du einige typische Tanz-Rhythmen. Wähle einen Rhythmus und eine passende Skala und improvisiere ein Stück mit Terz- und Sekundgängen sowie Tonleiterausschnitten.

P G ***

Ergänzt die Improvisation durch ein entsprechendes Begleitmodell.

SIEHE AUCH
Akkordfortschreitungen,
S. 279–291.

TANZRHYTHMEN

Menuet.

Siziliana.

Polka.

Boarischer.

Samba.

Salsa.

Bossa.

GLEICHBLEIBENDE INTERVALLFOLGEN

Gleichbleibende Intervallfolgen können ebenfalls als musikalische Bausteine verwendet werden. Entsprechende Spielfiguren sind nicht so gängig und weichen vom klassischen Repertoire ab. Von ihrer Grundidee her handelt es sich um tonartlich nicht gebundene Spielfiguren, von denen nur verhältnismäßig wenige Varianten vorhanden sind. Solche Spielfiguren lassen sich allerdings transponieren, wobei auch hier nur wenige Möglichkeiten entstehen.

Intervallfolgen.

Intervallfolgen lassen sich natürlich auch harmonisch bzw. modal gebunden spielen. In dem Fall handelt es sich aber nicht mehr um reine Intervalle.

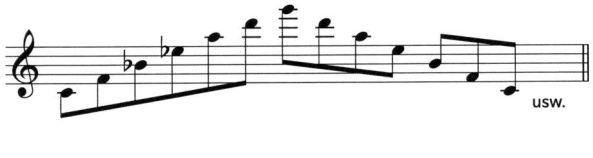

Quartfolge in C-Dorisch.

Quintfolge in C harmonisch Moll.

Interessant klingende Figuren entstehen nun, wenn solche Intervallschichtungen schrittweise verschoben werden. Derartige Intervallfortschreitungen besitzen ein typisches Klangbild und stellen gerade gegenüber gewöhnlichen Terz- oder Quartgängen erfrischende Alternativen dar. Auch hier können unterschiedliche Bewegungsrichtungen gebildet und miteinander verschränkt werden.

Quartfolgen.

Verschiedene Intervallfolgen haben unterschiedliche Charaktere.

Jede Intervallfolge besitzt als Spielfigur einen eigenen Charakter.
Während Terzen, Quinten und Sexten und bedingt auch Quarten in der alpenländischen Volksmusik eingesetzt werden, weckt das Erklingen von kleinen Septimen als Spielfigur Assoziationen an Jazz und Blues. Der Charakter einer Spielfigur wird zudem sehr vom Rhythmus geprägt. Ein und dieselbe Spielfigur kann daher durchaus für Pop, Jazz, Latin oder Barock genutzt werden.
Insbesondere im Jazz sowie in modalen Improvisationen werden Quart- und Quintfolgen als Spielfigur eingesetzt. Sie erzeugen „leere" Klänge, die tonal ungebunden sind und daher zu recht unterschiedlichen harmonischen Kontexten passen. In gleicher Weise lassen sich Quart- und Quintschichtungen aber auch als Begleitung einsetzen, über die sich improvisieren lässt.

Quartfolgen über Quartakkorden.

Werden Quarten als Spielfigur in Form von Schichtungen eingesetzt, erzeugen sie eine „offene" Atmosphäre und Raum.

Sechs Quintfolgen.

In der Abfolge zweier miteinander verschränkter Quint- oder auch Quartfolgen (drei Quinten aufwärts, Sekunde aufwärts, weitere drei Quinten aufwärts), handelt es sich um eine typische Begleitfigur in Jazz– und Pop Balladen, die auch gern in Introduktionen eingesetzt wird. Nutzt man diese Intervallfolge als akkordische Begleitformel, lässt sich über das verbindende Intervall (hier eine Sekunde) modulieren bzw. schnell in andere Tonarten wechseln.

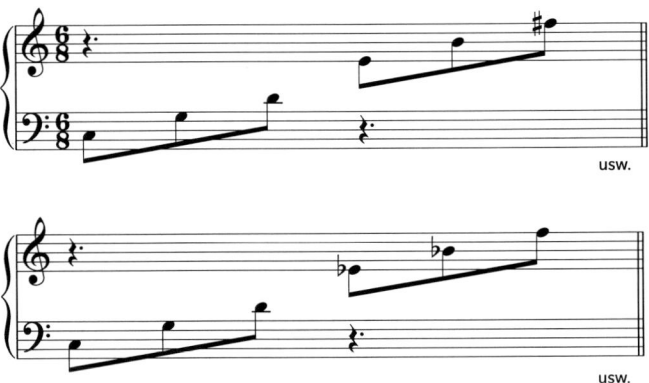

Quintschichtungen als Begleitung – aufsteigend drei Quinten, Sekunde, drei Quinten.

Folgen von Quarten und Quinten sowohl als reine Schichtung als auch als fortschreitende Spielfigur eignen sich besonders, um in nicht tonalen Kontexten zu improvisieren, sei dies in einem neueren Jazz-Idiom oder in einem an zeitgenössischer Musik angelehnten Idiom. Ohne, dass die Klänge dabei im eigentlichen Sinn dissonant wären, verlässt man den Rahmen tonaler Musik.

EXPLORATION MIT QUINTEN

M Klavier mit Pedal, Instrumente

A Beschäftige dich länger mit den Varianten der Spielfiguren. Führe sie fort und erforsche deren Klangwirkung (Pianisten bzw. Pianistinnen können hier auch ausgiebig das Pedal verwenden).

E P **

Quintfortschreitung.

Schaue dir bezüglich der Verwendung von Quart- und Quintfolgen auch neuere Literaturstücke an, etwa von Béla Bartók, Jenő Takács oder Paul Hindemith.

QUARTEN IN DIATONISCHEN SKALEN

M Instrumente

A Wähle eine diatonische Skala. Spiele von jedem Ton Quartfolgen. Höre genau, ob es sich um reine oder übermäßige Quarten handelt. Spiele mit deren unterschiedlichen Dissonanzgraden.

E **

SIEHE DAZU AUCH
Akkorde, Harmonik, Mehrklänge, Texturen, S. 257–309.

P G **

CHROMATISCHE QUART- UND QUINTFOLGEN

M Instrumente

A Improvisiert mit Quart- und Quintfolgen über einen Bordunton. Spieler A improvisiert, Spielerin B begleitet – nach einiger Zeit die Rollen tauschen. Nutzt dabei sowohl auf- als auch absteigende Interfallfolgen. Hört auf den steten Wechsel aus Konsonanz und Dissonanz.

P ***

SPIEL MIT QUINTEN UND QUARTEN

M Instrumente

Z Erforschen der Klangqualität von Quartklängen und Quartgängen

A Wählt euch eine Tonleiter, die ihr gut beherrscht oder mit der ihr euch gerade beschäftigt.
Spielerin A: Erfinde eine Begleitung mit reinen Quarten und Quinten.
Spieler B: Improvisiere eine Melodie mit allen Tönen der Tonleiter. Nutze auch immer wieder Quarten und Quinten in deiner Melodieführung.
Tauscht nach einiger Zeit die Rollen.

ARPEGGIERTE DREIKLÄNGE UND DREITONFOLGEN

Eine weitere sehr einfache, verbreitete Spielfigur ist der arpeggierte Dreiklang.
Als Dreiklang bezeichnet man Akkorde, bei denen drei unterschiedliche Töne gleichzeitig oder nacheinander klingen. Harmoniefolgen werden im Kapitel Akkorde, Harmonik, Mehrklänge, Texturen, Seite 257–309 noch näher behandelt. Hier interessiert erst einmal, dass sich alle Arten von Dreiklängen auch melodisch als Spielfigur in Form einer Tonfolge nutzen lassen. Die Töne werden dabei nicht gleichzeitig, sondern eben sukzessiv gespielt. Systematisch lassen sich in jeder siebenstufigen Skala 34 mögliche Dreitonfolgen bilden.
In C-Dur handelt es sich um folgende Varianten:

Arpeggierte Dreiklänge bzw. Dreiklangfolgen.

Dreiklangspermutationen.

Jeder dieser Dreiklänge lässt sich in sechs Permutationen spielen (als 1 2 3, 1 3 2, 2 3 1, 2 1 3, 3 2 1, 3 1 2).

Sechs Permutationen von Dreiklängen.

Damit lassen sich allein schon 204 Varianten bilden und dies auf jeder beliebigen Skala in jeweils 12 Transpositionen.

Zudem haben wir bis hier nur die Varianten im diatonischen Bereich betrachtet. Bezieht man alle chromatischen Töne mit ein, steigt die Anzahl möglicher Figuren exponentiell an.

Chromatische Dreiklangsfolgen.

Auch wenn ein Experimentieren und Suchen nach interessanten Dreiklangsfiguren in dieser Weise sehr spannend sein kann und wir unbedingt dazu raten wollen, bedarf es aufgrund der sehr großen Anzahl an Varianten einer sinnvollen Reduktion. Zumindest anfänglich ist es sinnvoll, sich auch an den in der klassischen Musik, dem Jazz und der Volksmusik genutzten Möglichkeiten zu orientieren, also allen Dreiklängen, die sich als Terzschichtungen auf den sieben Stufen der Dur- und Moll-Tonleiter ergeben. Dies sind der Dur-Dreiklang, der Moll-Dreiklang, der übermäßige Dreiklang, der verminderte Dreiklang sowie deren Umkehrungen.

Als Spielfiguren sollten sie zumindest in Moll und Dur jeder Spielerin bzw. jedem Spieler zur Verfügung stehen.

Dreikangsumkehrungen.

Bei immerhin 12 möglichen Transpositionen und je drei Umkehrungen ergibt sich auch hier noch eine Vielzahl an Varianten (144), mit denen man sich wie mit den Tonleitern und Terzgängen beim Üben und im Unterricht über einen längeren Zeitraum beschäftigen muss. Zudem können wiederum entsprechende Tonpermutationen gebildet (und geübt) werden. Für den Anfang reichen auch hier ganz einfache Formen und Tonarten, etwa C-Dur, G-Dur und F-Dur in Grundstellung, die mit der Zeit erweitert werden.

EPG **

EIN VOLKSLIED WEITERSPINNEN

M Instrumente
Z Mit Dreiklangsmotivik improvisieren
A Viele Volks- und Kinderlieder sind aus Dreiklängen, Tonleiterausschnitten und Terzgängen aufgebaut. Im Notenbeispiel siehst du einige Anfänge bekannter Volkslieder.

Alle Vöglein sind schon da.

Vogelhochzeit.

Es steht ein Baum im Odenwald.

Fuchs du hast die Gans die Gans gestohlen.

A Vielleicht weißt du, wie die Lieder weitergehen. Wenn nicht – um so besser – erfinde neue Enden.
Nun denke dir ein ganz eigenes Volkslied aus. Überlege dir einen Titel oder ein Thema (z.B. „Der wilde Bach", „Auf dem Berg", „Die schnelle Bahn" oder „Im Flugzeug").

EPG **

ETÜDEN SELBST ERFUNDEN

M Instrumente
Z Technische Etüden aus Dreiklangmotivik und Tonleiterausschnitte improvisieren
A Viele klassische Etüden bestehen aus Dreiklängen, Tonleitern, Terz- und Sekundgängen. Schau dir einige deiner bisherigen Etüden genauer an. Improvisiere eine eigene Etüde. Spiele nicht zu schnell, sondern versuche, beim Improvisieren vorauszuplanen, was du als nächstes spielen möchtest. Experimentiere mit Kombinationen aus Dreiklängen, Tonleitern, Terz- und Sekundgängen.

Dreiklänge als Spielfiguren lassen sich beim Improvisieren in zwei Formen einsetzen: als reine Arpeggien, die sich nach dem jeweiligen harmonischen Kontext richten. In einer A-Dur-Passage kann beispielsweise ein A-Dur-Dreiklang in folgender Weise erklingen.

A-Dur-Dreiklang als Arpeggio.

Dreiklänge lassen sich aber auch wie Quartfolgen oder Intervallfolgen als Spielfiguren verwenden. Der Dreiklang wird entsprechend dem Tonvorrat bzw. der verwendeten Skala verschoben. Dabei besteht zwischen den Dreiklängen ein verbindendes Intervall. Meistens handelt es sich um eine Sekunde.

A-Dur-Dreiklang als verschobene Spielfigur (hier nach dem Muster 1 3 5, 2 4 6, 3 4 7 usw.).

Diese Form ist technisch verhältnismäßig anspruchsvoll und eher für fortgeschrittene Spieler und Spielerinnen geeignet. Sie führt aber zu ausgesprochen interessanten musikalischen Bausteinen.

Im folgenden Beispiel wurden Dreiklänge als Spielfigur über einen Parallelismus C-Dur, F-Dur, A-Dur, D-Moll verschoben. In den ersten beiden Takten erklingen die Töne der F-Dur-Tonleiter, in den folgenden zwei die der harmonisch Moll-Tonleiter.

Wie ein Parallelismus funktioniert, beschreiben wir im Abschnitt *Akkordfortschreitungen*, S. 280.

Beispiel für eine Improvisation mit arpeggierten Akkorden über einen Parallelismus in F-Dur mit der Harmoniefolge C-Dur, F-Dur, A-Dur, D-Moll.

Dieses Prinzip lässt sich natürlich nicht nur mit Arpeggien in der Grundstellung anwenden. Im folgenden Beispiel wurde ein Quartsextakkord nach dem Muster 1 4 6, 2 5 7, 3 6 8 usw. über eine Klezmer-Skala verschoben.

Verschobener Quartsextakkord nach dem Muster 1 4 6, 2 5 7, 3 6 8 usw.

ARPEGGIERTE VIERKLÄNGE

Eine weitere viel verwendete Spielfigur ist der Vierklang bzw. sind Viertonfolgen. Anders als der Dreiklang werden in der klassisch-romantischen Musik nur wenige Varianten verwendet (insbesondere der Dominatseptakkord ist gebräuchlich). In der Musik des ausgehenden 19. Jahrhunderts sowie in verschiedenen Jazz-Stilen sind Vierklänge jedoch gängige Tonmaterialien.

Zahlreiche Varianten arpeggierter Vierklänge sind möglich.

Wie mit Dreiklängen lässt sich auch mit Vierklängen verfahren. Da rechnerisch eine noch wesentlich größere Anzahl an Varianten existiert, ist auch hier für den Anfang eine Beschränkung auf die gängigen Formen, die sich als Terzschichtungen auf den Tönen der Dur- und harmonisch Moll-Tonleiter ergeben, anzuraten.

Gebräuchliche Septimakkorde.

Rein systematisch ließen sich weitere Akkorde bilden, etwa ein übermäßiger Septakkord mit kleiner Septime sowie ein verminderter Septakkord mit großer Septime. Diese entstehen jedoch nicht durch Terzschichtungen in Dur und Moll und werden daher zumindest in tonalen Zusammenhängen selten verwendet.

Wie dem Notenbeispiel zu entnehmen ist, sind hingegen Akkorde mit hinzugefügter Sext gebräuchlich. Wie nachfolgend dargestellt, ergeben sich solche Akkorde auch als Umkehrungen der Septakkorde. So ist beispielsweise der Dur-Dreiklang mit zugefügter großer Sext identisch mit der ersten Umkehrung eines kleinen Moll-Septakkords, der Dur-Dreiklang mit zugefügter kleinen Sext entspricht dem übermäßigen Septakkord, der Moll-Dreiklang mit großer Sext dem halbverminderten Septimakkord und schließlich der Moll-Dreiklang mit kleiner Sext einem großen Dur-Septakkord. Es ist daher möglich, (Quint-)Sextakkorde – Dreiklänge mit zugefügter Sext – als eigenständige Vierklänge oder aber als Umkehrung eines Septimakkords zu betrachten. Transponiert auf den Grundton c ergeben sich damit folgende Varianten bzw. Umkehrungen:

großer C-Dur-Septakkord

C^{maj7}

Grundstellung | 1. Umkehrung (Quint-Sextakkord) | 2. Umkehrung (Terz-Quartakkord) | 3. Umkehrung (Sekundakkord)

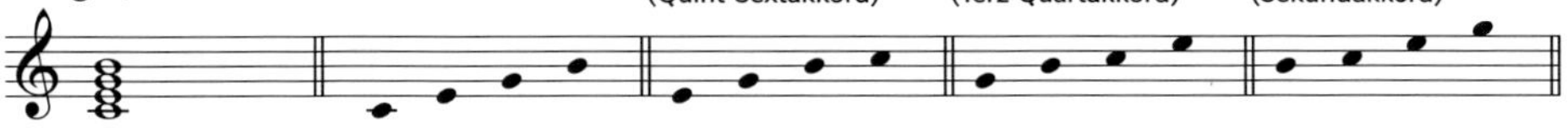

Septakkorde und ihre Umkehrungen.

C-Dominantseptakkord

C^{7}

Grundstellung | 1. Umkehrung | 2. Umkehrung | 3. Umkehrung

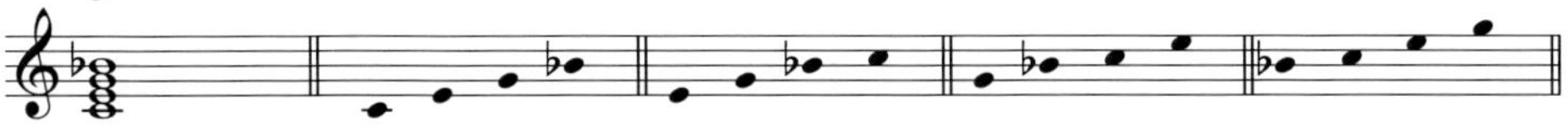

Großer C-Moll-Septakkord

$Cm^{(maj7)}$

Grundstellung | 1. Umkehrung | 2. Umkehrung | 3. Umkehrung

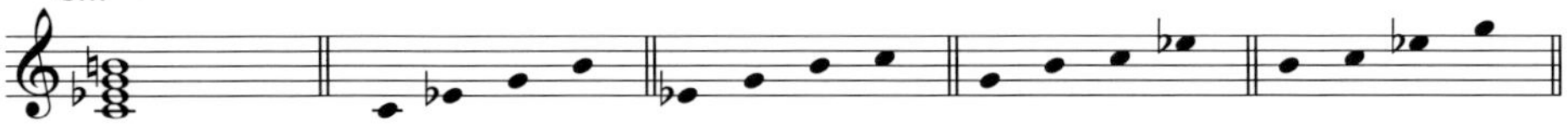

Kleiner C-Moll-Septakkord

Cm^{7}

Grundstellung | 1. Umkehrung | 2. Umkehrung | 3. Umkehrung

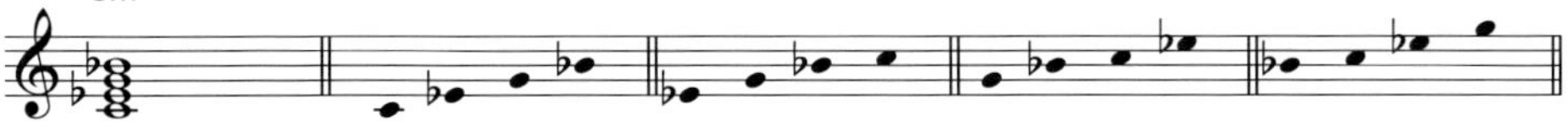

Halbverminderter Septakkord auf C

$C^{ø7}$

Grundstellung | 1. Umkehrung | 2. Umkehrung | 3. Umkehrung

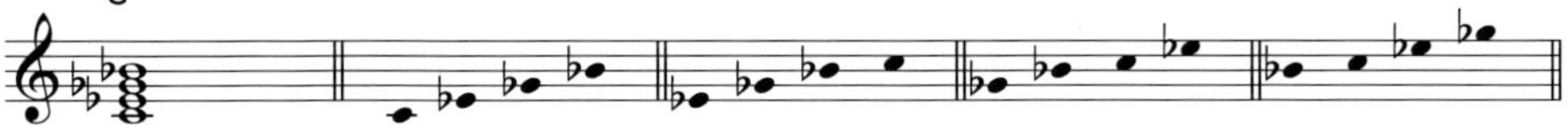

Ganzverminderter Septakkord auf C

C^{o7}

Grundstellung | 1. Umkehrung | 2. Umkehrung | 3. Umkehrung

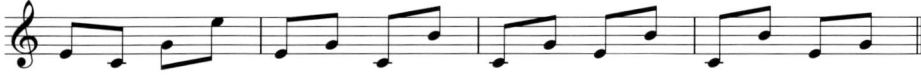

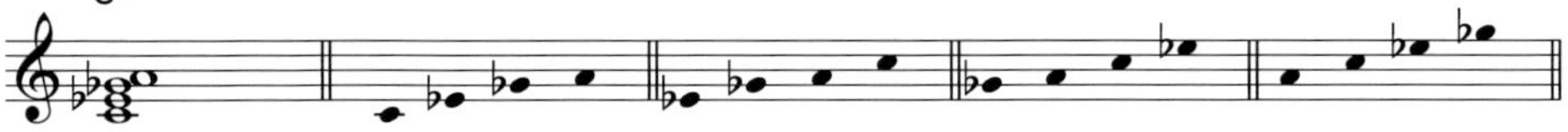

Übermäßiger Septakkord auf C

C^{+7}

Grundstellung | 1. Umkehrung | 2. Umkehrung | 3. Umkehrung

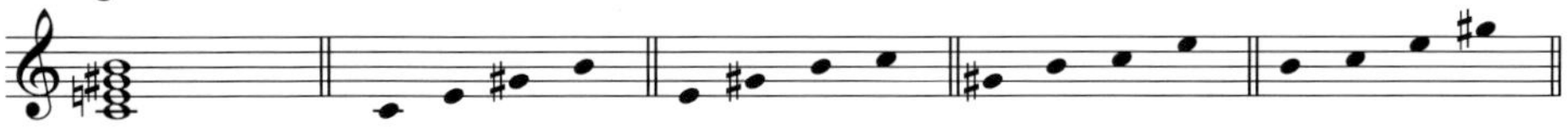

Ferner kann wie bei Dreiklängen die Reihenfolge der Töne permutiert werden.

Permutationen der Töne eines Septakkords.

Ähnlich dem Einsatz von Tonleitern, Terzgängen oder Dreiklängen lässt sich auch mit Vierklängen improvisieren. Sie lassen sich als Arpeggien im Rahmen des jeweiligen harmonischen Zusammenhangs oder als Spielfiguren nutzen.

Kadenz in F-Dur als Akkordimprovisation.

Zugegebenermaßen ermüdet die ausschließliche Verwendung von Akkordtönen schnell. Anzuraten ist daher, Akkordtöne mit Skalenausschnitten und motivischem Material anzureichern.

Etwas schwieriger wird es, wenn Vierklänge als Spielfiguren melodisch verschoben werden. Es ergeben sich interessante Motive, die jedoch auf vielen Instrumenten technisch anspruchsvoll sind.

Vierklang als Spielfigur.

Die Figur lässt sich hinsichtlich der Bewegungsrichtung variieren.

Varianten von Spielfiguren aus Vierklängen.

Bisher sind wir immer von Spielfiguren ausgegangen, die entweder als reine Arpeggien Akkordtöne nutzen oder aber bei denen eine Figur um eine Sekunde verschoben wird. Im Prinzip kann man aber jede Figur um jedes Intervall verschieben. Drei- und Vierklänge besitzen allerdings einen starken tonalen Bezug, weshalb beispielsweise die folgende Variante durch den enthaltenen Quintfall als harmonische Fortschreitung gehört wird. Möchte man diese Form nutzen, müssen daher entweder die Harmonien zu den übrigen Spielern und Spielerinnen übereinstimmen oder aber die Figur muss verhältnismäßig schnell gespielt werden.

> Es handelt sich um das Modell 1 3 5 7 – 5 7 9 11 usw., wobei die alte 5 als neue 1 genutzt wird und sich die Figur daher immer auf der alten 5 wiederholt.

Als Spielmaterial nützlicher ist es, wenn das verbindende Intervall sich nicht eindeutig tonal deuten lässt (etwa Sekunden oder Terzen aufwärts oder abwärts). Die entstehenden Viertonfolgen lassen sich insbesondere in nicht-tonalen Zusammenhängen gut einsetzen.

Ähnlich den Terzgängen, lassen sich von Dreiklangs- und Vierklangsarpeggien nicht nur aufwärts- sondern auch abwärtslaufende Varianten bilden, die wiederum miteinander kombinierbar sind.

Unter Einsatz von Tonleiterausschnitten, Terzgängen und Arpeggien lässt sich musikalische bereits sehr viel gestalten. Wer die hier vorgestellten Möglichkeiten weiter erforscht, wird sehen, dass es eine Vielzahl an Kombinationen gibt und dass man durch selbständiges Suchen und Ausprobieren ein ganz eigenes Repertoire an Spielfiguren entwickeln kann. Im folgenden Beispiel findet sich eine kleine Improvisation mit den vorgestellten Mitteln.

Beim Durchspielen des Beispiels liegt die Schwäche der Improvisation auf der Hand. Die musikalischen Mittel werden wahllos eingesetzt. Es gibt keinen inneren motivischen oder formalen Zusammenhang, der einem als Hörer bzw. Hörerin die Musik verständlich macht. Die Basstöne (eine Quintstiegsequenz) bewirken zwar so etwas wie eine Klammer, melodisch könnte es aber in dieser Weise immer weiter gehen, ohne dass man im Nachhinein einen bleibenden Eindruck hätte.

Zusammenhang wird fast immer durch eine bewusste melodische Gestaltung bzw. das Wiederholen und Verarbeiten motivischer Elemente erzielt. Im folgenden Abschnitt werden nochmals freitonale Figuren und Gestaltungsmöglichkeiten vorgestellt, die insbesondere im Jazz aber auch der zeitgenössischen Musik eine gewisse Bedeutung haben. Im nachfolgenden Kapitel wird es dann darum gehen, wie man beim Improvisieren motivische Einfälle generiert, aufgreift und weiterentwickelt.

FREITONALE FORTSCHREITUNGEN

[101] Slonimsky 1947.

Eine ganz eigene Form von Spielfiguren beschreibt Nicolas Slonimsky.[101] Er ist Urheber eines melodischen Konzepts, auf dass wir kurz eingehen möchten.

Oktavteilungen.

Slonimsky geht von der Oktave und möglichen Teilungen der Oktave aus. Diese ergänzt er durch Umspielungen, wodurch symmetrische Spielfiguren entstehen. Anhand der ersten Figuren sei das Prinzip erläutert.

Die Oktave lässt sich am einfachsten durch den Tritonus in zwei nahezu gleiche Hälften teilen.

Diese sehr einfache Figur lässt sich leicht mit kleinen Sekunden umspielen.

Die Umspielungen können sowohl von oben als auch von unten angefügt werden.

Auch eine Umspielung in beide Richtungen ist möglich.

Eine etwas andere Figur entsteht bei Umspielungen mit großen Sekunden.

Ferner lassen sich kleine und große Sekunden miteinander kombinieren.

Nach dem gleichen Prinzip lassen sich alle möglichen symmetrischen und unsymmetrischen Oktavteilungen bilden und entsprechend umspielen, selbst solche, die nicht in einer einzelnen Oktave aufgehen. Die dabei entstehenden Figuren sind insofern interessant, als sie nicht tonal gebunden sind, es sich gleichzeitig aber um ein klar strukturiertes motivisches Material handelt. Die Spielfiguren eignen sich daher ausgesprochen gut für den Bereich der freien, zeitgenössischen Improvisation und neuere Formen des Jazz.

HINWEISE FÜR DAS EIGENE SPIEL

In diesem Abschnitt wurden formalisierte Modelle bzw. melodische Figuren vorgestellt. Vieler dieser Modelle finden sich sowohl in abendländischer Kunstmusik als auch in verschiedenen Volksmusikstilen wieder. Die Modelle sind so allgemein, dass sie selbst in der zeitgenössischen Musik, dem Jazz und der Popmusik zuweilen zu finden sind. Wie eingangs bereits angemerkt, stellt das Denken und Üben entsprechender Spielfiguren nur eine Möglichkeit dar, seine improvisatorischen Fähigkeiten zu verbessern. Wer sich allerdings dazu verleiten lässt, solche Spielfiguren unverändert einfach nur abzuspielen, wird kaum Interessantes hervorbringen, die Improvisationen werden einfältig klingen. Man benötigt immer auch das losgelöste Improvisieren, die eigene Suche nach weiteren, bisher unbekannten Spielmöglichkeiten.

ZUM WEITERLESEN

Barbara Heller (2006): Intervall-Buch für Klavier. Mit Spielanregungen für den Unterricht von Sigrid Naumann, Wiesbaden (Breitkopf und Härtel)

Nicolas Slonimsky (1947): Thesaurus of Scale and Melodic Patterns, New York, London, Paris, Sydney (Amsco Publications)

MUSIKALISCHES VERARBEITEN, VARIIEREN, GESTALTERISCHES DENKEN

Der vorige Abschnitt hat einen Zugang zur Improvisation über musikalische Materialien bzw. einzelne Parameter behandelt. Dieser Abschnitt widmet sich denselben Parametern, allerdings unter einem anderen Aspekt: Wie lassen sich musikalische Gedanken und Ideen verarbeiten, variieren, gestalten und weiterentwickeln? Diesbezüglich gängige Prinzipien sind:

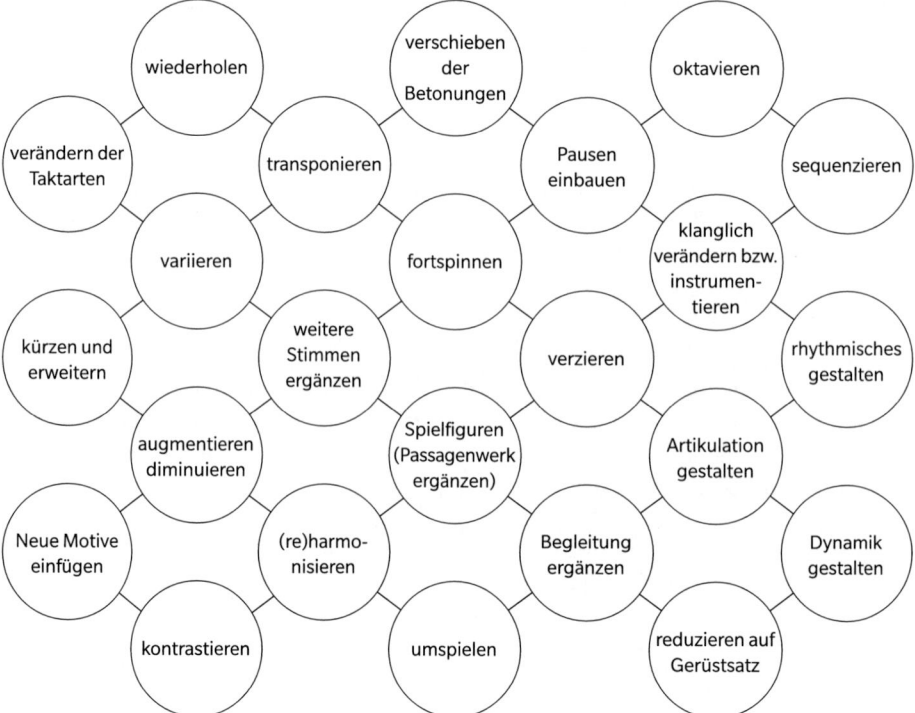

Möglichkeiten, musikalische Ideen zu gestalten.

Auf einzelne Gestaltungsmöglichkeiten wurde bereits in vorausgehenden Kapiteln ausführlich eingegangen. Einige Aspekte bedürfen allerdings hinsichtlich der Gestaltung und Entwicklung musikalischer Gedanken weiterer Ergänzungen, die in den nachfolgenden Abschnitten ausgeführt werden.

MOTIVE (ER)FINDEN UND ENTWICKELN

Jede Idee kann als Motiv dienen. Schon zwei Töne können, geschickt eingesetzt, unverkennbar wirken. Entscheidend ist dabei neben der Tonfolge vor allem der Rhythmus. Bestes Beispiel dafür ist das Motiv des ersten Satzes aus Beethovens fünfter Symphonie, in dem der Rhythmus den motivischen Zusammenhalt prägt.

SIEHE DAZU
Zeitgestaltung: Puls – Takt – Rhythmus – Pausen, S. 151–171.

Die hier abgedruckten Rhythmen sind bekannten Stücken entnommen.

Beim Improvisieren gibt es in der Regel zwei motivische Quellen. Improvisiert man über ein Lied oder ein Thema, so lassen sich Töne und Motive des Liedes in Teilen oder als Ganzes nutzen. Eine zweite Quelle sind zufällige Einfälle. Man spielt etwas und findet es, aus welchen Gründen auch immer, interessant. Dadurch, dass man es aufgreift, verändert oder einfach nur wiederholt, wird aus dem zufälligen melodischen Material ein musikalischer Einfall bzw. ein Motiv. Dabei muss ein musikalischer Einfall anfänglich nicht einmal vollständig sein. Viel entscheidender ist, wie man in der Folge mit einer ersten Idee umgeht. Beim Improvisieren ist es nicht nur unproblematisch, sondern oft sogar interessant, wenn Einfälle zunächst unvollständig und einfältig wirken. Dadurch, dass Töne ergänzt werden, andere wegfallen, der Rhythmus herausgearbeitet wird, kann das eigentliche Motiv sogar erst beim Improvisieren entstehen. Das ist ein Vorgang, den auch das Publikum als spannend erlebt. Es hört, wie eine Idee entsteht und wie der Musiker bzw. die Musikerin mit dieser Idee in der Folge umgeht.

E P *

MOTIVE GESTALTEN

Z Möglichkeiten der Motivgestaltung explorieren
M Instrumente, Stimme
A Wähle drei Töne aus und erfinden mit diesen möglichst unterschiedliche, prägnante Motive.

BEISPIEL

A Wähle einen oder zwei der folgenden Rhythmen aus und gestalte damit eigene Motive.

BEISPIEL

Mögliche Tanzrhythmen finden sich auf den S. 222–223, S. 335 und 340.

Man kann sich selbstverständlich auch eigene Rhythmen überlegen bzw. Rhythmen aus Stücken, die im Unterricht erarbeitet werden, herauslösen. Auch bekannte Tanzrhythmen sind als Vorlage geeignet. Wenn Schüler und Schülerinnen Schwierigkeiten mit dieser Aufgabe haben, kann es sinnvoll sein, die Anzahl der Töne einzugrenzen.

WIEDERHOLUNG

Jede musikalische Gestaltung erwächst letzten Endes aus der Wiederholung, sei es, dass ein Motiv exakt auf der gleichen Zählzeit wiederholt wird oder metrisch verschoben, melodisch verändert, rhythmisch verändert, transponiert, im Tongeschlecht bzw. der verwendeten Skala verändert, im Kontrast zu einem weiteren Motiv oder einer prägnanten Begleitung erfunden wird. Eine Musik, die fortwährend Neues bringt, wäre vollkommen unverständlich. Durch die Wiederholung zeigt man als Spieler bzw. Spielerin, dass das Gespielte nicht zufällig geschieht, sondern eine Struktur und Form hat. Das Prinzip der Wiederholung muss sich nicht auf die Tonhöhen beziehen. Auch die Wiederholung eines Rhythmus, aber auch einer Dynamik, einer Artikulation oder Klangfarbe, schafft musikalischen Zusammenhalt. In der abendländischen Musiktradition spielt insbesondere die Wiederholung von Motiven und Phrasen, die für gewöhnlich durch einen Rhythmus und eine Tonhöhengestalt charakterisiert sind, eine große Rolle. Die einfachste und wichtigste Form ist die exakte Wiederholung dessen, was zuvor gespielt wurde.

Wiederholung schafft musikalische Struktur.

Eine Wiederholung kann entweder auf die gleiche Zählzeit oder aber gegen den Puls bzw. das Metrum ertönen. Dabei kann bewusst mit den Schwerpunkten gespielt werden.

Wiederholung gegen den Taktschwerpunkt.

Ferner muss nicht immer das vollständige Motiv wiederholt, sondern Teile können abgespalten werden, ein Motiv als eine Art Steinbruch dienen.

Wiederholung als motivische Arbeit.

MOTIVE WIEDERHOLEN

E P *

Z Spiel mit Wiederholung und Imitation

M Instrumente, Stimme

A Erfinde in einer vorher vereinbarten Skala ein kurzes, rhythmisch sehr einfaches Motiv (ca. drei bis acht Töne). Schreibe es gegebenenfalls auf. Spiele mit den verschiedenen Möglichkeiten der Wiederholung des Motivs.

M Klavier

A Spiele auch mit den Möglichkeiten der Kombinationen von rechter und linker Hand:
- mit beiden Händen unisono oder abwechselnd spielen,
- die eine Hand wiederholt, was die andere gespielt hat,
- mit einem Ton oder Intervall das Motiv begleiten.

RHYTHMISCHES AUSGESTALTEN

Melodisch ist das letzte Beispiel verhältnismäßig einfach konstruiert, was sich vor allem im verwendeten Rhythmus zeigt. Musik wird allerdings sofort sehr viel ansprechender, wenn ein Motiv bereits in der Grundgestalt rhythmisch abwechslungsreich ist oder aber in Wiederholungen rhythmische Varianten entwickelt werden. Um dies zu erreichen, können einzelne Töne auch repetiert werden. Sehr effektvoll sind etwa Sechzehntel-Repetitionen oder der Wechsel von Duolen zu Triolen.

Rhythmische Varianten.

E P *

RHYTHMISCH VARIIEREN

M Instrumente, Stimme

A Verwende eines der folgenden Motive oder erfinde selbst ein kurzes, rhythmisch sehr einfaches Motiv. Spiele mit den unterschiedlichen Möglichkeiten der Wiederholung. Verändere kontinuierlich den Rhythmus.

M Tasteninstrumente

A – Nutze bei diesem Spiel auch verschiedene Spielweisen der beiden Hände.
– Spiele die linke und rechte Hand unisono (Beispiel 1).
– Spiele deine Begleitung auch auf verschiedenen Taktzeiten (Beispiel 2).
– Begleite dich mit einer Hand, spiele mit der anderen Hand mit dem Motiv (Beispiel 3).

BEISPIEL 1

BEISPIEL 2

BEISPIEL 3

SEQUENZIEREN UND VERÄNDERN

Ein Motiv lässt sich nicht nur rhythmisch verändern, auch die Tonhöhen lassen sich variieren. Die einfachste Form der Veränderung ist die Oktavierung, ein Motiv wird in einer anderen Oktavlage wiederholt. Allein dadurch lässt sich Spannung erzielen.

Oktavierung als einfache Variante.

Der Oktavierung recht ähnlich ist das Verschieben eines Motivs auf eine andere Tonhöhe, die sogenannte Sequenzierung. Bleibt man in einer Tonart, verändert sich dabei vielfach die intervallische Struktur eines Motivs.

Seqenzierung.

Ein Motiv kann aber auch transponiert werden. In dem Fall bleiben alle Intervalle erhalten, die zugrunde gelegte Skala bzw. Tonalität ändert sich.

Transposition.

MOTIVE WEITERREICHEN   P G K **

Z   Ideen aufgreifen und weiterreichen

M   Instrumente, Stimme

A   Eine Spielerin erfindet improvisatorisch ein Motiv, die anderen Spieler und Spielerinnen wiederholen dieses reihum. Beim Wiederholen kann das Motiv entweder in Originalgestalt repetiert oder aber auf einer anderen Tonhöhe sequenziert werden. Einigt euch vorab auf eine Tonart oder aber lasst die Tonart bewusst offen.

MOTIVE VERARBEITEN   P G **

Z   Exploration von Sequenzierung und Transposition

M   Instrumente, Stimme

A   Nimm eines der folgenden Motive oder erfinde ein eigenes kleines Motiv. Lege die Tonart und mögliche Skalen fest. Spiele mit dem Motiv und nutze dabei die Möglichkeiten des Sequenzierens und Transponierens. Sobald du mit dem motivischen Material und den bestehenden Möglichkeiten vertraut bis, verwende zusätzlich auch rhythmische Varianten und metrische Verschiebungen.

aus: Maurice Ravel (1928): *Bolero*.

aus: Wolfgang Amadeus Mozart (1787): *Don Giovanni*, KV 527.

aus: Serge Rachmaninoff (1915): *Vocalise*, Op. 34, Nr. 14.

aus: Françoise Couperin (1668–1733): *Musette de Taverny*.

aus: Kenny Dorham (1963): *Blue Bossa*.

aus: Irving Berlin (1929): *Puttin' On The Ritz*.

Die Aufgabe lässt sich auch dahingehend verändern, dass die Borduntöne zu einem Bassostinato bzw. Wechselbass fortentwickelt werden.

M Tasteninstrumente

A Begleite deine Improvisation mit einem einfachen Bordunton oder einem Quint- bzw. auch Quartbordun. Sobald es dir möglich ist, rhythmisiere deinen Bordun und wechsle zwischen verschiedenen Borduntönen. Um die Improvisation harmonisch interessanter zu gestalten, kannst du auch einen dritten Ton hinzufügen. Der Ton sollte zur gewählten Skala passen.

Eine besondere Form der Transposition ist der Wechsel des Modus bzw. Tongeschlechts auf ein und derselben Tonstufe, beispielsweise von Dur nach Moll oder von Dorisch nach harmonisch Moll. Skalen haben, wenn man sie in dieser Weise einsetzt, den Charakter von Farben, die man beim Improvisieren kräftig mischen darf. Einen deutlichen Farbwechsel erhält man immer dann, wenn sich viele Vorzeichen ändern, man etwa von Phrygisch zu Mixolydisch oder von Ionisch (Dur) in eine der Klezmer-Skalen wechselt. Noch stärker wirkt der Wechsel, wenn Skalen mit Viertel- bzw. Dreivierteltönen eingesetzt werden.

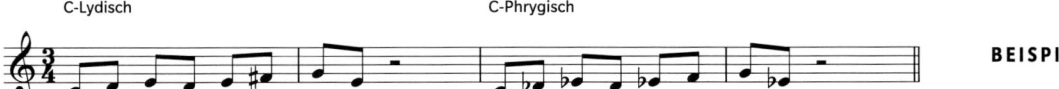

BEISPIEL

MELODISCHE MODULATION[102]

M Instrumente

A Spiele mit einem Motiv in einer dir geläufigen Tonart bzw. Skala. Führe ein neues Vorzeichen ein. Mit dem neuen Ton wechselst (modulierst) du in eine neue Tonart. Spiele in der neuen Tonart weiter.
Im Partnerunterricht kann man die Tonarten auch übergeben, nach jedem Wechsel spielt der bzw. die andere in der neuen Tonart bzw. Skala weiter.

E P **

[102] Nach einer Idee von Douglas Finch.

FREIER SKALENWECHSEL

M Instrumente

A Improvisiere mit einem Motiv in einer vorher vereinbarten Skala. Nutze dabei die Prinzipien von Wiederholung und Variation. Wechsle plötzlich in eine andere Skala. Koste die sich ändernden Töne bewusst aus. Experimentiere mit den Tonwechseln.

E P *

UMSPIELEN UND VERZIEREN

In vielen Musiziertraditionen wird beim Improvisieren selten etwas ganz Neues erfunden. In der Regel wird eine vorgegebene Melodie oder ein Thema verziert, d.h. das melodische und rhythmische Grundgerüst bleibt erhalten und wird durch zusätzliche Töne ergänzt. Dies funktioniert bei langen Notenwerten bzw. getragenen Melodien besonders gut, doch selbst virtuose Passagen lassen sich durch Verzierungen ausgestalten. Die einzelnen Stile und Traditionen haben dabei sehr spezifische Formen hervorgebracht, die sich in Tongebung, Artikulation und vor allem den verwendeten Tönen und Zählzeiten unterscheiden. So wird beispielsweise ein Vorschlag im Jazz ganz anders ausgeführt als in Barockmusik oder zeitgenössischer Musik. Er wird im Jazz leicht glissandiert (slide), meist vor der Zeit und zuweilen als Ghostnote (also kaum hörbar) oder aber als Betonung ausgeführt (je nach Kontext). Ist genügend Zeit, kann ein Vorschlag zeitlich gedehnt werden. Im Barock hingegen wird er auf der Zählzeit, oftmals betont und klar artikuliert, gespielt. Die Länge des Vorschlags richtet sich nach der Hauptnote, wobei sowohl der kurze Vorschlag (Acciaccatura) als auch der lange Vorschlag (Appoggiatura) verwendet werden. In der zeitgenössischen Musik kennt man sowohl den Vorschlag vor als auch auf der Hauptnote. In der Regel wird ein Vorschlag sehr schnell und unbetont vor der Note gespielt. Bei allen drei Formen handelt es sich um den gleichen Topos, der sich trotz vieler Unterschiede darin gleicht, dass vor einer Hauptnote eine verzierende Nebennote ergänzt wird. Ähnlich sieht es mit anderen Verzierungen aus, die, obwohl sie sich in der Ausführung unterscheiden, in vielen Musizierformen in ihrer Grundfunktion anzutreffen sind.

Auch wenn alle Verzierungen vermutlich weitestgehend bekannt sind, sollen in aller Kürze sechs Formen dargestellt werden: der Triller, der Mordent, der Doppelschlag, das Tremolo, der Vorschlag, der Durchgang und der Vorhalt. Alle sechs Formen finden sich in vielen traditionellen und populären Musikkulturen, Genres und Epochen und lassen sich zum Verzieren und Improvisieren vielfältig nutzen.

Vorschläge werden in jedem Stil etwas anders ausgeführt.

Beim Triller wird über einen Teil einer Hauptnote hinweg im schnellen Wechsel eine darüber liegende Nebennote im Abstand eines Halb- oder eines Ganztons (je nach harmonischem Zusammenhang) gespielt, wobei in der abendländischen Musik vor 1800 und in der Volksmusik der Triller meist von der Nebennote aus von oben ausgeführt wird, in der Musik nach 1800 von der Hauptnote aus.

Triller.

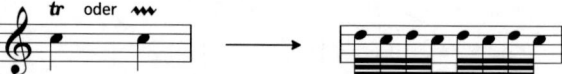

Beim Pralltriller wird über einen Teil einer Hauptnote im schnellen Wechsel eine darüber liegende Nebennote im Abstand eines Halb- oder Ganztons (je nach harmonischem Zusammenhang) gespielt. In der Musik vor 1800 wird auch der Pralltriller von der Nebennote her begonnen, in der Musik nach 1800 von der Hauptnote her.

Pralltriller.

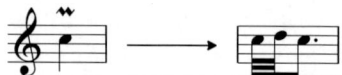

Die Wechselnote ist nicht im eigentlichen Sinn eine Verzierung, sondern eine Ausschmückung, die aus der barocken Diminutionspraxis stammt. Entsprechend findet sich in Kompositionen kein eigenes Symbol. Von der Tonbewegung her ähnelt sie dem Pralltriller, wird aber im Unterschied zu diesem im gemäßigten Tempo gespielt und hat damit mehr den Charakter einer Umspielung. Sie steht in der Regel auf leichter Taktposition.

Wechselnote (Cambiate).

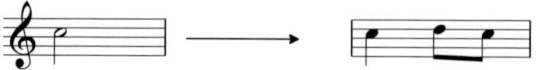

Beim Mordent wird über einen Teil einer Hauptnote im schnellen Wechsel eine drunter liegende Nebennote im Abstand eines Halb- oder Ganztons (je nach harmonischem Kontext) ausgeführt.

Mordent.

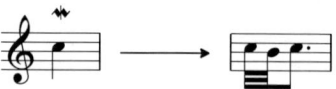

Beim Doppelschlag (Grupetto) wird über einen Teil einer Hauptnote im schnellen Wechsel eine darüber und darunterliegende Note im Abstand eines Halb- oder Ganztons (je nach harmonischem Kontext) gespielt. Je nach Rhythmus und Länge der Hauptnote kann der Doppelschlag auf der Hauptnote oder der oberen Nebennote beginnen.

Doppelschlag (Grupetto).

Das Tremolo bezeichnet einen Triller, bei dem die Hauptnote mit einer Nebennote im Abstand von mindestens einer Terz oder größer abwechselt.

 Tremolo.

Als Spielfigur ähnlich, doch strukturell recht unterschiedlich sind der Vorschlag, der Vorhalt und der Durchgang. Beim Vorschlag handelt es sich um eine Verzierung, bei der die Hauptnote durch eine Nebennote oder mehrere Nebennoten ergänzt wird. Wie eben schon beschrieben, finden sich sowohl kurze, schnelle Vorschläge (Acciaccatura), als auch lange Vorschläge (Appoggiatura). Ferner werden Vorschläge je nach Stil zuweilen auf der Zeit, zuweilen vor der Zeit ausgeführt.

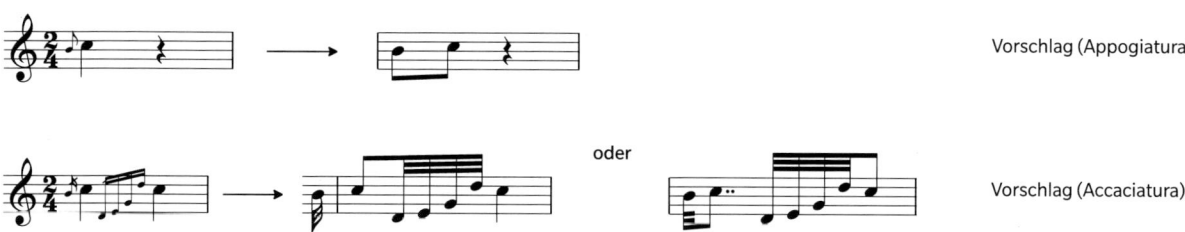

Vorschlag (Appogiatura).

Vorschlag (Accaciatura).

Vorschläge werden in der Jazz- und Popmusik zuweilen auch als Schleifer (Glissando nach oben), Ghostnote (Haupt- oder Nebennote werden als Rauschklang ausgeführt) oder Hammering (ein Vorschlag auf einer Nebennote, der in einen Dreiklang aufgelöst wird) genutzt.

Schleifer (Slide).

Ghostnote.

Hammering.

Das Gegenteil des Schleifers ist der Fall, also das Fallenlassen eines Tons. Ein Ton wird in korrekter Tonhöhe angespielt, um nachfolgend auf eine unbestimmte Tonhöhe hin abzufallen.

 Fall.

Demgegenüber ist der Vorhalt eine sehr alte satztechnische Figur, deren Ursprung in der kontrapunktischen Musik liegt. Eine Note wird auf einer unbetonten Zeit als Konsonanz eingeführt, auf einer betonten Zeit durch Tonwechsel in anderen Stimmen bzw. der Harmonie zur Dissonanz und anschließend nach unten (in der Musik ab dem 20. Jahrhundert auch nach oben) hin aufgelöst.

Vorhalt (Synkopatio).

Auch wenn das Prinzip des Vorhalts verhältnismäßig komplex erscheint, handelt es sich doch um eine der gängigsten Formen beim Improvisieren. Es geht dabei aber eben nicht um das Verzieren eines Melodietons, sondern um einen musikalischen Topos. Eine Grunderfahrung aller Improvisierenden ist es, dass man zuweilen unpassende bzw. falsche Noten spielt. Was tut man nun? Einfach weiterspielen und tun, als ob nichts passiert sei, ist eine, doch vielfach nicht die beste Lösung. Gelungener wirkt eine improvisierte Passage, wenn man die anscheinend falsche Note wiederholt und dann bewusst – entsprechend dem Prinzip des Vorhalts – für alle hörbar nach unten (häufiger) bzw. nach oben (seltener) hin auflöst.

Vorhalt beim Improvisieren.

Ein Durchgang verbindet wiederum zwei Melodietöne durch weitere, dazwischenliegende Töne. Dies kann fortschreitend, glissandierend oder rhythmisiert erfolgen. Während in tonaler Musik meist Töne der entsprechenden Tonart verwendet werden, lassen sich in einem erweiterten tonalen bzw. einem freitonalen Bereich auch chromatische Töne verwenden.

Durchgang.

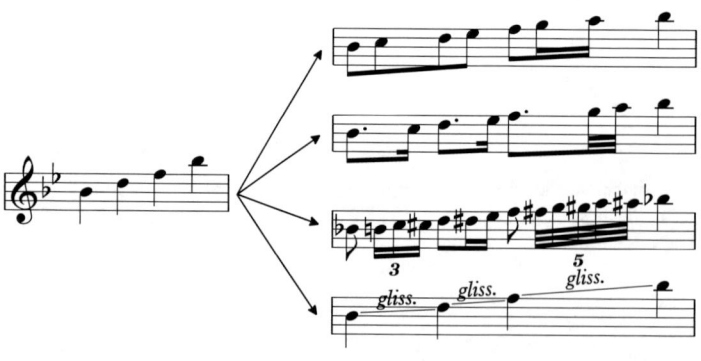

E P ∗∗

Für das Unterrichten haben sich Kärtchen oder Würfel mit abgebildeten Verzierungen bewährt. Damit lassen sich Verzierungen nach dem Zufallsprinzip in eine Improvisation einbauen.

TÖNE VERZIEREN

- **M** Instrumente, Stimme
- **Z** Einzelne Töne verzieren
- **A** Spiele einen Ton. Verändere ihn durch verschiedene Umspielungsarten (Triller, Schleifer, Mordente usw.). Spiele einen neuen Ton und verziere auch diesen.

MELODIEN UMSPIELEN

E P **

M Instrumente, Stimme

Z Melodien verzieren

A Im folgenden Notenbeispiel siehst du eine Reihe einfacher Melodien. Wähle dir eine aus. Wenn dir keine der Melodien gefällt, kannst du auch ein dir bekanntest Volkslied oder das Thema eines Stückes verwenden. Spiele das Lied mehrfach und füge Verzierungen an. Du kannst die Melodie auch rhythmisch leicht verändern. Man sollte die Melodie aber immer noch erkennen.

St. James Infirmary (Volkslied aus den USA).

Alouette, gentille Alouette (Volkslied aus Frankreich).

Matthias Claudius, Johann Abraham Peter Schulz (1779/1790): *Der Mond ist aufgegangen.*

FORTSPINNEN

Dem Prinzip der rhythmischen Ausgestaltung sowie des Verschiebens und Transponierens sehr ähnlich ist das Fortspinnen einer Idee. Während aber bei ersterem ein Motiv erhalten bleibt, dient es beim Fortspinnen lediglich als Anfangsimpuls. Auch beim Fortspinnen bleibt jedoch der Kern des ursprünglichen Motivs erhalten, etwa in Form eines prägnanten Rhythmus, eines melodischen Elements oder des Charakters der Anfangsidee. Fortspinnen heißt nicht, etwas vollständig Neues zu schaffen sondern im Sinne des Gegebenen fortzufahren.

E (P) **

EINE IDEE FORTSPINNEN

M Instrumente, Stimme

A Im Folgenden findest du die Anfänge verschiedener Stücke. Nimm dir einen der Anfänge und führe ihn fort. Spiele mit dem Motiv, führe die Idee musikalisch weiter. Nutze dabei neben enthaltenen Motiven auch Tonleiterausschnitte, Arpeggien und andere Spielfiguren.

Georg Friedrich Händel (1685–1759): *Sonate Op. 1.12* für Violine und Generalbass, Allegretto, Ausschnitt.

Johann Sebastian Bach (1723): *Partita Solo Pour La Flûte Traversière*, BWV 1013, Corrente, Ausschnitt.

Modest Mussorgski (1880): *Méditation. Feuillet d'album*, Ausschnitt.

Auf S. 242 finden sich weitere Stückanfänge.

GEMEINSAM EINE IDEE WEITERFÜHREN

M Instrumente, Stimme

A Legt eine Tonart bzw. Skala fest oder vereinbart, freitonal zu spielen. Der erste Spieler erfindet ein etwa zweitaktiges Motiv. Die jeweils nachfolgenden Spieler und Spielerinnen greifen das Motiv auf und führen es weitere zwei Takte fort. Sie können dabei das Motiv entweder einfach nur wiederholen, verzieren oder aber fortspinnen (und dabei verändern). Vermeidet vollkommen neue Ideen. Wenn ihr das Gefühl habt, das Stück sei zu Ende, führt das Motiv auf den Grundton zurück.

P G **

IMITATIONSSTÜCK

M Instrumente, Stimme

Z Zuhören, Imitieren, Fortspinnen

A Der erste Spieler erfindet ein kurzes Motiv von maximal einem Takt Länge. Die zweite Spielerin setzt ein und imitiert das zuvor gehörte Motiv, während der erste Spieler seine Idee fortspinnt.
In der Folge spinnen beide Spieler bzw. Spielerinnen die Anfangsidee weiter, hören aber durchgehend aufeinander, greifen Ideen des bzw. der anderen auf, imitieren einzelne Phrasen und improvisieren im Stil des Anfangsmotivs. Ein Spieler bzw. eine Spielerin darf jeweils etwas hervortreten, während der andere etwas zurücktritt.

P ***

SIEHE AUCH
Polyphone Formen, S. 322–326.

Eine zweistimmige Invention zu zweit zu improvisieren, ist eine anspruchsvolle Aufgabe. Etwas leichter fällt dies, wenn man freitonal oder modal improvisiert. Wer sich im tonalen Raum versucht, sollte zumindest Modulationen zunächst vermeiden oder aber die Abfolge der Harmonien vorher absprechen. Als Einstieg bietet es sich an, eine der Inventionen von Bach oder Fugen von Hindemith aus dem *ludus tonalis* zu hören, zu analysieren und nach Möglichkeit auch durchzuspielen.

AUGMENTATIONEN UND DIMINUTIONEN

Unter Augmentation versteht man in der Musik die Vergrößerung des Zeitwertes einer Notenfolge in Bezug auf das zugrundeliegende Metrum. Eine Note wird um ihren eigenen Wert bzw. dessen Vielfaches verlängert, aus einer Achtelnote wird beispielsweise eine Viertelnote, aus einer Viertel eine Halbe. Wird der Wert der Noten verkleinert, spricht man von Diminution. Entsprechend verkürzt sich der Notenwert im Verhältnis zum ursprünglichen Wert.

Augmentation und Diminution können sich als Prinzip auch auf die Intervallstruktur eines Stückes beziehen. Die Tonsprünge einer Tonfolge vergrößern sich in dem Fall proportional, etwa eine kleine Sekunde wird zur großen Sekunde, eine große Sekunde zur großen Terz und eine Quarte zur kleinen Septime. Dieses Verfahren erfordert einige Berechnungen und lässt sich daher improvisatorisch nur andeuten.

Augmentation und Diminution

Im Jazz ist dieses Prinzip unter der Bezeichnung Half- and Doubletime bekannt und wird auch für ganze Teile einer Improvisation verwendet. Dadurch entstehen langsame und schnelle Teile, etwa zuerst eine langsame Ballade und am Ende ein schneller Swing. In der Regel werden ein Rhythmus bzw. ein Thema und nachfolgende Improvisationen über einen gleichmäßigen Puls einfach halb bzw. doppelt so schnell gespielt. Dadurch verschieben sich Betonungen über den Takt hinaus, was bei komplexeren Rhythmen besonders reizvoll wirkt.

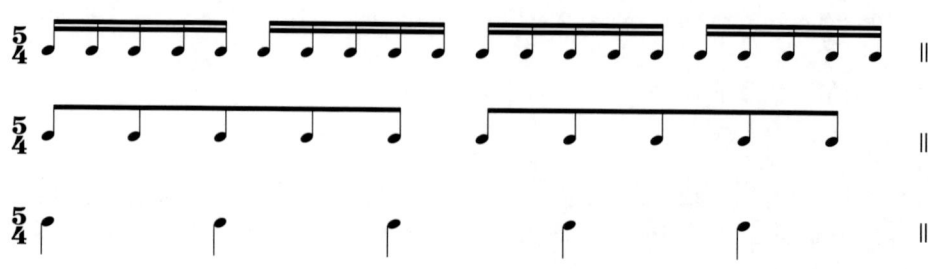

Ein Pattern mit fünf Pulsationen in Half- and Doubletime.

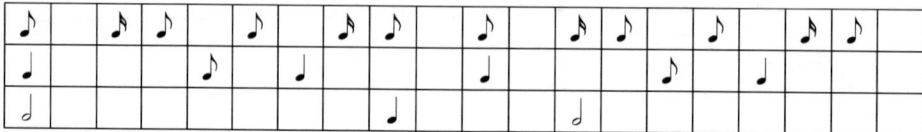

Ein Rhythmuspattern im 5/8 Takt (Mitte) als Diminution (oben) und Augmentation (unten).

E P ***

Um zu gewährleisten, dass das Tempo nicht schwankt, kann man eine Percussionbegleitung (etwa auf einer Djembe) dazu spielen. Alternativ kann man auch einen Drumcomputer bzw. eine entsprechende App einsetzen oder zu einem Play-A-Long spielen.

SIEHE DAZU
Variationen über Ostinatobässe, S. 336–350.

P (G) ***

HALF- AND DOUBLETIME

M Instrumente, Stimme

Z Augmentation und Diminution üben

A Erfinde eine eigene Melodie oder wähle ein dir bekanntes Volkslied. Spiele es über einen gleichmäßigen Puls. Behalte den Puls bei und spiele die Melodie als Augmentation (halb so schnell) und als Diminution (doppelt so schnell). Nun versuche, nur Teile des Liedes plötzlich doppelt bzw. halb so schnell zu spielen.

Ein recht ähnliches Prinzip ist in vielen Variationssätzen zu finden. Das Thema selbst wird als solches nicht verändert, wohl aber die umliegenden Stimmen, die das thematische Grundgerüst rhythmisch mit kürzeren Notenwerten ausfüllen. Entsprechende Beispiele finden sich nicht nur in Variationssätzen, sondern in vielen Genres und Stilen wieder, etwa in vokalen Sätzen, die auf einem Cantus-Firmus basieren oder frühen Jazzstilen wie *Dixiland*, *New Orleans* oder *Chicago*. Verwirrender Weise wird auch dies als Diminution bezeichnet.

CHORALVARIATION

M Stimme, Instrumente

Z Melodietöne mittels eingefügter kleinerer Notenwerte diminuieren

A Im Folgenden findet ihr einige Choräle. Wählt einen davon aus.
Spielerin A: Wiederhole immer wieder die Choralmelodie.
Spielerin B: Umspiele die Melodie mit schnelleren Passagen. Nutze auch Wechselnoten, Durchgänge, Umspielungen, Repetitionen und Verzierungen.
Spieler C und D: Spielt gegebenenfalls dazu passende Harmonien.
Der Choral muss u.a. nicht immer in der Oberstimme liegen. Experimentiert damit, was passiert, wenn er in der tiefsten oder in der mittleren Stimme liegt.

Johann Joachim Neander (1665): *Lobet den Herren*.

Johann Sebastian Bach (1599): *Wie schön leuchtet der Morgenstern*.

SIEHE AUCH
Variationen über Ostinatobässe, S. 336–350.

RHYTHMISCHES DURCHLÖCHERN

Eine weitere verhältnismäßig einfache Möglichkeit, ein Motiv bzw. eine musikalische Phrase zu verändern, besteht darin, einzelne Töne wegzulassen. Dabei kann man entweder an der jeweiligen Stelle Pausen einfügen oder aber man verlängert entsprechend die vorausgehenden Töne. Entstehende Pausen erzeugen Spannung, hingegen führen verlängerte Töne zu einer Beruhigung. In beiden Fällen entsteht eine Art Gerüstmelodie, die sich entweder wieder ergänzen bzw. verzieren lässt oder aber mit deren Hilfe man ein Ende herbeiführen kann.

usw.

Scott Joplin (1899): *Der Entertainer*, obere Stimme Anfang der Originalmelodie, untere Stimme Melodie durchlöchert.

SIEHE DAZU
Pausen, S. 168–171.

Eine musikalische Schwierigkeit besteht darin, dass man trotz eingefügter Pausen bzw. verlängerter Einzeltöne, das zugrundeliegende Tempo nicht verlieren darf. Eine Melodie muss innerlich weitergedacht werden, ohne die Töne zu spielen. Dies benötigt ein wenig Training.

AUF DER MAUER AUF DER LAUER

A Du kennst vermutlich das Lied *Auf der Mauer auf der Lauer*. In jeder Wiederholung wird ein Buchstabe gekürzt und darf nicht mehr mitgesungen werden. Aus „Wanze" wird so „Wanz" und schließlich „W". Spiele das Lied auf deinem Instrument. Denke den Text innerlich mit. Anstatt nur das Wort „Wanze" zu kürzen, lasse nun einzelne Silben bzw. Töne der Melodie weg, z.B. jeden vierten Ton, dann jeden zweiten Ton usw.

Auf der Mauer auf der Lauer (Volkslied).

A Spiele das gleiche Spiel mit einem anderen dir bekannten Lied. Ersetze nun in jedem Takt den jeweils letzten Ton durch eine Pause.

In dieser Form entsteht an immer der gleichen Stelle eine immer größere Pause. Musikalisch spannender ist es, wenn die Pausen an (zumindest anscheinend) unregelmäßigen Stellen positioniert sind oder aber allmählich eine Gerüstmelodie entsteht.

Father O'Flynn (irisches Volkslied), obere Stimme Anfang der Originalmelodie, untere Stimme Gerüstmelodie.

Hörens- und lesenswert ist diesbezüglich Tom Johnson (1982): *Rational Melodies*, New York (Two-Eighteenpress), *eine Sammlung von Melodien, bei denen systematisch jedes Mal an anderer Stelle eine Pause eingeschoben wird.*

MUSIK DURCHLÖCHERN

M Stimme, Instrumente, Melodien oder Stücke
Z Bekanntes durch eingefügte Pausen verändern
A Nimm ein dir geläufiges Repertoirestück oder eine dir bekannte Melodie (wenn möglich, solltest du es/sie auswendig spielen können). Spiele sie immer wieder. Ersetze dabei einzelne Töne an unterschiedlichen Stellen durch Pausen. Versuche dabei aber, unberechenbar zu bleiben. Pausiere immer an anderen Stellen.
Falls das gut funktioniert probiere dasselbe mit einer selbst erfundenen Melodie und improvisiere so eine „Löchermusik"

E ***

IMMER WIEDER PLÖTZLICHES SCHWEIGEN

M Instrumente, Stimme
Z Bewusster Umgang mit Pausen
A Spielt eine Gruppenimprovisation mit einem zugrundeliegenden Puls. Sollte es nötig sein, stabilisiert den Puls durch eine Rhythmusbegleitung.
Versucht nun, an unterschiedlichen Stellen gut hörbar Pausen zu „spielen". Pausiert dabei sowohl jeder bzw. jede für sich allein als auch alle gemeinsam.

G ***

SIEHE DAZU
Pausen, S. 168–171.

KONTRAST

Es wäre ausgesprochen langweilig, wenn man beim Improvisieren einmal gespielte Ideen immer nur wiederholen, variieren und fortspinnen, nicht aber neue Ideen einbringen würde. Neben der Wiederholung, der Variation und dem Fortspinnen ist daher der Kontrast eine weitere wichtige Möglichkeit beim Improvisieren. Eine Idee wird nicht gleich wiederholt, sondern einer zweiten, sich deutlich unterscheidenden Idee gegenübergestellt. Beide Ideen können in der Folge wiederholt, variiert und miteinander kontrastiert werden. Dieses Prinzip findet sich bereits in der Frühklassik und ist bis heute eines der grundlegenden Prinzipien, musikalische Ideen zu entwickeln. Fast in jedem Pop-Song findet man kontrastierende Teile, und auch in der zeitgenössischen ernsten Musik stellt das Bilden von Kontrastmomenten ein wichtiges Prinzip dar.

Kontrast ist kein stil- und musikkulturübergreifendes Prinzip. Außerhalb der abendländischen Musik wird in vielen traditionellen Stilen auf Kontrastmomente bewusst verzichtet. Gleiches gilt für etliche Stile der (westeuropäischen) Alten Musik.

GEGENSATZ

M Stimme, Instrumente
Z Gegensätze finden
A Fange an zu spielen. Entwickle eine deiner Ideen immer weiter. Brich plötzlich ab und füge eine neue, im Charakter sich deutlich unterscheidende Idee ein (etwa hinsichtlich der Lage, des Tempos, des Tonmaterials). Führe auch diese Idee weiter. Wechsle zwischen den beiden Ideen.

M Tasteninstrumente
A Nutze als Kontrastmittel auch den Wechsel zwischen Akkordspiel und Melodieentwicklung.

E **

P G***

KONTRASTDUETTE

M Stimme, Instrumente

Z Weiterführen einer Idee im Kontrast

A Spieler A: Beginne zu improvisieren und entwickle eine deiner Ideen weiter. Bleibe bei dieser Idee.
Spielerin B: Höre Spieler A gut zu und spiele eine kontrastierende, passende musikalische Idee dazu.
Spielt mit euren Ideen eine gemeinsame Improvisation. Tauscht eure Ideen untereinander.
Beim Improvisieren in Gruppen bildet Paare bzw. kleine Ensembles, in denen ihr gemeinsam Ideen improvisatorisch entwickelt.

MUSIKALISCHES VERARBEITEN, VARIIEREN, GESTALERISCHES DENKEN

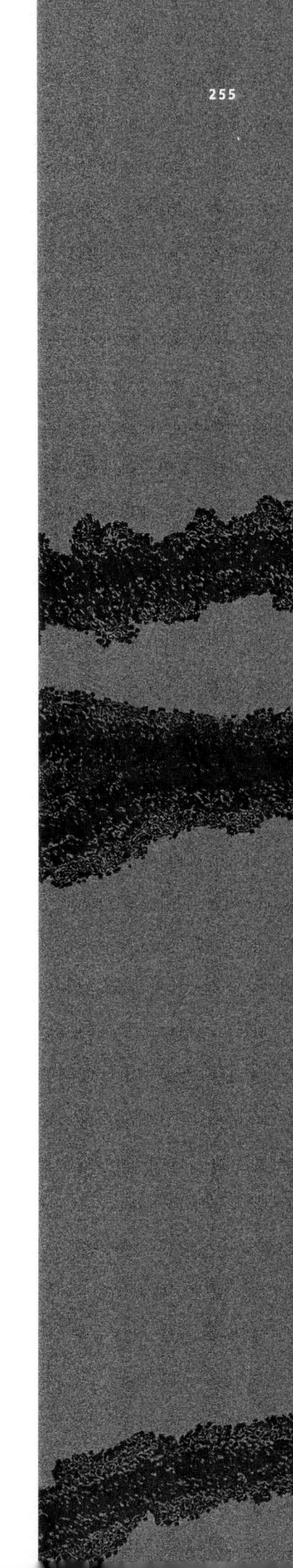

Legende

Teilnehmer/Teilnehmerinnen

E   Einzelunterricht / Solo
P   Paarunterricht / Duo
G   Gruppenunterricht / Ensemble
K   Klasse / Orchester

Schwierigkeitsgrad

*   einfach
**   mittel
***   schwer

Erläuterungen

Z   Ziele
M   Medien / Materialien
A   Anleitung

AKKORDE, HARMONIK, MEHRKLÄNGE, TEXTUREN

Der Begriff *Harmonik* ist mehrdeutig. Harmonia (altgriechisch: ἁρμονία) bedeutet so viel wie das Vereinen von Entgegengesetztem und wird verstanden als Einklang, Eintracht und Ebenmaß. In der Musik wird Harmonie zudem als Verallgemeinerung für gleichzeitig erklingende Töne, insbesondere von Dreiklängen im Sinne der klassischen Harmonielehre verstanden, die in der Schichtung von Terz und Quinte ein besonderes Ebenmaß besitzen. Der Begriff *Akkord* leitet sich vom französischen *accord* ab, was Übereinkunft, Übereinstimmen bzw. in der Musik das gleichzeitige Erklingen mehrerer Töne meint. Auch der Begriff *Akkord* wird meistens im Sinne der klassischen Harmonielehre für Drei- und Vierklänge verwendet. Der Begriff Mehrklang ist neutraler und meint erst einmal nur, dass es sich um einen aus mehreren Tönen bestehenden Klang handelt. Allerdings besitzt der Begriff eine gewisse Unschärfe, da nicht klar ist, ob sich der Wortteil „Klang" auf die Klangfarbe bezieht oder einfach nur darauf, dass etwas erklingt. Ein Mehrklang kann daher sowohl als eine sehr farbige Klangfarbe verstanden werden oder aber als Klang, bestehend aus verschiedenen Tönen.

Im Folgenden verwenden wir den Begriff Akkord im Sinne des gleichzeitigen Erklingens mehrerer Töne, ganz gleich wie viele Töne erklingen und in welchem Intervallverhältnis sie stehen. Harmonie bzw. Harmonik nutzen wir demgegenüber ganz im Sinne klassischer Harmonielehre für Drei- und Vierklänge, die auf Terzschichtungen zurückgeführt werden können.

Dieses Kapitel verfolgt nicht den Anspruch, fundierte harmonische Kenntnisse zu vermitteln, sondern möchte lediglich einige methodische Herangehensweisen aufzeigen, wie akkordische Phänomene mittels Improvisation im Unterricht behandelt werden können. Wer sein Wissen im Bereich Harmonielehre und Kontrapunkt vertiefen möchte, sei auf die reichhaltige musiktheoretische Literatur verwiesen.

- Reinhard Amon (2015): Lexikon der Harmonielehre. Nachschlagewerk zur durmolltonalen Harmonik mit Analysechiffren für Funktionen, Stufen und Jazzakkorde, Berlin (Springer)
- Ulrich Kaiser (2002): Der vierstimmige Satz. Kantionalsatz und Choralsatz, Kassel (Bärenreiter)
- Ulrich Kaiser (1998): Gehörbildung. Satzlehre – Improvisation – Höranalyse, 2 Bände, Kassel (Bärenreiter)
- Mark Levine (1996): Das Jazz Theorie Buch (Advance Music)
- Diether de la Motte (1981): Kontrapunkt, Kassel (Bärenreiter)
- Diether de la Motte (1976): Harmonielehre, Kassel (Bärenreiter)
- Arnold Schönberg (1921): Harmonielehre, Wien (UE)

Akkord = mehrere gleichzeitig erklingende Töne unterschiedlicher Intervalle.

Zweiklang = zwei gleichzeitig erklingende Töne.

Dreiklang = drei gleichzeitig erklingende Töne.

Vierklang = vier gleichzeitig erklingende Töne.

Harmonie = Akkorde basierend auf Terzschichtungen.

Mehrklang = ein Klang bestehend aus verschiedenen Tönen bzw. mit einer besonderen Klangfarbe.

ZWEIKLÄNGE

KLÄNGE ERFORSCHEN

E *

M Akkordinstrumente, Stabspiele
Z Zweiklänge erforschen
A Spiele immer zwei Töne gleichzeitig. Höre dir dabei genau die Klänge an. Welche gefallen dir? Suche nach ähnlichen Zweiklängen auf anderen Tonhöhen.

P *

M Instrumente, bedingt auch Stimme
Z Zweiklänge erforschen
A Spielt beide lange Töne. Hört dabei auf die sich bildenden Zweiklänge. Verständigt euch über Zeichen, welche euch gut gefallen und spielt diese häufiger. Sucht nach ähnlichen Zweiklängen auf anderen Tonhöhen.

Die Version für Partnerunterricht lässt sich auch im Gruppenunterricht verwenden. In diesem Fall improvisieren zwei Spieler bzw. Spielerinnen, die restlichen horchen und signalisieren mittels vorher vereinbarter Zeichen, wenn ihnen ein Zweiklang gut gefällt und sie diesen nochmals hören wollen.

Bei diesem Spiel geht es darum, bewusst einzelne Zweiklänge wahrzunehmen und für sich zu kategorisieren. Einzelne Intervalle müssen dazu nicht benannt werden, können es aber bei Interesse seitens der Schüler und Schülerinnen. Das Spiel funktioniert auch im Gesangsunterricht, wobei es durch die Innenresonanz beim Singen schwerer ist, Intervallkonstellationen gut zu hören.

DISSONANZEN UND KONSONANZEN

Ausgehend von der Erfahrung, dass es sehr unterschiedlich klingende Zweiklänge gibt, können diese nun in Dissonanzen und Konsonanzen unterschieden werden. Auch hier sind die Begriffe zunächst nicht entscheidend, vielmehr das Wissen, dass einzelne Intervallkonstellationen sich nach deren Konsonanz- bzw. Dissonanzgrad unterscheiden lassen. Dazu demonstriert man am besten an einigen Beispielen Konsonanzen und Dissonanzen und gestaltet dann ein gemeinsames Ratespiel.

> Akustisch gesehen klingen zwei Töne umso konsonanter, je mehr sich die Obertöne der beiden Töne gleichen. Das trifft insbesondere für Intervalle mit einfachen Schwingungsverhältnissen zu, wie der Oktave (1:2), der Quinte (3:2) oder der Quarte (4:3).

Intervall	Proportion (in reiner Stimmung)	Konsonanz/Dissonanz
Prime	1/1	perfekte Konsonanz
kleine Sekunde	16/15	Dissonanz
große Sekunde	10/9 (kleiner Ganzton) 9/8 (großer Ganzton)	Dissonanz
kleine Terz	6/5	imperfekte Konsonanz
große Terz	5/4	imperfekte Konsonanz
Quarte	4/3	imperfekte Konsonanz
übermäßige Quarte verminderte Quinte	45/32 64/45	Dissonanz Dissonanz
Quinte	3/2	perfekte Konsonanz

kleine Sexte	8/5	imperfekte Konsonanz
große Sexte	5/3	imperfekte Konsonanz
kleine Septime	16/9 kleine Septime 9/5 große kleine Septime 7/4 Naturseptime	Dissonanz
große Septime	15/8	Dissonanz
Oktave	2/1	perfekte Konsonanz

Intervallverhältnisse geordnet nach Konsonanzen, unvollkommenen Konsonanzen und Dissonanzen.

Die Quarte wird in der klassischen Satzlehre nicht als Konsonanz, sondern als Dissonanz angesehen. Dies hat damit zu tun, dass in der Regel nicht von Zwei-, sondern von Dreiklängen ausgegangen wird. Wenn aufbauend auf einem Ton Quarte und Quinte oder Terz und Quarte erklingen, so entsteht eine Sekunde und damit eine Dissonanz. Als Zweiklang handelt es sich jedoch um eine Konsonanz.

KONSONANZEN UND DISSONANZEN UNTERSCHEIDEN

E P G K *

M Akkordinstrumente

Z Zweiklänge bestimmen

A Einer bzw. eine von euch (oder der bzw. die Leitende) spielt verschiedene Zweiklänge. Bestimmt, ob es sich um eine (perfekte – imperfekte) Konsonanz oder um eine Dissonanz handelt. Wer richtig gehört hat, bekommt einen Punkt.

Das bewusste Spielen von Intervallen setzt voraus, dass man diese unterscheiden kann. Deswegen muss diese Hörübung über eine längere Zeit praktiziert und vor allem immer weiter differenziert werden. Geht es am Anfang nur darum, Dissonanzen von Konsonanzen zu unterscheiden, verschiebt sich im Folgenden der Fokus dahingehend, einzelne Intervalle (etwa Terzen oder Sekunden) und schließlich alle Intervalle zu erkennen. Wie in vielen anderen Bereichen im Zwischenbereich zwischen Musiktheorie und Musizierpraxis lässt sich dabei beobachten, dass Begriffe und Wissen mit dazu beitragen, bewusster zu hören. Es gilt: Das, was verstanden wurde, lässt sich nicht nur leichter bezeichnen, sondern auch besser voneinander unterscheiden.

ZWEIKLANGDOMINO

G *

M Akkordinstrumente

Z Zweiklänge erkennen

A Einer von euch beginnt und spielt einen Zweiklang. Die Nächste versucht, ihn zu erkennen, wiederholt ihn und spielt einen eigenen Zweiklang. Der Nachfolgende spielt wiederum den Zweiklang der Vorgängerin und einen eigenen Zweiklang usw. Spielt reihum.

Ihr könnt allmählich dazu übergehen, ganze Folgen von Zweiklängen zu spielen. Bleibt auf dem Zweiklang stehen, den ihr weitergeben wollt. Dieser ist der Anfangspunkt des nachfolgenden Spielers bzw. der nachfolgenden Spielerin.

SIEHE AUCH
Töne zu verkaufen, S. 57,
Kettenspiel, S. 54.

ZWEIKLÄNGE SYSTEMATISIEREN

Der Schritt von der Fähigkeit, Intervalle bewusst unterscheiden zu können, hin zum Erforschen aller möglichen Intervallkonstellationen ist klein.

E P *

SEKUNDIMPROVISATION

M Tasteninstrumente, Zupfinstrumente, Stabspiele

Z Zweiklänge systematisieren

A Spielt alle Sekunden von den tiefsten Tönen bis ganz nach oben. Improvisiert verschiedene Stücke nur mit kleinen Sekunden (z.B. der tollpatschige Clown oder das Grashüpferspiel).

In gleicher Weise lassen sich auch alle anderen Intervalle erforschen, wobei immer das Finden mit dem eigenen Erfinden einhergehen sollte. Allmählich können natürlich verschiedene Intervalle miteinander kombiniert werden.

P *

LIEBLINGSZWEIKLÄNGE

A Spielt euch gegenseitig mit euren zwei Lieblingszweiklängen eine kurze Improvisation vor.
Überlegt euch einen Titel zu eurer Improvisation.

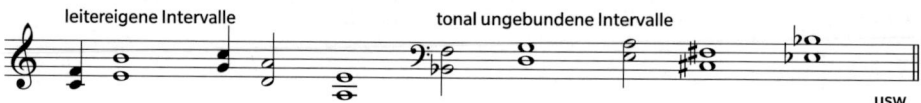

Improvisation mit Quint- und Quartzweiklängen.

AUSTERZEN

Eine besondere Rolle in der abendländischen Volks- und Kunstmusik spielen als Konsonanzen die Terz, Quinte und Sexte. Eine einfache Begleitung entsteht bereits, wenn zwei Stimmen parallel in Terzen, Quinten oder Sexten geführt werden.

Auf- und Ab-Tanz (1819), aus Oberösterreich (zweite Stimme in Terzen), nach: Pichler 1997, 11.

Ländler (1820), aus Oberösterreich (zweite Stimme in Sexten), nach: Pichler 1997, 13.

PARALLEL GEFÜHRT

E P **

M Instrumente, Stimme

Z Stimmen parallel führen

A Im Folgenden findet ihr verschiedene kurze (und verschieden schwere) Melodien. Spielt mit parallelen Terzen, Quinten und Sexten. Was klingt besser? Wie verändert sich die Melodie? Setzt die Terzen, Quinten und Sexten sowohl über als auch unter die gegebenen Melodien. Experimentiert mit den sich bietenden Möglichkeiten.

Nicolas Dezède (1740–1789): *Ariette Lison dormait*, nach: W. A. Mozart KV 315d.

Lieder sind auf verschiedenen Instrumenten je nach Lage, Tonart und Umfang technisch unterschiedlich schwer. Für das eigene Instrument finden sich in den meisten Instrumentalschulen und Liedersammlungen geeignete Lieder.

Die Königskinder (Westfälisches Volkslied).

PARALLELE QUINTEN

E P **

M Instrumente, Stimme

Z Stimmen parallel führen

Parallelen in Oktaven und Primen werden melodisch kaum noch als eigenständige Stimmen gehört. Beide Stimmen verschmelzen so stark miteinander, dass man für gewöhnlich nicht zwei, sondern lediglich eine Stimme hört. Die Parallelführung gibt der Melodie durch das hinzutretende Instrument aber eine neue Klangfarbe. Auch Quinten verschmelzen akustisch so weit miteinander, dass sie in der klassischen Harmonielehre nicht mehr als eigenständige Stimmen angesehen werden und daher im strengen Satz verboten sind. Aus dem gleichen Grund waren Quintparallelen in der mittelalterlichen Musizierpraxis, die noch stark von der Einstimmigkeit ausging, hingegen sehr beliebt.

A Im folgenden Notenbeispiel findest du eine alte gregorianische Melodie. Begleite sie mit parallelen Quinten, Oktaven und Quarten.

Kyrie in festis duplicibus, nach dem Codex latinus monacensis 5539, Umschrift in moderne Notation.

HORNQUINTEN

Eine standardisierte Kombination aus parallelen Terzen, Quinten und Sexten sind die sogenannten Hornquinten, die nach einem immer gleichen Muster aufgebaut sind. Verwendet wird der beschränkte Tonvorrat des Naturhorns und damit die ersten Töne einer Naturtonreihe.

In der traditionellen Satzlehre gilt dieser Fall als Ausnahme, ansonsten sind (verdeckte) Quintparallelen verboten. Hornquinten sind typisch für Fanfaren- wie Pastoralmelodien und werden assoziiert mit Jagd und pastoralen Melodien, in der Renaissance und im Barock auch mit Krieg und Kampf.

Hornquinten, aus: Ludwig van Beethoven, 9. Sinfonie, Schlusssatz.

E ★★

IM WALDE

M Instrumente

Z Mit Hornquinten improvisieren

A Improvisiere ein Stück zum Thema „Im Walde". Benutze dazu (auch) Hornquinten.

P ★★

FANFARENMUSIK

M Instrumente

Z Mit Hornquinten improvisieren

A Experimentiert gemeinsam mit Hornquinten. Wenn ihr sicher im Umgang mit Hornquinten seid, improvisiert gemeinsam Fanfarensignale. Um synchron zu spielen, könnt ihr entweder versuchen, euch durch Bewegungen zu verständigen, oder aber einer bzw. eine erfindet eine kleine Melodie, die danach in Hornquinten wiederholt wird.

BORDUN

Eine weitere sehr einfache Art einer Zweistimmigkeit besteht in der Verwendung eines Borduntons, also eines durchgehend gehaltenen Tons. Ursprünglich handelte es sich um eine typische Spieltechnik mittelalterlicher Sackpfeifen und Drehleiern, bei denen ein Ton fortwährend mitklang. Als Orgelpunkt oder Halteton ist der Bordun (von ital. Bordone, Brummbass) bis in die zeitgenössische Musik hinein beliebt.

Scotland the Brave (Schottisches Volkslied).

So treiben wir den Winter aus (Deutsches Volkslied).

AKKORDE, HARMONIK, MEHRKLÄNGE, TEXTUREN

SIEHE AUCH
Spiel mit Figuren und Skalen, S. 176–199, und Bordun-Tanzformen, S. 327–335.

Das Prinzip ist recht einfach: Ein Ton (oft der Grundton) wird gehalten, darüber wird eine Melodie bzw. eine Improvisation gespielt. Der Bordunton kann dabei wechseln, etwa langsam nach oben oder nach unten schreiten.

Beispiel einer Improvisation über einen aufsteigenden Bordunton.

usw.

E P G *

EINE MELODIE ÜBER EINEN BORDUN SPIELEN

M Instrumente, auch Stimme

Z Über einen Bordun improvisieren

A Nachfolgend findet ihr verschiedene Melodien. Wählt eine der Melodien. Schaut euch an, welche Töne (welcher Skala) verwendet wurden. Experimentiert mit verschiedenen Borduntönen (es können auch mehrere sein).
Nun spielt ein Stück mit folgendem Aufbau:
- Spielerin A hält den Bordunton, Spieler B spielt die Melodie
- Spielerin A hält den Bordunton, Spieler B improvisiert mit den Tönen und Teilen der Melodie
- Spieler B hält den Bordunton, Spielerin A improvisiert mit den Tönen und Teilen der Melodie
- Spieler B hält den Bordunton, Spielerin A spielt die Melodie.

Birkenbäumchen (Russisches Volkslied).

Scarborough Fair (Irisches Volkslied).

Nicolaus Decius (1523):
Allein Gott in der Höh sei Ehr
(Choral).

Franz Schubert (1827):
Der Leiermann, aus: *Die Winterreise, Op. 89, Nr. 24, D 911*.

PARALLELE MELODIEFÜHRUNG ÜBER EINEM BORDUN

Die bisherigen Möglichkeiten, eine Melodie oder Improvisation harmonisch anzureichern, lassen sich natürlich kombinieren. Eine Melodie kann über einen Bordun gespielt werden und gleichzeitig kann mit Terzen, Sexten und auch Quinten oder Oktaven eine parallele Stimme erfunden werden.

A Nehmt noch einmal die vier letzten Beispiele. Spielt nun einen Bordun und erfindet zur Melodie parallele Stimmen. Experimentiert mit verschiedenen Intervallen. Inwiefern verändert sich das Lied mit den unterschiedlichen Intervallen? Beschreibt euren Höreindruck. Spielt nun eine Improvisation mit folgendem Aufbau:
  – Melodie mit einer parallel geführten zweiten Stimme über einen Bordun
  – Improvisationen über den Bordun
  – Erneutes Spiel der Melodie mit parallel geführter zweiter Stimme über den Bordun.
  Wechselt euch beim Melodiespiel und Improvisieren ab.

MEHRKLÄNGE/AKKORDE

Das Schichten von Intervallen ist die Voraussetzung zur Entwicklung eines akkordischen Denkens. Je nachdem, welche Intervalle übereinander erklingen, entstehen Akkorde unterschiedlichen Charakters. Geschichtete Sekundklänge haben eine sehr dichte Qualität, hingegen besitzen Quart- und Quint-Akkorde einen offenen weiten Charakter. Kombinationen aus Terzen und Sexten werden als sehr harmonisch erlebt und Akkorde aus Septimen, Nonen und dem Tritonus dissonant.

Intervallschichtungen.

Intervallschichtungen lassen sich miteinander kombinieren und zu Akkorden unterschiedlicher Qualität verbinden. Es lohnt sich, mit den sich bietenden Kombinationsmöglichkeiten zu experimentieren und sich forschend in die Welt der Klänge zu begeben.

Intervallschichtungen aus verschiedenen Intervallen.

Siehe auch *Intervallfortschreitungen*, S. 217–236.

[103] Tom Johnson hat sich in seiner Musik überaus systematisch mit verschiedenen Akkorden und Intervallschichtungen beschäftigt. Höre dazu z.B.: Tom Johnson (2004): Chord Catalog New York (Two-Eighteenpress).

Von solchen Intervallschichtungen lassen sich natürlich auch Transpositionen und Umkehrungen bilden. Manche Komponisten und Komponistinnen haben Versuche unternommen, Kombinationsmöglichkeiten systematisch aufzuschreiben und mit diesen zu musizieren.[103] Eine solche Forschungsarbeit ist ohne Frage sinnvoll. Als Spieler bzw. Spielerin erweitert man dadurch das Repertoire möglicher Klänge und tritt damit der Gefahr entgehen, immer wieder auf die gleichen Akkorde und Akkordverbindungen zurück zu greifen. Gleichwohl ist es geboten, sich eine gut klingende Auswahl zurecht zu legen. Zu viele Möglichkeiten können beim Spielen auch hinderlich sein. Dies gilt in noch viel größerem Maße für Anfänger bzw. Anfängerinnen, die sich der Welt der Akkorde erst nähern.

E (P) **

AKKORDE AUS DREI TÖNEN BILDEN

M Tasteninstrumente

Z Systematisches Erforschen von Dreiklängen

A Suche Akkorde mit drei Tönen. Lass ein Intervall immer gleich und verändere das andere systematisch.
Gestalte damit eine kurze Improvisation.

Dreiklänge im Quintraum erforschen.

AKKORDE ÜBER GRIFFE ENTDECKEN E (P) **

M Akkordinstrumente

Z Bewusstes Wahrnehmen zufälliger Dreiklänge

A Schließe die Augen. Forme möglichst zufällig einen Griff mit drei Fingern und berühre damit die Tasten (Knöpfe oder das Griffbrett) deines Instruments. Was für einen Akkord haben deine Finger gefunden? Spiele ihn einige Male hintereinander. Horche in den Akkord hinein. Forme einen neuen Griff mit anderen Fingern und spiele auch diesen usw. Pianisten bzw. Pianistinnen sollten immer wieder auch schwarze und weiße Tasten miteinander mischen.
Gestalte deine Akkorde unterschiedlich lang und laut.
Spiele nach diesem Prinzip eine Akkordimprovisation. Im Partnerunterricht wechselt euch ab und spielt euch eure Akkorde gegenseitig vor.

Spielt drei zufällige Töne in unterschiedlichen Oktaven. Fügt sie zu einem Akkord in enger Lage zusammen. Improvisiert mit dem sich ergebenen Tonmaterial.   **VARIANTE**

ZU DRITT EINEN AKKORD AUFBAUEN G (TRIO) **

M Instrumente, Gesang

A Gestaltet gemeinsam Akkorde. Jeder bzw. jede spielt oder singt einen anderen Ton. Horcht, was für Klänge entstehen.

- „Schöne" Akkorde: Gestaltet zu dritt Akkorde, die möglichst harmonisch (konsonant) klingen. Wer einen Ton spielt, der nicht hineinpasst, löst den Ton in einen Nachbarton auf.   **VARIANTEN**
- „Schräge" Akkorde: Sucht möglichst schräge (dissonante) Akkorde. Wer einen zu „gut" klingenden Ton spielt (ein konsonantes Intervall), versucht es mit dem Nachbarton. Vielleicht passt dieser besser hinein.
- „Akkorde ad libitum": Improvisiert gemeinsam unterschiedliche Akkorde. Sie können schräg (dissonant) oder harmonisch (konsonant) klingen. Lauscht in die Klänge hinein. Je vielfältiger sie sind, desto spannender ist das Ergebnis.
- Zwei Ebenen: Einer bzw. eine von euch singt oder spielt eine Melodie, die anderen ergänzen die Melodie mit verschiedenen Akkorden. Spielt mit dem Wechsel von dissonanten und konsonanten Klängen.

TERZ-DREIKLÄNGE

Ein Akkord, der in der klassischen Musiziertradition mit am häufigsten verwendet wird, ist der Terzdreiklang, also die Schichtung zweier Terzen übereinander. Alle Dreiklänge, die sich durch Terzschichtungen auf den sieben Stufen der Dur- und Moll-Tonleiter ergeben, gehören dazu. Sie stellen die Basis der tonalen Musik dar, wozu ein Großteil der europäischen Musik zwischen 1500 und 1900 sowie der Popmusik gehört. Man unterscheidet vier Dreiklänge: den Dur-Dreiklang, den Moll-Dreiklang, den übermäßigen Dreiklang, den verminderten Dreiklang.

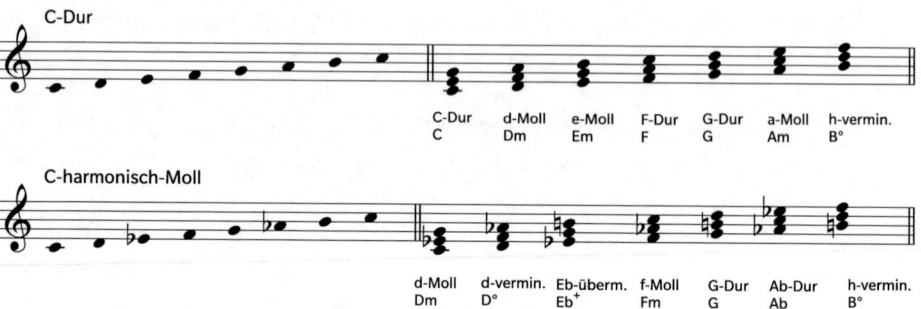

Dreiklänge basierend auf Terzschichtungen in Dur und Moll.

Von jedem der Dreiklänge lassen sich zwei Umkehrungen bilden, bei denen sich die Akkordtöne nicht ändern, wohl aber der tiefste Ton und eventuell die Lage der Töne.

Umkehrungen von C, Cm, C° und C+.

Bei immerhin zwölf möglichen Transpositionen, die sich in unzähligen Lagen spielen lassen, ergibt sich eine Vielzahl an Möglichkeiten, mit denen man sich beim Üben und Unterrichten über einen längeren Zeitraum beschäftigen kann (und sollte). Für den Anfang reichen einfache Formen in Grundstellung all jener Tonarten, mit denen man sich gerade beschäftigt, die nachfolgend erweitert werden.

TERZ-DREIKLÄNGE IN IHREM CHARAKTER ERFASSEN

P G **/***

M Instrumente

Z Den Charakter von Dreiklängen erfassen

A Spielt mit den gängigen Terzdreiklängen: Dur, Übermäßig, Moll, Vermindert in einer Tonart, die ihr beherrscht.

Bestimmt die Dreiklänge nach ihrem Charakter. Sucht nach passenden Beschreibungen, wie ihr die Akkorde hört, etwa als strahlend, schwebend, weich oder eng.

Nehmt nun einzelne Akkorde, bestimmt eine Taktart und eine Reihenfolge, in der ihr die Akkorde spielen wollt. Improvisiert mit den Akkorden und ihren Umkehrungen. Nutzt die Akkordtöne auch einzeln als Zerlegung. Passt jeweils die Dynamik und den Ausdruck dem Charakter der Akkorde an.

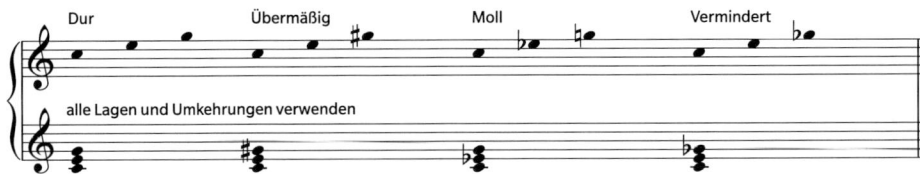

Beispiel einer Improvisation über verschiedene Dreiklänge (hier in Form einer achttaktigen Periode).

Melodisch lassen sich nicht nur die jeweiligen Dreiklangstöne zum Improvisieren nutzen, diese lassen sich zu Fünftongruppen (und später zu ganzen Skalen) erweitern.

VARIANTEN

Dreiklänge und passende Töne im Quintraum.

A Wählt einen Grundton und bildet die drei grundlegenden Dreiklänge (Dur, Moll, Vermindert und Übermäßig) und eine dazu passende Fünftonreihe. Der eine Spieler begleitet akkordisch, die zweite Spielerin improvisiert mit den Tönen der Akkorde und Fünftonreihen. Hört gut aufeinander. Wechselt einer der Spieler bzw. Spielerinnen den Akkord bzw. die Fünftonreihe, folgt der bzw. die andere.

E P **

Spieler und Spielerinnen von Tasteninstrumenten können das gleiche Spiel auch alleine ausführen. Dabei sollte die Aufteilung von Akkordspiel und Melodieimprovisation zwischen den Händen immer wieder wechseln.

Improvisation im Quintraum akkordisch begleitet.

A Nun gestaltet auch die akkordische Begleitung etwas freier. Nutzt verschiedene Rhythmisierungen. Ihr könnt die Töne der Dreiklänge auch arpeggieren (also nacheinander spielen).

Improvisation im Quintraum über arpeggierte Dreiklänge.

SIEHE AUCH
Arpeggierte Dreiklänge und Dreitonfolgen, S. 226–229.

Sehr häufig fällt es Laienmusikern bzw. -musikerinnen schwer, Dreiklänge in den verschiedenen Umkehrungen wiederzuerkennen. Um diese Fähigkeit zu verbessern, bieten sich Dreiklangsspiele an, in denen ausgehend von einem festgelegten Dreiklang die Reihenfolge, Lage und Umkehrung der Töne frei kombiniert wird.

E P G **

DREIKLÄNGE ZUSAMMENFÜGEN

A Wählt einen Dreiklang. Spielt ihn und überlegt, aus welchen Tönen er besteht. Spielt ihn in verschiedenen Lagen auf euren Instrumenten.
Baut ihn nun in freier Reihenfolge zusammen. Ergänzt immer die Töne, die fehlen.

Dreiklänge zusammenfügen in C-Dur für Akkordinstrumente/Klavier.

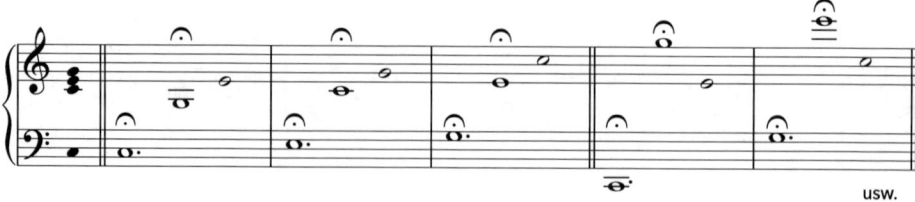

Dreiklänge zusammenfügen in D-Dur für Melodieinstrumente.

Dieses Spiel besitzt einen meditativen Charakter, weshalb viele beim Spielen gerne die Augen schließen, was das Hören intensiviert. Es kann allerdings auch rhythmisch und groovend gespielt werden. Dazu müssen lediglich ein Puls und ein Rhythmus vorgegeben werden. Jedem Spieler bzw. jeder Spielerin steht es in dieser Version frei, sowohl mit dem Rhythmus als auch mit den Dreiklangstönen in verschiedenen Lagen zu spielen.

Das Spiel ist grundsätzlich für verschiedene Besetzungen geeignet, wobei insbesondere die rhythmisierte Fassung in größeren Besetzungen etwas schwerer ist als in kleinen. Auch in der Arbeit mit größeren Gruppen sollte daher mit Duo- und Triobesetzungen begonnen werden.

Mit Dreiklangstönen rhythmisch improvisieren.

TERZGESCHICHTETE VIERKLÄNGE

Wie mit Dreiklängen lässt sich auch mit Vierklängen verfahren. Am Anfang sollten daher wieder ein Experimentieren und Suchen nach möglichen Kombinationen von vier Tönen stehen, wobei man sich dabei nicht auf Dreiklänge aus geschichteten Terzen beschränken sollte.

Den Vierklängen aus drei übereinander geschichteten Terzen kann man sich von zwei Warten aus nähern: Analog zu den Dreiklängen auf Grundlage einer Tonart bzw. Skala oder aber durch Schichtung aller möglichen Varianten großer und kleiner Terzen bzw. dem Aufbau eines Akkords aus einem Grundton, einer Terz, einer Quinte und einer Septime. Das Ergebnis sieht ähnlich aus. Während der Rückbezug auf eine Tonart jedoch die Verwandtschaft von Akkorden und Skalen betont, fokussiert der zweite Ansatz auf die Eigenständigkeit eines jeden Akkords als Klanggebilde. Traditionell werden Akkorde jedoch als Terzschichtungen auf den Tönen der Dur- und harmonischen Moll-Tonleiter gebildet, wodurch auch bei dieser Herangehensweise ausnahmslos Septakkorde entstehen.

Transponiert auf den Grundton c ergeben sich damit folgende Varianten:

An dieser Stelle sollte die Übung *Akkorde aus drei Tönen bilden*, S. 226, mit vier Tönen wiederholt werden.

Septakkorde in Dur und harmonisch Moll.

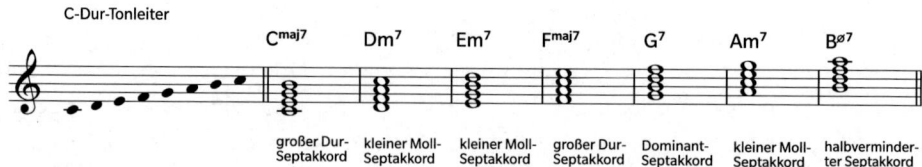

Der systematische Weg über die Schichtung aller Varianten von Terzen ergibt die gleichen Akkorde mit einer Ausnahme: drei übereinander geschichtete große Terzen klingen in gleichschwebender Temperatur wie ein übermäßiger Dreiklang, das his klingt wie die Oktave c.

Septakkorde als Schichtung großer und kleiner Terzen.

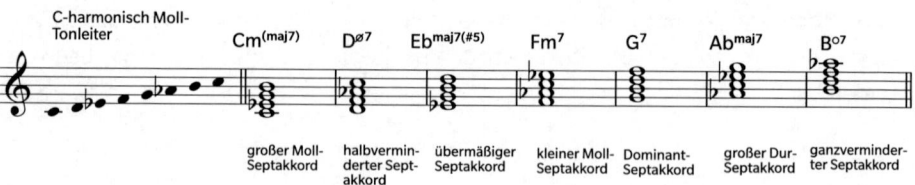

Interessanterweise ergibt sich ein zwar ähnliches, doch in einigen Punkten abweichendes Bild, wenn man nicht von geschichteten großen und kleinen Terzen ausgeht, sondern vom Aufbau Grundton – Terz – Quinte – Septime. Hier lässt sich auch ein übermäßiger Septakkord mit kleiner Septime sowie ein verminderter Septakkord mit großer Septime bilden. Diese Akkorde sind allerdings in tonalen Zusammenhängen eher unüblich.

Septakkorde mit dem Aufbau Grundton – Terz – Quinte – Septime.

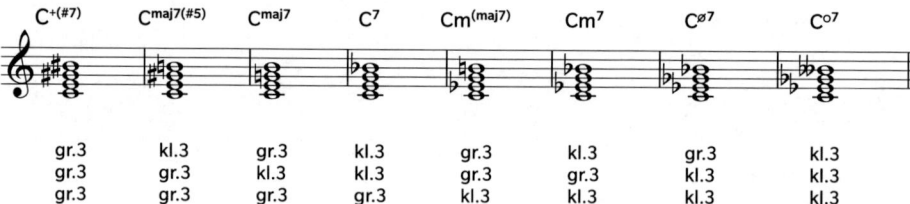

Wie von den Dreiklängen lassen sich auch von den Vierklängen bzw. Septakkorden Umkehrungen bilden. Beispielhaft sind nachfolgend die Umkehrungen des C-Dominantsept-Akkords notiert.

Dominatseptakkord auf c und seine Umkehrungen.

SEPTAKKORDE UND DEREN UMKEHRUNGEN SUCHEN

A Bilde Septakkorde auf einem beliebigen Grundton. Suche zu jedem Septakkord auch dessen Umkehrungen. Improvisiere mit den Akkordklängen bzw. Akkordtönen.

VIERKLÄNGE HÖREN

M Akkordinstrumente

A Spiele zwei verschiedene Septakkorde. Wiederhole sie und suche eine für dich passende Beschreibung der beiden Klänge. Improvisiere mit deinen beiden Akkorden und ihren Umkehrungen.

Suche nach einiger Zeit zwei weitere Septakkorde. Verfahre mit ihnen wie mit den ersten beiden.

Improvisiere dann mit allen vier Akkorden. Beschäftige dich nach und nach mit weiteren Akkorden und improvisiere mit allen dir bereits bekannten. Nutze immer auch mögliche Umkehrungen.

E **

Solltest du nicht sicher sein, auf welchem Ton du deine Akkorde bilden möchtest, beginne erst einmal damit, Akkorde auf den Tönen f, g, b und d zu bilden.

E (P) ***

Einige Schüler bzw. Schülerinnen benötigen bei solchen Aufgaben etwas mehr Anleitung. Je nach Instrument sollten diese sich zunächst mit technisch einfachen Septakkorden beschäftigen.

Neben Spetakkorden sind in tonaler Musik auch Terzdreiklänge mit hinzugefügter Sext gebräuchlich, sogenannte Quintsextakkorde. Je nachdem, wie man an sie herangeht, handelt es sich allerdings nur bedingt um eigenständige Akkorde. Sie entstehen als erste Umkehrung eines jeden Septakkords. So sind beispielsweise die Töne des Dur-Dreiklanges mit zugefügter Sexte identisch mit den Tönen der ersten Umkehrung eines kleinen Moll-Septakkords.

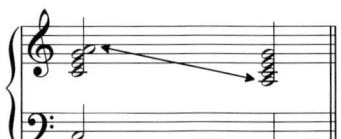

Der Sextakkord und Septakkord im Vergleich.

Allerdings besitzt dieser Akkord durch den wechselnden Grundton einen völlig anderen Charakter. Auch wenn der C-Dur-Quintsext-Akkord die gleichen Töne hat wie der kleine A-Moll-Septakkord, besitzt er in einem Fall einen Dur-Charakter, im anderen Fall eher einen Moll-Charakter. Dies ist allerdings wesentlich vom jeweiligen musikalischen Kontext abhängig und damit von der Frage, welche Tonart und welcher Grundton in einer Passage etabliert wurden.

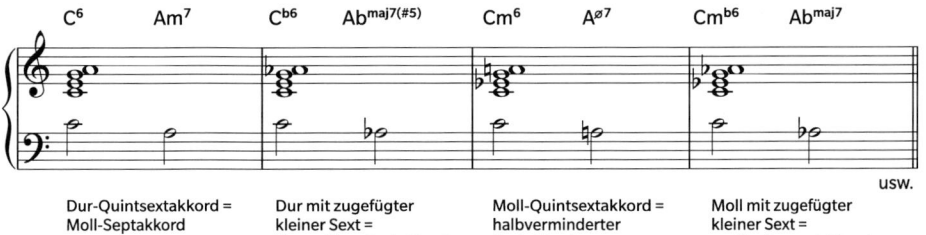

Dur-Quintsextakkord = Moll-Septakkord

Dur mit zugefügter kleiner Sext = übermäiger Septakkord

Moll-Quintsextakkord = halbverminderter Septakkord

Moll mit zugefügter kleiner Sext = großer Durseptakkord

Verwandtschaft von Sext- und Septakkorden.

E **

Spieler und Spielerinnen von Melodieinstrumenten können die Akkorde in arpeggierter Form spielen.

AKKORDVERWANDTSCHAFTEN UNTERSUCHEN

A Spiele verschiedene Septakkorde und bilde die erste Umkehrung (den Quintsextakkord). Höre dir beide Umkehrungen genau an und versuche für dich, den jeweiligen Klang zu beschreiben. Bestimme, ob es sich jeweils um einen Dur-, Moll-, verminderten oder übermäßigen Akkord handelt.

Nun spiele verschiedene Quintsextakkorde und bilde die dazugehörenden Septakkord in Grundstellung mit den gleichen Tönen. Spiele mit den beiden Umkehrungen. Bilde nun Ketten aus Quintsext- und Septakkorden.

AKKORDKETTEN

M Akkordinstrumente

A Bilde Ketten von Sept- und Quintsextakkorden. Verändere immer nur einen Ton. Höre auf die entstehenden Klänge und Akkordverbindungen.

Immer nur ein Ton verändert sich.

G **

Gut funktionieren schrittweise fortschreitende Basstöne.

GRUNDTON VERÄNDERN

M Instrumente (mindestens ein Akkordinstrument), Stimme

A Wählt zwei Dreiklänge aus, mit möglichst vielen, gleichen Tönen (z.B. Dm und F oder G und Gm).

Spieler A: Spiele die beiden Akkorde. Nutze auch Umkehrungen und Akkordbrechungen (arpeggierte Töne).

Spielerin B: Spiele den Grundton. Verändere diesen nach und nach.

Spieler C: Improvisiere zum Akkord-Bassgerüst eine Melodie. Gehe zunächst von den Akkordtönen aus und erweitere diese allmählich durch zusätzliche Töne. Passt einmal ein Ton nicht, spiele einfach einen anderen.

Keine Angst vor falschen Tönen.

usw.

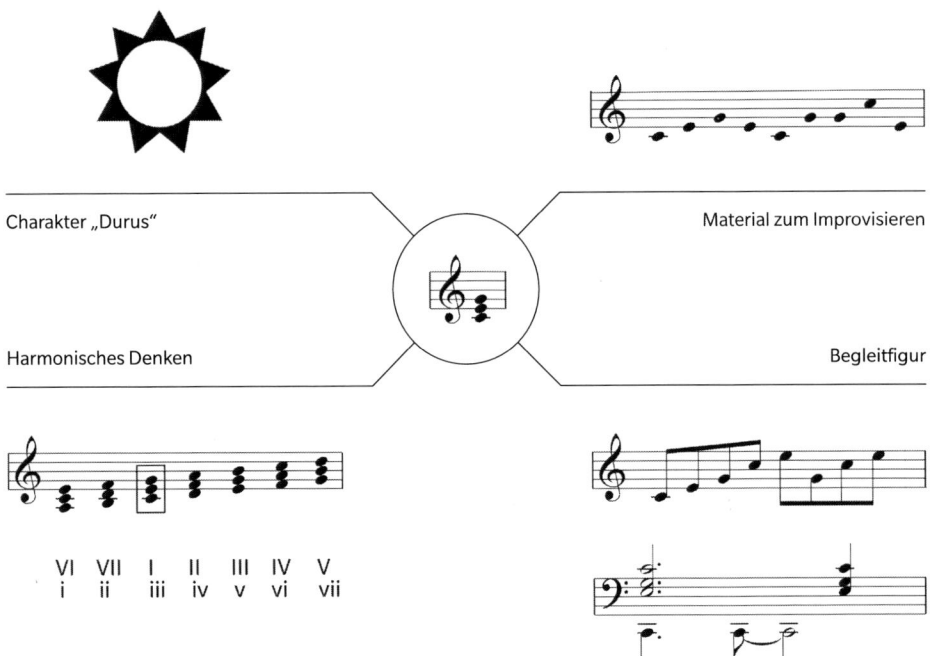

Ein Akkord im wechselnden Kontext.

AKKORDE IM KONTEXT

Akkorde besitzen verschiedene Qualitäten, lassen sich je nach musikalischen Kontexten auf recht unterschiedliche Art und Weise einsetzen und können dementsprechend auch mannigfaltig als Improvisationsmaterial dienen. Ein Akkord kann als Begleitfigur in Erscheinung treten, als Material einer Melodieimprovisation, als Teil eines harmonischen Verlaufes oder als einfacher Zusammenklang mehrerer Töne. Dies erzielt jeweils eine andere Wirkung. So klingt etwa ein Akkord als einzelner Klang in der Regel ganz anders als in einem harmonischen Kontext. Dabei spielen historische wie stilistische Ausprägungen eine erhebliche Rolle. Stellte der Dominantseptakkord etwa noch im empfindsamen Stil des 18. Jahrhunderts eine spannungsreiche Harmonie dar, die nach bestimmten Regeln aufgelöst werden muss, so hat er diese Qualität spätestens im 20. Jahrhundert völlig eingebüßt. So wird er in vielen Jazzstilen als regulärer Akkord eingesetzt, der nicht mehr als besonders dissonant wahrgenommen wird. In der zeitgenössischen Musik gilt er sogar als ausgesprochen harmonischer Klang, der genau aus diesem Grund eher vermieden wird.

SPANNUNGSGEFÄLLE – GEGENBEWEGUNG

In den folgenden Abschnitten geht es um Abfolgen von Akkorden. Um deren Funktionsweise etwas besser zu verstehen, bedarf es einiger grundlegender Erklärungen und praktischer Versuche.

Zunächst muss man sich verdeutlichen, dass für uns zwar Musik mit Akkordabfolgen absolut alltäglich ist, weltweit aber die meisten Musikkulturen Akkorde im Sinne von gleichzeitig erklingenden Tönen bzw. Figuren nicht kennen. In der Regel finden sich eigenständige Percussion zuweilen auch Bassbegleitungen, die eigentliche Musik ist aber einstimmig, alle Instrumente orientieren sich mehr oder weniger an derselben Stimme. Die Entwicklung der Mehrstimmigkeit im mitteleuropäischen Hochmittelalter und von da aus komplexerer Harmoniefolgen in der Renaissance und im Barock gehorcht dabei nur einigen wenigen Gesetzmäßigkeiten, die, auch wenn sie kaum mehr bekannt sind, bis heute gelten.

SIEHE DAZU AUCH
Zweiklänge, S. 258–265.

Grundlegend dabei ist, dass zwei Stimmen, die parallel das gleiche spielen bzw. singen, nicht als eigenständige Stimmen, sondern als Verdopplung gehört werden. Interessanterweise gilt dies nicht nur für einstimmige (echte) Parallelführungen, sondern auch für solche, die in der Oktave, der Quinte und bedingt auch in der Quarte geführt werden. Hingegen besitzen Stimmen, die in Terzen oder Sexten parallel geführt werden, eine gewisse Eigenständigkeit. Man hört eine zweite Stimme, die aber eben das Gleiche spielt. Dies gilt auch für die dissonanten Intervalle wie die Sekunden, Septimen, Nonen und die übermäßige Quarte, allerdings wurde die Dissonanz bis Anfang des 20. Jahrhunderts als so störend empfunden, dass Parallelführungen dieser Art vermieden wurden.

Parallele Stimmen.

P **

PARALLEL GEFÜHRT

M Instrumente, Stimme

A Wählt eines der Lieder auf Seite 264–265 aus und erfindet eine parallel geführte Stimme. Experimentiert mit verschiedenen Intervallen.

Als wichtig festzuhalten ist, dass die einzige Möglichkeit, eine echte Mehrstimmigkeit zu erzeugen, darin besteht, unabhängige Stimmen zu improvisieren oder zu komponieren. Dies kann durch rhythmische Unabhängigkeit der Stimmen erreicht werden und vor allem durch das Prinzip der Gegenbewegung. Schreitet eine Stimme nach oben, sollte die andere nach unten schreiten oder wenigsten liegen bleiben (und andersherum). Quint- und Oktavparallelen werden in vielen Stilen aus genau diesem Grund vermieden. Terz- und Sextparallelen sind zwar nicht schlimm, führen aber zu einem Verlust an Eigenständigkeit der Stimmen.

Rhythmische Unabhängigkeit der Stimmen.

Gegenbewegung.

Zwei unabhängige Stimmen.

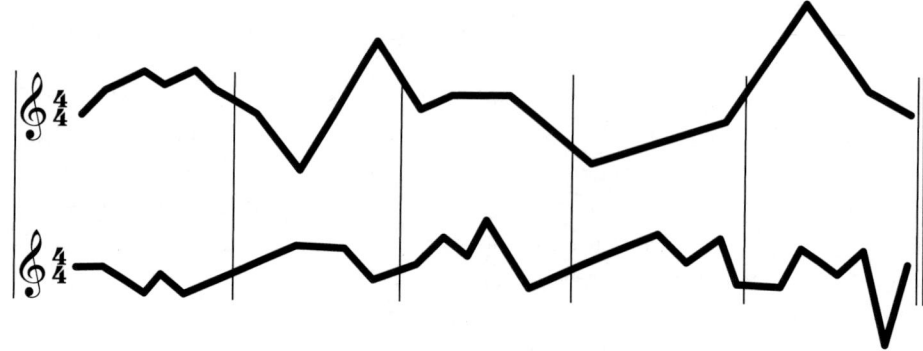

Dieses Verbot galt in der klassischen Harmonielehre eben auch für Akkordfolgen. Wir gehen darauf im restlichen Buch nicht weiter ein und würden sogar methodisch anraten, diese satztechnische Regel im Improvisationsunterricht erst verhältnismäßig spät einzuführen. Wer jedoch immer wieder darauf achtet, zu häufige Parallelen zu vermeiden, wird deutlich wohlklingendere Akkordfolgen improvisieren.

parallel geführt

in Gegenbewegung

IN GEGENBEWEGUNG
P **

M Instrumente, Stimme

A Spielt noch einmal eines der Lieder auf Seite 264–265 (oder gern auch ein anderes Lied, das ihr kennt). Improvisiert abwechselnd eine möglichst eigenständige Stimme dazu. Nutzt das Prinzip der Gegenbewegung und hört bewusst auf entstehende Konsonanzen und Dissonanzen. Wenn ihr wollt, versucht einmal, ausschließlich Konsonanzen oder Dissonanzen zu spielen.

Ein zweites, nachfolgend noch viel wichtigeres Prinzip beruht darauf, dass Akkorde im Verhältnis zueinander nicht gleichwertig sind. Es gibt zumindest in tonaler und modaler Musik immer ein Zentrum (die Tonika oder erste Stufe der jeweiligen Tonart), zu der die anderen Akkorde in Spannung stehen. Dieses Zentrum kann in einer längeren Passage wechseln, in der Regel kommt man aber zumindest am Ende eines Stückes wieder zum ursprünglichen Zentrum bzw. der Tonart zurück. Das Maß der Spannung von Akkorden zueinander hängt davon ab, wie viele gemeinsame Töne die Akkorde haben und ob es sich um Töne der gleichen Tonart handelt. So haben D-Dur und H-Moll beispielsweise zwei gemeinsame Töne, weshalb sie im Verhältnis zu einander als ähnlich wahrgenommen werden. D-Dur und A-Dur besitzen nur einen gemeinsamen Ton und kommen sowohl in A-Dur (als Stufe I und IV) als auch in D-Dur (als Stufe I und V) vor. Sie stehen in einer etwas größeren Spannung zueinander. D-Dur und Eb-Moll hingegen haben keinen gemeinsamen Ton, und die Töne kommen auch in keiner Tonart gemeinsam vor. Sie stehen daher in so starker Spannung zueinander, dass eine solche Akkordfolge in tonaler Musik nur sehr selten bzw. nur unter bestimmten Bedingungen verwendet wird. In der Regel würden zwischen D-Dur und Eb-Moll eine Reihe weiterer Akkorde stehen, die eine Verbindung der beiden Akkorde zueinander herstellen. Die Norm – und von der werden wir im Folgenden ausgehen – nutzt immer nur Akkorde einer Tonart bzw. von benachbarten Tonarten mit gleichen oder zumindest weitestgehend gleichen Tönen.

Dies gilt selbst für *Modulationen*, auf die wir am Ende des Kapitels kurz eingehen, denn hier werden jeweils verbindende Akkorde genutzt, die zwischen einer Ausgangs- und einer Zieltonart stehen.

Gemeinsame Töne als Maß der Spannung von Akkorden zueinander.

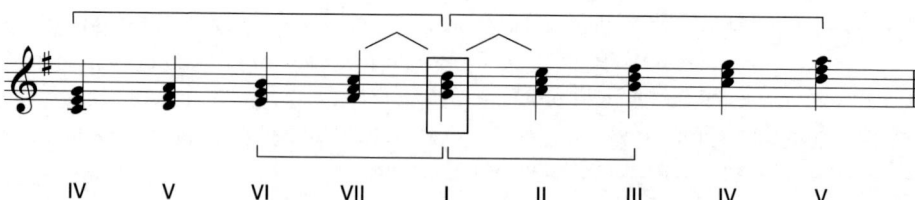

Akkordfortschreitungen nutzen dieses Spannungsverhältnis untereinander, wobei sowohl sehr spannungsreiche als auch sehr spannungsarme vorkommen. Ohne zu sehr das Nachfolgende vorwegzunehmen sei angemerkt, dass in tonaler Musik die Abfolge der I., IV. und V. Stufe von besonderer Bedeutung ist. Eine solche Kadenz umspannt mit den Akkordtönen alle Töne einer Tonart und bildet damit eine ganze Tonart ab.

E *

SPANNUNG VON AKKORDEN NACHSPÜREN

M Tasteninstrument

A Spiele alle Akkorde einer Tonart. Kombiniere sie in unterschiedlicher Reihenfolge. Wie klingen sie zueinander? Höre auf das Spannungsverhältnis der Harmoniefolgen. Nutze auch verschiedene Umkehrungen der Akkorde.

Bevor tiefer auf verschiedene Modelle und Akkordfortschreitungen eingegangen wird, sei eine weitere Anmerkung erlaubt. Wir haben uns aus methodischen Erwägungen in diesem Buch dafür entschieden, Akkordfolgen in Form von Stufen darzustellen. Die Stufen werden mit römischen Ziffern gekennzeichnet, wobei die erste Stufe abhängig von der jeweiligen Tonart bzw. dem verwendeten Modus gesetzt wird. So ist in Dur die erste Stufe ein Dur-Akkord, in Moll ein Moll-Akkord und in Dorisch ebenfalls ein Moll-Akkord. Die Stufentheorie ist verhältnismäßig einfach, da die Akkorde jeweils nur anhand der Stellung in der zugrundeliegenden Tonart beziffert werden. Auf der vorigen Abbildung wurden die Stufen von G-Dur eingezeichnet.

Allerdings hat die Stufentheorie auch einige Schwächen. So wird beispielsweise nicht deutlich, ob die V. Stufe in Moll als Moll-Akkord oder – was viel häufiger der Fall ist – als Dur-Akkord gespielt wird. Zwar kann man die Theorie dahingehend erweitern, dass man die Stufen je nach Tongeschlecht mit kleinen oder mit großen römischen Ziffern beschriftet, damit geht aber die einfache Darstellungsform verloren. Zudem erlaubt die Stufentheorie keine Aussage zum Verhältnis zweier Akkorde zueinander. Die Stufen sagen nichts darüber aus, ob zwei Akkorde als sehr spannungsreich oder eher als ähnlich gehört werden. Wir haben daher immer wieder Akkordfortschreitungen sowohl in Form von Stufen als auch in Form von Funktionen beziffert, allerdings ohne hier genauer auf die beiden theoretischen Ansätze einzugehen. Gerade weil viele Varianten der Funktionstheorie in Gebrauch sind und sich kaum einer mehr an den Originalideen von Hugo Riemann orientiert, wären recht ausführliche Erklärungen nötig.

ZUM WEITERLESEN:

Martin Anton Schmid (2013): Formelbuch der Harmonielehre, Hamburg (Diplomica)

Diether de la Motte (1976): Harmonielehre, Hamburg (Rowohlt)

Hugo Riemann (1897/2016): Grundriss der Kompositionslehre, Nachdruck der Originalausgabe, Hamburg (Hansebooks)

AKKORDFORTSCHREITUNGEN

Akkorde besitzen nicht nur eine vertikale Struktur, sie gliedern horizontal durch die Abfolge harmonischer Muster auch formal Musik. Dabei werden Akkorde oft in gängigen Fortschreitungen eingesetzt, von denen die sogenannten *Kadenzen* die bekanntesten sein dürften. Eine verbreitete Form ist die Abfolge der Stufen I IV V I (Tonika, Subdominante, Dominante, Tonika) bzw. im Jazz I II V I (Tonika, Subdominantparallele, Dominante, Tonika), die seit der Barockzeit bis in die gegenwärtige Pop- und Filmmusik gern eingesetzt wird. In Stücken wie in Improvisationsvorlagen (im Jazz sogenannte Leadsheets) werden Kadenzen in aller Regel zu längeren Akkordketten verflochten, die zwar auf dem grundlegenden Modell aufbauen, dies aber ausschmücken und erweitern. Auf solche längere Varianten wird auch im Kapitel *Spielen mit vorgegebenen Formen und Kompositionsweisen*, Seite 312–378, eingegangen.

Auch im Bereich der zeitgenössischen Musik gibt es eine Reihe harmonischer Konzepte, die bereits im Abschnitt *Skalen in der zeitgenössischen Musik*, Seite 207–217, beschrieben wurden. Es handelt sich um verhältnismäßig komplexe Abfolgen, die an dieser Stelle nicht erneut behandelt werden.

> **SIEHE**
> Skalen in der zeitgenössischen Musik, S. 207–217.

Die im Folgenden dargestellten Akkordabfolgen sind so aufbereitet, dass jeweils Varianten nacheinander dargestellt werden. Ausgehend von einfachen Formen, bestehend aus nur zwei Akkorden, wird zu komplexeren Akkordfolgen vorangeschritten. Stimmführungsregeln bzw. Voicings (im Jazz), wie das eben erwähnte Gebot der Vermeidung von Parallelen, werden dabei erst einmal außer Acht gelassen. Ziel ist es, Grundstrukturen darzustellen, mit denen auch Laien schnell spielen und improvisieren können. Unserer Erfahrung nach lassen sich über ein praktisches Verstehen und einen intuitiven Gebrauch solcher Muster mit der Zeit auch kompliziertere satztechnische Regeln leicht einführen.

Uns ist bewusst, dass sich einige unserer Beispiele mehr für Tasten oder Melodieinstrumente eignen. Diese müssen beim Üben und Unterrichten auf eine angemessene Weise adaptiert werden. Obwohl bei allen Modellen einige theoretische Erklärungen nötig wären, sei wieder auf die umfangreiche musiktheoretische Literatur verwiesen. Wir hoffen, Anregungen für das Unterrichten zu geben, und haben uns daher bemüht, theoretische Erläuterungen auf das Nötigste zu beschränken.

Zum Improvisieren ist es sinnvoll, Akkordfolgen so zusammenzustellen, dass sie sich als Endlosschleife wiederholen lassen. Solche *Turnarounds* besitzen oft (aber nicht immer) eine offene Form, enden (soweit möglich) auf der fünften Stufe (Dominante) und sind symmetrisch in Form von zwei, vier oder acht Takten aufgebaut.

Stufen	Beispiel in G-Dur	Beispiel in G-Moll
I III I (in Dur)	G Am G	
I bVII I (in äolisch Moll)		Gm F Gm
I IV I	G C G	Gm Cm Gm
I VI I	G Em G	Gm Eb Gm
I III I	G Hm G	Gm Bb Gm
I V I I	G D G G	Gm D Gm Gm
I V V I	G D D G	Gm D D Gm
I I I V V V V I	G G G D D D D G	Gm Gm Gm D D D D Gm
I IV V I (Kadenz)	G C D G	Gm Cm D Gm
I IV I V	G C G D	Gm Cm Gm D
I II V I (Kadenz)	G Am D G	Gm A° D Gm
II V I I	Am D G G	A° D Gm Gm

Gängige Akkordfolgen von zwei bis sechs Akkorden.

Stufen	Beispiel in G-Dur	Beispiel in G-Moll
I VII VI V (andalusische Kadenz)		Gm F Eb D
I VI II V (I)	G Em Am D (G)	Gm Eb A° D (Gm)
I III VI V I	G Hm Em D G	Gm Bb Cm D Gm
I VI IV V I	G Em C D G	Gm Eb Cm D Gm
I II II IV	G Am Hm C	
I IV V VI II (IV) V I	G C D Em Am (C) D G	Gm Cm D Eb A° (Cm) D Gm
I IV VII III VI II V I (Quintfallsequenz)	G C Fis° Hm Em Am D G	Gm Cm F Bb Eb A° Dm (oder D) Gm
I IV II V III IV IV IIV V I (Quintstiegsequenz)	G C Am D Hm Em C Fis° D G	Gm Cm A° Dm Bb Eb C F Dm (oder D) Gm
V I III IV bzw. III IV V I (Parallelismus in Dur)	D G – H Em H Em D G	
V I VII III bzw. VII III V I		D Gm F Bb F Bb D Gm

Alle Harmoniefolgen können auch mit leitereigenen Septakkorden gespielt werden. Anstatt der Abfolge I V I als Gm D Gm kann man etwa Gm^7 D7 Gm^7 verwenden. Dies ist im Jazz üblich. In der klassischen Harmonielehre hingegen werden mit Ausnahme des Dominantseptakkords auf der V. Stufe und des Quintsextakkords auf der IV. Stufe in der Regel keine Vierklänge verwendet (I IV$^{5/6}$ V^7 I – G C$^{5/6}$ D^7 G). Solange man sich nicht in einem bestimmten musikalischen Idiom bewegt, sollte es jedoch keinen Hindernisgrund geben, in der Abfolge von Harmonien mit verschiedenen Sept-, Sext-, und wer möchte, auch mit Septnonakkorden zu experimentieren. Es versteht sich, dass beim Unterrichten zunächst einfachere Dreiklänge und erst später komplexere Vierklänge verwendet werden sollten.

STUFENFOLGEN MIT ZWEI AKKORDEN

Als Einstieg in die Improvisation mit zwei Akkorden eignen sich Verbindungen ohne V. Stufe (Dominante), z.B. die Verbindung I II in Dur bzw. I (b)VII in Moll. Bei solchen Akkordfolgen können sich die Spielenden ganz auf die Melodie konzentrieren, die Stufen der Akkorde lassen sich schnell automatisieren und müssen nicht mitgedacht werden. Dies gilt sowohl beim Improvisieren auf Tasteninstrumenten als auch auf Melodieinstrumenten, bei denen die Akkordfolge vom Lehrenden oder einem zweiten Spieler bzw. Spielerin als Begleitung mitgespielt werden muss. Als Tonmaterial bieten sich entsprechende Skalen bzw. Akkordtöne an. Durch die verhältnismäßig einfache Struktur kommen die Spieler und Spielerinnen leicht in ein fließendes Spiel. In weiterer Folge können Formen mit mehr Akkorden, insbesondere solche mit V. Stufe (Dominante), eingeführt werden. Dafür sollte man sich jedoch ausreichend Zeit lassen, denn Improvisationen über Akkordfolgen, die eine V. Stufe beinhalten, verlangen meist, dass sie melodisch in der Wahl der Töne mitvollzogen werden.

STUFENFOLGE I II I IN DUR   P *

M   zwei Tasteninstrumente oder ein Akkord- und ein Melodieinstrument, (Melodieinstrumente oktavieren)

A   Spielerin A: Begleite mit Akkorden und spiele dabei immer andere Varianten, z.B. verschiedene Rhythmen, Reihenfolgen, Oktaven, Kombinationen.
Spieler B: Spiele darüber auch Melodien.
Spielt Ähnliches auch in anderen Tonarten und Taktarten.

Improvisationsmaterial (G-Dur).

Begleitmodell für die Stufenfolge I II I als Variante für Anfänger (grifftechnisch einfach gehalten).

Die Modelle zeigen mögliche Begleitvarianten. Sie sind auch für Schüler und Schülerinnen geeignet, die erst wenige Töne beherrschen und kaum über ein theoretisches Verständnis verfügen.

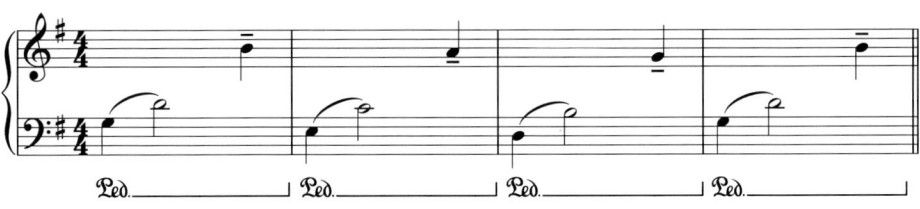

Begleitmodell für die Stufenfolge I II I als Variante mit Umkehrungen.

STUFENFOLGE I VII UND I V IN MOLL   P G **

A   Im Folgenden sind einige einfache Akkordfolgen in D-Moll bzw. D-Dorisch in Form einfacher Begleitmodelle gesetzt. Wählt eine davon aus und bestimmt, wer Melodie und wer Begleitung spielt. Improvisiert über die Akkordfolgen. Nutzt dazu zunächst einmal nur den Tonleiterausschnitt. Rhythmisiert und zerlegt die Akkorde beim Improvisieren. Tauscht nach einiger Zeit die Rollen.
Sobald ihr etwas sicherer seid, versucht, die Taktart und Tonart zu wechseln. Spielt z.B. im 3/4-Takt oder in G-Moll. Welche Akkorde müsst ihr nun verwenden und welche Töne passen beim Improvisieren?

Begleitvarianten der Stufenfolge I VII und I V(m) in D-Moll und D-Dorisch.

Mögliche Improvisation über die Stufen I II V I in A-Moll für zwei Melodieinstrumente.

(E) P (G) *

STUFENFOLGE I V (TONIKA UND DOMINANTE) IN DUR

M Ein Akkord- und ein Melodieinstrument oder ein bzw. zwei Pianisten bzw. Pianistinnen

Z Improvisation über eine einfache Akkordfolge

A Improvisiere eine Melodie in G-Dur über diese Begleitung.

Begleitung für die Stufenfolge I V I in Dur.

In der österreichischen Volksmusik wird häufig mit der Stufenfolge I V (Tonika Dominante) gespielt. Eine Stimme spielt ein tradiertes Volkslied, zu der eine zweite Stimme improvisiert wird.

Ausschnitt aus einem *Boarischen* als Beispiel für Improvisationen über die Stufenfolge I V in der österreichischen Volksmusik, nach: Haid 1996, 55.

STUFEN I V (TONIKA UND DOMINANTE) IN HARMONISCH MOLL
Auch von der Variante I V V I in Moll lassen sich sehr unterschiedliche Beispiele finden, erfinden und üben.

Beispiele für Begleitmuster mit Melodieimprovisationen, unterschiedlich rhythmisiert über die Stufenfolge I V V I in harmonisch Moll.

SPIEL MIT ZWEI AKKORDEN

P G **

M Instrumente (mindestens ein Akkordinstrument)
Z Improvisation über eine einfache Akkordfolge
A Wählt eine Tonart, ein Tongeschlecht und eine Taktart. Legt eine Stufenfolge fest. Übt Varianten der Akkorde und der Akkordverbindungen, etwa als Zerlegung, Umkehrungen und in verschiedenen Rhythmisierungen.
Improvisiert gemeinsam über die Stufenfolge.

AKKORDFOLGEN VON LIEDERN VERWENDEN

P G **

M Instrumente (mindestens ein Akkordinstrument)
Z Improvisation über eine einfache Akkordfolge
A Das folgende Lied aus Lateinamerika lässt sich mit nur zwei Akkorden begleiten. Erfindet Begleitmuster mit Dreiklangstönen. Improvisiert über diese neuen Melodien. Nutzt dabei Dreiklangstöne sowie Umspielungen und Durchgänge der Dreiklangstöne. Ihr könnt euch zunächst an der ursprünglichen Melodie orientieren und diese stückweise verändern.

SIEHE AUCH
Literaturstücke als Steinbruch für eigene Improvisationen, S. 367–378, sowie *Klassische Variation,* S. 350–355.

Un pocito Canto (südamerikanisches Volkslied), Liedmelodie und Bassbegleitung.

In ähnlicher Weise lässt sich auch über das südamerikanische Volkslied *La Cucaracha* über folgender Akkordfolge improvisieren:

$$\begin{array}{c|c|c|c|c|c|c|c|} \frac{4}{4} & \text{I} & \text{I} & \text{I} & \text{V} & \text{V} & \text{V} & \text{V} & \text{I} \\ & \text{F} & \text{F} & \text{F} & \text{C} & \text{C} & \text{C} & \text{C} & \text{F} \end{array} \|$$

EPG **

SIEHE DAZU
Magdalena König: *Sterne* – Improvisation über Akkordfolgen, S. 375–376.

AKKORDFOLGEN IN LITERATURSTÜCKEN ENTDECKEN

M Instrumente (mindestens ein Akkordinstrument)
Z Improvisation über die Akkordfolge eines Literaturstückes
A Nehmt euch eines der Stücke, die ihr gerade übt und spielt. Schaut euch die Akkordfolge an und schreibt euch diese gesondert auf. Sollte es sich um eine komplizierte Folge von Akkorden handeln, vereinfacht sie (oder wählt ein etwas einfacheres Stück aus). Nun improvisiert über die Akkordfolge.

In folgender Weise könnt ihr dabei vorgehen: Spielt zunächst mit jedem einzelnen Akkord. Kombiniert dann die Akkorde zu immer größeren Gebilden (erst zwei, dann drei und schließlich alle Akkorde). Sobald ihr alle Akkorde gut beherrscht, sucht nach Begleitformen und erfindet neue Melodien. Nutzt alle Möglichkeiten, die ihr kennt: Rhythmisierungen, Akkordumkehrungen, akkordisches Spiel, arpeggierte Folgen der Akkordtöne, unterschiedliche Taktarten.

Robert Schumann (1848): *Wilder Reiter*, aus: Album für die Jugend, Op. 68.

A Improvisiert über die folgende, vereinfachte Akkordfolge des *Wilden Reiters* mit Dreiklangstönen und Akkorden in freier Reihenfolge.

STUFENFOLGEN MIT DREI AKKORDEN

STUFENFOLGE I IV V I (KLASSISCHE KADENZ)

P G **

- **M** Instrumente (mindestens ein Akkordinstrument)
- **Z** Improvisation über eine Kadenzfolge
- **A** Improvisiert mit der Akkordfolge I IV V I in einer Tonart und Taktart eurer Wahl. Kreiert eigene Begleitmuster und spielt Melodien darüber.

Beispiel: Tonmaterial in F-Dur mit Begleitmuster im „Reggea-Style".

- **A** Spielt auch in anderen Reihenfolgen z.B. I IV I V.

Drei Varianten einfacher Begleitmuster über die Stufenfolge I IV I V in F-Dur.

(E) P G **

STUFENFOLGE I IV I V IN DUR

M Instrumente

A Improvisiert über die Stufenfolge I IV I V. Lasst euch dabei von den Beispielen inspirieren. Sucht aber nach eigenen Umkehrungen und Rhythmisierungen der Akkorde. Sobald ihr sicher seid, improvisiert auch melodisch über die Akkorde.

Beispiel einer Improvisation für Akkord- und Melodieinstrument über die Folge I IV I V in F-Dur.

Wichtig ist, dass die Akkordfolge auswendig gespielt wird und beim Improvisieren möglichst keine Notizen verwendet werden. Nur am Ende einer Unterrichts-Phase können zur Vorbereitung des häuslichen Übens erarbeitete und gefundene Modelle notiert werden.

P G **

STUFENFOLGE I II V I IN DUR

M Instrumente (Bass- und Melodieinstrument oder Akkord- und Melodieinstrument)

Z Improvisation über eine einfache Akkordfolge

A Probiert die nachfolgenden Begleitsätze aus. Verändert den Rhythmus und die Reihenfolge der Töne und erfindet neue Varianten. Improvisiert mit der passenden Skala darüber.
Wählt je nach Können und Instrument andere Tonarten und Tonräume.
Spielt möglichst schnell ohne Noten.

Mögliche Begleitmuster über die Stufen I II V I in Dur

usw.

Gerade, wenn es darum geht, Kadenzharmonik einzuführen bzw. über diese zu improvisieren, bieten sich bekannte Lieder und Literaturstücke als Ausgangspunkt und Vorlage ideal an.

A Improvisiere über das Lied *Im Märzen der Bauer*.

Liedanfang und mögliche Improvisation über das Lied *Im Märzen der Bauer.*

usw.

290   AKKORDE, HARMONIK, MEHRKLÄNGE, TEXTUREN

A Improvisiere im Stile Bach-Gonouds weiter.

Anfang einer möglichen Improvisation über die ersten Akkorde von Bach-Gonouds *Ave Maria* mit Stufen, Generalbassnotation und Akkordsymbolen.

[104] Vgl. Wiedemann 1999, 122.

Geeignete Beispiele finden sich auch im Jazz. Ein bekanntes Beispiel ist *Tea for Two* von Vincent Youman mit der Stufenfolge II V II V I I I I.[104]

P G ** BIS *

STUFENFOLGE I II V I IN HARMONISCH MOLL

M Akkord- und Melodieinstrumente

Z Improvisieren über die Stufenfolge I II V I

A Hier findet ihr Varianten von Septakkorden mit unterschiedlicher Verteilung der Akkordtöne auf Bass und Oberstimmen (Voicings), ferner verschiedene Rhythmisierungen mit recht unterschiedlichem Charakter.
Wählt eine aus und improvisiert damit.

SIEHE AUCH
Erwerben – Entwickeln – Gestalten, S. 147–255, sowie *Variationen über Ostinatobässe*, S. 336–350

Einfache Dreiklangszerlegungen in unterschiedlicher Reihenfolge Seitenspaltentext direkt neben die einzelnen Notenbeispiele.

Mehrstimmige Zerlegungen, wie sie oft in Popstücken und Musicals verwendet werden.

Balladenbegleitfiguren.

Zerlegungen in weiter Lage.

Groove mit rhythmisierten Akkorden.

IMPROVISIEREN MIT UND ÜBER EINE AKKORDFOLGE

M Instrumente

Z Erwerb und Gestaltung von Akkordverbindungen

A Wählt eine Tonart, eine Taktart und eine Stufenfolge.
Überlegt euch eine Akkordbegleitung. Sie sollte rhythmisiert sein und eine passende Bassfigur besitzen. Wenn ihr wollt, könnt ihr die Akkorde zerlegen und als Tonfolge spielen (das können auch alle Spieler und Spielerinnen gleichzeitig tun). Verändert eure Begleitung im Laufe eurer Improvisation.
Jeweils einer bzw. eine von euch spielt über die Akkorde eine melodische Improvisation. Verwendet dazu alle Töne der passenden Tonleiter. Beim Spielen achtet auf den Wechsel von Konsonanzen und Dissonanzen in Bezug auf die klingende Harmonie. Spielt ihr einen dissonanten Melodieton, löst ihn in einen nachfolgenden konsonanten Ton auf.

P G * BIS ***

SIEHE DAZU
Tabelle S. 279–280.

SIEHE DAZU
nachfolgendes Kapitel.

HARMONISCHER KONTEXT UND AKKORD-SKALENTHEORIE

Beim melodischen bzw. linearen Improvisieren über eine Folge von Akkorden gibt es grundsätzlich drei Möglichkeiten, worauf sich die eingesetzten Töne beziehen bzw. welche Töne man beim Improvisieren verwenden kann.

Eine erste, verhältnismäßig einfache Möglichkeit besteht darin, sich auf die Töne der jeweiligen Akkorde zu beschränken. Über einen A-Dur-Akkord (A) könnte man entsprechend die Töne a cis e spielen, über einen kleinen D-Moll-Septakkord (Dm^7), die Töne d f a c. Dies bietet trotz der unbestreitbaren Begrenzung im Tonmaterial schon vielfältige Möglichkeiten, die in vielen Stilen als Grundlage des melodischen Materials dienen. In der Regel wird dieser Ansatz allerdings um Durchgangstöne erweitert. Zwischen den konsonanten Akkordtönen werden weitere dazwischenliegende, dissonante Töne eingefügt.

SIEHE DAZU
Umspielen und Verzieren, S. 243–247.

Akkorde als melodisches Material.

Eine zweite Möglichkeit besteht darin, Akkordfolgen immer im Kontext einer Tonart zu sehen. Alle bisher vorgestellten Akkordverbindungen lassen sich auf eine zugrundeliegende Tonart beziehen, deren Töne als melodisches Material verwendet werden können. Die erste Stufe bestimmt damit das Tonmaterial. Über eine Kadenz mit den Stufen I IV V I und den Akkorden Eb Ab Bb^7 Eb kann man daher mit den Tönen der Eb-Dur-Skala spielen. Dabei spiegeln sich die Töne der Akkorde als Summe in der jeweiligen Tonleiter, was sich letztlich daraus ergibt, dass die Akkorde ja ursprünglich als Dreiklangsschichtungen in einer Tonart gebildet wurden.

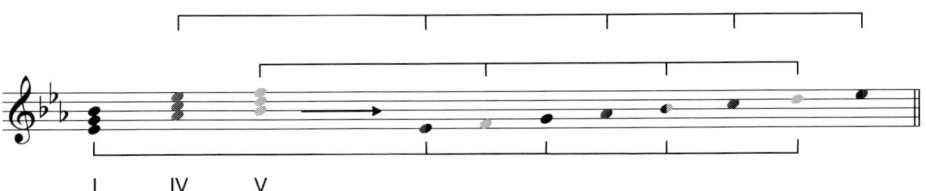

I   IV   V

Die Akkordtöne spiegeln sich in den Skalen wieder.

Etwas unbestimmter ist das Tonmaterial bei Akkordverbindungen mit nur zwei Akkorden, da die Akkordtöne allein keine ganze Skala abbilden. Die Akkordfolge Dm C Dm als I IIV I legt beispielsweise nicht fest, ob ein h oder ein b zu spielen ist, ob also die Töne von D-Dorisch oder D-Moll gespielt werden sollen. Im Zweifelsfall ist tatsächlich beides möglich und für das Improvisieren kann eine solche Wahlfreiheit auch ausgesprochen reizvoll sein. Sollten zwei Spieler bzw. Spielerinnen gleichzeitig improvisieren, sollte man sich gegebenenfalls vorher absprechen oder (besser) beim Spielen genau hören, was der bzw. die andere spielt und darauf reagieren.

Zwei Akkorde definieren keine Skala.

Eine Skala für eine ganze Akkordfolge.

Dieses Prinzip – eine Skala für eine ganze Akkordfolge – hat allerdings immer dort seine Grenzen, wo Akkordfolgen sich nicht auf nur eine Skala beziehen lassen bzw. wo einzelne Akkorde verändert (alteriert) werden. Während man in Dur-Tonarten meist recht weit mit nur einer Skala kommt, bedarf es in Moll-Tonarten schnell eines Wechsels, da die V. Stufe in natürlich Moll einen Moll-Akkord beherbergt, in tonaler Musik jedoch immer ein Dominantseptakkord verwendet wird. Die Terz der V. Stufe (also der siebte Ton der Skala) muss also von einer kleinen zu einer großen Terz verändert werden. In der folgenden, im Jazz üblichen Variante der Kadenz I II V I I in A-Moll wechselt beispielsweise das g zum gis.

In Moll muss auf der V. Stufe der siebte Ton der Moll-Skala alteriert werden.

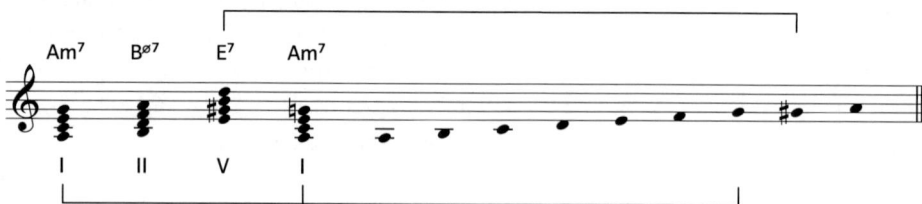

Da viele Volkslieder, Pop-Songs und einfache Jazz-Standards als Vorlage zum Improvisieren allerdings in Dur stehen, muss man sich meist keine Gedanken über solche Wechsel machen, da in all diesen Fällen das Prinzip „eine Skala für viele Akkorde" greift. Die Spieler und Spielerinnen müssen sich zwar am Anfang die jeweilige Skala zurechtlegen, sich dann aber beim Improvisieren über den genauen harmonischen Verlauf und mögliche geeignete Töne keine weiteren Gedanken machen. Sie können „drauflos spielen" und sich auf den melodischen Fluss konzentrieren. Gerade für Anfänger bzw. Anfängerinnen ist es wichtig, möglichst schnell an diesen Punkt zu gelangen, ohne sich zuvor zeitintensiv analytisch, theoretisch und technisch mit der Struktur eines Stückes zu beschäftigen, was aber nicht bedeutet, dass auch eine solche Beschäftigung für das Improvisieren-Lernen wichtig wäre.

Gerade über Jazz-Standards, Popsongs, aber auch über viele Volkslieder kann man mittels einer diatonischen Skala improvisieren. Klanglich gute Ergebnisse erzielt man u.a. auch, wenn man keine diatonische sondern nur die entsprechende pentatonische Skala verwendet.

SIEHE DAZU AUCH
Pentatonik, S. 184.

Ein sehr verbreitetes Schema, das nach diesem Prinzip funktioniert, ist das Blues-Schema, eine Kadenz mit den Stufen I IV V I über 12 Takte, über das mit der Blues-Skala improvisiert wird. In typischer Weise wird auf allen Stufen ein Dominantseptakkord gespielt, was den Akkorden ihre charakteristische Stimmung verleiht. Vielfach werden die Akkorde sogar noch mit einer zusätzlichen großen None „gewürzt".

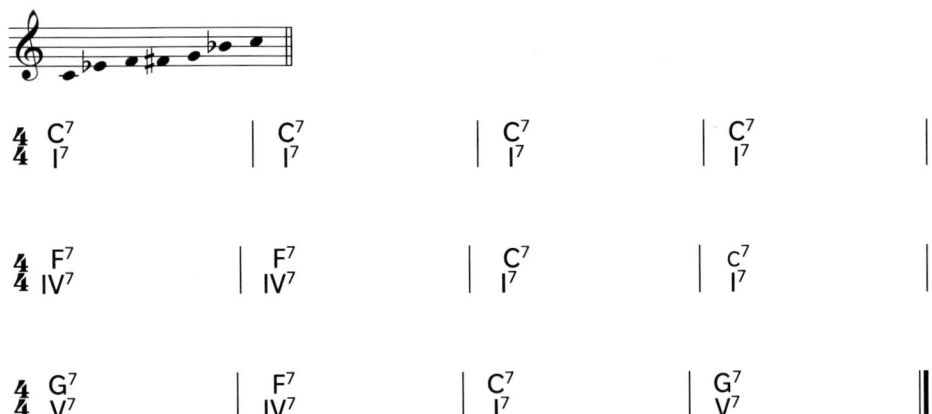

Zwölftaktiges Blues-Schema mit Blues-Skala in C.

Die dritte Möglichkeit, geeignete Skalen für Akkordfortschreitungen zu finden, wird im Jazz als Akkord-Skalen-Theorie bezeichnet. Das Grundprinzip ist verhältnismäßig einfach: Jedem Akkord wird schematisch eine Skala zugeordnet, die beim Improvisieren gespielt werden kann. Im Kern unterscheidet sich dieser Ansatz zunächst nur wenig vom vorherigen, denn es wird in der Grundform wieder von einer diatonischen Skala ausgegangen. Schematisch wird jeder Stufe der sich darauf befindende Akkord und die jeweilige Skala zugewiesen.

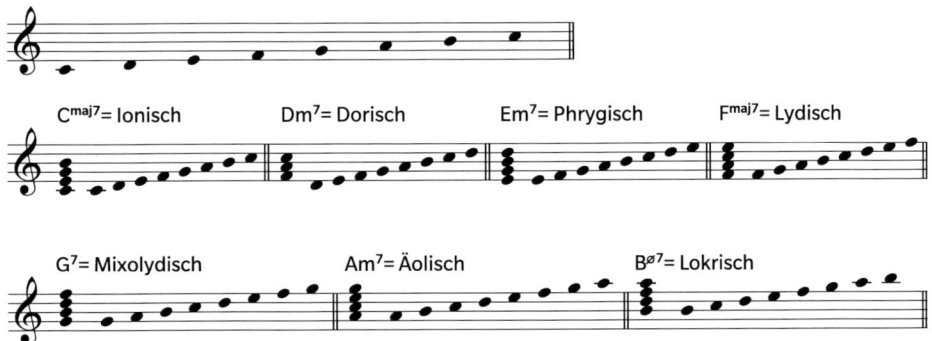

Jedem Akkord wird eine Skala zugeordnet.

Die Schwierigkeit besteht nun darin, dass einzelne Akkorde mehrfach vorkommen, so etwa der kleine Moll-Septakkord (m⁷) und der große Dur-Septakkord (maj⁷). Welche Skala konkret gespielt wird, hängt daher auch von der Stufe ab, auf der ein Akkord erklingt. Allerdings stellt sich diese Frage in vielen Jazz-Standards nur bedingt, da die meisten in der Grundtonart bleiben bzw. bestenfalls in die parallele Moll-Tonart ausweichen. Über solche Stücke lässt sich rein diatonisch improvisieren. Lediglich der Dominantseptakkord auf der V. Stufe verlangt immer eine mixolydische Skala.

Am Beispiel der II V I-Kadenz zeigt sich damit, dass zumindest auf der V. Stufe in Moll eine andere Skala verwendet wird.

Verkürzt gilt: Dominantseptakkord (D⁷) = Mixolydisch.

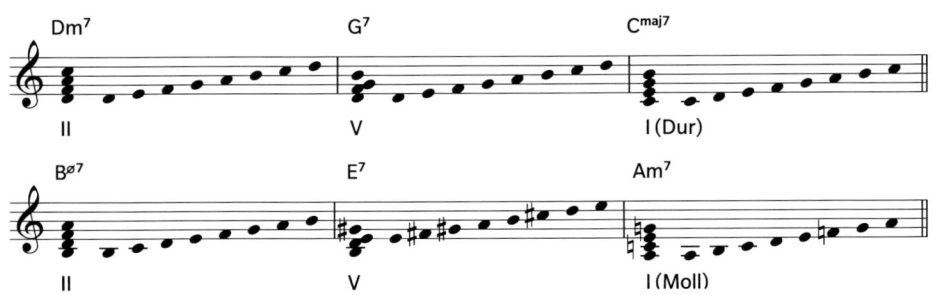

Skalen der Stufen II V I nach der Akkordskalentheorie.

Skalen nach der Akkordskalentheorie über ein Blues-Schema

HINWEIS
Auch die Akkord-Skalen-Theorie stellt einen umfangreichen Ansatz dar, der sich nicht auf zwei Seiten darstellen lässt. Wer sich eingehender mit dieser Theorie beschäftigen möchte, sei auf folgende Bücher verwiesen:
Richard Graf, Barrie Nettles (1997): Die Akkord-Skalen-Theorie, Rottenburg (Advance Music),
Mark Levine (1992): Das Jazz Piano Buch, Rottenburg (Advance Music).

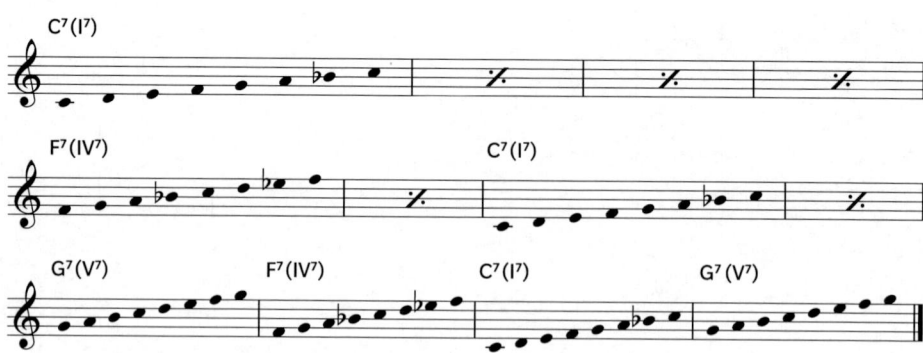

Übertragen auf das zuvor beschriebene Blues-Schema zeigt sich der deutliche Unterschied gegenüber der Verwendung einer Skala über einer Abfolge von Akkorden.

Das Denken in eigenständigen Skalen führt zu einem anderen Ergebnis, da jeder Akkord wie jede Skala auch als eigenständiges Gebilde betrachtet und eben nicht auf eine Grundstufe zurückgeführt wird. Dorisch klingt mit seiner einzigartigen Intervallproportion anders als eine Dur-Tonleiter gespielt vom zweiten Ton und dies, obwohl es sich eigentlich um die gleichen Töne handelt.

IN DREI VARIANTEN ÜBER AKKORDE IMPROVISIEREN

A Spiele eine II V I Verbindung in einer für dich angenehmen Tonart. Nun improvisiere darüber. Experimentiere mit den drei Möglichkeiten: Akkordtöne und Durchgangstöne, Diatonik sowie Akkordskalen.

AKKORDVERWANDLUNGEN

Im Folgenden werden Akkordverbindungen nochmals abseits tonaler Strukturen betrachtet. Ausgehend von Spannungszuständen im Zusammenklang von Tönen, wie sie bereits im Abschnitt *Klänge erforschen*, Seite 258, als Explorationsübung genutzt wurden, sollen in Bezug auf Dissonanzgrade und dem jeden Akkord innewohnenden individuellen Charakter betrachtet werden. Nicht eine auf Stufen bezogene Akkordprogression, sondern ein allmählicher Wandel von Klängen steht im Fokus.

E G ** (DREI SPIELER BZW. SPIELERINNEN)

Die Übung ist verhältnismäßig einfach, wenn zuvor festgelegt wird, welcher Dreiklang gespielt wird. Man kann dies aber auch offen lassen.

DREIKLÄNGE VERÄNDERN

M Akkordinstrumente

Z Hören und bewusstes Verwenden von konsonanten und dissonanten Akkorden

A Spielt Dreiklänge. Einer der Spieler bzw. Spielerinnen beginnt, die anderen horchen und vervollständigen den Akkord mit den fehlenden Tönen des Dreiklangs. Ändert nun einen der drei Töne und horcht auf die entstehenden Veränderungen. Löst den Dreiklang wieder in seine Grundform auf.

Improvisiert über eine wiederkehrende Anzahl von Takten (etwa vier oder acht Takte) zum Thema *Spannung und Entspannung*. Legt dazu eine Taktart fest und rhythmisiert die Akkorde und Akkordveränderungen.

Ein Ton ändert sich im Dreiklang

A Experimentiert auch mit anderen Dreiklängen (Dur, Moll, Vermindert, Übermäßig) in verschiedenen Lagen und Umkehrungen.
Erweitert eure Improvisation durch Aneinanderreihung mehrerer Akkorde
- verschiedener Stufen einer Tonleiter
- aller möglichen Dreiklänge.

Variante für Pianisten bzw. Pianistinnen: Die Akkorde mit einer Hand spielen und mit der anderen darüber oder darunter Melodien improvisieren.

Nicht nur ein Ton innerhalb eines Akkords kann zu dissonanten Reibungen führen, auch die Melodie kann in Konsonanz oder Dissonanz zum Akkord stehen. Das Verhältnis Melodieton – Akkord lässt sich ohne musiktheoretische Erläuterungen direkt praktisch erfahren und über das Spielen und Hören erarbeiten. Zu einer Abfolge von Akkorden werden eine Melodie gespielt, dissonante Klänge in konsonante aufgelöst oder aber bewusst erlebt. Je länger ein Melodieton eine Dissonanz erzeugt, desto spannungsreicher wird sie erlebt.

SPIEL MIT SPANNUNG UND AUFLÖSUNG

E P **

M Mindestens ein Akkordinstrument (Klavier, Akkordeon, Gitarre, Stabspiel) und ein Melodieinstrument

A Spiele Akkordfolgen. Du kannst dazu eine der Stufenfolgen zugrunde legen oder aber frei Akkorde miteinander kombinieren. Bleibe bei jedem einzelnen Akkord längere Zeit. Spiele über die Akkorde eine Melodie mit langen Tönen. Höre auf die sich bildenden Konsonanzen und Dissonanzen. Orientiere dich dabei an den Akkorden und spiele mit den sich ergebenden Spannungen. Halte Dissonanzen bewusst oder löse sie bewusst auf. Ändert sich ein Akkord, so reagiere mit deiner Melodie darauf. Wenn dir ein Melodieton gut gefällt, kannst du aber auch versuchen, den Akkord an den Melodieton anzupassen.
Bedenke, dass der Akkord nicht immer unter der Melodie liegen muss. Eine Melodie kann auch im Bass erklingen.

Improvisation mit Konsonanz und Dissonanz über gleichbleibende Akkorde.

Während in der letzten Übung eine Folge von Akkorden Ausgangspunkt war, zu denen eine Melodie in Konsonanz und Dissonanz trat, so kann zu einer Melodie bzw. einem Melodieton auch ein passender oder unpassender Akkord gesucht werden. Gerade, wenn man sich nicht an tonalen Wendungen und Stufenfolgen orientiert, sondern zu einer Melodie verschiedene Akkordfolgen ausprobiert, finden sich zuweilen überraschende Wendungen.

E P **

PASSENDE AKKORDE FINDEN

M Mindestens ein Akkordinstrument

A Nimm ein dir bekanntes Lied oder verwende eines der Lieder auf den Seiten 247, 263, 264. Spiele es einige Male, bis du sicher mit den Tönen bist. Du solltest es auswendig spielen können. Nun suche Akkorde, die zu den einzelnen Tönen passen. Versuche Unterschiedliches und höre auf die sich ergebenen Konsonanzen und Dissonanzen.

Ungewöhnliche Akkorde zu einer gegebenen Melodie.

Spannend ist dabei ein Phänomen, das im Rahmen sogenannter harmonischer Umdeutung eingesetzt wird. Ein und derselbe Melodieton findet sich in sehr unterschiedlichen Akkorden wieder. Deren gebrauch führt nicht nur zu harmonischen Sprüngen, sondern auch zu überraschenden Klängen.

Selbst im harmonischen Kontext findet sich jeder Ton in sehr unterschiedlichen Akkorden wieder.

Gerade das Spiel von Reaktion und Aktion zwischen Melodie und Harmonie birgt interessante Möglichkeiten. Ob man auf eine Melodie mittels eines Akkordes oder andersherum auf einen Akkord mittels eines Melodietons reagiert, ist immer wieder spannend und führt zu farbigen Klangwechseln.

Akkordverwandlungen mit gleichbleibenden Melodietönen, Frederic Chopin (1836–39): *Prelude*, Op.28, Nr.4.

Die folgenden Anleitungen sind so angelegt, dass die Spieler und Spielerinnen Akkorde nach einem bestimmten Muster verändern, was weniger einem theoretischen Modell gehorcht als vielmehr praktischer Natur ist. Es wird auf das Hören und Reagieren fokussiert.

DIATONISCHE ZWEIKLÄNGE

P (G)**

M ein bis zwei Akkordinstrumente, ein Akkord- und ein Melodieinstrument oder drei Melodieinstrumente

Z Hörendes Reagieren auf Akkordveränderungen

A Vereinbart eine Tonart und eine Taktart.
Spieler A: Wähle einen beliebigen Zweiklang. Wiederhole diesen mehrere Male. Verändere in weiterer Folge immer abwechselnd den oberen, dann den unteren Ton. Wiederhole jeden neuen Klang öfter, bevor du einen Ton veränderst.
Spielerin B: Gestalte eine Melodie zu den Zweiklängen. Spielst du einen konsonanten, wohlklingenden Melodieton, lass ihn lange klingen. Erklingen Töne, die sich reiben und dissonant klingen, führe sie nach einiger Zeit in benachbarte Töne weiter.
Gestaltet gemeinsam die Dynamik und einen Spannungsbogen.

Die Aufgabe von Spieler A lässt sich auch auf zwei Melodiespieler bzw. -spielerinnen übertragen.

Akkordverwandlungen für zwei Spieler bzw. Spielerinnen.

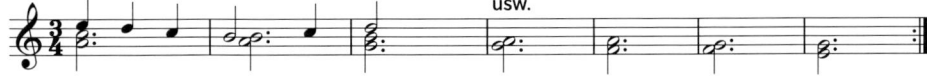

Variante für drei Melodieinstrumente.

Variante für zwei Melodieinstrumente (dieselben Akkorde als Zerlegungen gespielt).

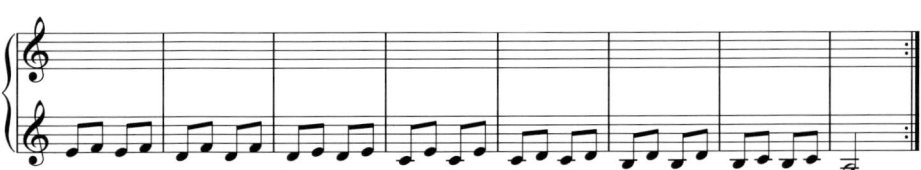

Instrumente mit tieferem Ambitus können die Figur weiter nach unten führen

E P ∗∗ **DIATONISCHE AKKORDVERWANDLUNGEN**

M Akkordinstrument oder ein Akkord und ein Melodieinstrument

Z Hörendes Reagieren auf Akkordveränderungen

A Wähle einen Dreiklang und repetiere ihn mehrmals.

Verändere in der Folge einen der drei Töne und führe ihn nach unten. Horche, wie sich der Charakter des Dreiklangs verändert. Wiederhole auch diesen neuen Dreiklang so lange, bis du den nächsten Ton verändern möchtest.

Verändere immer den oberen, mittleren und unteren Ton abwechselnd, so dass die Akkorde langsam nach unten wandern. Wenn der Klang zu tief und dick klingt, spring eine Oktave aufwärts.

Spiele über deine Akkorde eine Melodie. Gestalte die Melodie mit Konsonanzen und Dissonanzen und reagiere auf Spannungs- und Entspannungsklänge mittels der Dynamik.

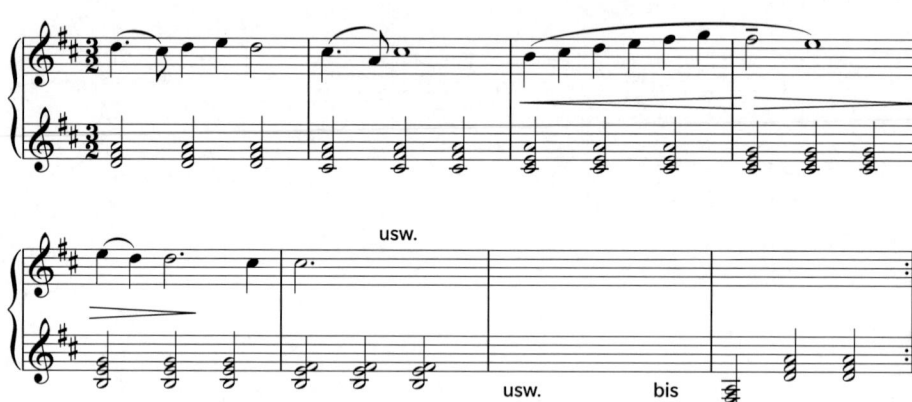

Diatonische Akkordverwandlungen.

E ∗∗∗ **CHROMATISCHE AKKORDVERWANDLUNGEN**

M Tasteninstrumente

Z Improvisation mit chromatischen Akkordverwandlungen

A Schau dir das Notenbeispiel an. Jeweils ein Ton eines Dreiklangs wird chromatisch nach unten geführt, der Akkord verändert dadurch seinen Charakter und wird immer tiefer. Spiele die Akkorde des Beispiels und führe es weiter. Welche Melodietöne passen zu den entstehenden Akkorden? Suche eine schöne Melodie.

Chromatische Akkordverwandlungen.

DIATONISCHE UND CHROMATISCHE AKKORDVERÄNDERUNGEN

E (P) ***

M Akkordinstrumente (wahlweise ein Akkord oder Melodieinstrument)

Z Improvisation in verschiedenen Tonarten mit chromatischen Verwandlungen

A Beginne mit diatonischen Akkordfolgen nach einem der Stufenmodelle auf den Seiten 279–280. Spiele mit diesen eine Zeit lang. Verändere die Akkorde allmählich und führe einzelne Töne chromatisch auf- oder abwärts. Wenn dir die neuen Akkorde gefallen, wiederhole auch diese, bis du dich entscheidest, wieder Töne zu verändern. Versuche nach einiger Zeit wieder, in einer festen Tonart anzukommen. (Es darf auch die Ausgangstonart sein.)

- Spiele in verschiedenen Taktarten und Tonarten.
- Gestalte mit unterschiedlichen Rhythmen.
- Versuche bewusst Akkordfolgen zu phrasieren. Durch die Art und Weise der Artikulation lassen sich harmonische Zusammenhänge gut verdeutlichen.
- Ein zweiter Spieler bzw. eine zweite Spielerin kann über die Akkordfolge eine Melodie improvisieren.

WEITERE GESTALTUNGS-MÖGLICHKEITEN

usw.

E P ***

Nach einer Idee von Till Körber.

STÖREN ODER ERGÄNZEN

M Ein bis sechs Spielerinnen oder Sänger

Z Zusammenklänge hören und gestalten

A Spiel(t) gemeinsam einen drei- bis sechsstimmigen Akkordklang (es muss/sollte sich nicht um einen gewöhnlichen Dreiklang handeln).
Baut den Klang ausgehend von einem ersten Intervall nacheinander auf.
Spielt dazu einen Ton, der den Akkord ergänzt.
Spielt dazu einen Ton, der den Akkord stört.
Gestaltet mit dem Wechsel eine Improvisation.

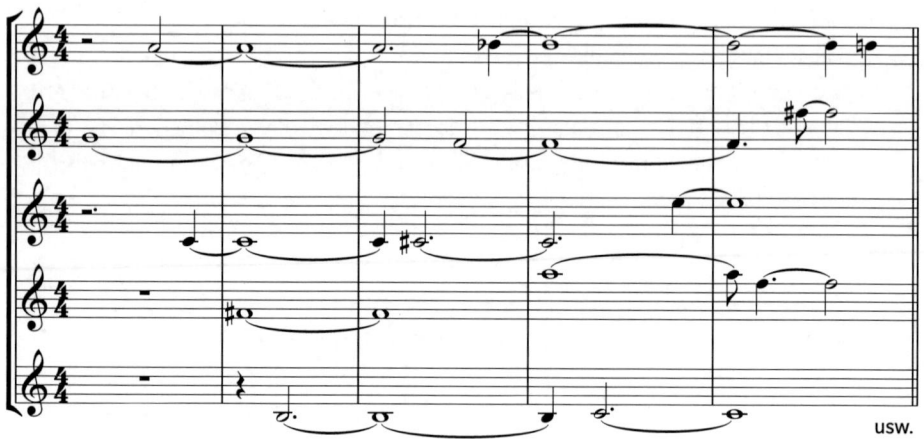

FREIER WECHSEL ZWISCHEN AKKORDEN

Musikern und Musikerinnen, die sich lange mit tonaler Musik beschäftigt haben, fällt es oftmals genauso schwer, sich von tonalen Strukturen zu lösen wie Anfängern und Anfängerinnen, sich solche Strukturen anzueignen. Die Freiheit, nicht in Tonarten, Drei- und Vierklängen und periodischen Formen zu spielen, bedarf daher der Übung. Falsch wäre es zu signalisieren, man könne alles spielen. Dies führt bei angehenden Improvisierenden schnell zum Irrglauben, es sei unwichtig, was man spielt. Richtig ist zwar, dass in der freieren und freien Form der Improvisation alles erlaubt ist, nicht alles klingt aber auch gut. Gestalterische Prinzipien gelten auch dann noch, wenn nicht tonal, akkordisch oder skalenbasiert improvisiert wird.

Einige Formen des nicht tonalen bzw. akkord- und skalenbasierten Spiels wurden bereits im Abschnitt *Skalen in der zeitgenössischen Musik* auf den Seiten 207–217 ausgeführt. Auch wenn es dort um das horizontale Spiel bzw. um die Frage ging, was für Tonmaterialien neben herkömmlichen Skalen beim Improvisieren verwendet werden können, lassen sich die Prinzipien auf das nichttonale akkordische Spiel übertragen. Insbesondere aus Zwölftonreihen, Allintervallfolgen und Spektralklängen lassen sich entsprechende akkordische Strukturen basteln. Um Wiederholungen zu vermeiden, werden im Folgenden daher nur zwei weitere Möglichkeiten, nichttonale akkordische Strukturen zu improvisieren, ausgeführt, zum einen Polytonalität, zum anderen Texturen.

POLYTONALITÄT

Polytonalität ist ein Ansatz, der insbesondere durch französische Neoklassizisten wie Darius Milhaud oder Jaques Ibert bekannt wurde. Dabei erklingen zeitgleich zwei oder mehr tonale Akkorde oder Melodien, die in sich tonal sind, zueinander sich jedoch nicht tonal verhalten und die sich nur bedingt tonal bestimmen lassen. Je nachdem, wie weit oder fern die jeweiligen Tonarten zueinander liegen, so konsonant oder dissonant klingt das Ergebnis. Tonarten, die nur ein oder zwei Vorzeichen entfernt liegen, werden in der Regel noch als fast tonal gehört, umso weiter sie voneinander abweichen, desto dissonanter ist das Ergebnis. Interessant ist, dass akkordische Strukturen, in denen zwei Tonarten gleichzeitig aufscheinen, ein ausgewogenes Verhältnis von Dissonanz und Konsonanz besitzen.

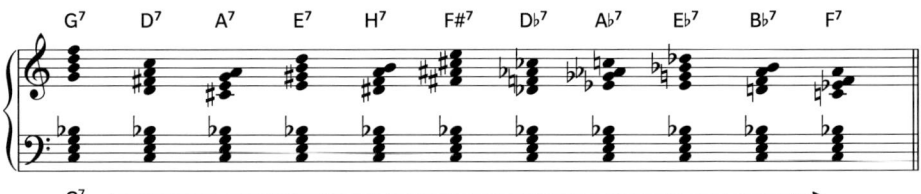

Polytonale Akkorde und Akkord-Skalen-Verhältnisse

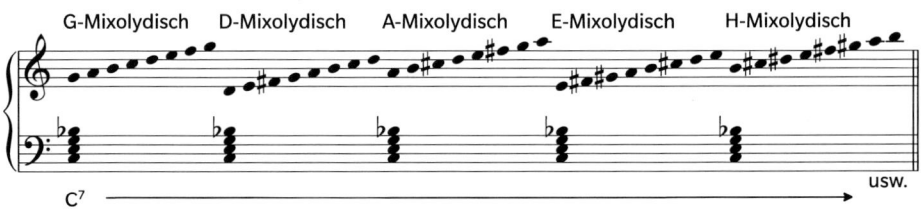

Insbesondere auf Tasteninstrumenten muss das Spielen polytonaler Strukturen geübt werden. Eine Fähigkeit besteht darin, die linke und rechte Hand tonal zu entkoppeln, d.h. zwei verschiedene Harmonien gleichzeitig zu spielen. Eine einfache Übung besteht darin, zwei verschiedene harmonische Fortschreitungen in der linken und rechten Hand nebeneinander ablaufen zu lassen. Im folgenden Beispiel ist die linke und rechte Hand jeweils um eine Sekunde verschoben. Das Prinzip kann vielfältig variiert werden. So kann etwa die linke Hand in Quinten fortschreiten, während die rechte in Sekunden figuriert. Man kann Akkorde arpeggieren, Skalen dazu spielen oder auch einfach verschiedene Akkorde miteinander kombinieren.

Polytonale Übung: die linke Hand spielt eine Dur-Skala einen Halbton höher als das Akkordarpeggio, den die rechte Hand spielt.

P G ✱✱✱

JEDER IN SEINER TONART

M Mindestens drei Spieler oder Sängerinnen

Z Tonale Unabhängigkeit

A Beginnt gemeinsam zu improvisieren, jeder in seiner Tonart bzw. seiner Skala. Wenn ihr merkt, dass ihr in der gleichen Tonart wie eine Mitspielerin spielt, nehmt Kontakt auf und spielt bewusst einige Phrasen gemeinsam. Geht aber dann wieder getrennte Wege und sucht eine eigene Tonart. Hört immer bewusst auf die entstehenden Klänge. Wechselt regelmäßig die Tonart und schaut, ob sich neue Überschneidungen bilden.

TEXTUREN

Während wir im Kapitel 3 *Erwerben – Entwickeln – Gestalten* vor allem lineare Phänomene beschrieben haben, etwa Skalen, Fortschreitungen und den Umgang mit musikalischen Figuren, ging es in diesem Kapitel um horizontale Phänomene, also gleichzeitig erklingende Stimmen und Akkorde. Texturen verbinden diese beiden Ebenen miteinander. Es geht nicht um das einzelne Tongeschehen, sondern um deren Zusammenspiel. Vergleichbar einem Bildausschnitt zur Gesamtwirkung eines Tableaus stehen Motive, Skalen und Akkorde zu Texturen.

Gute Improvisatoren und Improvisatorinnen kennen eine Vielzahl an Texturen und sind fähig, sehr unterschiedliche Klangbilder zu konstruieren. Anregungen zu möglichen Texturen findet man in jeder Musik, ganz gleich welchen Genres, welchen Stils und welcher Zeit. Dabei haben bestimmte Stile sehr typische Texturen mit einem prägnanten Klangbild ausgeprägt, die interessanterweise auch ohne den jeweiligen formalen und melodisch-harmonischen Kontext gut funktionieren. Das Ineinandergreifen eines Fugatos funktioniert etwa nicht nur in barocker Musik, es lässt sich auch wunderbar in dieser Art freitonal improvisieren.

TEXTUREN FINDEN

A Schau dir einige deiner Spielstücke an, höre dir Improvisationen und Musik jeglicher Art an. Wie ist das Verhältnis der einzelnen klanglichen Ereignisse zueinander? Beschreibe es so genau, wie du kannst. Erfinde zu jeder gefundenen Struktur einen für dich verständlichen Namen, füge gegebenenfalls eine erklärende Zeichnung hinzu. Improvisiere Miniaturen mit den gefundenen Texturen. Du musst dich dabei nicht an das ursprüngliche melodische und harmonische Material halten, spiele freitonal.

Entscheidend bei dieser Aufgabe ist es nicht, eine vermeintlich tatsächliche Struktur zu erkennen. Es geht nicht um musiktheoretische Form- oder Kompositionskonzepte, sondern um ein Verständnis, wie man Stimmen und Klänge in Beziehung zueinander setzen kann. Entsprechend ist das verwendete musikalische Material erst einmal zweitrangig. Allerdings finden sich durchaus Texturen, die nur im Rahmen eines bestimmten musikalischen Kontextes funktionieren bzw. die sich durch die jeweiligen Materialien klanglich stark verändern. Die folgende Sammlung an Texturen soll als Anregung dienen und zum Improvisieren anregen.[105] Sie können leicht durch eigene Ideen und solche aus Kompositionen und Improvisationen ergänzt werden.

[105] Entwickelt von Martin Losert und Jörg Schweinbenz.

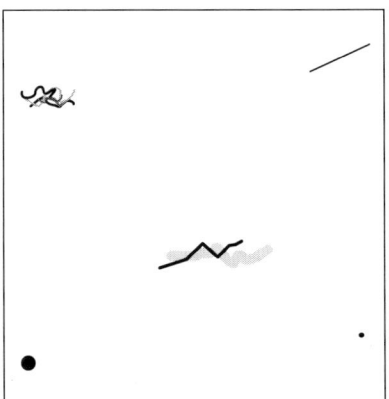

Flickenteppich: Einzelne Töne, Motive und Klänge erklingen. Dazwischen folgen immer wieder größere Pausen. Insgesamt sollte mehr Stille herrschen als Klang zu hören sein. Es entsteht eine sehr ruhige Musik.

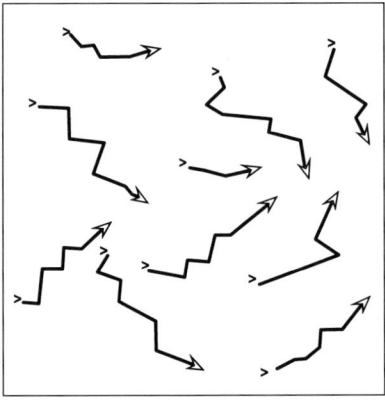

Musikalische Fetzen: Sehr schnelle musikalische Gesten werden von allen Mitspielern und -spielerinnen in den Raum geworfen. Nur kurz pausieren und aggressiv weiterspielen.

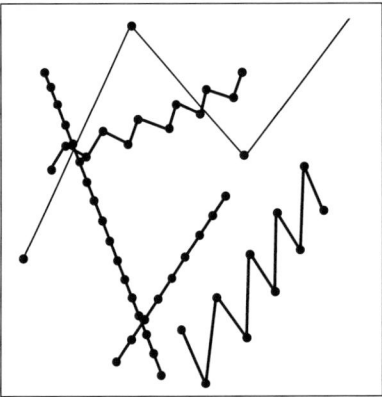

Intervall-Etüde: Alle Mitspieler und -spielerinnen improvisieren Ketten immer gleicher Intervalle. Geeignet sind alle Intervalle ab der Terz, wobei insbesondere größere Intervalle ab der Quinte interessant klingen. In Gruppen sollten nicht alle mitspielen, das Geschehen sollte auf zwei bis vier Spieler bzw. Spielerinnen begrenzt bleiben. Der Puls der Intervall-Ketten kann, muss aber nicht aufeinander abgestimmt werden.

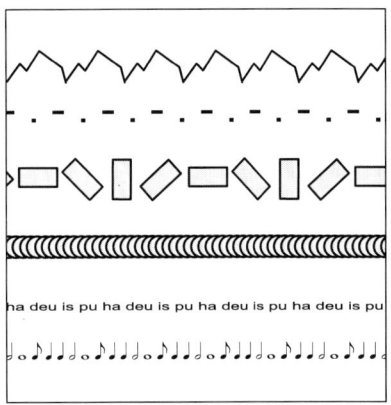

Repetitive Muster: Im mittleren Tempo kurze Motive (zwei bis max. zehn Töne) sehr oft wiederholen. Allmählich (sehr langsam) Veränderungen einbauen.

Rauschen und Kratzen: Unter der Verwendung stark geräuschhafter Klänge gemeinsam einen Klangteppich weben. Geeignet sind Spieltechniken wie Rauschtöne, Multiphonics, Obertöne, Flageoletts, Whistletone, Flatterzunge ohne Ton, Kratzen an Saiten, Abdämpfen von Saiten, Überdruck, Klopfen auf dem Korpus usw.

Übergänge: Jeder spielt einen Ton und geht allmählich in einen Rauschklang über. Oder: Jede spielt einen Rauschklang und geht allmählich in einen Ton über. Beim Spielen muss man sich unbedingt Zeit lassen, sollte eher leise spielen und sich in das Klangbild einbetten.

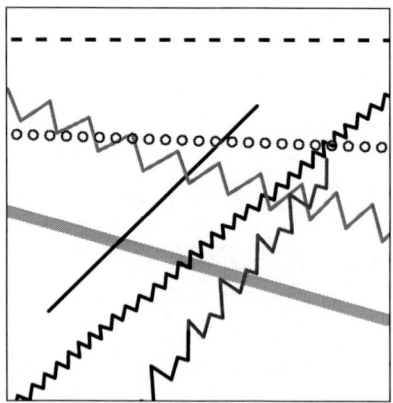

Skalenwirbel: Alle spielen sehr schnelle, wirre Läufe, Akkordbrechungen und Akkorde. Dabei möglichst schnell die „Harmonien" und Tonmaterialien wechseln. Es sollte sich kein tonales Zentrum herausbilden.

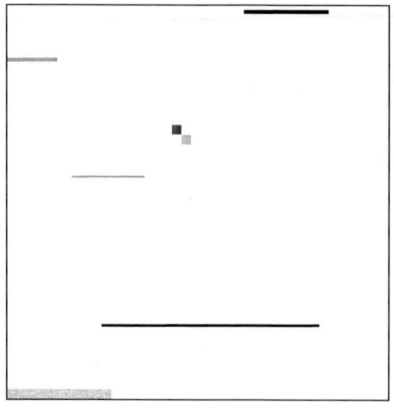

Eingefrorene Melodie: Lang ausgehaltene Einzeltöne wiederholen. Im Gespielten verharren und nur minimale Veränderungen anfügen.

Tonale Materialien: Tonleitern, Terzen, Akkordbrechungen, Melodieschnipsel verwenden, dabei aber die Tonart unter den Mitspielern und -spielerinnen nicht aufeinander abstimmen. Einzelne Töne und Figuren imitieren.
Alternativ: Die Tonart aufeinander abstimmen und gemeinsam (nach Gehör) verändern. Dabei entstehen immer wieder Chaos-Phasen, in denen die Tonart fluktuiert, bevor sie sich wieder stabilisiert.

Akkord-Akzente: Gemeinsame Akkord-Akzente im *sf setzen*. Folgen *die Akkorde nicht einem klaren Puls, muss ein Spieler bzw. eine Spielerin Einsätze geben.*

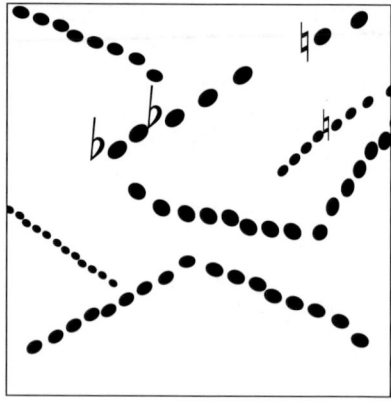

Akkord-Kaskaden: Harmonische und freie Akkorde in schneller Tonfolge arpeggiert spielen. Entweder Akkorde von oben nach unten, von unten nach oben oder aber gemischt kaskadieren. Akkordbrechungen auch als umspielte Figuren nutzen etwa als 10 8 5, 8 5 3, 5 3 1 usw. oder 1 3 5, 3 5 8, 5 8 10 usw.

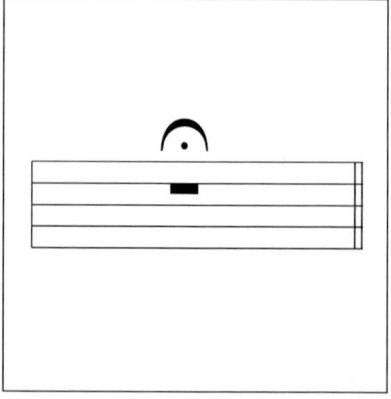

Pausieren: Alle pausieren, halten aber dabei die Spannung und signalisieren: „gleich geht es weiter".

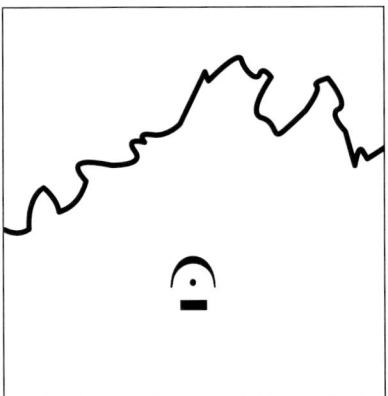

Solopassagen: Alle pausieren, nur einer spielt ein Solo. Nach und nach setzen auch die anderen Spielerinnen (wieder) ein oder aber ein anderer Spieler übernimmt den Solopart.

Fugato: Eine Spielerin beginnt mit einem Thema von ein bis drei Takten Länge. Die anderen Spieler imitieren das Thema nacheinander auf unterschiedlichen Tonhöhen. Nachfolgend werden das Thema bzw. Teile des Themas immer wieder aufgegriffen.

Duos und Trios: In einer größeren Gruppe Duos und Trios spielen. Die anderen Mitspielerinnen pausieren.

Gebrochene Arbeit: Gemeinsam eine Monodie spielen. Jeder spielt immer nur ein paar Töne, andere Mitspieler und -spielerinnen schließen möglichst ohne Pause an.

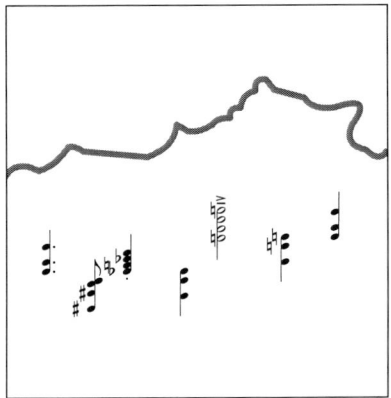

Akkorde mit Melodie: Ein Tasteninstrument oder eine Gruppe von Spielern und Spielerinnen spielt freie Akkorde, eine Spielerin improvisiert darüber eine lange Melodie. Die Akkorde können blockhaft rhythmisiert, pulsierend oder auch gebrochen gespielt werden.

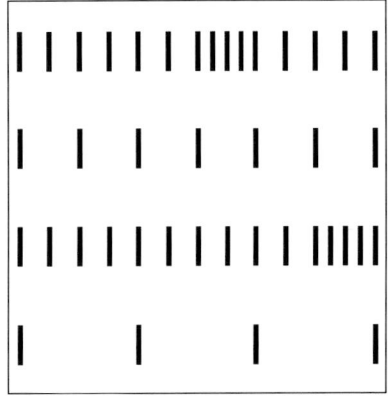

Gemeinsamer Puls/gemeinsamer Rhythmus: Einen gemeinsamen Puls aufnehmen und entweder darüber einen eigenen Rhythmus spielen oder aber einen gemeinsamen Rhythmus finden. Sehr wirkungsvoll ist bereits ein Pulsieren in Vierteln, das nur ab und zu von einzelnen Spielern und Spielerinnen mit Achtel- und Triolenfiguren aufgefüllt wird.

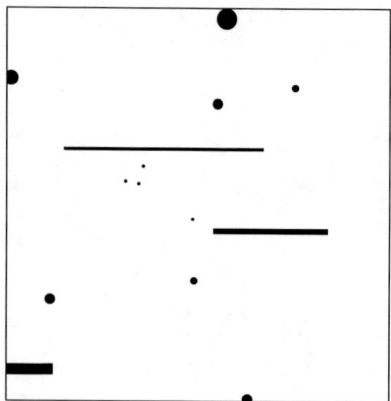

Punkte und Striche: Jeder bzw. jede spielt nur drei sehr kurze oder lange Töne (Klänge). Keine Wiederholungen.

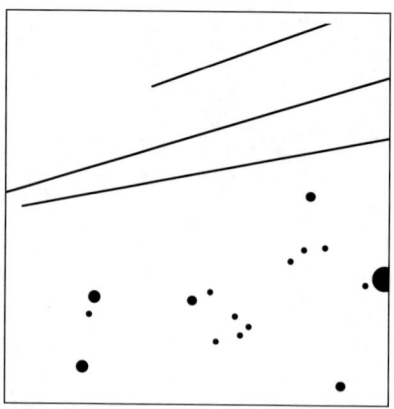

Gruppen: Eine Gruppe spielt nur sehr kurze Töne, eine andere Gruppe spielt lange nach oben glissandierende Töne.

P G K **

TEXTUREN WEBEN

M Instrumente, Stimme

Z Repertoire an Texturen erarbeiten

A Nehmt euch die Texturen einzeln vor und improvisiert kurze Stücke. Versucht das Besondere jeder Textur zu erfassen. Nun legt drei Texturen fest und kombiniert sie zu einem Stück. Beim Improvisieren gebt acht, wie ihr von einer Textur in die nächste kommt.

Nach und nach sollte man sich möglichst viele Texturen aneignen, wobei es durchaus wichtig ist, dass in einer Gruppe alle zumindest ähnliche Vorstellungen haben. Insbesondere, wenn man freitonal improvisiert, bieten Texturen einen Ansatzpunkt, gezielt gemeinsam zu arbeiten und zu proben.

PRAKTISCHE HINWEISE ZUM SPIEL MIT HARMONISCHEN KONZEPTEN

Während Spieler und Spielerinnen von Melodieinstrumenten wie Violine, Flöte oder Saxophon beim Improvisieren gezwungenermaßen den Umgang mit Akkorden in der Gruppe lernen und üben müssen, da sie einzeln keine Akkorde spielen können, stellt es insbesondere für Spieler und Spielerinnen von Tasteninstrumenten eine große Verlockung dar, sich mit Harmonien und Akkordprogressionen im Einzelstudium zu beschäftigen. So wichtig es ist, sich immer wieder mit Möglichkeiten des eigenen Instruments allein übend zu beschäftigen, so beschränkt bleiben doch die wenigen Erfahrungen, die hinsichtlich der Improvisation dabei möglich sind. Das Verhältnis der Stimmen zueinander, insbesondere jenen von Akkorden, Melodie und Gegenstimme, gegebenenfalls auch von Rhythmus und Bass im lebendigen Wechselspiel beim Improvisieren mit anderen, lässt sich für einen allein Übenden beim Spiel eines Tasteninstruments bestenfalls andeuten. Jeder Musiker bzw. jede Musikerin braucht die Erfahrung, eine akkordische Begleitung, eine Melodie oder einen Rhythmus zu spielen. Einen Pianisten oder eine Gitarristin allein auf die Rolle des Spielers bzw. der Spielerin eines Begleitinstruments zu beschränken, ist daher genauso falsch, wie eine Trompeterin oder einen Cellisten nie eine akkordische Begleitung (etwa als Arpeggio) spielen zu lassen.

Wie bereits im ersten Kapitel erwähnt, sei daran erinnert, dass ein großer Vorteil in der Beschäftigung mit Skalen und akkordischen Strukturen darin besteht, dass sie als geübte Materialien beim Improvisieren schnell abrufbar sind. Der Nachteil wiegt allerdings schwer: Sind Abläufe erst einmal gut im Bewegungsgedächtnis verankert, ist es mühsam, sie wieder zu verlassen. Man greift stereotyp immer wieder auf das gleiche Material zurück. Empfohlen sei daher wiederholt, Akkorde und Skalen auch frei miteinander zu kombinieren und ungewöhnliche Kombinationen auszuprobieren.

Auch wenn das Spielen von und mit Akkorden eine der gängigsten Formen in der westlichen Musikkultur darstellt, ist es auch eine der schwierigsten. Gleich, ob man sich mit klassischen Harmoniefolgen oder jazzigen Akkordpatterns beschäftigt, gilt: Bis man nicht nur gelernte Muster „abspult", muss man einen weiten Weg gehen, auf dem viel Wissen und umfangreiche Fertigkeiten auf einen warten. Die in diesem Buch vorgestellten Übungsformen und Spiele stellen dabei ohne Frage nur einen ersten Schritt dar. Im Spannungsfeld zwischen spontanem Spiel und vorbereiteten Abläufen ist anzuraten, harmonisches bzw. akkordisches Improvisieren an Liedern, Literaturstücken oder Leadsheets zu üben. Ferner sollten gängige Akkordfolgen in möglichst vielen Varianten gespielt werden.

Beim Improvisieren über feste Abfolgen von Akkorden bzw. Stufenfolgen ist es anfänglich hilfreich, zunächst auf offene Modelle zurückzugreifen, bei denen über eine begrenzte Anzahl von Akkorden mit einer gleichbleibenden Skala improvisiert werden kann. Abfolgen, die auf engem Raum viele Akkordwechsel fordern, bedürfen eines profunden theoretischen Wissens und technischen Könnens und sind daher erst für Fortgeschrittene geeignet. Müssen zu viele Fähigkeiten zunächst erklärt und geübt werden, bevor nur eine erste Note improvisiert werden kann (die dann häufig nicht einmal gut klingt), frustriert das Schüler und Schülerinnen und behindert das Improvisieren. Beispielsweise wechseln im Volkslied *Alle Vöglein sind schon da* außer im ersten Takt fast auf jedem Schlag die Harmonien, hingegen kommt das Lied *Es tönen die Lieder* mit nur zwei Akkorden aus, die noch dazu gleichmäßig wechseln. Zweites eignet sich daher für den Einstieg wesentlich besser.

Man spricht diesbezüglich vom harmonischem Tempo.

Alle Vögel sind schon da.

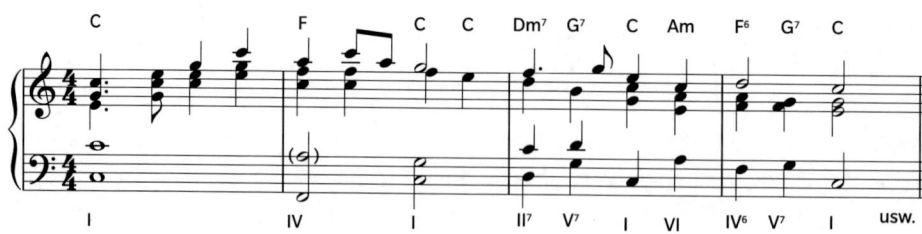

Es tönen die Lieder.

Deshalb anfänglich
- Melodien, Lieder und Stücke auswählen, die mit nur wenigen Akkorden harmonisiert werden können und die möglichst wenige Akkordwechsel benötigen.
- Modelle verwenden, bei denen über ein sich wiederholendes Harmonieschema eine gleichbleibende Skala gespielt werden kann. Das Gleiche gilt auch für Stücke, über die Improvisiert werden soll. Sie sollten harmonisch einfach gestaltet sein und Improvisationen mit nur einer Skala ermöglichen.
- Auf komplexe Harmoniefolgen verzichten. Sie gehören erst in einen Unterricht mit fortgeschrittenen Schülern und Schülerinnen. Insbesondere Modulationen in andere Tonarten verlangen beim Improvisieren einiges an Können.
- Immer wieder auf freie Harmoniekonzepte und freie Modelle, wie sie im zweiten Kapitel beschrieben wurden, zurückgreifen. Sie ermöglichen einen Spielfluss, ohne dass man sich mit Harmoniefolgen und Skalenkonzepten beschäftigen müsste. Zudem fördern sie genaues Zuhören und miteinander Agieren und ermöglichen damit zentrale Spielerfahrungen.

ZUM WEITERLESEN

Franz Josef Stoiber (2018): Faszination Orgelimprovisation, Kassel (Bärenreiter)

Thomas Hamouri (2003): 36 Improvisationsmodelle für Klavier 4-händig, Wiesbaden (Nepomuk/Breitkopf & Härtel)

Herbert Wiedemann (2002): Klavier – Improvisation – Klang, Kassel (Bosse)

TEXTUREN

Legende

Teilnehmer/Teilnehmerinnen

E   Einzelunterricht / Solo
P   Paarunterricht / Duo
G   Gruppenunterricht / Ensemble
K   Klasse / Orchester

Schwierigkeitsgrad

*   einfach
**   mittel
*** schwer

Erläuterungen

Z   Ziele
M   Medien / Materialien
A   Anleitung

SPIELEN MIT VORGEGEBENEN FORMEN UND KOMPOSITIONSWEISEN

Musik besteht aus Tönen und Klängen. Doch nur, wenn diese untereinander strukturiert sind bzw. als strukturiert gehört werden, entsteht musikalischer Sinn, ansonsten bleibt der Klang auf einer Ebene des amorphen Rauschens hängen. Allerdings ist es kaum möglich, formlos zu improvisieren. Spielt man nacheinander zwei eigenständige Ideen, so wird man als Musiker und Zuhörerin automatisch diese Ideen aufeinander beziehen. Wiederholt man eine der Ideen, entsteht bereits ein sehr klassisch anmutendes Formkonzept (als a b a oder als a b b). Geht man einer der Ideen variierend, entwickelnd oder auch differenzierend nach, so erklingt eine allgemein verständliche Musik mit einer klaren Form.

Doch auch musikalische Entwicklung, die auf ein traditionelles Konzept von Motivik und Entwicklung verzichtet und mehr im klanglichen Bereich arbeitet, besitzt in der Regel durch Variationen des Klanges oder der Dynamik musikalische Formen. Dies gilt selbst dann, wenn man als Spieler bzw. Spielerin versucht, ein statisches Klanggebilde ohne jegliche Entwicklung zu spielen. In jedem Fall werden Töne, Klänge oder akustische Ereignisse vom Hörer bzw. von den Hörerinnen aufeinander bezogen und in Beziehung zueinander gesetzt. Dies kann in sehr kleinen Strukturen erfolgen, z.B. durch einzelne Töne, die variiert werden, oder in großformalen Strukturen, in denen ganze Abschnitte gestaltet werden.

DREI EBENEN LASSEN SICH DIESBEZÜGLICH UNTERSCHEIDEN

1. Auf einer ersten Ebene geht es um das Zusammenwirken einzelner Töne, die sich zu basalen Figuren, Gesten, Motiven und Tonverbindungen zusammenfügen. Hier wirken neben grundsätzlichen gestaltpsychologischen Prinzipien vor allem Tonsysteme und Skalen.
2. Auf einer zweiten Ebene spielt das Verhältnis von Tongruppen im Zusammenspiel mit gleichzeitig bzw. innerhalb eines gewissen Zeitabschnitts erklingenden Tönen eine Rolle. Diese lassen sich im Sinne von Harmonien und Gegenstimmen (Kontrapunkt) bzw. ganz allgemein als Texturen beschreiben. Gerade sie bestimmen in einem erheblichen Maß das Klangbild einer Improvisation bzw. eines Stückes.
3. Auf einer dritten Ebene spielen formale Prozesse eine Rolle. Die einzelne Figur tritt in Beziehung zu anderen Figuren. Aus den Motiven und Figuren entstehen Entwicklungen, große und kleine Formen. Solche Formen können traditionellen Ideen entsprechen, aber auch frei gegliedert und unabhängig von gängigen Normen entstehen.

SIEHE KAPITEL
Erwerben – Entwickeln – Gestalten, S. 147–254.

Auf die erste Ebene wurde im Kapitel *Erwerben – Entwickeln – Gestalten* bereits eingegangen. Die zweite und dritte Ebene sind Thema dieses Kapitels. Eine Auswahl von Modellen, die sich zum Improvisieren eignen, wird beispielhaft vorgestellt. Diese Modelle sind bewusst sehr verschiedenartigen Stilen unterschiedlicher Musikkulturen entnommen, um zu verdeutlichen, dass über zeitliche und kulturelle Grenzen hinweg ähnliche Prinzipien verwendet wurden und werden. Hier werden sie sowohl als eigenständiges Modell als auch eingebettet in Literaturstücke und damit in eine musikalische Struktur dargestellt. Die zweite Möglichkeit dient auch dazu, ein methodisches Prinzip zu verdeutlichen, dass sich insbesondere im Instrumentalunterricht gut umsetzen lässt und auch für die interpretatorische Erarbeitung eines Stückes einen hohen Wert besitzt. Es geht um das aktive Dekonstruieren eines vorhandenen Stückes, um einzelne musikalische Elemente herauszulösen und mit diesen zu improvisieren. Im Rahmen eines solchen spielerischen Umgangs mit Musik kristallisieren sich für den Spieler bzw. die Spielerin in besonderer Weise die Struktur und die Besonderheiten einer Komposition heraus. Beim Spielen lernt man nicht nur ein Modell kennen und erfährt, wie und was man mit dem Modell gestalten kann, man erfährt auch, wie ein Komponist bzw. eine Komponistin konkret das gleiche Modell verwendet hat. Arbeitsweisen und Lernfelder in diesem Sinne wären:

- Die Form eines Literaturstückes erfassen und in derselben Form improvisieren
- in mehrstimmiger Musik das Verhältnis der Stimmen zueinander erkennen und dieses improvisatorisch imitieren
- Motive, Skalen, Phrasen und andere musikalische Elemente aus einem Stück herauslösen und mit diesen improvisieren
- harmonische Abfolgen analysieren und über diese improvisieren (eine neue Begleitung erfinden, eine Melodie darüber spielen, die Harmonien verändern usw.).

INTRODUKTIONEN, PRÄLUDIEN, FANTASIEN

Bei Einleitungen, Vorspielen, Introduktionen (Intros), Präludien, Alaps, Zwischenspielen, Nachspielen und Fantasien handelt es sich ursprünglich um Sätze bzw. Formteile innerhalb größerer Kompositionen, die improvisatorisch gestaltet wurden. Nur in einigen Bereichen besteht diese Praxis fort, in europäischer Kunstmusik wurden sie in den letzten 200 Jahren in der Regel niedergeschrieben, was aber nicht bedeuten sollte, sie trotz allem zu improvisieren. Ganz gleich, ob sie als kurzer Abschnitt einem Stück vorangestellt oder als eigenständiger Satz gedacht sind, ein typisches Merkmal ist immer, dass keine periodischen Formen verwendet werden, sie sind auch nicht an eine bestimmte Länge gebunden. Zuweilen werden sie zusätzlich auch frei metrisch gespielt, was solchen Partien einen sehr sprachähnlichen Charakter verleiht.

VORSPIELE UND FREIE INTROS

Solche Abschnitte besitzen dramaturgisch eine besondere Funktion: Sie sollen die Zuhörenden in die Stimmung des nachfolgenden Stückes versetzen, also den Charakter antizipieren. Im Generalbasszeitalter und dem Klassizismus dienten sie den Spielenden von Tasteninstrumenten ferner dazu, sich als Solist (und Virtuose) vorzustellen und sich selbst auf das Instrument einzustellen. Dabei wird meist auf das Tonmaterial des folgenden Stückes zurückgegriffen, sei es, dass typische Motive eingeflochten werden, Akkordfolgen vorgestellt oder aber eine bestimmte Skala bereits erklingt. In einem indischen Raga wird hingegen das Tonmaterial und seine Gesetzmäßigkeiten vorgestellt, eine Jazz-Intro führt sukzessive in das Thema und die Akkordfolgen hinein und ein Choral-Vorspiel nutzt die Melodie, um diese der nicht notensicheren Gemeinde vorzustellen.

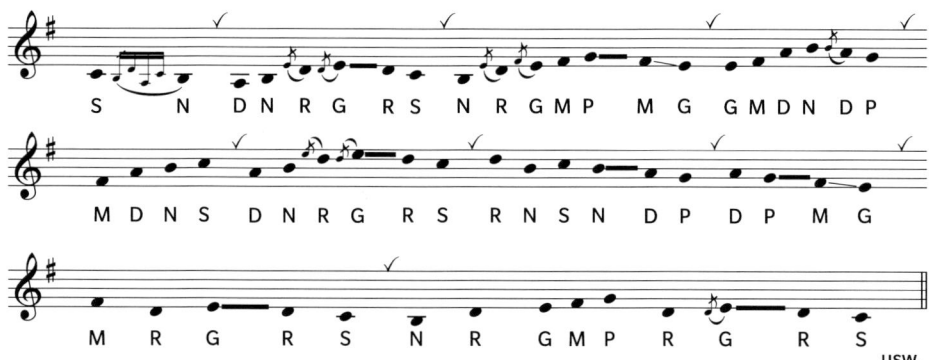

Ausschnitt aus einem Alap (freier Einleitungsteil eines indischen Raga) über Rag Yaman und einen Bordun auf c, nach Bor 2002, 164.

Skizze einer freien, dreiteiligen Introduktion (Entwicklung von einzelnen Tönen zu Mehrklängen bis hin zu einem rhythmischen Teil) zur Jazzballade *A Child is Born* von Thad Jones angelehnt an eine Fassung von Robert Glasper, nach: www.youtube.com/watch?v=Hm0ZKDQd0hY (abgerufen am 28.12.2018).

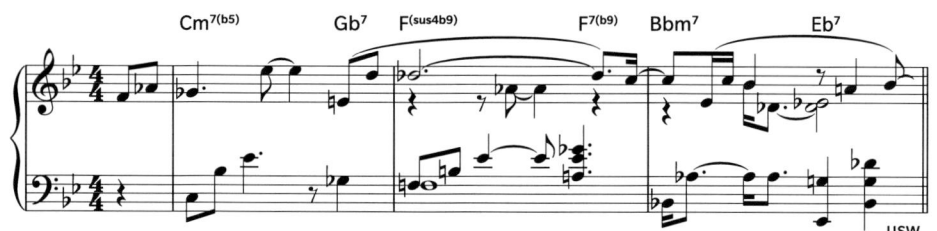

Transkription einer Intro über die Akkorde zur Jazzballade *Child is Born* nach Oscar Peterson.

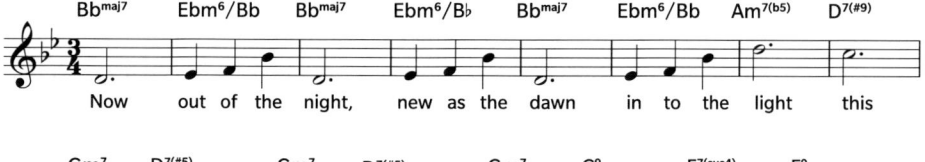

Ausschnitt aus: Thad Jones, Alec Wilder (1969): A Child is Born (Jazz-Ballade).

Diese vier Beispiele sind verhältnismäßig virtuos gestaltet und stammen von versierten Spielern und Spielerinnen. Das grundlegende Prinzip lässt sich aber auch mit ganz einfachen Mitteln und reduziertem Material umsetzen. Einen Einstieg dafür bieten wie so oft einfachere Volkslieder, zu denen jeder Mitspieler bzw. jede Mitspielerin ein Vorspiel improvisiert. Dies gelingt recht schnell, insbesondere, wenn das Vorspiel metrisch frei gestaltet wird. Geklärt werden sollte zuvor lediglich die verwendete Skala (diese am besten von dem Schüler bzw. der Schülerin selbst herausfinden lassen). Ferner sollte man das Lied zuvor singen, spielen und gegebenenfalls auch tanzen.

Vorspiel 1:
Metrisch frei gestaltet.

Vorspiel 2:
In der Taktart des Liedes.

Es tönen die Lieder
(Volkslied, Kanon).

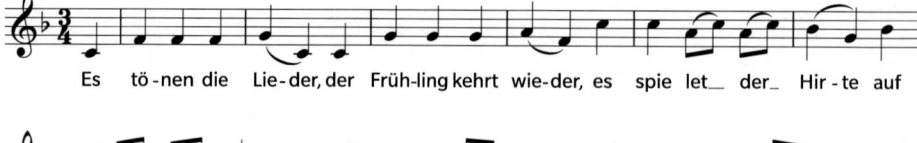

E P (G) * BIS *

VORSPIELE ERFINDEN

M Eigene Instrumente

Z Gestalten einer freien Einleitung zu einem selbstgewählten Lied oder Stück

A Sucht euch ein Lied oder ein Stück aus.
Findet heraus, welches Ton- und Klangmaterial im Stück verwendet wird.
Alle greifen ein Element heraus (die verwendete Skala, eine Spielfigur bzw. prominente Motive, die Harmoniefolge, einen Rhythmus) und gestaltet zu dem Lied bzw. Stück eine freie Einleitung. Spielt anschließend das Lied bzw. Stück.
Im Partner- und Gruppenunterricht vergleicht eure Einleitungen miteinander. Besprecht, was ihr wie verwendet habt.

ZWISCHENSPIEL, CADENZA[106]

Nicht nur Vorspiele lassen sich frei gestalten, auch Überleitungen und Zwischenspiele. Dazu können Materialen aus dem vorangegangenen Musikstück bzw. Teil verarbeitet werden. In Instrumentalkonzerten gibt es diesbezüglich eine Sonderform, die virtuose Kadenz bzw. Cadenza. Eine solche ist ein freier Teil eines Solokonzerts, in dem der Solist bzw. die Solistin ihr virtuoses Können zeigt. Oftmals findet sie sich kurz vor Ende bzw. nach zwei

[106] Um eine Verwechslung mit den Kadenzen im Sinne einer Akkordfolge zu vermeiden, verwenden wir in diesem Zusammenhang den italienischen Begriff *Cadenza*.

Dritteln des Stückes. Aufgegriffen wird musikalisches Material der vorangehenden Partien, kombiniert mit Tonleiterpassagen, Arpeggien und Terzfiguren. Typisch ist ferner, dass nicht nur auf vorangegangene Passagen rekurriert wird, auch das Nachfolgende wird vorbereitet. Ähnlich den Einleitungen wird auch eine Cadenza metrisch frei gestaltet, wobei jedoch eine grundsätzlich rhythmische Gestalt erhalten bleibt.

> „Die Kadenz soll… vorzüglich den Eindruck welchen das Tonstück gemacht hat, auf das lebhafteste verstärken und die wichtigsten Teile des ganzen gleichsam in einem Abriss oder äußert gedrängten Auszuge darstellen."[107]

[107] Türk 1789, 310.

Michael Haydn (1737–1806): *Flötenkonzert* in D-Dur, 1. Satz, Motive und Cadenza.

Auch im Unterricht lassen sich eigene Cadenzen anhand kleiner Stücke gestalten. Auch hier können Motive, Figuren und Passagen aus dem Stück Ausgangspunkt sein, die sequenziert, erweitert und (virtuos) miteinander verknüpft werden.

EINE MINI-CADENZA IMPROVISIEREN

E ***

M Instrumente, Musikstück (von vor 1830), über das eine Kadenz gespielt werden soll

Z Spielfiguren und Passagen erkennen, verarbeiten und als Miniatur gestalten

A Wähle Passagen aus einem klassischen Stück (z.B. Motive aus Beethovens Sonatinen für Klavier oder Mozarts Sonaten für Flöte und Klavier). Spiele sie auf allen Stufen der Tonleiter, verändere die Bewegungsrichtung, spiegle sie, kombiniere sie mit anderen klassischen Spielfiguren, die du von diesem Komponisten bzw. dieser Komponistin bereits kennst, erfinde Übergänge zwischen den Figuren. Probiere auch Ungewöhnliches aus.

FANTASIEN, PRÄLUDIEN, DOINAS

Die vorigen Beispiele bezogen sich auf bestehende Stücke und waren entsprechend kurz gehalten. Ähnliche Formen finden sich jedoch auch als längere, eigenständige Stücke. Zu diesen gehören Fantasien, Präludien bzw. Préludes oder auch Doinas.
Im Unterricht bietet es sich an, in freie Formen über außermusikalische Themen, festgelegte Tonvorräte oder harmonische Abläufe einzuführen.

SIEHE AUCH
Präludium à la Bach Gounoud, S. 290.

SIEHE DAZU
Freie Spielformen, S. 45–145; *Spiel mit Figuren und Skalen*, S. 176–217; *Akkordfortschreitungen*, S. 279–280.

E P **

FANTASIE ÜBER EIN AUSSERMUSIKALISCHES THEMA

M Instrumente

Z Freies Fantasieren mit reduziertem Material

A Sucht euch ein außermusikalisches Thema (z.B. Schiffbruch, Die Reise zum Mond). Wählt ein Tonmaterial (z.B. G-Dur, Ganztonleiter oder alle Töne freitonal). Erzählt und fantasiert musikalisch über euer Thema.

Skalen, Spielfiguren in unterschiedlichen Notenwerten, Akkordfolgen, Artikulationen, Klangfarben, Tempogestaltung, Charakter der Improvisation

Zum Fantasieren oder Präludieren ist es anzuraten, sich vorab musikalische Materialien in Form von Skalen und Spielfiguren zurecht zu legen. Materialien, wie sie in den letzten zwei Kapiteln thematisiert wurden und möglicherweise schon mehr oder weniger systematisch geübt wurden, können nun in einem größeren Zusammenhang frei kombiniert werden.

Beispiele für Spielfiguren in einer Fantasie in C.

SIEHE DAZU
Intervallfortschreitungen,
S. 217–236.

E P **

FANTASIE ÜBER DREI TÖNE IN C-DUR

M Instrumente

Z Freies Fantasieren mit reduziertem Material

A Fantasiert über drei Töne der C-Dur-Tonleiter. Nutzt diese als Zentraltöne und umspielt sie mit den übrigen Tönen der C-Dur-Tonleiter.
Nutzt dabei auch Tonleiterausschnitte und Dreiklangsarpeggien.
Wechselt euch ab und gestaltet die Übergänge von einem zur Nächsten immer auf einem sich überlappenden Ton.

Beginn einer Fantasie über drei Töne in C.

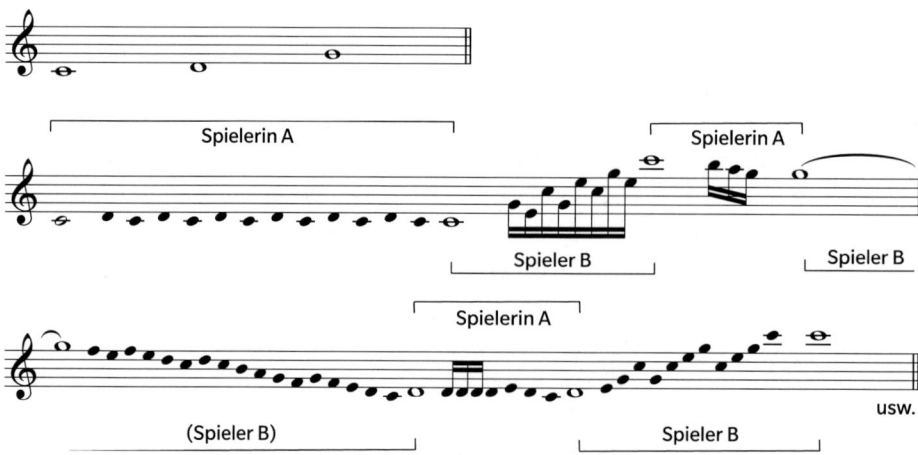

Solche Formen lassen sich leicht auch ohne große Absprachen improvisieren. Die Spieler und Spielerinnen müssen sich lediglich vorab auf die zu verwendenden Zentraltöne einigen. Möglich ist es aber auch, auf Grundlage eines grafischen Konzepts, einer Gerüstnotation oder eines Leadsheets eine solche Improvisation zu gestalten. Dies ist vor allem dann sinnvoll, wenn auch mit Akkorden bzw. über Akkordfolgen improvisiert wird.

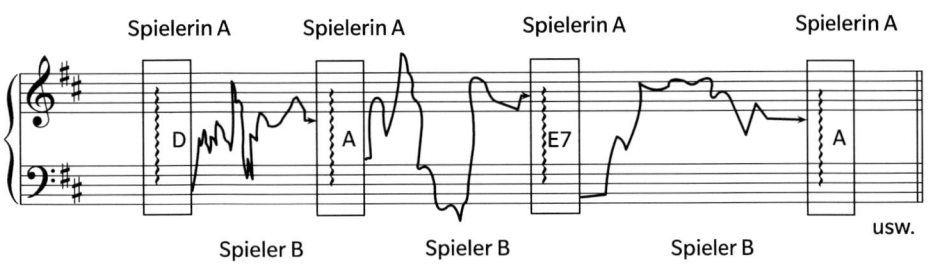

Grafisches Skizze des Beginns eines Präludiums in D-Dur à la Dandrieu.

HINWEIS

Auch wenn dieses Beispiel ursprünglich für ein Tasteninstrument gedacht war, kann es als Anregung auf jedes Instrument übertragen werden. Akkorde lassen sich arpeggieren oder auf einen Ton reduzieren.

Die Skizze entspricht dem Anfang des nachfolgenden Literaturbeispiels, dem Prélude aus den Pièces de Clavecin von Jean Francois Dandrieu (1724).

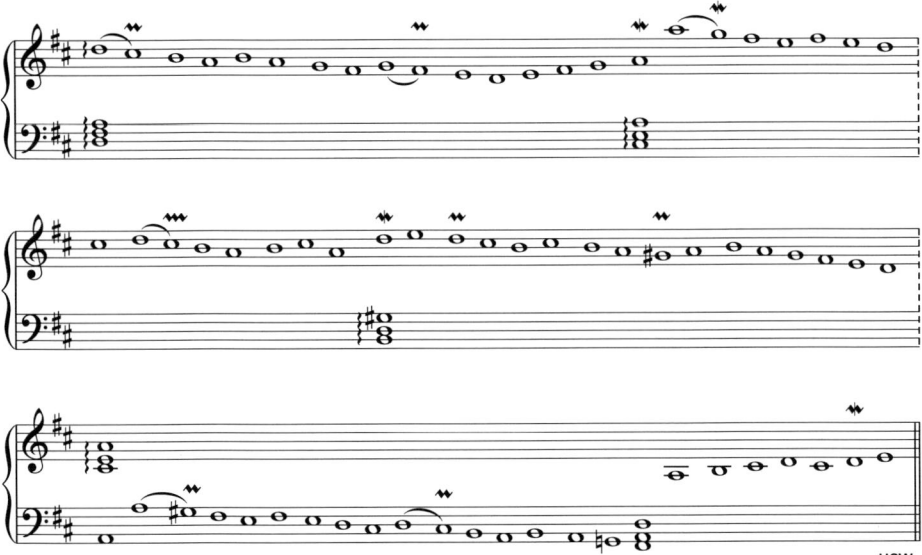

Jean Francois Dandrieu (1724): *Prélude* aus der Suite Nr. 4, *Pièce de Courtes et Facile*, Ausschnitt.

PRÄLUDIUM FÜR ZWEI SPIELER BZW. SPIELERINNEN

(E) P ***

M Ein Melodie- und ein Akkordinstrument oder ein Tasteninstrument, gespielt zweihändig von zwei Spielern bzw. Spielerinnen

Z Im abwechselnden Dialog zwischen Akkorden und Melodien ein Präludium improvisieren

A Vorübung: Wählt eine Tonart. Spielt die entsprechende Tonleiter in unterschiedlichen Ausschnitten auf- und abwärts. Wählt eine einfache Stufenfolge etwa I IV V I oder I IV V II V I. Übt die Dreiklänge arpeggiert in verschiedenen Bewegungsrichtungen.

Spieler A: Spiele einen Akkord. Höre Spielerin B genau zu und wechsle zum nachfolgenden Akkord, sobald sie dir dies musikalisch signalisiert.

Spielerin B: Improvisiere eine melodische Phrase bestehend u.a. aus arpeggierten Akkordtönen in Auf- und Abwärtsbewegungen. Zeige mit musikalischen Mitteln den Wechsel zu den nächsten Akkorden an, über die du deine Improvisation fortsetzt. Spiele dabei mit der Länge der einzelnen Phrase. Nutze einen allmählich ansteigenden Ambitus (Tonumfang), spannungsreiche Intervalle und neben Akkordtönen auch Tonleiterausschnitte.

Wechselt anschließend die Rollen.

SIEHE DAZU

Akkordfortschreitungen, S. 279–280, sowie *Arpeggierte Dreiklänge und Dreitonfolgen*, S. 226–229.

DOINAS

Auch in der Klezmermusik finden sich mit den Doinas frei gestaltete Einleitungen, die eine ähnliche Funktion besitzen wie Präludium und Fantasie – sie führen zum eigentlichen Stück und seinem Charakter hin. Ursprünglich eine Art Klagegesang, erklingen sie typischer Weise metrisch frei über lang ausgehaltenen Akkorden, die mit Schleifern, Glissandi, Tonumspielungen, Tonleiterausschnitten und Motiven des nachfolgenden Stückes ausgeschmückt werden. Die Akkorde selbst werden meist tremoliert oder arpeggiert, Akkordwechsel mittels Körpersprache angezeigt.

P **

DOINA IN A MIT KLEZMERSKALEN

M Ein Akkord- und ein Melodieinstrument

Z Erzählendes Spiel, Kontakt zwischen zwei Spielern bzw. Spielerinnen

A Vorübung: Übt, soweit nötig, harmonisch und melodisch Moll sowie Äolisch #4#7 (= „Zigeuner-Moll"). Hört euch in die charakteristischen Intervalle ein und spielt mit den Skalen.

Improvisiert mit den Skalen über folgende Harmoniefolge eine Doina.

SIEHE DAZU
Skalen der Roma und Sinti und *Klezmer-Skalen*, S. 195–199.

Leadsheet einer Doina.

Als Einstieg sollten die Möglichkeiten beschränkt werden, und es sollte über die Akkordfolgen mit nur einer Skala improvisiert werden. Schrittweise können dann weitere Skalen und Akkorde hinzugenommen werden.

A Spieler A: Spiele die Akkordfolge. Achte genau auf deine Mitspielerin. Sie zeigt dir, wann der nächste Akkord erklingen soll.

Spielerin B: Du bist die Solistin und improvisierst eine klagende Doina. Versuche die jeweils zu einem Akkord passende Skala einzusetzen. Achte insbesondere auf die Dur-Akkorde. Zeige mittels klarer Gesten, wann der nächste Akkord beginnen soll.

Wechselt die Akkorde nicht zu schnell und lasst euch viel Zeit. Spielt mit vielen Ornamenten, Umspielungen, Tonleiterläufen von einem Akkord zum nächsten.

Beginn einer Doina.

LEADSHEET

E (P G) ***

A Schau die von dir gespielten Stücke bzw. (bei Lehrenden) die von dir verwendete Unterrichtsliteratur durch. Welches Stück inspiriert dich zu einer eigenen Improvisation? Notiere einen Gerüstsatz bzw. ein Leadsheet und improvisiere darüber. Beim Improvisieren musst du dich nicht am ursprünglichen Stück orientieren. Du kannst ebenso mit Figuren und Skalen wie mit Klängen und Geräuschen improvisieren.

Nicht jedes Stück lässt sich in gleicher Weise als Leadsheet notieren bzw. auf einen Gerüstsatz reduzieren. Anhaltspunkte dafür, ob ein Stück geeignet ist, können zentrale Einzeltöne und deutliche Akkordwechsel sein. Festgehalten werden nur der ungefähre Verlauf der Melodie und wichtige Akkordwechsel. Das Notat steht dabei immer im Dienst des avisierten Ziels einer geeigneten Improvisationsvorlage. Entsprechend viel bzw. wenig wird festgehalten.

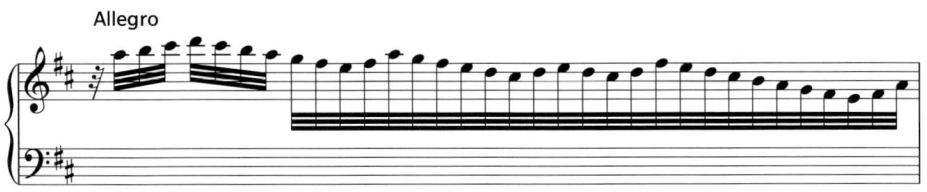

Carl Phillipp Emanuel Bach (1762): *Freie Fantasie* zu Versuch II, Kap. 41 (Wq, 14/H 160), aus: *Versuch über die wahre Art das Klavier zu spielen*, 2. Teil, Anhang S. 1.

Ein vereinfachtes Leadsheet zum Beginn der freien Fantasie von Bach könnte folgendermaßen aussehen.

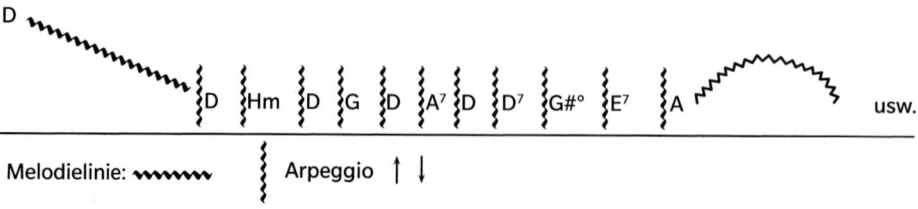

Vorspiele, Präludien, Interludien oder Fantasien finden sich sowohl in metrisch gebundener Form als auch in Kombination metrisch gebundener und freier Teile. Bekannte Beispiele dafür sind die Präludien von J. S. Bach und die Solo-Fantasien von Georg Phillip Telemann. Gerade Beispiele bekannter Komponisten und Komponistinnen können dazu anregen, ähnliche Stücke zu improvisieren.

Georg Phillip Telemann (1681–1767): *3. Fantasie für Querflöte ohne Bass*, H-Moll TWV 40:4, Vivace und Allegro, Ausschnitt.

RHYTHMISCHE FANTASIE FÜR ZWEI MELODIEINSTRUMENTE

P ∗∗∗

M Zwei Melodieinstrumente

Z Dialogisches Fantasieren

A Legt eine Tonart fest. Bestimmt zwei verschiedene Lagen, die nach Möglichkeit mindestens eine Oktave zueinander versetzt sind. Spieler und Spielerinnen, die noch keinen so großen Ambitus beherrschen, können auch um Quinten versetzte Lagen wählen. Spielt jeweils lange Phrasen abwechselnd im Dialog in euren Lagen. Verkürzt im Laufe der Improvisation die Phrasen und wechselt euch immer schneller ab, bis die Töne fast wie bei einem Pingpongspiel hin und her geworfen werden.

Zweistimmige Fantasie in relativer Notation.

Anfänglich fällt dieses Spiel leichter, wenn metrisch frei musiziert wird. Im weiteren Verlauf kann und sollte es aber auch in ein Metrum eingebettet werden. Dazu bieten sich zwei Varianten an. Entweder findet die Übergabe der Phrasen in unregelmäßigen Abständen statt. In dem Fall bedarf es entsprechender Zeichen, bzw. die Phrasen werden durch kurze Pausen unterbrochen. Oder aber die Phrasendauer wird im Vorhinein festgelegt, etwa auf eine einheitliche Phrasenlänge von einem oder zwei Takten oder einem Taktschwerpunkt (Spielerin A) und dem Rest des Taktes (Spieler B).

POLYPHONE FORMEN

VOM KANON ZU FUGALEN STRUKTUREN

HINWEIS
Recht ähnlich funktioniert der *Rhythmuskanon* auf S. 49, der auch als Vorübung gut geeignet ist.

Polyphone Formen sind anspruchvolle Improvisationsformen für Kleingruppen von zwei bis vier Spielern und Spielerinnen. Sie eignen sich insbesondere dazu, die gleichzeitige Wahrnehmung von Hören und Spielen zu vertiefen. Eine verhältnismäßig einfache Möglichkeit, in polyphone Strukturen einzuführen, sind kanonische Strukturen. Man versteht darunter, dass eine Stimme das wiederholt, was die vorige gesungen bzw. gespielt hat, und dies, während weitergespielt wird. Eine genaue Wiederholung ist allerdings schwierig und für das Improvisieren musikalisch oft auch gar nicht so interessant. Anzuraten ist daher, dass eine Phrase nicht exakt, sondern nur einzelne Aspekte von ihr wiederholt werden, etwa nur der Rhythmus, die Art der gespielten Figur oder eine Spieltechnik.

Konkret kann das wie folgt aussehen: Eine Spielerin improvisiert eine prägnante Melodie mit fünf bis zehn Tönen, ein zweiter Spieler beginnt versetzt und versucht so gut wie möglich, die verwendeten Tonhöhen, den Rhythmus oder den Klang zu imitieren. Während er dies tut, muss er natürlich weiter zuhören und erfassen, wie die Melodie weitergeführt wird. So lernen die Spielerin und der Spieler gleichzeitig zuzuhören, zu analysieren und zu gestalten. Die Rollen des Improvisierens und Imitierens sollten dabei immer wieder getauscht werden. In gleicher Weise lässt sich auch mit drei bzw. vier Spielern und Spielerinnen improvisieren, was jedoch zu komplexen Ergebnissen führt und daher eher für Fortgeschrittene geeignet ist. Grundsätzlich sind polyphone Strukturen nur in Kleingruppen als solche hörbar. In größeren Besetzungen mit einer Vielzahl an polyphonen, sich imitierenden Stimmen, verschmelzen die Stimmen zu einem Gesamtklang und werden als sich verändernde Textur wahrgenommen.

HÖRE DAZU AUCH
György Ligeti (1961): *Atmosphères*, Wien (UE).

HÖRE UND SIEH DAZU (MÖGLICHST IN EINEM LIVEKONZERT)
Simon Steen-Andersen (2007): *Beside Besides* sowie *Next To Beside Besides*, Frederiksberg (Edition S).

P(G) **

Imitieren lassen sich nicht nur Rhythmen und Tonhöhen, sondern auch Spielbewegungen, was deshalb interessant ist, als dass gleiche Spielbewegungen auf verschiedenen Instrumenten zu sehr unterschiedlichen Klängen führen.

KLÄNGE-KANON

M Instrumente
Z Polyphones Hören und Denken
A Experimentiert mit verschiedenen Klängen und Spieltechniken.
Gestaltet zu zweit bzw. in der Konstellation Solo – Gruppe einen Kanon.
Spielerin A: Beginne und erfinde mit drei Klängen eine langsame Phrase.
Spieler B (bzw. die restliche Gruppe): imitiert den Klangverlauf.

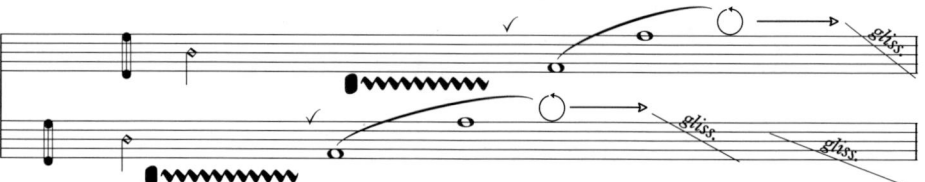

Klängekanon, inspiriert durch György Kurtag (1979): *Nebelkanon*, in: Játékok Bd. IV, Budapest (Edition Musica Budapest).

Das Spiel eines Klänge-Kanons kann über die Imitation des Gehörten oder über eine Notation erfolgen. Letztere regt zur fantasievollen Umsetzung an und kann insbesondere Kinder zu lebensweltorientieren Analogien anregen. Das Zeichen eines Trillers kann etwa als Raupe oder ein Glissando als Rutsche interpretiert werden. Dies führt zu einer ganz anderen klanglichen Umsetzung, die gleichwohl das kontrapunktische Prinzip der Imitation beachtet.

KANONISCHES BICINIUM IM FÜNFTONRAUM   P **

M Zwei Melodieinstrumente oder zwei einstimmig Spielende auf Tasteninstrumenten
Z Gleichzeitiges Zuhören und Imitieren

Der Schwierigkeit der Überforderung durch gleichzeitiges Hören und Imitieren kann durch eine leichte Veränderung der Aufgabe begegnet werden. Das Spiel muss dahingehend organisiert werden, dass die beginnende Spielerin abwechselnd einen melodischen Part gefolgt von einem langen Ton improvisiert. Der zweite Spieler setzt während des langen Tons ein und muss sich entsprechend nur auf den melodischen Teil konzentrieren. Wird dies gut bewältigt, können an Stelle des langen Tons schrittweise weitere Notenwerte eingefügt werden, wodurch die Passage allmählich rhythmisch verdichtet wird.

A Sprecht fünf Töne einer Tonart ab.
Spielerin A: Spiele eine Melodie, die mit kürzeren Notenwerten beginnt und im zweiten Takt auf einem langen Ton endet. Spinne deine Melodie immer weiter, bleibe aber im Muster (kleinere Notenwerte in einem Takt – langer Ton im nachfolgenden Takt). Höre während du improvisierst gut deinem Partner zu und gib acht, dass deine Melodie zur Imitation passt. Beobachte dabei, in welcher Form dein Partner deine Melodie imitiert.
Spieler B: Höre dir genau an, was Spielerin A spielt. Wiederhole ab dem zweiten Takt die Melodie deiner Partnerin. Orientiere dich dabei vor allem am Rhythmus, die Tonhöhen kannst du, wenn es dir passend erscheint, verändern.
Tauscht nach einiger Zeit die Rollen.

Pianisten bzw. Pianistinnen können dieses Spiel entweder zu zweit jeweils einhändig oder aber auch allein zweihändig spielen.

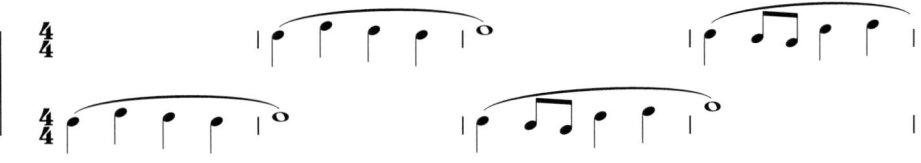

Anfang eines einfachen, improvisierten Biciniums.

POLYPHONIE   P **

M Zwei Melodieinstrumente oder zwei einstimmig Spielende auf Tasteninstrumenten
Z Gleichzeitiges Zuhören und Imitieren

Die grundlegende Spielregel ist vom Ablauf her verhältnismäßig einfach, allerdings in der Umsetzung ausgesprochen schwierig. Deshalb ist die nachfolgende Spielregel eher als eine Art Rahmen zu verstehen, der methodisch wie musikalisch differenziert werden muss. Ohne Vorbereitung die Improvisation eines polyphonen Stückes zu verlangen, wäre nur sehr bedingt sinnvoll.

A Spieler A: Beginne mit einem einfachen aber prägnanten Thema von einem (oder zwei) Takt(en). Dieses sollte vor allem rhythmisch leicht wiedererkennbar sein. Führe es dann melodisch weiter. Im zweiten (bzw. dritten) Takt setzt deine Mitspielerin mit einer Imitation deines Themas ein. Achte darauf, dass deine Improvisation zur Wiederholung des Themas und der nachfolgenden Improvisation deiner Mitspielerin gut passt. Nach einigen Takten wiederhole gegebenenfalls auf einer anderen Tonstufe dein Thema und führe es dann wieder melodisch fort.
Spielerin B: Höre Spieler A gut zu. Er beginnt mit einem Thema von einem (oder zwei) Takte(n). Wiederhole es gegebenenfalls auf einer anderen Tonstufe. Führe es dann in einer eigenen zweiten Stimme weiter. Nach einiger Zeit wiederhole das Thema. Du kannst es dabei auch leicht verändern, etwa auf einer anderen Tonstufe spielen oder es in längeren oder kürzeren Notenwerten spielen. Erfinde anschließend wieder eine eigenständige melodische Stimme.
Findet nach einigen Wiederholungen des Themas ein gemeinsames Ende.

Anfang einer improvisierten Invention.

Allgemein besteht die Möglichkeit, zusammen mit den Prinzipien kontrapunktischer Musik auch die entsprechenden Fachtermini einzuführen, wie Soggetto (ein zentrales Motiv bzw. Thema, das immer wieder aufgegriffen wird), Dux (die erste einsetzende Stimme) und Comes (die zweite einsetzende Stimme, in barocken Fugen typischerweise auf der Quinte), Kontrapunkt (Erfinden einer passenden Gegenstimme), Imitation (Wiederholung des Themas), Sequenz (Wiederholung auf einer anderen Tonstufe), Transposition (Wiederholung in einer anderen Tonart), Umkehrung (die Intervalle eines Themas werden umgekehrt – aus c d f wird beispielsweise c b g), Krebs (ein Thema wird rückwärts gespielt), Augmentation (Vergrößerung der Notenwerte), Diminution (Verkleinerung der Notenwerte).

P G ***

VORÜBUNGEN
Das Improvisieren eines modalen kontrapunktischen Stückes bedarf einiger Vorkenntnisse bzw. Kompetenzen, die durch folgende Spiele angebahnt werden können: *Klänge weiterreichen*, S. 47, *Rhythmen weiterreichen*, S. 48, *Zeitgestaltung: Puls – Takt – Rhythmus – Pausen*, S. 155.

DUX UND COMES
M Zwei bis drei Melodieinstrumente oder zwei bis drei einstimmig Spielende auf Tasteninstrumenten
Z Improvisieren polyphoner Strukturen
A Erfindet reihum Melodien in einer von euch zuvor abgesprochenen Kirchentonart und Taktart mit einer festgelegten Phrasenlänge von drei oder sechs Takten (beispielsweise D-Dorisch, 3/4-Takt mit einer Phrasenlänge von jeweils drei Takten). Beendet jede Phrase auf dem Grundton.
Spielt nun reihum Phrasen mit langen, mittleren und kurzen Notenwerten (etwa Takt eins Halbe, Takt zwei Viertel und Takt drei Achtel oder Takt eins Ganze, Takt zwei Viertel und Takt drei Sechzehntel). Beendet jede Phrase auf dem Grundton oder der Quinte.
Wiederholt dieses Spiel, erfindet aber nun ein kontrapunktisches Stück. Setzt dazu versetzt um einen Takt (bei Phrasenlänge von drei Takten) bzw. zwei Takten (bei Phrasenlängen von sechs Takten) nacheinander ein. Die Notenwerte sollten so ineinandergreifen, dass zeitgleich immer ein Spieler lange, eine Spielerin mittlere und ein Spieler kurze Notenwerte improvisiert. Hört aufeinander und imitiert moderat Rhythmen und Tonhöhen (es müssen keine genauen Wiederholungen sein). Findet nach einiger Zeit ein gemeinsames Ende.

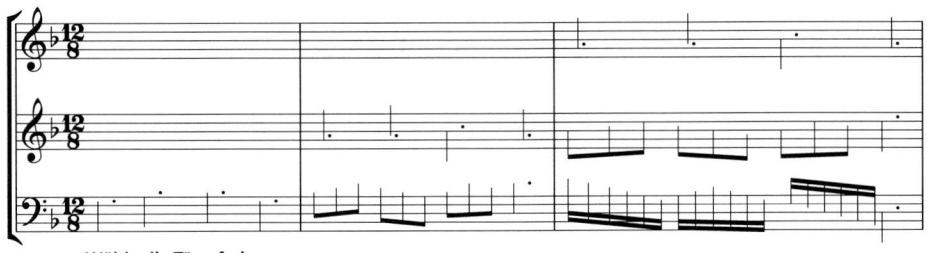

Modaler oder atonaler Kanon mit unterschiedlichen Notenwerten.

Wähle die Töne frei, improvisiere über die rhythmische Struktur

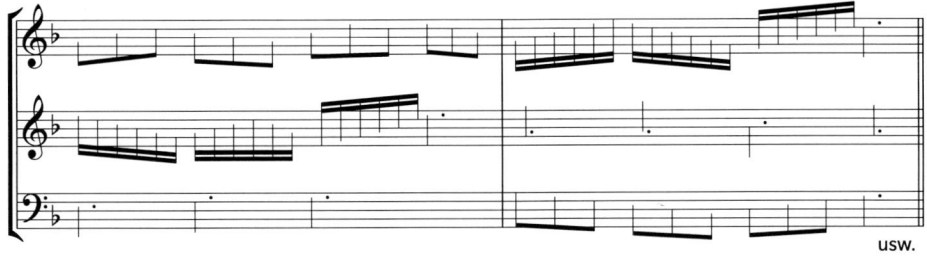

usw.

POLYPHONE MEHRSTIMMIGKEIT

Das grundlegende Prinzip polyphoner Mehrstimmigkeit, wie es bereits in den vorausgehenden Spielen eingesetzt wurde, lässt sich auch in größere formale Abläufe einbetten. Dabei wechseln Teile, in denen ein Thema vorgestellt wird, durch die Stimmen wandert und verarbeitet wird, mit Zwischenspielen ab, in denen das Material frei exploriert wird. Ein solcher Ablauf ist, wenn man das Thema exakt imitiert und vor allem auf den harmonischen Kontext achtet, sehr anspruchsvoll. Leichter wird eine solche Aufgabe, wenn das Thema (wie schon in den letzten Spielen angeregt) nicht streng imitiert wird, sondern sich einzelne Spieler und Spielerinnen nur ungefähr an einem Thema bzw. dem zuvor Erklungenen orientieren. Zudem sind modale und atonale polyphone Improvisationen leichter als tonale. Die Spieler und Spielerinnen müssen sich in diesem Fall nicht um den harmonischen Zusammenhang kümmern, entstehende Konsonanzen bzw. Dissonanzen zwischen den Stimmen können zwar als Gestaltungsmöglichkeit zum Aufbau von Spannung eingesetzt werden, es besteht aber kein grundsätzliches Gebot bzw. Verbot einzelner Intervalle.

Polyphone Improvisationen können gut von drei bis vier Spielern bzw. Spielerinnen umgesetzt werden. Zu beachten ist, dass die Lagen zwischen den Spielern und Spielerinnen gut aufgeteilt werden und letztlich in der Stimmverteilung einem klassischen Satz aus Sopran, Alt, Tenor und Bass entsprechen. Werden Fugen auf Tasteninstrumenten improvisiert, können bei vierstimmigen Sätzen zwei Spieler bzw. Spielerinnen mit je einer Hand eine Stimme übernehmen. Auch hier ist auf die Verteilung der Stimmen bzw. Lagen zu achten. Selbstverständlich ist es auch möglich, dass ein Musiker bzw. eine Musikerin drei und vierstimmige Fugen auf einem Tasteninstrument allein improvisiert. Dies ist eine Kunst, die viele Organisten und Organistinnen bis heute beherrschen und die ein komplettes Studium voraussetzt. In diesem Buch gehen wir darauf nicht weiter ein. Entsprechende Anleitungen finden sich u.a. bei Stoiber (2016) und Dupre (1905/1962).

P G ***

A LA FUGA

M Zwei bis vier Melodieinstrumente bzw. zwei bis vier Tasteninstrumente einhändig

A Spieler A: Erfinde ein rhythmisch prägnantes, atonales oder modales Thema und führe es melodisch weiter.

Spielerin B: Setze ein, wenn die Melodie hörbar ihren Charakter wechselt oder dir Spieler A einen Einsatz gibt.

In gleicher Weise folgen Spieler C und Spielerin D bei drei- bzw. vierstimmigen Besetzungen. Gestaltet eine längere Form mit folgenden Teilen:

Thema (1. Durchführung, Einsätzen aller Spieler undSpielerinnen) – Zwischenspiel – Thema (2. Durchführung) – Zwischenspiel – Thema (3. Durchführung, motivisches Material gegebenenfalls verdichten) – Ende.

Das Notenbeispiel zeigt exemplarisch, wie ein Thema und ein Zwischenspiel aussehen könnten. In einer Improvisation lassen sich entsprechende Abschnitte in ihrer Abfolge frei miteinander kombinieren.

Thema und Zwischenspielteil einer improvisierten Fuge.

ZUM WEITERHÖREN

Josquin des Prez: Missa Pange Lingua

Johann Sebastian Bach: Die Kunst der Fuge

Ludwig van Beethoven: Große Fuge Op. 133

Paul Hindemith: Ludus tonalis

Dimitri Schostakovitsch: 24 Präludien und Fugen Op. 87

BORDUN-TANZFORMEN

Verschiedene Tanzformen und Rhythmen eignen sich gut als Improvisationsmodell. Einen einfachen Einstieg bieten modale Tänze in Rondoform, also dem Wechsel eines immer gleichen, wiederkehrenden Teils (Refrain) und eines variierenden Teils (Couplet) in der Form A B A C A D usw. Ausgangspunkt ist immer ein Refrain. Dieser kann selbst erfunden sein, aus einem Literaturstück stammen oder aber über das Ohr herausgehört worden sein. Dazwischen werden Couplets improvisiert. Der fixe, immer wiederkehrende Teil dient als Ankerpunkt beim Improvisieren. An ihm orientieren sich die erklingenden Improvisationen im Couplet.

Im folgenden Beispiel erklingen Refrain und Couplet über eine einfache Bordunbegleitung. Dies führt dazu, dass man sich beim Improvisieren nicht an Akkordfortschreitungen orientieren muss, sondern sich mit den Tönen einer Skala auf den melodischen Verlauf konzentrieren kann. Das Rondo besitzt allerdings einen Auftakt, was für Anfänger bzw. Anfängerinnen durchaus eine Herausforderung sein kann. Das Ende der Couplets liegt einen halben Takt vor dem Taktschwerpunkt, die Einsätze müssen entsprechend rechtzeitig erfolgen. Volltaktige Refrains fallen Anfängern und Anfängerinnen etwas leichter.

HINWEIS
Wir beschränken uns hier auf Tänze mit Bordunbegleitung, wie sie in Volkstänzen zu finden sind. Standardtänze nutzen demgegenüber vermehrt Akkordfortschreitungen, wie wir sie im Abschnitt *Akkordfortschreitungen*, S. 279–294, beschreiben.

SIEHE
Rondospiele, S. 58–60.

GAVOTTE EN RONDEAU

A Spielt den Anfang des Stückes von Dandrieu. Improvisiert nun ein Rondo. Findet dazu zunächst heraus, welche Skala zum Improvisieren passt. Nun beginnt mit dem notierten Refrain. Anschließend können alle reihum ein Couplet von acht Takten Länge improvisieren, wobei zwischen den einzelnen Couplets immer der Refrain ertönt. Die anderen begleiten dabei mit dem notierten Bordun (mit ostinatem Pendelbass). Achtet darauf, dass ihr rechtzeitig mit dem Refrain einsetzt.

E P G **

Es handelt sich um die Töne der D-Dur-Tonleiter (D-Ionisch).

Jean Françoise Dandrieu (1682–1738): *Gavotte en Rondeau*.

(E) P G * BIS *

MODALER TANZ IN RONDOFORM

M Instrumente
Z Improvisieren in Rondoform über einen Bordun
A Variante a) Wählt einen Refrain aus einem Literaturstück.
Variante b) Erfindet selbst einen Refrain.
- Lernt euren Refrain auswendig (am besten durch Vor- und Nachspielen).
- Findet heraus, welche Skala zu eurem Refrain passen würde. Spielt sie anschließend einige Male durch, so dass ihr sie sicher beherrscht.
- Spielt nun abwechselnd den feststehenden Refrain und reihum improvisierte Couplets (also Refrain – Improvisation – Refrain – Improvisation usw.). Begleitet euch dabei gegenseitig mit einfachen Bordunbässen, die ihr auch rhythmisch variieren könnt.
- Improvisiert die Couplets immer zu zweit als Frage-Antwort-Spiel. Dabei sollte die Frage von Spielerin A auf der Quinte enden, die Antwort von Spieler B auf dem Grundton.
- Findet nach einiger Zeit ein gemeinsames Ende.

Tänze mit Bordunbegleitung besitzen eine verhältnismäßig einfache Gestalt. Aus diesem Grund eignen sie sich nicht nur dazu, das melodische und rhythmische Improvisieren zu üben. Aus dem gleichen Grund lassen sich auch ungerade Taktarten, wie sie in Mitteleuropa eher selten anzutreffen sind, über volkstümliche Tanz- und Improvisationsformen einführen. Im Folgenden finden sich einige Tänze in eher ungewöhnlichen Taktarten wie dem 5/8-Takt, dem 7/8-Takt, dem 9/8-Takt und dem 10/8 Takt aus Österreich, Irland, Griechenland und der Türkei. Weitere Beispiele finden sich in vielen Volkskulturen, insbesondere in Südost-Europa, etwa in Ungarn, Bulgarien, Rumänien, Mazedonien, Albanien oder der Slowakei. Noch wesentlich komplexere Formen finden sich in der arabischen, persischen und vor allem indischen Musik. Überraschend ist indes, dass selbst in der österreichischen Volksmusik mit dem Zwiefacher oder den Schleunigen-Tänze[108] ungerade Taktarten Verwendung finden.

[108] schleunig = schnell

P G **

ÖSTERREICHISCHER SCHÜTZENTANZ IM 5/8-TAKT

M Alle Instrumente
Z Frage-Antwortspiel mit Dreiklangsmelodik über einen Bordunbass

Bordun halten

Schützentanz aus dem Salzkammergut, aus: Pichler 1997, 47.

A Lernt die Melodie auswendig. Benutzt sie als Refrain eines Rondos. Spielt abwechselnd den Refrain (bzw. die Melodie) und improvisierte Couplets. Achtet darauf, dass sich diese an die Melodik des Tanzes anlehnen, ebenfalls acht Takte lang sind und auf dem Grundton enden.

In typischer Weise gehorcht die Melodik alpenländischer Volksmusik einem periodischen Prinzip. Melodien sind in der Regel acht Takte lang, die in sich wiederum mit (zwei + zwei) + (zwei + zwei) Takten symmetrisch aufgebaut sind. Die zweitaktigen Motive gehorchen einem Frage-Antwort-Prinzip und enden jeweils auf Akkordtönen der V. Stufe bzw. I. Stufe.

TÜRKISCHER DALDALAN IM 5/8-TAKT

P G * *

M Instrumente

Z Improvisieren über wechselnde Borduntöne

A Lernt die Melodie auswendig.

Spielt nun das Stück, improvisiert danach über den ganzen Ablauf mit den Tönen der Fünftonräume a–e und g–d. Beendet das Stück dadurch, dass ihr die gesamte Melodie erneut spielt. Begleitet euch mit den notierten Borduntönen.

Türkischer Daldalan, Melodie und Bordunbegleitung, angelehnt an: Junghans, Weber-Karn 1999.

HOPA HORONU VON DER TÜRKISCHEN SCHWARZMEERKÜSTE IM 7/8-TAKT

P G * * *

M Instrumente

Z Improvisieren im 7/8-Takt (mit wenigen Akkordwechseln) über eine längere Form

A Verinnerlicht zuerst den Rhythmus, z.B. durch Schreiten der Schrittfolge (R – L – R – L, R – L – R – L usw.) oder Spielen des Begleitrhythmuses mit perkussiven Klängen auf euren Instrumenten.

Spielt nun die verwendeten Skalen durch. Übt sie gegebenenfalls: für die Introduktion G-Ionisch b2b6 (= „Zigeuner-Dur") und G-Äolisch für den Rest des Stückes.

Lernt den Refrain (den B-Teil) auswendig.

Improvisiert nun über das Stück. Orientiert euch dabei an der Originalform mit einer frei improvisierten Einleitung und den anschließenden rhythmischen Teilen A und B. Spielt zunächst immer die notierte Fassung. Nutzt anschließend den A-Teil als Refrain und improvisiert über den B-Teil (als Couplet). Zeigt gestisch an, wann ihr den C-Teil spielen wollt: Endet mit einer Wiederholung der Teile A und B.

Die Melodie bewegt sich nur im Fünftonraum. Entsprechend kann man sich beim Improvisieren entweder ebenfalls auf den Fünftonraum beschränken oder aber die ganze Skala verwenden.

Mögliche Schrittfolge im 7/8-Takt.

Hopa Horonu, nach:
Junghans, Weber-Karn 1999.

REIHENFOLGE
- Intro Bridge (Percussion + langer Ton)
- A B (mit Wiederholungen)
- dann mehrfach A
- über B Improvisation
- C A B (mit Wiederholungen).

O CHARALAMBI – MUSIKALISCHER WETTSTREIT AUS GRIECHENLAND IM 7/8-TAKT P G ***

M Instrumente

Z Improvisieren im 7/8-Takt (mit wenigen Akkordwechseln) über eine längere Form

A Übt und probt gemeinsam den Bordun, die Skalen und die Melodie.
Teilt euch in zwei Gruppen. Spielt das Lied und improvisiert dann abwechselnd, eine Gruppe über den A-Teil in D-Dur, die andere über den B-Teil mit der D-Äolisch #4#7 (= „Zigeuner-Moll"). Beendet das Stück gemeinsam mit der Melodie beider Teile.
Das Lied ist ein Streitlied. Gestaltet die Improvisationen so, als ob ihr euch gegenseitig musikalisch überzeugen wollt.

O Charalambi (Griechisches Streitlied).

ABLAUF
- A B (mit Wiederholungen)
- Improvisationen über A und B (in zwei Gruppen) über Bassostinato (kann variiert werden)
- A B (mit Wiederholungen).

Improvisationen im 5/8- bzw. 5/4-Takt und im 7/8-Takt lassen sich im Instrumentalunterricht gut mit der Arbeit an Literaturstücken kombinieren, die in entsprechenden Takten komponiert wurden. Beispiele finden sich insbesondere in der Literatur der ersten Hälfte des 20. Jahrhunderts sowie in einigen Jazz-Klassikern, wie beispielsweise die 6 Tänze im bulgarischen Rhythmus (1940) von Bela Bartok, Take Five (1959) und Unsquare Dance (1961) von Dave Brubeck.

P G ******

SCHNELLE JIG MIT WECHSELNDEN BEGLEITRHYTHMEN IM 9/8-TAKT

Tänze im 9/8-Takt existieren mit verschiedenen Achtel-Gruppierungen. In der Barockmusik und irischen wie englischen Jigs findet sich die Aufteilung von 3 3 3 Achteln, in mazedonischen und bulgarischen Tänzen hingegen ist die Aufteilung 2 2 2 3 Achtel üblich. Während die erste Form drei gleichlange Schläge besitzt, hat die zweite vier Schläge, mit einem etwas längeren vierten Schlag.

M Instrumente

Z Improvisieren mit wechselnden Begleitrhythmen

A Lasst euch von folgender Jig zum Improvisieren inspirieren.

John Playford (1623–1686):
Mad Molly (Jig), aus:
The Dancing Master.

ABLAUF

- A B (mit Wiederholungen)
- A (mit Wiederholung)
- Improvisation über B (mehrere Male, jeweils mit Wiederholung über eine Bordunbegleitung)
- A B (mit Wiederholungen)

Im Folgenden finden sich weitere Beispiele, die in gleicher Weise zum Improvisieren anregen sollen. Dabei können, wie schon zuvor beschrieben, Improvisationen entweder über das ganze Stück erfolgen oder aber als Rondo-Form nur über einen Teil des jeweiligen Liedes. Wichtig ist jeweils die Auseinandersetzung mit der Taktart bzw. der metrischen Aufteilung der Achtelgruppen und der jeweiligen Skala sowie das gemeinsame Finden und Erfinden einer Begleitung.

BULGARISCHER TANZ IM LANGSAMEN 9/8-TAKT

P G **

M Instrumente

Z Improvisieren im langsamen zusammengesetzten 9/8-Takt

Zavedi me Jalino (langsamer Tanz aus Bulgarien), nach: Junghans, Weber-Karn 1999.

UC KIR BINANA IM 10/8-TAKT AUS DER TÜRKEI

P G ***

M Instrumente

Z Improvisieren über ungerade Taktarten

Üç kiz bir ana (Türkisches Volkslied), nach: Junghans, Weber-Karn 1999.

Ungerade und zusammengesetzte Taktarten fordern das Rhythmusgefühl heraus. Umso wichtiger ist eine stabile Begleitung mit Bordun und Percussion mit einer deutlichen Unterteilung der Schwerpunkte.

BORDUN-TÄNZE IN UNGERADEN UND ZUSAMMENGESETZTEN TAKTARTEN

P G ***

M Instrumenten, Stimme

Z Improvisieren über zusammengesetzte Taktarten in unterschiedlichen Formen

Tanzrhythmen verschiedener Kulturen dienen im Folgenden als Anregung für eigene Ideen und Improvisationsanleitungen.

A Wählt einen der Taktbausteine für einen Tanzrhythmus aus.
Spielt diesen auf einem selbst gewählten Bordunton.
Improvisiert abwechselnd darüber im Fünftonraum oder mit einer passenden Skala
(z. B. Äolisch, Äolisch #4#7, Misheberakh = Äolisch #4#6, Ionisch oder Dorisch).
Wechselt immer wieder die Rollen zwischen Begleitung und Melodie.
Legt eine Form fest (z.B. AB, ABA, ABC, ABACADA). Plant gegebenenfalls wechselnde Bässe ein und erfindet einen sich wiederholenden Refrain.

Taktbausteine zum Erfinden eigener Tänze in ungeraden Taktarten.

Für Spieler und Spielerinnen, die kompetent im Umgang mit Akkorden und Akkordwechseln sind, lassen sich die hier angeführten Beispiele entsprechend erweitern. So können anstatt einfacher Bordun-Begleitungen auch Akkordwechsel und jede Form arpeggierter Akkorde verwenden werden.

WEITERE TANZ-RHYTHMEN SIEHE
Tanzrhythmen, S. 222–223.

SIEHE DAZU AUCH
Akkordfolgen, S.279–291;
Dreiklänge zusammenfügen, S. 270.

TÄNZE MIT HARMONIEFOLGEN

A Legt eine Taktart, einen Tanzrhythmus, eine Tonart und eine Folge von Akkorden fest.
Erfindet gegebenenfalls eine passende Melodie als Refrain.
Improvisiert reihum.

ZUM WEITERLESEN

Markus Schwenkreis (Hg.)(2018): Compendium Improvisation, Fantasieren nach historischen Quellen des 17. und 18. Jahrhunderts, Basel (Schwabe)

Franz Josef Stoiber (2018): Faszination Orgelimprovisation, Kassel (Bärenreiter)

Carl Phillipp Emanuel Bach (1753–1797/1994): Versuch über die wahre Art das Klavier zu spielen, Reprint, Kassel (Bärenreiter)

Sepp Pichler (1997): Wer tanzt nach meiner Pfeife, Österreichische Tänze für Drehleier, Dudelsack und andere Instrumente, Graz (Volksliedwerk)

Edward Huws Jones (Hg.)(2002): Fiddler Collection, London (Boosey and Hawkes)

VARIATIONSFORMEN

Bereits im dritten Kapitel „Erwerben – Entwickeln – Gestalten" wurde das Variieren als Gestaltungsprinzip vorgestellt und in einige Gestaltungsmöglichkeiten des Variierens eingeführt. In diesem Kapitel begegnen uns Variationsprinzipien erneut, nun aber unter dem Fokus formgebender Prinzipien. Korrekterweise müsste man in dem Fall nicht von *Form*, sondern von *Ausformung* sprechen, denn das zugrundeliegende Formprinzip ist einfach und interessiert nur bedingt: Ein Thema bzw. eine Idee dient als Ausgangspunkt und wird als Ganzes in veränderter Gestalt wiederholt. Die dadurch entstehende musikalische Form gehorcht dem Prinzip: Thema, Variation 1, Variation 2, Variation 3 usw. Trotz des immer gleichen Grundprinzips sind die sich bietenden Möglichkeiten ausgesprochen variantenreich: Variationen über Bassfolgen in der alten Musik und klassische Variationen über eine Melodie oder Harmoniefolge gehören ebenso dazu, wie Jazz-Improvisationen über Tunes oder Leadsheets.[109] Auch beim „Gstanzlsingen" in der Volksmusik handelt es sich um eine variierende Form. Über eine gleichbleibende Melodie und Begleitung wird ein Text improvisiert. Selbst das von Richard Wagner entwickelte und in der Filmmusik beliebte Prinzip der Leitmotivik gehorcht dem Prinzip der Variation. Ein Leitmotiv wandelt sich je nach Stimmung und Handlung immer weiter fort. Ferner gehören das Zitieren bekannter Themen klassischer Komponisten und Komponistinnen wie das Rearrangieren bzw. Covern im Pop und der Unterhaltungsmusik zu den Formen der Variation.

Für den Unterricht bietet das Thema *Variation* die Chance, sich anhand eines begrenzten Materials mit möglichen Perspektiven auseinanderzusetzen. Ein und dasselbe Lied kann als Ausgangspunkt eines ganzen Zyklus dienen, in dem man sich mit spezifischen Eigeneinheiten eines Stils auseinandersetzt. Dabei begegnen den Schülerinnen und Schülern verschiedenartige Variations-, Improvisations- bzw. Kompositionsprinzipien, wie sie sich über die letzten Jahrhunderte entwickelt haben.

VARIATIONEN ÜBER OSTINATOBÄSSE

Das Musizieren über einen Ostinatobass ist eine historisch wie aktuell gängige Musizierpraxis, die unter unterschiedlichen Bezeichnungen wie etwa Bassostinato, Passacaglia, Chaconne, Divisions on a Ground oder Variationen über einen Bass firmiert.[110] Vorgegebene Bassmuster bilden das Fundament, über das melodisch improvisiert (bzw. variiert) wird. Interessanterweise finden sich diesbezüglich aus allen Zeiten sowohl auskomponierte Fassungen als auch ausführliche Anweisungen zur Improvisations- und Variationspraxis. Beides zusammen schafft ein recht gutes Bild davon, wie in vergangenen Jahrhunderten improvisiert bzw. variiert wurde.

Typisch sind zwei Formen: Variationen, bei denen nur der Bass vorgegeben ist, und solche, die zusammen mit Melodien und harmonischen Vorgaben als Vorlage dienen. Die Grenzen zwischen Ornamentieren, Variieren und Improvisieren sind entsprechend fließend, je nachdem ob über einem sich wiederholenden Bass eine ganz neue Melodie erfunden oder aber eine Melodie ausgeschmückt wird. Ein bekanntes Beispiel eines ostinaten Basses ist die *Folia*, ein Modell, das seit dem 16. Jahrhundert gängig ist und über das sowohl unter Zuhilfenahme einer Skala figural als auch in akkordischer bzw. arpeggierter Form improvisiert wird. Gerade Letzteres spielte in der Barockzeit eine große Rolle. Ferner war dieses Bassmodell zu jener Zeit als Passacaglia auf der Orgel beliebt, und noch heute findet es sich in der Filmmusik und Popmusik wieder.

---

[109] Im Jazz ist allerdings der Begriff *Variation* nicht gebräuchlich.

[110] Siehe Lasocki 2009.

Es folgen einige gängige Bassmodelle, die als Überblick und zur Anregung dienen sollen. Sie sind nach Schwierigkeitsgrad und Länge geordnet sowie auf den Grundton g transponiert und in dieser Form auf vielen Instrumenten spielbar. Selbstverständlich können und sollen sie auch in andere Tonarten transponiert und auf andere Taktarten übertragen werden. Im Zusammenspiel mehrerer sehr hoher Instrumente, bei denen ein echter Bass fehlt, sollte der tiefste mögliche Ton als Grundton gewählt werden.

Angefügt wurden verbreitete Bezeichnungen. Allerdings sind viele der Bässe auch unter anderen Namen bekannt und werden auch in unterschiedlichen Formen verwendet. Typisch ist beispielsweise, dass die Bässe als offene Form wiederholt werden. Entsprechend endet der Bass auf der Quinte. Die Eins des ersten Taktes ist in dem Fall sowohl Schlusstakt des letzten Durchgangs als auch Beginn des neuen. Bei der geschlossenen Form endet der Bass mit dem Grundton, der bei der Wiederholung sich auf der Eins dann wiederholt.

SIEHE AUCH
Akkordfortschreitungen,
S. 279–294.

GÄNGIGE BASSMODELLE

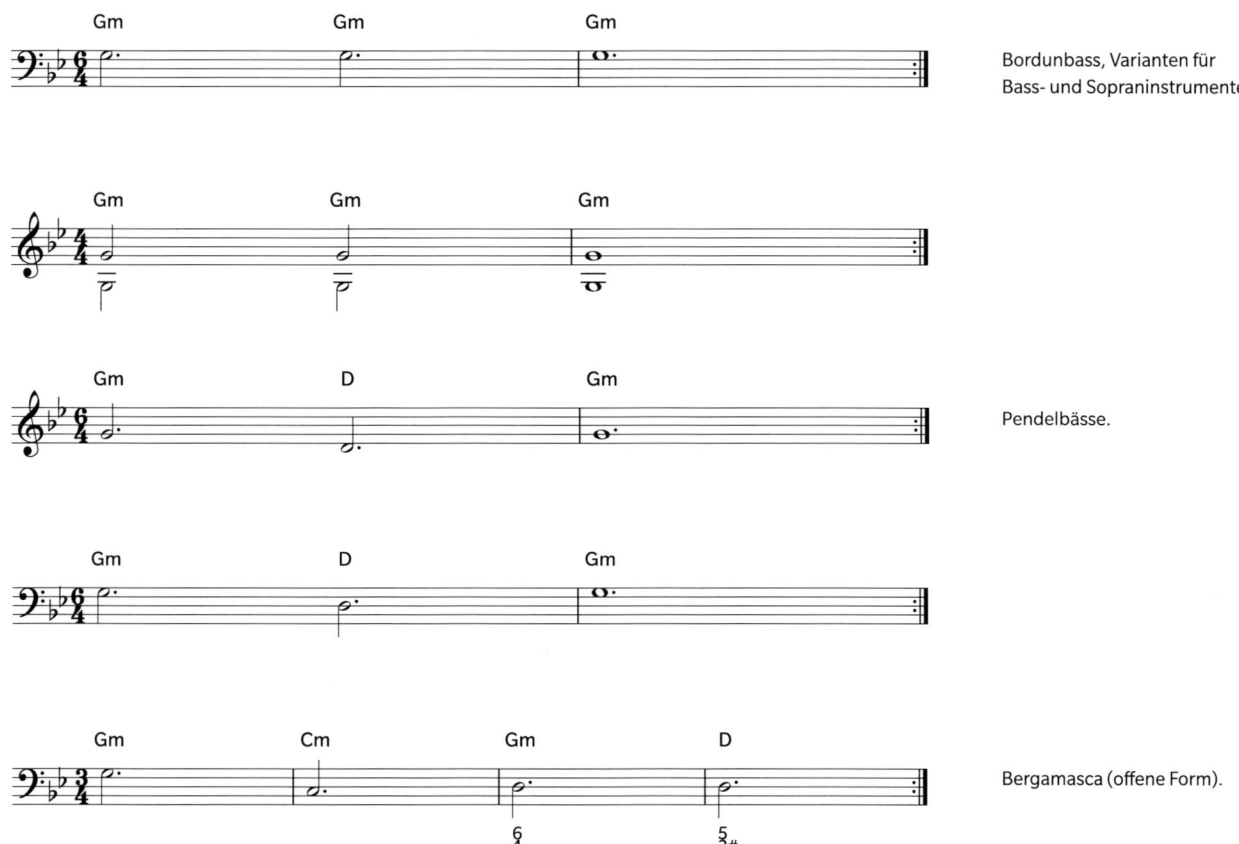

Bordunbass, Varianten für Bass- und Sopraninstrumente.

Pendelbässe.

Bergamasca (offene Form).

Varianten abfallender Bässe (Passacaglia, Chaconne, Flamenco). Dieses Bassmuster firmiert je nach Herkunft und Verwendung unter verschiedenen Namen. Siehe dazu Erhardt 2011, 44.

Passamezzo Antico (offene Form).

Passamezzo Moderno (offene Form).

Passamezzo Antico (geschlossene Form).

Romanesca (als offene Form).

Parallelismus.

Kadenz Bass (offene Form).

Folia.

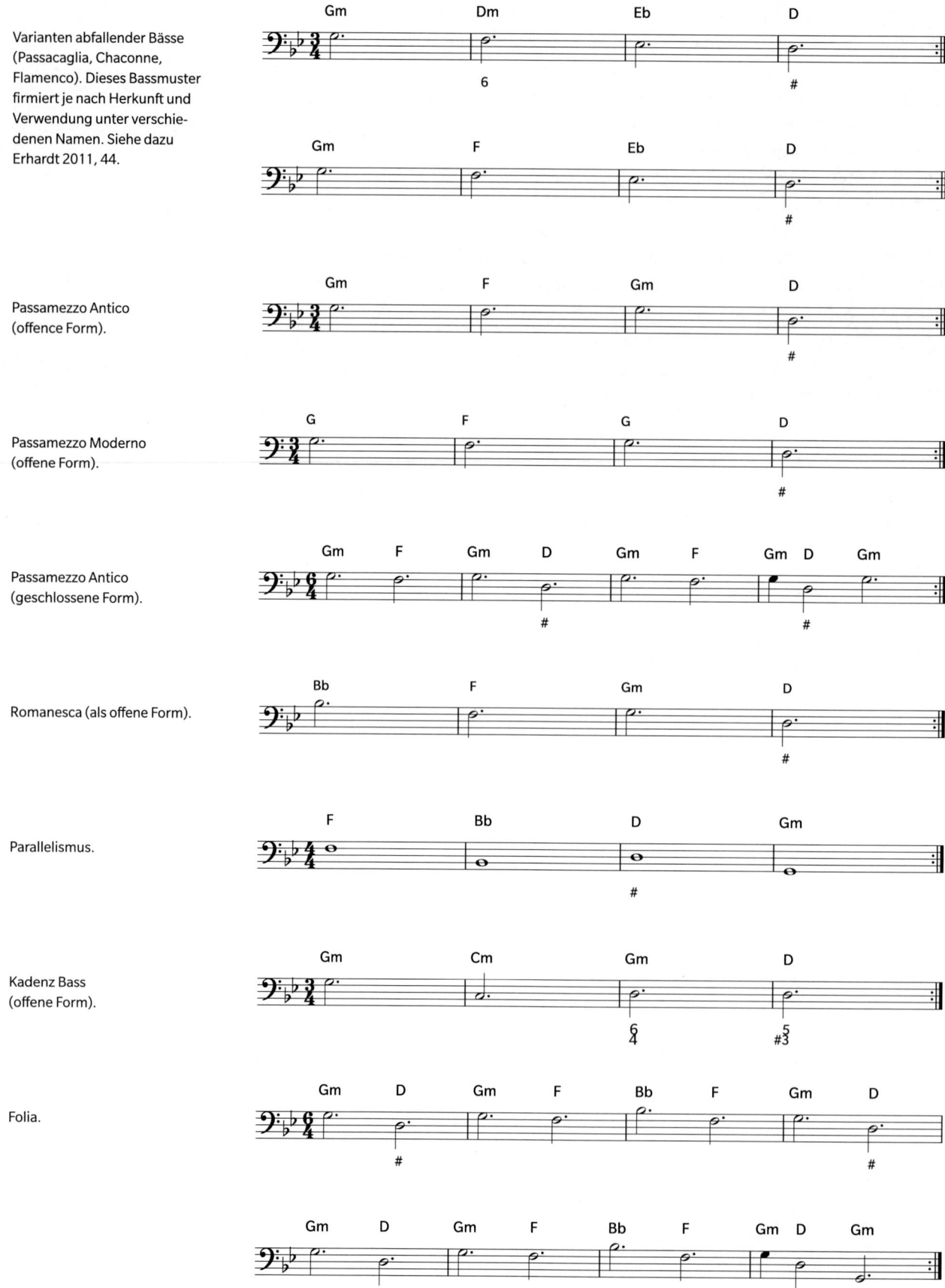

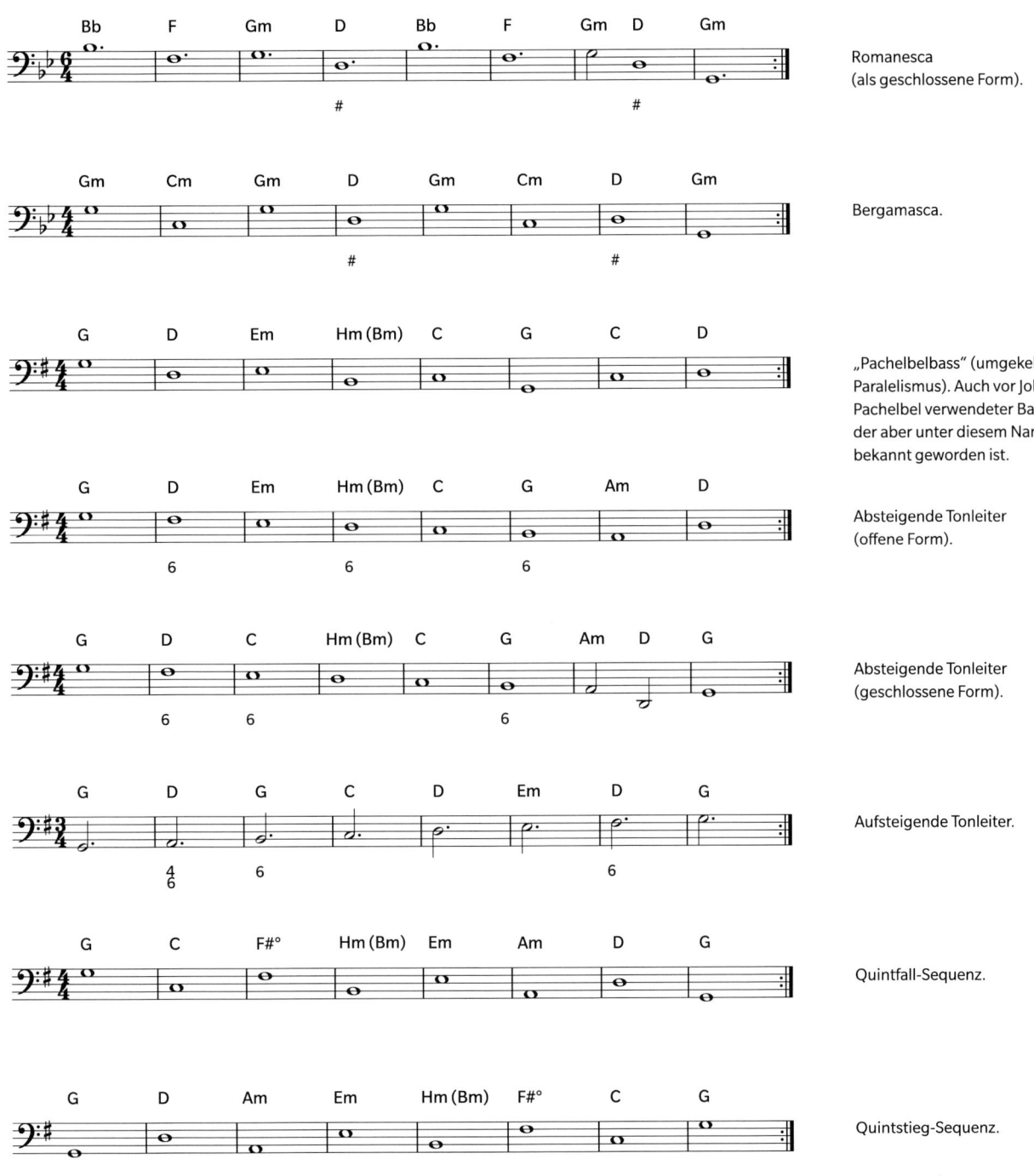

Gavotte.

Pavane.

Gigue.

Sarabande.

Galliarde.
Einfache Taktarten siehe auch *Tanzrhythmen*, S. 222.

G * BIS***

SIEHE DAZU
Improvisieren mit und über eine Akkordfolge, S. 279–291; Gebräuchliche Skalen, S.194.

TANZENDE BÄSSE

M Instrumente (vorzugweise ein Bass-, Akkord- und Melodieinstrument)

Z Spielen über Ostinatobässe

A Sucht euch ein Bassmodell und einen Tanzrhythmus und improvisiert einen Tanz. Teilt euch dazu die Stimmen auf. Der Bass erklingt verhältnismäßig regelmäßig und unverändert. Die Melodiestimme(n) sollte(n) den Tanzrhythmus aufgreifen. Nutzt dazu passende Töne einer dazugehörigen Skalen. Weitere Spieler und Spielerinnen können die Harmonien und einen passenden Rhythmus spielen.

METHODISCHE SCHRITTE IN DER ERARBEITUNG

Das Improvisieren über Bässe ist eine Form, die solistisch nur auf Akkordinstrumenten möglich ist, die aber gut im Ensemble mit mindesten zwei bis drei Mitspielenden funktioniert. Der Einstieg in diese Form der Improvisation kann über Bassfolgen mit nur wenigen Tönen erfolgen, idealerweise mit dem auch aus den vorausgehenden Kapiteln bekannten Bordunbass. Nachfolgend folgen Pendelbässe mit zwei verschiedenen Tönen, über die auch in harmonisches Denken eingeführt werden kann. Schließlich folgen komplexere Bassmuster. Die nachfolgenden Notenbeispiele skizzieren einige Möglichkeiten sowie einen methodischen Weg.

LINEARES IMPROVISIEREN ÜBER EINEN BASS

Über einen „tanzenden Bass" können die Spieler und Spielerinnen einer Oberstimme über eine vorgegebene Skala (hier Mixolydisch) Melodien gestalten und diese mit Ornamenten, Umspielungen, Wechselnoten und Durchgängen ausschmücken.

SIEHE DAZU
Musikalisches Verarbeiten, Variieren, gestalterisches Denken, S. 236–254.

Mögliche Melodieimprovisationen über einen Bass einer Pavane, aus: Pottinger-Schmidt 2004, 4.

Zwei Melodievarianten einer Pavane über einen Wechselbordun, aus: Pottinger-Schmidt 2004, 3.

Mögliches Melodiespiel einer Courante über ein zweitöniges Bassmodell mit den Stufen I V, aus: Pottinger-Schmidt 2004, 4.

Einige *Grounds* basieren auf Basstönen einfacher Stufenfolgen wie I IV V I. Mit dem nachfolgenden Beispiel aus der Sammlung *The Division Flute* (1706/1708) wird recht gut verdeutlicht, wie aus einfachen Bausteinen eine komplexe Improvisation entsteht. Solche Bausteine können im Unterricht erarbeitet werden und lassen sich beliebig miteinander kombinieren. Dabei muss lediglich darauf geachtet werden, dass ein Melodieschnipsel der dazugehörigen Stufe verwendet wird.

Melodiespiel über einen Kadenzbassmodel, aus: *The Division Flute* (1706/1708).

Viele Bassfolgen sind mit einem Thema verbunden, das in der Oberstimme erklingt. Bei solchen Variationen wird nicht frei über den Bass figuriert, die Melodie muss beim Improvisieren aufgegriffen und variiert werden. Dazu können alle im Abschnitt *Musikalisches Verarbeiten, Variieren, gestalterisches Denken, Seite* 236–255, vorgestellten Techniken eingesetzt werden. Im folgenden Beispiel von Francesco Geminiani wird eine aufsteigende Tonleiter als Thema über eine Bassfolge verwendet. Der Komponist zeigt anschließend, wie fantasievoll sich selbst bzw. gerade ein so einfaches Material variieren lässt.

IMPROVISIEREN MIT SKALEN ÜBER EINEN BASS

Francesco Geminiani (1751): *The Art of Playing on the Violin*, Ausschnitt aus dem Esempio IX.

IMPROVISIEREN MIT FIGURIERTEN ARPEGGIEN

Im vorhergehenden Beispiel wurde ein Thema über einen Bass unter Zuhilfenahme von Skalen, Durchgängen und Umspielungen variiert. Eine zweite Möglichkeit besteht darin, den Bass zu harmonisieren und die Akkordtöne als Ausgangsmaterial der Variationen zu nutzen. Akkordtöne lassen sich wiederum arpeggieren und als melodisches Material umspielen. Greift ein Ensemble ausschließlich auf die Akkordtöne zurück, können auch gleichzeitig mehrere Spieler und Spielerinnen improvisieren. Das Ergebnis wird immer wohltönend sein.

Arcangelo Corelli (1700): *Sonata Op. 5*, Nr. 12, Folia mit Thema und Variationen 1, 3, 19.

VERBINDUNG VON HORIZONTALEM UND VERTIKALEM DENKEN

Beim Improvisieren über einen Bass ist die Verbindung gleichzeitigen melodischen und harmonischen Denkens sehr hilfreich. Konkret kann das bedeuten, während des Spiels die Akkordtöne mitzudenken und mit Durchgangsnoten, Vorhalten und Auflösungen melodisch zu verbinden. Letztlich verlangt dies immer eine Gewichtung der zur Verfügung stehenden Töne. Gleichzeitig nutzt man Töne der Akkorde und einer passenden Skala. Während die Töne von Akkorden aber immer erklingen können, sind alle anderen Töne nachgeordnet. Sie stehen in der Regel zwischen Akkordtönen und verlangen insbesondere auf den schweren Taktzeiten eine Auflösung in einen Akkordton.

Akkordtöne melodisch miteinander verbinden.

P G ★★

VARIATIONEN ÜBER EINEM GROUND

M Instrumente (Trio)

Z Differenzierung möglicher Gestaltungsprinzipien

A Nehmt euch eines der Bassmodelle auf Seite 337. Spielt den Bass und dazu passende Akkorde als Zerlegungen in wechselnden Rollen. Erarbeitet euch nun mögliche Varianten an Akkordzerlegungen mit Wechselnoten, Durchgängen und Vorhalten.

Spielt nun nacheinander Variationen entweder nur mit Akkordtönen, nur mit Akkordtönen mit Wechselnoten, nur mit Durchgängen oder nur mit Vorhalten. Die anderen begleiten mit Bass und Akkorden, hören gut zu und sagen anschließend, um welches Prinzip es sich handelte.

Variante 1: Improvisiert abwechselnd und entscheidet euch während der Improvisation jeweils für eine Möglichkeit, die noch nicht erklungen ist.

Variante 2: Improvisiert abwechselnd und übernehmt immer die Möglichkeit eurer Vorgängerin bzw. eueres Vorgängers. Spielt anschließend eine noch nicht erklungene.

FORMGESTALTUNG MITTELS DIMINUTION UND AFFEKT

Damit improvisierte Variationen über einen Bass nicht beliebig und langweilig klingen, bedarf es eines inneren Aufbaus. Eine mögliche Gestaltung kann über die Instrumentierung erfolgen. Beispielsweise können zuerst die Schlag- bzw. Rhythmus-Instrumente einsetzen, dann der Bass, die Akkordinstrumente und schließlich in wechselnden Rollen die Spieler und Spielerinnen der Melodie bzw. Improvisation. Eine weitere gängige Gestaltung von Variationen über einen Bass besteht in der sukzessiven Verkleinerung der Notenwerte von Variation zu Variation. Diesbezüglich spricht man insbesondere in der Alten Musik von *Diminutionen* bzw. *Divisions*. Ein solcher Aufbau besitzt eine innere Steigerung, da sich mit den kleineren Notenwerten auch die erforderliche Virtuosität steigert.

Diminutionen über einen Passamezzo Antico.

Eine weitere Möglichkeit der Gestaltung besteht im Setzen von Kontrasten zwischen einzelnen Variationen etwa zwischen einem Satz mit langsamen und einem mit schnellen Notenwerten oder einem mit rhythmisch prägnanten Motiven und einem mit eher gleichbleibenden melodischen Linien. Kontraste können auch über unterschiedliche Charaktere hergestellt werden. Im Unterricht lässt sich thematisieren, wodurch sich ein Charakter musikalisch am besten verdeutlichen lässt. Schnelle artikulierte Rhythmen werden beispielsweise oft als lebhaft empfunden, nach abwärts geführte Vorhalte als traurig oder melancholisch.

Auch wenn die folgende Klassifizierung erst in unseren Tagen erstellt wurde, zielt sie auf Affekte, die schon bei Carl Philipp Emanuel Bach zu finden sind. Sie kann für das Improvisieren über Ostinatobässe ausgesprochen inspirierend sein.[111]

[111] Cohen 1974, XI, XII.

DIE ERNSTEN AFFEKTE
Die Traurigkeit
Das Trotzige
Das Pathetische
Das Erhabene
Die Tiefsinnigkeit
Das Heftige
Die Hartnäckigkeit

DIE HEITEREN AFFEKTE
Die Lebhaftigkeit
Das Feurige
Das Freche
Das Fröhliche
Das Lustige
Der Reiz

DIE NEGATIVEN AFFEKTE
Der Ekel
Die Plattheit
Die Rauheit
Die Langeweile
Die Leere

DIE STILLEN AFFEKTE
Die Gefälligkeit
Das Schmeichelnde
Die Zärtlichkeit
Die Anmut
Die Unschuld
Die Sanftheit

DIE ABSTRAHIERTEN, MALERISCHEN AFFEKTE
Der Glanz
Das Brilliante
Der Schimmer
Die Pracht
Das Bunte

Bassfolge einer Passacaglia nach Christian Friedrich Witt (1660–1716) als Grundlage eigener Affektimprovisationen.

Das Lustige.

Die Traurigkeit.

Die Leere.

Das Erhabene.

Mögliche Affektimprovisationen über einen Bass von C. F. Witt, vereinfache Form (entspricht nicht den satztechnischen Regeln)

VARIATIONEN ÜBER EINEN BASS MIT EINEM THEMA

(E) P G **BIS***

- **M** Mindestens zwei Melodieinstrumente oder ein Akkordinstrument
- **Z** Improvisationen mit immer kleineren Notenwerten (Diminution), Improvisieren unterschiedlicher Charaktere, Gestalten eines guten Aufbaus verschiedener Variationen
- **A** Spielt über den folgenden Bass mit Thema Variationen.

Christian Friedrich Witt (1660–1716): *Passacaglien-Thema mit Ground* (ursprünglich J. S. Bach zugeschrieben), siehe Girsberger 1959, 57.

A Variante 1: Diminutionen nur über den Bass

Spielt nur über den Bass, ohne das Thema zu beachten. Versucht allmählich, immer kleinere Notenwerte zu verwenden bzw. schnellere Passagen zu spielen.

Variante 2: Diminutionen über Bass und die Melodie

Rhythmisiert den Bass in jeder Variation unterschiedlich. Umspielt die Melodie mit Durchgängen, Wechselnoten und Vorhalten. Versucht, allmählich immer kleinere Notenwerte zu spielen.

Variante 3: Variationen mit unterschiedlichen Affekten

Sucht euch aus der Zusammenstellung auf Seite 347 mindestens drei, möglichst verschiedene Affekte aus. Legt eine Reihenfolge fest. Bedenkt dabei, dass ihr damit den Ablauf eurer Improvisation gestaltet.

Überlegt euch, mit welchen Mitteln ihr eure Affekte gestalten wollt. Legt jeweils auch eine Taktart, eine Instrumentation und die Dichte der Klangereignisse bzw. die verwendeten Notenwerte und Rhythmen fest.

Improvisiert nun euren Ablauf. Gestaltet dabei jeden Affekt mehrmals und wechselt eure Funktionen, so dass jeder sowohl den Bass, die Akkorde bzw. die Begleitung und die Melodie spielen kann.

PRAKTISCHE HINWEISE

Die folgenden Anregungen sind nicht für Spezialisten Alter Musik gedacht. Sie dienen vielmehr als Einführung in das Improvisieren über ostinate Bässe, wie sie von unterschiedlichen Ensembles und Formationen gespielt werden können. In Ergänzung zu den im Kapitel 1, Seite 34–36, genannten Phasen seien folgende Schritte im Unterricht empfohlen:

- Gemeinsam den Bass erlernen und mögliche Rhythmisierungen ansprechen und ausprobieren,
- die dazugehörige Skala durchspielen und gegebenenfalls üben,
- mögliche Akkordfortschreitungen erarbeiten und instrumentenspezifische Akkordzerlegungen üben.
- Auch das Hören von Literaturbeispielen (am besten selbst vorgespielt) oder das Mitspielen des Lehrenden in der Gruppe leistet im Sinne eines gelungenen Modelllernens einen wichtigen Beitrag.

Beim Erarbeiten und Musizieren sollte ferner darauf hingewiesen werden, dass nicht nur die Spieler und Spielerinnen der Melodie improvisieren, auch in den anderen, begleitenden Stimmen bestehen improvisatorische Freiräume. Beispielsweise können Basstöne rhythmisch von Takt zu Takt immer weiter verändert werden und die Akkorde bzw. Akkordtöne lassen sich rhythmisieren und neue arpeggierte Formen finden.

Anzustreben ist, dass alle Spieler und Spielerinnen auf ihrem jeweiligen Niveau ihre Stimmen individuell gestalten. Hier ist, wie so oft in der Improvisation, Zurückhaltung geboten. Nicht alle Ideen sollten gleich in der ersten Improvisation eingesetzt werden, besser ist es, wenn nach und nach neue Ideen eingebracht werden und jede Variation einem eigenen musikalischen Prinzip gehorcht. Für den Unterricht bedeutet dies, dass bestehende Möglichkeiten hinsichtlich des Materials, der Form und der Verarbeitung nicht gebündelt vorgestellt werden sollten, sondern über einen größeren Zeitraum.

Für den Zusammenklang im Ensemble ist ferner darauf zu achten, dass die Spieler und Spielerinnen die Stimmen eher ergänzen, anstatt sie zu verdoppeln. So lassen sich Melodie und Bass leicht als Parallelstimmen in Terzen oder Sechsten führen. Solche Parallelen können wiederum umspielt und ausgeschmückt werden.

KLASSISCHE VARIATION

In den bisherigen Beispielen, die sich an die Alte Musik anlehnen, basieren die Variationen auf einem Bass. Zum Teil findet sich zwar ein Thema bzw. eine Melodie, dieses ist jedoch beim Variieren bzw. Improvisieren zweitrangig. Primär geht es darum, den Bass bzw. eine Harmonisation eines Basses virtuos auszuspielen. In diesem Abschnitt rückt das Thema in den Fokus, es ist Ausgangs- und Orientierungspunkt aller Variationen.

In den Salons der Wiener Klassik erfreuten sich Variationen großer Beliebtheit, die auf aktuelle Themen, insbesondere der Opernliteratur, Bezug nahmen. So schreibt Carl Czerny etwa: „Es war Pflicht des Klavieristen [...] einen großen Vorrat musikalischer Ideen im Gedächtnis zu haben, und auch die musikalischen Tagesneuheiten, wie beliebte Themen aus Opern und Gesänge [...]"[112] Die große Beliebtheit improvisierter Variationssätze lässt sich zumindest teilweise in den notierten Variationszyklen dieser Zeit erkennen, die durchaus auch heute noch als Inspiration beim Improvisieren dienen können. So könnte eine Anregung klassischer Variationen darin bestehen, auf heute populäre Melodien

[112] Czerny 1829, 36.

zurückzugreifen. Gerade einfache Melodien wie etwa „Happy Birthday" sind wunderbar zum Variieren geeignet und sollten in das eigene Repertoire aufgenommen werden, um damit Freunde und Verwandte zum Geburtstag mit einem angemessenen musikalischen Ständchen überraschen zu können.

Einen Einstieg in das eigene Variieren im Instrumentalunterricht bieten rhythmisch einfache Lieder, an denen sich viele Variationstechniken einsetzen lassen. Geeignet sind Kinderlieder ebenso wie viele Popsongs und Volkslieder. Aber auch Themen, die von klassischen Komponisten und Komponistinnen stammen bzw. in Variationszyklen eingesetzt wurden, wie etwa *Freude schöner Götterfunken* oder die Liedmelodie *Morgen kommt der Weihnachtsmann (im Englischen Twinkle Twinkle little Star)*, lassen sich zum Variieren einsetzen. *Letztere wurde auch von Wolfgang Amadeus Mozart in seinem Variationszyklus über Ah, vous dirai-je Maman, KV 265 (300e) verwendet, was einen entsprechenden Vergleich ermöglicht.*

Im Folgenden findet sich eine Reihe praktischer Anregungen für den Einstieg in eigene Variationen über Ah, vous dirai-je, Maman, wie sie sich insbesondere im Instrumentalunterricht anbieten. Dabei spielt immer ein Spieler das Thema, eine zweite Spielerin improvisiert gleichzeitig darüber. Das erste Beispiel ist zweistimmig gesetzt und entsprechend für Einzel- (Lehrer und Schülerin) oder Partnerunterricht (zwei Schülerinnen) geeignet. Das zweite Beispiel deutet die Spielsituation in einem gemischten Ensemble mit drei bis acht Spielern und Spielerinnen an.

Themenausschnitt und mögliche Improvisation über *Ah, vous dirai-je, Maman* für zwei Melodieinstrumente in G-Dur.

Sobald die Melodie bekannt ist, sollten in der Erarbeitungsphase zunächst alle die Gelegenheit bekommen, über die gesamte Melodie zu improvisieren. Besteht darin eine gewisse Sicherheit, können die Improvisationsteile auch kammermusikalisch aufgeteilt werden. Während mindestens zwei Spieler bzw. Spielerinnen immer das Thema und den Bass spielen, improvisieren bzw. variieren die anderen kürzere Phrasen von zwei oder vier Takten, die jeweils direkt aneinander anschließen. Dies entspricht dem klassischen Prinzip der gebrochenen Arbeit und dient hier auch der Orientierung. Die Spieler und Spielerinnen erwerben ein Gefühl für die einzelnen Abschnitte.

Ensembleversion in C-Dur (Improvisation abwechselnd in verschiedenen Stimmen).

Nachdem zunächst das Thema als Grundlage eigener Variationen gedient hat, kann sich – sobald ein gewisser praktischer Erfahrungsfundus bezüglich der sich bietenden Möglichkeiten bei den Spielern und Spielerinnen besteht – ein Vergleich mit Mozarts Zyklus anschließen. Mozart nutzt verhältnismäßig konventionelle Variationstechniken, die Kunstfertigkeit, mit der er dies allerdings tut, bietet einige Erkenntnisse. Im Ensemble lassen sich Techniken wie diatonische und chromatische Umspielung, Stimmentausch, Zerlegung, Dialog im Dreiklang, kanonische Form, Tonartwechsel untersuchen. Das Mozartbeispiel ist deshalb besonders geeignet, weil es zwar für Klavier komponiert wurde, aber problemlos auch von Melodieinstrumenten gespielt werden kann. Es müssen gegebenenfalls die Lagen und Tonarten angepasst werden.

Wolfgang Amadeus Mozart (1778): 12 *Variationen über Ah, vous dirai-Je, Maman*, KV 265, Ausschnitt mit verschiedenen Variationsprinzipien.

usw.

VARIATIONEN ÜBER MORGEN KOMMT DER WEIHNACHTSMANN

(E) P G **

Ausgangspunkt ist das Thema von *Ah, vous dirai-je, Maman* im zweistimmigen Satz von Mozart, der allen Spielern und Spielerinnen in einer für ihr Instrument spielbaren Version vorliegen sollte.

A Lernt die Melodie auswendig. Spielt und experimentiert mit der Melodie und einzelnen Teilen. Schaut, wie sie sich variieren lässt. Nutzt alle euch bekannten Variationstechniken.

Ensemble: Spielt eure Variationen immer in einem dreistimmigen Satz aus Bass, Melodie und darüber Improvisation bzw. Variation. Teilt die Stimmen so auf, dass immer alle beschäftigt sind und reihum jeweils einer bzw. eine über die Melodie improvisiert. Improvisiert auch abwechselnd kürzere Abschnitte von zwei oder vier Takten. Achtet aber darauf, dass die Nachfolgenden direkt anschließen und innerhalb einer Variation das erklingende Variationsprinzip weiterführen. Sucht euch auch sehr kurze Abschnitte von nur einem oder einem halben Takt aus.

Hört und lest den Variationszyklus über *Ah, Vous Dirai-Je, Maman* von Wolfgang Amadeus Mozart. Vergleicht eure Variationen mit seinen. Was ist gleich und was ist anders als bei euch. Spielt gemeinsam einige seiner Variationen. Einigt euch dazu über die Stimmaufteilung.

Improvisiert nun wieder eigene Variationen. Legt gegebenenfalls vorher fest, welche Variationstechniken ihr verwenden wollt und in welcher Reihenfolge sie erklingen sollen.

SOLLTE BEKANNT SEIN
Musikalische Verarbeitung,
S. 236.

PRAKTISCHE HINWEISE

Beim Improvisieren eines Variationszyklus mit mehreren Spielern und Spielerinnen ist es empfehlenswert, die Stimmen klar aufzuteilen und sie zwischen den Spielern und Spielerinnen immer wieder zu wechseln. Erfahrungsgemäß eignen sich hierzu insbesondere Duo- und Trio-Besetzungen, aufgeteilt in Bass, Akkorde und Melodie. Bei mehreren Spielern und Spielerinnen lassen sich die Begleitstimmen verdoppeln, was allerdings die Variationsmöglichkeiten zum Teil einschränkt. Anfänglich ist es, wie beschrieben, hilfreich, wenn die Melodie von einem Spieler in Originalgestalt weiter erklingt, bis die improvisierende Spielerin fähig ist, die Melodie beim Improvisieren innerlich weiterzuhören. Diese Spielform hilft, den Ablauf zusammen mit den erklingenden Basstönen und Harmonien zu verinnerlichen, was anfänglich für viele eine herausfordernde Aufgabe darstellt. Insbesondere Spieler und Spielerinnen von Melodieinstrumenten fokussieren zuweilen zu stark auf ein horizontales, melodisches Spiel. Das gleichzeitige Mitvollziehen der Akkordstruktur und des Basses fällt ihnen oftmals schwer.

Da Variationsformen sich zum kammermusikalischen Musizieren besonders gut eignen, sei anhand eines weiteren Beispiels von Ludwig van Beethoven gezeigt, wie zwei Spielpartner kunstvoll in einen Dialog treten können. Sichtbar wird hier insbesondere, welche zusätzlichen Variationsmöglichkeiten sich im Duo-Spiel auftun.

Das Beispiel bedarf eines sehr hohen Spielniveaus, was dahingehend missverstanden werden könnte, mit gleicher Virtuosität Variationen zu improvisieren. Darum geht es nicht. Die gleichen Variationsprinzipien lassen sich auch für einfachere Improvisationen nutzen: Der eine Spieler spielt das Thema, die andere Spielerin begleitet; Spieler und Spielerin musizieren gleichberechtigt in Gegenstimmen; beide improvisieren nacheinander im wechselnden Dialog.

Ludwig van Beethoven (1801): *Sieben Variationen über das Opernthema Bei Männern welche Liebe fühlen,* WoO 46, Thema.

Variation 1.

Variation 3.

Variation 5.

Variationen in dieser Art verlangen einiges an Vorbereitung. Insbesondere der harmonische Verlauf sollte abgeklärt werden. Entsprechend muss das Duo bzw. Ensemble profunde Erfahrung im Improvisieren über Harmonien besitzen und bei Harmoniewechseln unwillkürlich darauf reagieren.

Damit die Spieler und Spielerinnen sich klanglich nicht überdecken, ist auf eine Besetzung zu achten, die sich klanglich wie musikalisch ergänzt. Fast immer funktioniert das Zusammenspiel von Instrumenten mit Akkord- und Melodiefunktion wie z.B. Gitarre und Flöte, Klavier und Oboe oder Akkordeon und Violine. Alternativ bzw. ergänzend sollten sie einen unterschiedlichen Ambitus besitzen, wie etwa Bass- und Sopranblockflöte, Bariton- und Sopransaxophon oder Cello und Violine. Sind solche Kombinationen nicht möglich, sollten zumindest verschiedene Lagen bewusst eingesetzt werden. Dies kann sich im Unterricht auch in einer Spielregel widerspiegeln.

EIN THEMA IN VERSCHIEDENEN GEWÄNDERN

HINWEIS
Eine Sammlung klassischer Melodien mit dazugehörigen Akkordfolgen berühmter Stücke findet sich in: *The Real Little Classical Fake Book*.

Fast jede Melodie kann Thema eines Variationszyklus sein. Je weniger Harmoniewechsel ein Thema besitzt und je einfacher es rhythmisch gestaltet ist, desto mehr Freiräume ergeben sich beim Improvisieren.

Im Folgenden wird anhand des schwedischen Volksliedes *Wer kann ohne Wind segeln* gezeigt, wie weit ein Thema variiert und verändert werden kann und doch immer noch erkennbar bleibt. Dabei geht es auch darum zu verdeutlichen, wie unterschiedlich die verwendeten Klangsprachen sein können – in diesem Fall ausgehend von einer Vertonung als modaler Tanz bis hin zu impressionistischen Klangbildern und geräuschhaften Improvisationen.

Schwedisches Volkslied.

Wer kann ohne Wind segeln, Wer kann ohne Ruder rudern,
Wer kann sich von seinen Freunden verabschieden, ohne Tränen zu vergießen.

E P G * BIS **

MODALE VARIATION

M Instrumente, Stimme
Z Modale Variationen

Eine Möglichkeit, über die Melodie zu improvisieren, besteht in modalen Variationen. Die Melodie wird nicht harmonisiert, sondern mit einem Bordun unterlegt. Im nächste Schritt wird ein Modus bzw. eine Skala festgelegt, in der die Melodie übertragen und anschließend damit improvisiert wird.

In den folgenden Beispielen wurde die Melodie modal übertragen (Äolisch, Dorisch, Ionisch, Lydisch, Mixolydisch und Phrygisch). Wie schon im Kapitel *Spiel mit Figuren und Skalen, Seite* 176–199, beschrieben, geht es beim Improvisieren darum, charakteristische Töne der Skalen bewusst auszuspielen, wie z.B. die lydische Quarte, die ionische große Septime, die mixolydische kleine Septime, die dorische große Sexte, die äolische kleine Septime oder die phrygische kleine Sekunde.

Als Begleitung reicht zunächst ein Bordunton, optional mit hinzugefügter Quinte in unterschiedlich rhythmisierten Formen. Gegebenenfalls können auch andere Töne angefügt werden, die den Charakter des jeweiligen Modus verdeutlichen (siehe dazu die nachfolgenden Notenbeispiele).

A Spiele das Thema und improvisierte Variationen in verschiedenen Kirchentonarten. Beachte die charakteristischen Intervalle.
Führe die angefangenen Beispiele weiter.

Vem kan segla: äolische Variation für zwei Melodieinstrumente.

Vem kan segla: dorische Variation mit Bordun und Wechselton.

Vem kan segla: ionische Variation.

Vem kan segla: lydisch Variation mit rhythmisiertem Bordun.

Vem kan segla: mixolydisch Variation mit Begleitostinato.

Vem kan segla: phrygische Variation mit aus der Skala abgeleiteten Borduntönen.

SIEHE AUCH
Spiel mit Figuren und Skalen, S. 176–199.

SIEHE DAZU
Bordun-Tanzformen,
S. 327–335.

VARIATION DER TAKTART

Ähnlich wie bereits im Abschnitt *Bordun-Tanzformen, Seite* 327–335, beschrieben, lässt sich das Lied rhythmisch verändern und mit bekannten Tanzrhythmen unterlegen.

A Spiele das Thema und anschließende Variationen in anderen Taktarten, z.B. im 2/4-Takt, im 3/4-Takt, im 5/8-Takt oder im 7/8-Takt.
Experimentiere mit Rhythmusverschiebungen. Wechsle beim Spielen ungerader Taktarten die Taktschwerpunkte.

Vem kan segla: Verschiebung der Gruppierungen bei ungeraden Taktarten.

usw.

usw.

usw.

DIDAKTISCHE HINWEISE

Für Anfänger bzw. Anfängerinnen sind Melodien mit geraden Achtelgruppierungen von je zwei oder vier Tönen und klaren Betonungen auf Taktschwerpunkten am leichtesten zu realisieren. Wird gegen den Taktschwerpunkt gespielt (ganz gleich ob absichtlich oder aus Unvermögen) und werden Achtel- sowie Sechzehntelfiguren auch in ungeraden Gruppen zusammengefasst, entstehen interessante Rhythmusverschiebungen. Zuweilen erwachsen beim Experimentieren allerdings Chaosphasen, in denen die Taktschwerpunkte verloren gehen. Es bedarf daher einer stabilen Begleitung, die unverändert durchlaufen sollte. Der bzw. die Improvisierende hat dadurch die Chance, sich über eine Melodie mit langen Tönen jederzeit wieder auf das Metrum einzuschwingen.

Vem kan segla: polyrhyhmische Variation mit Ruhepunkten.

SIEHE AUCH
Takt, S. 154–160; *Tanzrhythmen*, S. 335.

VARIATIONEN ÜBER DIE HARMONIEFOLGE IN BAROCKER MANIER
Eine einfache Harmonisierung bildet das Gerüst.

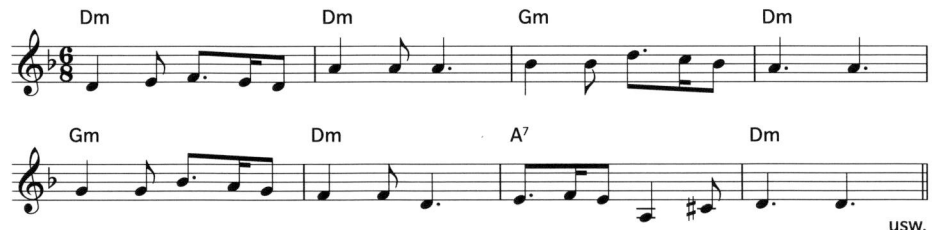

Vem kan segla: mögliche Harmonisierung.

SIEHE DAZU
Musikalisches Verarbeiten, Variieren, gestalterisches Denken, S. 236–254; *Klassische Variation*, S. 350–355.

Wie beschrieben bilden die Melodietöne, ergänzt mit Durchgängen, Vorhalten, Wechselnoten u.dgl. das Grundmaterial beim Variieren.

Vem kan segla: Thema und Variationen mit Umspielungen, Vorhalten, Wechselnoten und Durchgängen.

Nun werden auch die zugrundeliegenden Akkorde als Material für einzelne Variationen verwendet.

Vem kan segla: Variationen mit Dreiklangszerlegungen, Durchgängen und Vorhaltsnoten.

Vem kan segla: Variation in Dur in einer Trio-Besetzung mit klassischen Anklängen.

TIPP
Diese Spielform bietet sich insbesondere in Besetzungen von drei Musizierenden mit einer Aufteilung in Bass, Akkorde bzw. Akkordzerlegungen und Thema mit Variation an. Die bestehenden Gestaltungsspielräume sollten von allen Spielern und Spielerinnen ausgereizt werden.

Auch Charaktervariationen in klassischer Manier lassen sich improvisieren. Dazu greift man auf chromatische Umspielungen, übliche Verzierungen, Begleitfiguren in Form von Albertibässen und eine durchsichtige Instrumentierung zurück.

VARIATION DURCH REHARMONISIERUNG

Eine völlig andere Färbung bzw. ein ganz anderer Charakter entsteht, wenn Akkordfortschreitungen schneller wechseln und vor allem weitere Stufen und Akkorde eingefügt werden. In diesem Sinn lässt sich das Thema reharmonisieren, was stilistisch tiefgreifende Folgen mit sich bringt.

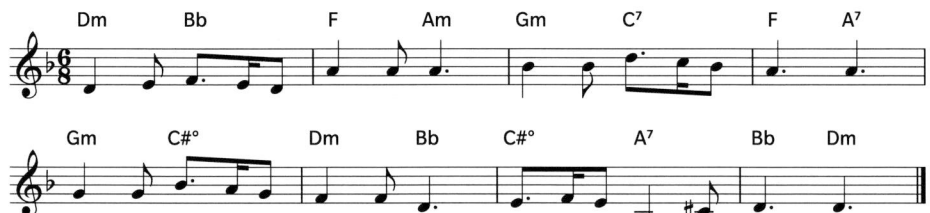

Vem kan segla: reharmonisierte Fassung.

Zusätzlich zu den Akkorden spielen die Wahl der Begleitfiguren, verwendete Satztypen und die Instrumentierung eine Rolle. Typischerweise griffen Komponisten und Komponistinnen einzelner Epochen immer wieder auf ähnliche Figuren zurück. Mit derselben Harmonisierung lassen sich daher sowohl Fassungen, die nach Filmmusik klingen, solche mit vermeintlich romantischen Anklängen, als auch groovige Fassungen improvisieren.

Vem kan segla: Variation mit Dreiklängen, langsam und cantabile.

A Führe diese Variationen weiter. Erfinde Ähnliches und improvisiere mit dem Material.

Im folgenden Beispiel ist dieselbe Harmonisierung um Septakkorde ergänzt und rhythmisch anders phrasiert. Die Melodie ist in der Oberstimme der Akkorde versteckt. Mit der D-Äolisch und der D-Blues-Skala lässt sich über diese Fassung improvisieren. Versierte Spieler und Spielerinnen können auch für jeden Akkord die nach der Akkordskalen-Theorie passende Skala verwenden.

Vem kan segla: Harmonisierung mit Septakkorden und Blues-Skalen zum Improvisieren einer Groove-Fassung.

Die Reharmonisierung lässt sich erweitern und könnte in einer Version als Jazz-Waltz beispielsweise folgend aussehen und klingen.

Vem kan segla: reharmonisiert als Jazz-Waltz.

IMPRESSIONISTISCHE VARIATION

Um ein Lied oder Thema impressionistisch „einzukleiden", muss man typisches musikalisches Material dieser Zeit verwenden, wie etwa Ganztonleiter und Pentatonik, parallel verschobene Akkorde, übermäßige Dreiklänge, Sept- und Nonakkorde und Klänge in entfernten Lagen. Aus dem Liedtext lassen sich Stimmungen (Impressionen) ableiten und als Spielanleitungen formulieren. Ferner muss bei dieser Variation nicht zwingend das ganze Lied erklingen, auch Teile und einzelne Motive reichen gegebenenfalls als Erkennungsmerkmal aus.

DREI IMPRESSIONEN ÜBER DEN TEXT VEM KAN SEGLA

E P G ∗∗∗

M eigene Instrumente

Z Spiele mit im Impressionismus verwendetem Klangmaterial

A Spielt drei kurze Impressionen zu den im Liedtext erwähnten Stimmungen.
Verwendet die Ganztonleiter c d e fis gis ais. Nutzt Glissandi und Arpeggien.
Schafft klare Strukturen durch rhythmische Figuren.
Stellt mit Arpeggien und rhythmischen Figuren die von Windböen gebauschten Segel dar.

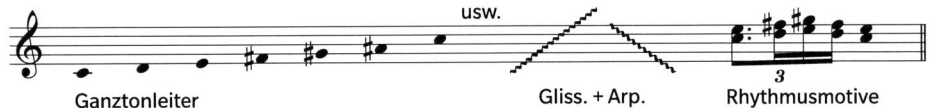

Vem kan segla: impressionistisches Improvisationsmaterial mit Ganztonleiter, Glissandi und Arpeggien.

A Spielt einen Bassostinato mit Tönen einer Ganztonleiter, der die Wellen und das Rudern musikalisch darstellt.
Gestalte darüber metrisch freie Melodien.

Vem kan segla: impressionistisches Improvisationsmaterial mit Bassostinato und Ganztonleiter.

A Gestaltet mit Staccato- bzw. Pizzicato-Tönen Tränen.
Unterlegt diese mit liegenden Akkorden, die die Freundschaft der sich Trennenden darstellen. Jeder Spieler bzw. jede Spielerin wechselt frei in der Zeit Akkorde und Einzeltöne.

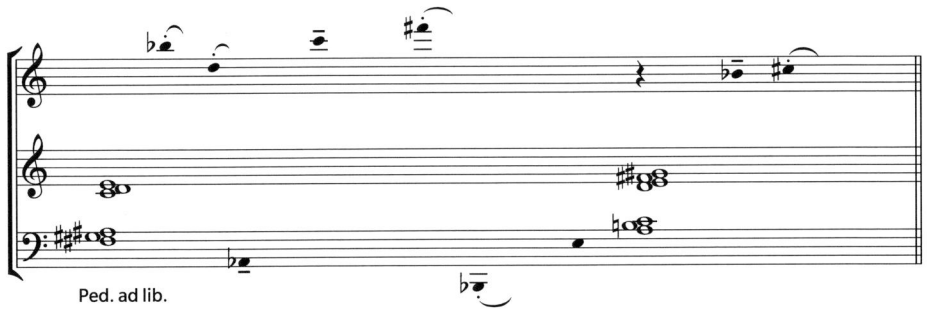

Vem kan segla: impressionistisches Improvisationsmaterial mit Liegetönen und Ganztonleiter.

A Variante 2 (offene Anleitung): Spiele drei Impressionen zu aus dem Liedtext abgeleiteten Szenen.
– Wind und Segel
– Boot und Rudern
– Abschied und Tränen.

GERÄUSCH- UND KLANGFARBENVARIATION

Ebenso vom Text ausgehend können Geräusche und ungewöhnlich erzeugte Klänge mit der Stimme oder am Instrument als Material für einzelne Impressionen verwendet und verarbeitet werden. Auch wenn es sich um Klangimpressionen im besten Sinn handelt, bewegt man sich damit aus einer an den Impressionismus angelehnte Klangsprache hinaus.

E P (G) * BIS ***

GERÄUSCHFARBEN

- **M** Instrumente, Instrumententeile, präparierte und erweiterte Instrumente
- **Z** Ausgestalten des Liedtextes mit Geräuschen
- **A** Improvisiert die Teile mit folgenden Geräuschen:
    - Wind und Segel: Atem und Luftgeräusche, harte perkussive Klänge
    - Wellen und Rudern: Wiederkehrendes Rauschen unterschiedlicher Länge, Knarrende Geräusche
    - Freundschaft und Tränen: Flageoletts und vereinzelte Glissandi.

FREITONALITÄT/REDUKTION/FRAGMENTIERUNG/ZERSPLITTERUNG

SIEHE DAZU
Skalen in der zeitgenössischen Musik, S. 207–217.

Um den Weg in die Klanglichkeit der *Neuen Wiener Schule* zu finden, wäre ein möglicher Zugang, die Melodie atonal umzuformen. Mögliche Hilfestellungen dafür bestehen im Vermeiden diatonischer Fortschreitungen, dem Mischen von Tonsprüngen und Tonschritten, dem Einfügen von Dissonanzen wie entsprechend im Vermeiden von Konsonanzen (insbesondere von Terzen und Quinten) und schließlich dem Einsatz verschiedener Dauern und Artikulationen.

Umgeformt in eine 12-Tonreihe könnte die Melodie folgend beginnen:

Vem kan segla: umgeformt als Beginn einer 12-Tonreihe.

Auch die Reduktion auf Einzeltöne, die oktavversetzt werden, ist eine sich bietende Möglichkeit. Eine ganze Phrase lässt sich so auf einen oder zwei Töne komprimieren.

Vem kan segla: eine auf wenige Töne reduzierte Fassung.

E P ***

FRAGMENTIERUNG

- **M** Instrumente
- **Z** Reduktion einer Melodie auf Einzeltöne
- **A** Reduziert das Thema auf Einzeltöne. Spielt jeweils nur den ersten, letzten oder mittleren Ton einer jeden Phrase.
    Gestaltet jeden Ton mit einer eigenen Dynamik.

ESKALIERENDE GESPENSTER[113]

Für Kinder und Jugendliche eigenen sich diesbezüglich auch außermusikalische Vorlagen wie Gespenster, Zauberstäbe, Zauberkräfte, Superhelden-Power. Diese verändern die Art und Weise, wie über eine Melodie improvisiert wird.

M Instrumente

Z Themengeleitete Improvisation

A Nehmt euch das Lied *Vem kann segla* oder ein anderes einfaches Lied und gestaltet darüber unterschiedliche Variationen. Lasst euch dabei von folgender Geschichte inspirieren:

> Ein einfaches Lied klingt durch die Nacht. Plötzlich schlägt die Turmuhr – Mitternacht (12 gleiche Klänge). Das Lied erwacht. Unheimliche Geräusche schleichen sich in das Lied ein. Die Melodie verwandelt sich. Ein Gespenst frisst Töne weg oder vervielfältigt sie. Es ersetzt Töne durch Geräusche. Es fliegt mit ihnen hoch hinauf und lässt sie tief fallen. Immer mehr Gespenster zerren an der Melodie und zerreißen sie fast. Irgendwann wird die Melodie ganz verrückt und eskaliert. Die Turmuhr schlägt Eins! Der Spuk ist vorbei.

A Versetze jeden zweiten Ton in der Oktave.

Vem kan segla: oktavversetzte Tonhöhen.

A Verändere die Tonhöhen einzelner Töne. Spiele immer zwei in der Originaltonhöhe und zwei Töne mit neuer Tonhöhe.

Vem kan segla: zwei original – zwei versetzt.

A Repetiere nun jeden Ton zwei- bis viermal.

Vem kan segla: Tonrepetitionen.

A Verändere nun den Rhythmus.
Umspiele danach die neue Melodie chromatisch.
Transformiere einzelne Töne zu Geräuschen.

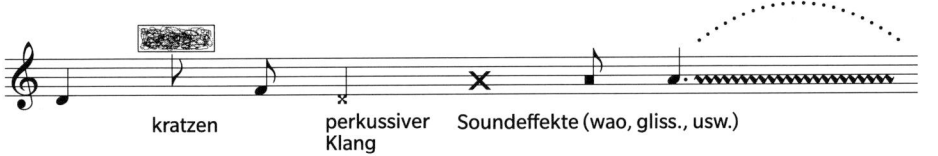

kratzen   perkussiver   Soundeffekte (wao, gliss., usw.)
            Klang

Vem kan segla: Transformation Ton zu Geräuschen.

E P (G) * BIS ***

[113] Siehe dazu Schlimp, Wurz 2004; nach einer Idee von Erland Maria Freudenthaler.

A Ersetze die längsten Notenwerte durch eigene Figuren oder einen Geräuschteppich. Verdichte die Töne bzw. die Geräusche.
Am Schluss wechsle möglichst schnell die Lagen bzw. Oktaven zwischen einzelnen Abschnitten. Lass die Klänge und Töne ganz aus den Fugen geraten, bis sie in einem lauten Klang explodieren.

Vem kan segla: Variation und Eskalation.

ZUM WEITERLESEN

Martin Erhardt (2011): Improvisation mit Ostinatobässen aus dem 16. bis 18. Jahrhundert, Magdeburg (Verlag Franz Biersack)

Matthias Maute (2005): Blockflöte und Improvisation. Formen und Stile durch die Jahrhunderte, Wiesbaden (Breitkopf)

o.A. (Hg.)(1992): The Real Little Classical Fakebook. Over 850 Classical Themes and Melodies in the Original Keys, Chellenham (Hal Leonard Publishing Australia)

Carl Czerny (1829/1993): Systematische Anleitung zum Fantasieren auf dem Pianoforte, hg. von Ulrich Mahlert, Wiesbaden (Breitkopf & Härtel)

LITERATURSTÜCKE ALS STEINBRUCH FÜR EIGENE IMPROVISATIONEN

Die bisherigen Ausführungen gingen von vorgegebenen Formen, Kompositionsweisen bzw. Modellen und musikalischen Prinzipien aus. Durch den Erwerb entsprechender Kenntnisse sollen improvisatorische Fähigkeiten angebahnt werden. Ein solches Vorgehen erscheint allerdings im Instrumentalunterricht nicht immer sinnvoll. Wie verschiedentlich schon angemerkt und ausgeführt, bietet es sich vielmehr an, Improvisation anhand aktueller Literaturstücke zu vermitteln. Fast jedes Stück und fast jedes Detail eines Stückes kann als Ausgangspunkt einer Improvisation dienen: der Stücktitel, die Vortragsbezeichnungen, die Taktart, die Tonart, die verwendeten Tonleitern bzw. Skalen, die Form, verwendete Kompositionstechniken, typische stilistische Eigenheiten, Akkordfolgen oder ein besonderer Klang.

Dabei gilt die eingangs bereits beschriebene Dualität von Ziel und Methode. Dadurch, dass über einzelne Aspekte eines Stückes improvisiert wird, übt man diese und nähert sich einem Stück an. Gleichzeitig setzt man sich aber auch mit allgemeinen musikalischen Prinzipien auseinander und übt das Improvisieren.

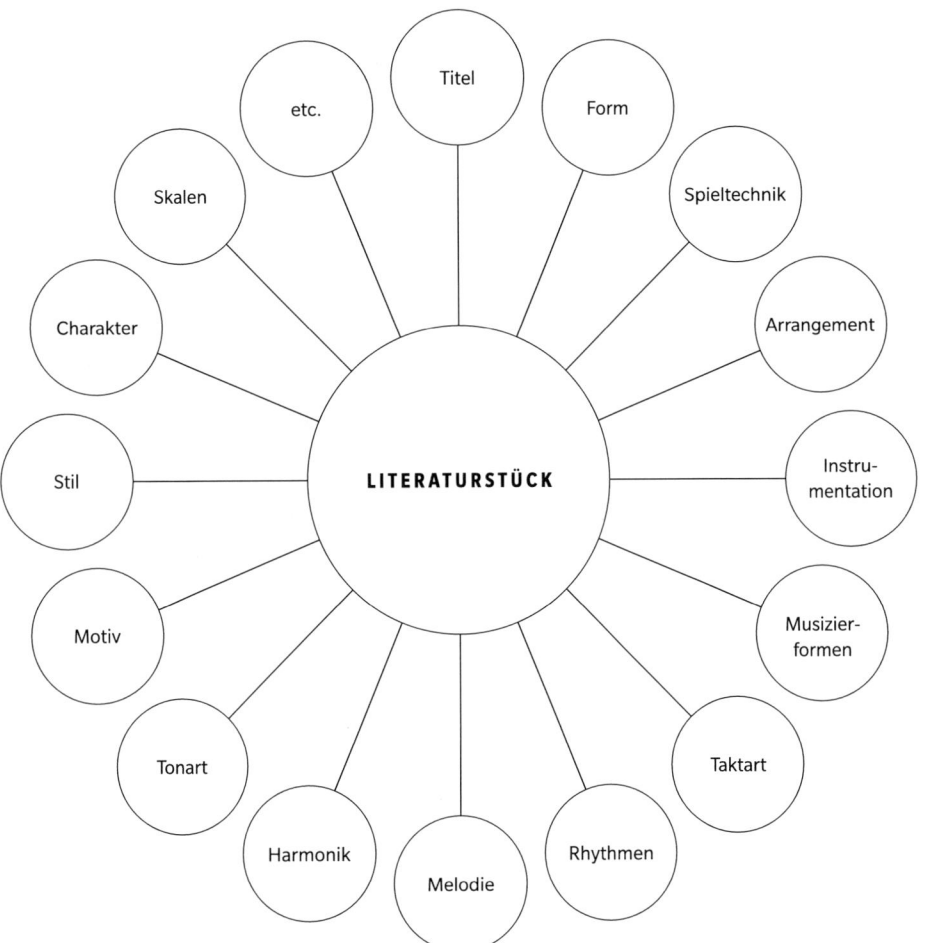

Ausgangspunkt einer Improvisation und des Übens improvisatorischer Fähigkeiten.

Ein zwingender Zusammenhang zwischen dem verwendeten Literaturstück und einer im Unterricht erklingenden Improvisation muss dabei nicht einmal bestehen. Schon allein der Titel kann dazu inspirieren, dass der Schüler bzw. die Schülerin ein eigenes Stück improvisieren möchte. Im Folgenden sollen beispielhaft einige Möglichkeiten anhand des ersten Teils des Allegros der ersten Sonatine Op. 36 für Klavier von Muzio Clementi beschrieben werden. Das Stück besitzt eine klare Aufteilung zwischen Melodie in der rechten Hand und Begleitung in der linken Hand, weshalb das Beschriebene sich leicht auch auf andere Instrumente übertragen lässt. Im Unterricht mit Melodieinstrumenten müsste die Begleitung vom Lehrer bzw. einer anderen Schülerin übernommen werden.

Muzio Clementi (1797): *Sonatina Op. 36*, Allegro.

VOM STÜCK AUSGEHEN

RHYTHMUS

E (P)**

M Notentext, Instrument

Z Improvisation mit Bausteinen eines Literaturstückes

A Suche dir einen Rhythmus aus dem Stück und improvisiere mit diesem. Wenn du nicht weißt, welche Töne du verwenden sollst, benutze erst einmal nur einen Ton (den Grundton).

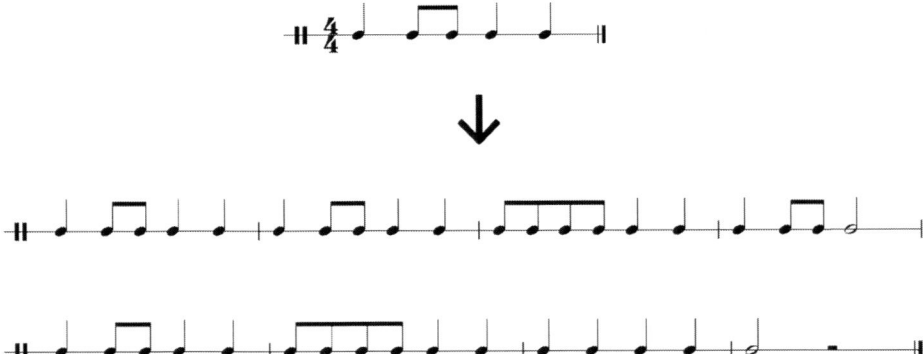

Rhythmen aus der Sonatine.

FORM

A Schau dir an, wie das Anfangsmotiv und die nachfolgende Tonleiter in der Folge verwendet werden. Zeichne eine Skizze.

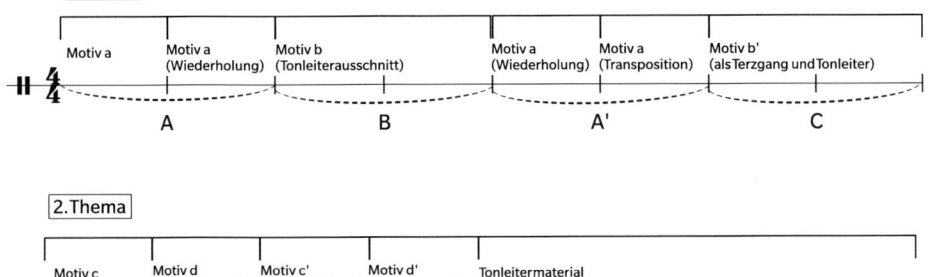

Formales Konzept der Sonatine.

Es handelt sich um die Exposition einer sogenannten Sonatenhauptsatzform. Eine solche besitzt oft (nicht immer) zwei Themen, die auch hier in sehr gedrängter Form erklingen. Beim ersten Thema in den ersten acht Takten erklingt eine sogenannte Periode mit dem typischen Aufbau A B A' C. Die folgenden Takte sind zwar nicht ungewöhnlich, gleichwohl etwas überraschend, denn es handelt sich nur um sieben und nicht wie so oft um acht Takte. Das lässt sich auf zweierlei Weisen erklären. Entweder versteht man Takt acht nicht nur als Schlusstakt des ersten Themas, sondern auch als ersten Takt des zweiten Themas. Dafür spricht, dass bereits nach G-Dur moduliert wurde und so das zweite Thema die Form eines Satzes hätte mit dem Aufbau A A' B C. Oder man erklärt die Siebentaktigkeit mittels eines fehlenden Takts zwischen Takt 11 und 12. Dafür spricht wiederum, dass durch den Oktavsprung a' a'' ein Schwerpunkt entsteht, den man als neuen Anfang hört. Analog zu Takt 10 erwartet man dann aber in Takt 12 eigentlich eine Tonleiter aufwärts.

A Improvisiere in der Form der Sonatine ein eigens Stück.

Möglicher selbst improvisierter „Fake"-Clementi.

Das hier eingefügte Notenbeispiel ist durchaus problematisch, denn es suggeriert, das Autorenteam hätte es genau, wie es dort notiert steht, improvisiert. Dem ist nicht so. Wir haben uns tatsächlich eine Weile mit der Tonsprache von Clementi beschäftigen müssen, bis uns eine Improvisation halbwegs gelungen erschien. Zudem handelt es sich hier um ein Notat, das nachgebessert wurde. Ungeschicklichkeiten werden beim Improvisieren in der Regel eher akzeptiert als bei einem notierten Beispiel. Ganz gleich, ob man nun in einer Tonsprache improvisiert oder improvisierend komponiert, in beiden Fällen beschäftigt man sich sehr intensiv mit einem Stück und lernt weit mehr als nur Noten in der richtigen Reihenfolge zu spielen.

TAKTART

A Improvisiere in der Taktart der Sonatine. Nutze dabei ähnliches Tonmaterial wie Clementi.

Wie würde das Stück in einem 3/4, 5/4 oder 7/8 Takt klingen? Probiere es aus.

SIEHE AUCH
Spiel mit Taktgliederungen, S. 156, *Bordun-Tänze in ungeraden und zusammengesetzten Taktarten,* S. 335.

Clementi-Menuett im 3/4-Takt.

HARMONIEN

A Analysiere die erklingenden Harmonien. Schreibe Sie in deine Noten hinein. Improvisiere über die Akkordfolge.

Du wirst sehen, dass einige Takte nicht ganz eindeutig zu bestimmen sind (so etwa in Takt 3 und Takt 13). Dies liegt daran, dass die Sonatine als zweistimmiges Stück gesetzt wurde und sich die Melodie frei über dem Bass bewegt.

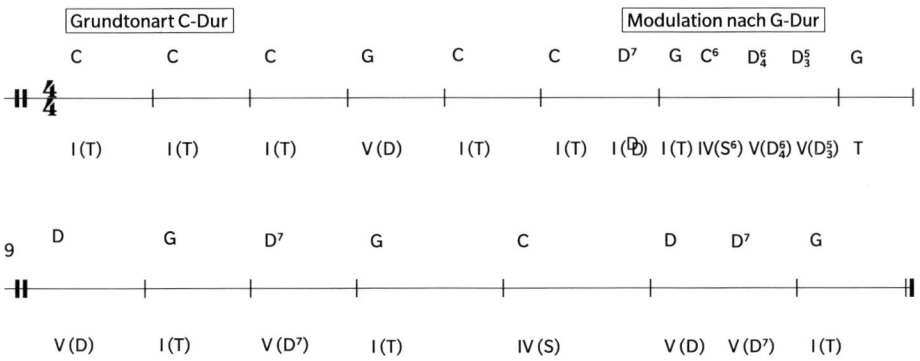

MOTIV

A Suche dir aus der Sonatine ein prägnantes Motiv heraus. Gestalte mit diesem ein neues Stück.

Improvisation mit den Motiven der Sonatine.

INTERVALL

A Welches Intervall ist besonders charakteristisch für die Sonatine? Kann man mit dem Intervall auch eine ganz andere Musik gestalten? Versuche es.

Intervallspiel.

usw.

SKALA UND TONART

A Welche beiden Tonarten kommen in dem Stück vor? Improvisiere mit ihnen und gestalte bewusst die Übergänge zwischen den beiden Tonarten.
Was passiert, wenn du anstatt C-Dur und G-Dur eine andere Tonleiter verwendest? Experimentiere mit verschiedenen Varianten. Probiere auch ungewöhnliche Skalen (etwa Moll #4#7 „Zigeuner-Moll", Freygisch oder die Dur-Pentatonik) aus.

SIEHE DAZU AUCH
Gebräuchliche Skalen, S. 194.

Skalenspiel.

STIL

A Wie würde die Sonatine in einem anderen Stil klingen, etwa als Jazz-Standard, irischer Folksong oder in einer zeitgenössischen Musiksprache? Was müsste man verändern, was könnte man übernehmen?

Stilmetamorphose.

TITEL

A Sonatine ist die Verkleinerungsform von Sonate und leitet sich vom italienischen Wort „suonare" (klingen) ableitet. Sonatinen sind kleine, mehrsätzige Stücke. Einige Sonaten haben eigenständige Titel, Clementis Sonatinen haben keinen. Welchen Titel könnte die Sonatine haben? Improvisiere über deinen Titel (alles ist erlaubt).

Viele Stücke besitzen bereits Titel oder Widmungen, die zum Improvisieren anregen. Beispiele dafür finden sich etwa in den *Kinderszenen* von Robert Schumann (darin z.B. *Kuriose Geschichte*) oder im *Album für die Jugend* (darin z.B. *Fremder Mann*). In den *Préludes* von Claude Debussy findet sich der schöne Titel *Die Klänge und Düfte drehen sich in der Abendluft*, in Bela Bartoks *Mikrokosmos 6* der Titel *Aus dem Tagebuch einer Fliege*. Gruselig und vielleicht ein wenig geheimnisvoll klingen Titel im *Makrokosmos* von George Crumb, wie etwa *Nachtzauberspruch* (*Nightspell*) oder *Der gespenstische Gondoliere*.

A Durchforstet eure Literatur in Bezug auf interessante Titel. Sucht euch einige aus und improvisiert zu diesen eigene Stücke.

VOM MODELL ZUM STÜCK

Beim eben beschriebenen Weg dienen einzelne Elemente eines Stückes als Anregung einer Improvisation. Daneben können Stücke aber auch als Ganzes als Modell dienen, bzw. an einigen Stücken lassen sich bestimmte Modelle besonders gut zeigen. Beispielsweise finden sich in etlichen Orgel-Präludien von J. S. Bach Passagen mit einem Orgelpunkt, die als Beispiel für Ostinato-Improvisationen mit einer festgelegten Skala dienen können, an alpenländischer Volksmusik lässt sich das Spielen mit Dreiklangs-Figuren zeigen und Solo-Stücke zeitgenössischer Komponisten und Komponistinnen können Ausgangspunkt einer Improvisation mit erweiterten Spieltechniken sein.
Nicht jedes Literaturstück ist in dieser Weise als Improvisations-Modell geeignet. Dies gilt insbesondere, wenn das Material sehr komplex komponiert wurde, sehr viele unterschiedliche Ideen in einem Werk erklingen oder eine Komposition spieltechnisch sehr anspruchsvoll ist und nur durch langes Üben bewältigt werden kann. Demgegenüber stehen Stücke, die nur reduziertes Material verwenden, gegebenenfalls auf nur wenigen Akkorden aufbauen, eine gleichbleibende Spielfigur verwenden oder formal sehr klar gegliedert sind. Gerade Stücke, die kompositorisch vielleicht etwas eintönig wirken, eignen sich gut als Modell.

LEHRENDE ***

LITERATURSTÜCKE DURCHLEUCHTEN

M Eigene Instrumente

Z Improvisationspotential des Materials in einem Literaturstückes erkennen

A Schaue deine Unterrichtsliteratur in Bezug auf das verwendete Material bzw. die Art und Weise, wie sie komponiert ist, durch. Schaue nach Modellen, verwendeten Skalen, Akkordfolgen und musikalischen Bausteinen, die in möglichst einfacher und klarer Art eingesetzt werden. Sollten sich nur Teile eignen, scheue vor Kürzungen oder Arrangements nicht zurück. Wichtig ist, dass das jeweilige Modell möglichst deutlich erkennbar ist. Erfinde eine anregende Spielanleitung dazu.

CHICK COREA: CHILDREN SONGS – IMPROVISATION ÜBER EIN OSTINATO

E P ***

M Tasteninstrument oder zwei Melodieinstrumente

A Improvisiere über die Ostinatofigur, mit der Skala und Rhythmen des Stückes.

BEISPIELE FÜR STÜCKE ALS IMPROVISATIONSMODELL
Chick Corea (1984): *Children Song*, Nr.6 (Improvisationsmaterial).

WEITERE BEISPIELE
Bela Bartok: *Mikrokosmos 4*, dort z.B. *Bulgarischer Rhythmus*, Nr. 113.

MAGDALENA KÖNIG: STERNE – IMPROVISATION ÜBER AKKORDFOLGEN

E P G **

M Zwei Melodieinstrumente

A Schaut euch die Akkordfolge an (I III IV III IV I II V bzw. C Em F Em F C Dm G).
Wenn ihr möchtet, verwendet die originale Bassstimme, variiert sie im Laufe eurer Improvisation. Improvisiert über den Bass mit der in der Komposition verwendeten Skala.

Ausschnitt aus Magdalena König (2013): *Sterne*, Cello Momente II/5, für Violoncello und Klavier, mit freundlicher Genehmigung © Copyright by Musikverlag Bruno Uetz.

Abgeleitetes Improvisationsmaterial.

Das abgeleitete Improvisationsmaterial besteht aus der Akkord- bzw. Stufenfolge sowie der C-Dur-Tonleiter. Pianisten können auch Akkorde in unterschiedlichen Umkehrungen und Oktaven spielen. Wird die Begleitung von Cellisten gespielt, kann man die Bassfigur auch auf die Grundtöne reduzieren. Aus dem gleichen Material lässt sich in der Folge auch ein Arrangement für verschiedene Besetzungen erstellen.

E P G **

IMPROVISATION ÜBER EINEN FRANZÖSISCHEN KONTRATANZ
- **M** Zwei Melodieinstrumente
- **A** Improvisiert mit der Skala des Stückes über dessen Form und Harmonien.

Französischer Kontratanz, Arrangement: Karen Schlimp.

Das eigentliche Stück besteht lediglich aus der Melodie. Ein einfaches Arrangement mit Quinten oder entsprechenden Basstönen kann zum improvisieren anregen. Improvisationsmaterial für die Melodie kann zusätzlich notiert oder über das Ohr erarbeitet werden. Je nach Schwierigkeitsgrad lässt sich nur über den A-Teil improvisieren und der B-Teil wird original gespielt. Es ließe sich aber auch über beide Teile Improvisieren und mit dem Stück abschließen, analog einer Jazzform: Stück – Improvisationen – Stück.

SPANISCHE ROMANZE – IMPROVISATION MIT AKKORDZERLEGUNG UND MELODIE

E P **

M Ein Akkordinstrument oder zwei Melodieinstrumente

A Improvisiert mit den am häufigsten eingesetzten Spielfiguren des Stückes. Beachtet auch die Akkord-Zerlegungen. Nutzt auch diese beim Improvisieren. Verändert im Laufe eurer Improvisation die Tonhöhen einzelner Töne bzw. die verwendeten Akkorde.

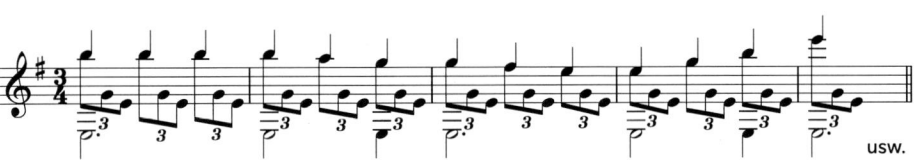

Anonymus (19. Jh.): *Spanische Romanze*, für Gitarre.

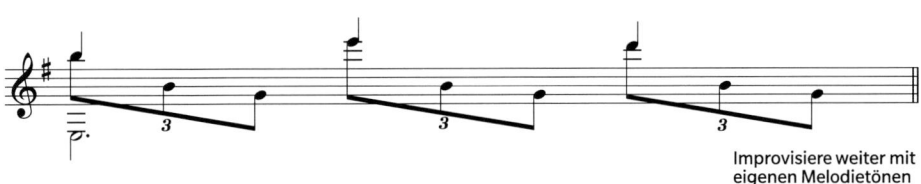

Abgeleitetes Improvisationsmaterial.

Improvisiere weiter mit eigenen Melodietönen

Aus Stücken mit Akkordzerlegungen lassen sich vielfältige Materialien zum Improvisieren ableiten:

- Die äußere Form (Figuration) der Akkordzerlegung nutzen und von dieser auszugehend allmählich einzelne Töne verändern.
- Die Figuration nutzen und auf andere Tonarten bzw. Akkordverbindungen übertragen.
- Gemeinsam ein Stück als Duo improvisieren. Ein Spieler improvisiert Akkordzerlegungen, die andere Spielerin erfindet eine Melodie mit langen Tonwerten.

SIEHE AUCH

Spiel mit Harmonien, S. 289, *Etüden selbst erfinden*, S. 228. Geeignet sind u.a. für Tasteninstrumente Barockstücke mit gleichbleibenden Arpeggio-Begleitfiguren (z.B. Präludien von J. S. Bach) oder neuere, an Film- und Popmusik angelehnte Balladen mit sich wiederholenden Begleitpattern (etwa von Yann Tiersen).

E P G **

AGNES DOWARTH: NACHTVÖGEL –
IMPROVISATION UNTER EINSATZ ERWEITERTER SPIELTECHNIKEN

M Blasinstrumente

A Wählt drei Spieltechniken aus dem Stück. Improvisiert damit ein eigenes Stück mit dem Titel *Nachtvögel*.

Agnes Dowarth (1996): *Nachtvögel* für Altblockflöte im Wechsel mit Bassblockflötenkopf (Ausschnitt), mit freundlicher Genehmigung Moeck Musikinstrumente & Verlag GmbH Celle.

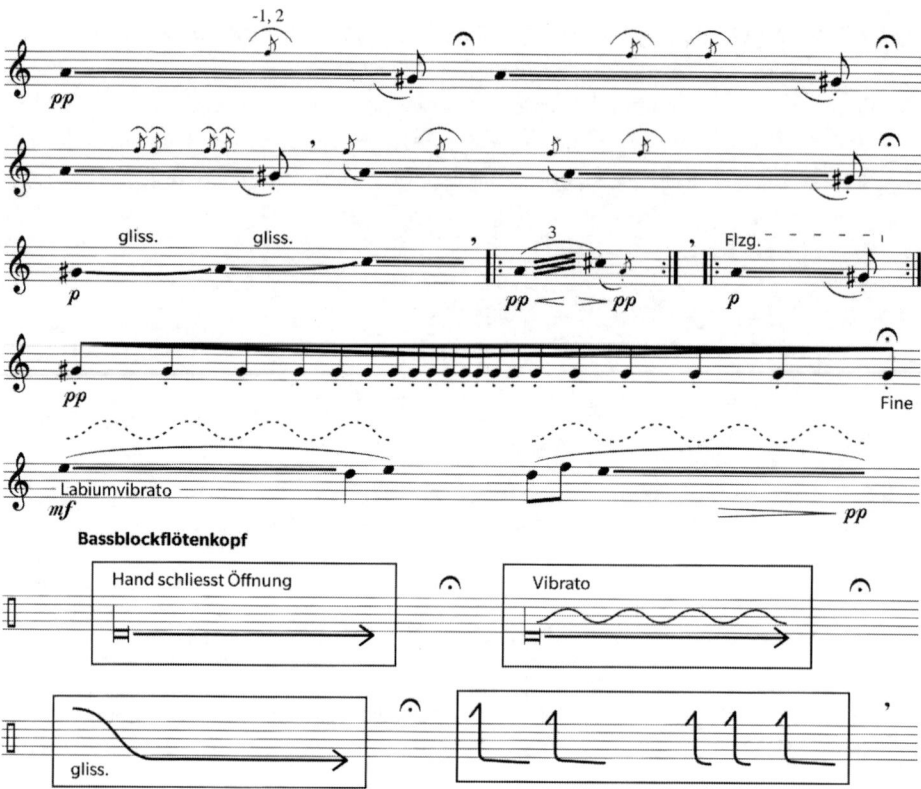

In *Jatekok* von György Kurtag finden sich einige Stücke mit dem Titel „Hommage an ...", die ebenfalls als Fundgrube an Ideen für eigene Improvisationen genutzt werden können. Kurtag greift in den Hommage-Stücken Stilelemente anderer Komponisten und Komponistinnen auf und kombiniert diese mit seiner unverwechselbaren musikalischen Sprache.

Eine ganze Reihe von Stücken, die grafisch notiert sind bzw. erweiterte Spieltechniken nutzen, lassen sich über das Improvisieren mit den jeweiligen Grafismen und Spieltechniken einführen. Kann ein Schüler bzw. eine Schülerin mit einem Notentext gar nichts anfangen, kann es natürlich auch ein gangbarer Weg sein, sich dem Stück über eine gute Aufnahme oder Interpretation des Lehrers bzw. der Lehrerin zu nähern. Anstatt eine Spieltechnik zu erklären, kann so der Schüler bzw. die Schülerin erst einmal selbst versuchen, die Klänge nachzuspielen und nötige Spieltechniken (soweit möglich) herauszufinden. Mit diesen ist es dann wieder möglich, sich dem Stück improvisatorisch zu nähern.

ZUM WEITERHÖREN

Helmuth Lachenmann (1969/2010): Pression für Violoncello solo, Wiesbaden (Breitkopf & Härtel)

Enno Poppe (1999/2004): Holz für Klarinette solo, Mailand/Berlin/London (Ricordi)

George Crumb (1972): Makrokosmos, Volume I und II for amplified piano, New York (Peters)

Luciano Berio (1969): Sequenza 7 für Oboe solo, Wien (UE)

Georg Katzer (1983): Dialog Imaginär 6 für Tenorsaxophon und Tonband, Berlin (Verlag Neue Musik)

ZUM WEITERLESEN

Wolfgang Rüdiger (2015): Ensemble & Improvisation: 20 Musiziervorschläge für Laien und Profis von Jung bis Alt, Regensburg (ConBrio)

Karen Schlimp, Peter Jarchow (2010): Impromosaik. Das verrückte Klappbuch mit unbegrenzten Ideen zum Improvisieren, Basel (Nepomuk/Breitkopf & Härtel)

Karen Schlimp (2007): Klänge und Farben. Improvisation am Klavier mit Jenö Takács, in: Üben & Musizieren 2/07, Mainz (Schott), S. 28–31

Für Tasteninstrumente

Franz Josef Stoiber (2018): Faszination Orgelimprovisation, Kassel (Bärenreiter)

Herbert Wiedemann (2015): Klavier spielend begreifen, 2. Aufl., Kassel (Bosse)

Thomas Hamouri (2003): 36 Improvisationsmodelle für Klavier 4-händig, Wiesebaden (Nepomuk/Breitkopf & Härtel)

Herbert Wiedemann (2002): Klavier – Improvisation – Klang, Kassel (Bosse)

Herbert Wiedemann (2000): Improvisatorische Spiele mit Kabalewski und Co. (Bosse)

ANHANG

BEGRIFFSERKLÄRUNGEN

In diesem Buch werden einige Begriffe wiederkehrend verwendet. Da alle Begriffe in einer spezifischen Weise verwendet werden, zum Teil aber missverständlich sind, seien sie im Folgenden kurz erläutert.

CUES

Cues sind vereinbarte sichtbare bzw. hörbare Zeichen (*audio cues* und *visual cues*). Ein mehrfach wiederholtes Motiv kann beispielsweise ebenso wie eine Geste als Zeichen für einen Schlussteil vereinbart werden.

FÄHIGKEITEN UND FERTIGKEITEN

In der Lernpsychologie, zuweilen auch in verwandten Bereichen der Pädagogik, werden *Fähigkeiten* von *Fertigkeiten* unterschieden. *Fähigkeiten* sind psychische und physische zeitstabile Dispositionen sowie durch Sozialisations-, Lern- und Übungsprozessen erworbene Kompetenzen, durch die sich ein leistungsbezogenes Verhalten erklären lässt. Unter *Fertigkeiten* versteht man demgegenüber ausschließlich den erlernten bzw. erworbenen Teil eines Verhaltens, der durch Übung weitestgehend automatisiert wurde (Schaub und Zenke 2000, 819, 843). Verkürzt könnte man sagen, dass der Begriff *Fähigkeit* auf die angeborenen Voraussetzungen (Begabung) einer erworbenen Kompetenz fokussiert, der der *Fertigkeit* auf den Lern- und Übeprozess (Expertise). Was aufgrund der Anlagen gegeben und was durch Lernen erworben wurde, lässt sich allerdings in der Praxis nicht beobachten, es lässt sich lediglich aufgrund eines theoretischen Modells darauf schließen. In diesem Buch werden daher die Begriffe nicht ganz streng voneinander unterschieden. Sind allgemein Kompetenzen gemeint, die auf ein leistungsbezogenes Handeln abzielen, so sprechen wir von *Fähigkeiten*, sind ausdrücklich erlernte Kompetenzen gemeint, so sprechen wir von *Fertigkeiten*. Ansonsten sprechen wir allgemein von Kompetenzen.

IMPROVISATIONSETÜDE

Als *Improvisationsetüden* werden Übungen bezeichnet, die auf wenige Aspekte fokussieren und die eine rein übende Funktion besitzen. Bei diesen geht es weniger darum, künstlerisch zu improvisieren als darum, etwas Bestimmtes zu erfahren bzw. eine bestimmte Kompetenz zu erwerben. *Improvisationsetüden* können sowohl auf Modellen als auch auf Spielregeln basieren. Zuweilen handelt es sich um sehr einfach formulierte Aufgaben.

ICON

Der englische Ausdruck *Icon* ist der Informatik entlehnt und meint nicht viel mehr als ein kleines Bild oder Piktogram, das als Schaltfläche für ein Computerprogramm dient. In unserem Kontext handelt es sich um ein visuelles, notiertes Zeichen, das für einen komplexen musikalischen Zusammenhang steht. *Icons* eignen sich insbesondere zum Anzeigen von Spielaktionen etwa im Rahmen dirigierter Improvisationen.

LEADSHEET

Der Begriff zielt auf eine vereinfachte Notationsform, bei der nur zentrale Elemente eines Stückes festgehalten sind. Es handelt sich dabei um eine vereinfachende Form, die großen Spielraum bei der konkreten Realisierung lässt. In typischer Weise finden sich *Leadsheets* im Jazz und europäischer Folklore, bei der die Melodie, Akkordfolgen und gegebenenfalls auch Begleitpattern oder Basslinien festgehalten sind. Aus diesen ergeben sich auch der Ablauf und der Stil. *Leadsheets* können aber auch in jeder anderen Form der Improvisation zum Einsatz kommen, etwa dann, wenn nur einzelne Bausteine oder der Verlauf notiert werden.

LICK

Licks sind kurze musikalische Phrasen, die insbesondere im Jazz, teilweise auch in der Rockmusik, als feststehendes Vokabular verwendet werden. Sie sind in der Regel einen halben bis zwei Takte lang und beziehen sich auf eine Tonart. *Licks* können wie jedes andere musikalische Material original wiederholt, fortgesponnen oder verarbeitet werden. *Licks* besitzen eine Ähnlichkeit mit *Pattern* und *Riffs*, wobei *Pattern* für gewöhnlich mehrfach wiederholt werden und etwas länger sind, *Riffs* anders als *Licks* auch Harmoniewechsel beinhalten und einen stärker begleitenden Charakter besitzen.

KONZEPTIMPROVISATION – IMPROVISATIONS-KONZEPT

Unter einem *Konzept* versteht man einen Entwurf bzw. eine Planskizze, der bzw. die alle wesentlichen Aspekte regelt. Eine *Konzeptimprovisation* ist demnach eine Improvisation, in der zentrale Elemente festgelegt sind, was sich u.a. darin zeigen sollte, dass beim erneuten Spiel zumindest diese Elemente in ähnlicher Weise ausgeführt werden. *Konzeptimprovisationen* können wie Spielregeln verbale Vorschriften beinhalten, doch auch Grafiken und in Notenschrift festgehaltene Bausteine sind üblich. Bekannte *Improvisations-Konzepte* entstanden in den 1960er bis 1980er Jahren von Komponisten wie Karlheinz Stockhausen, John Cage oder Dieter Schnebel.

KÖRPERKLÄNGE/BODYPERCUSSION/BODYSOUNDS

Alle drei Begriffe zielen auf Klänge, die mit dem Körper erzeugt werden und die einen stark perkussiven Klang besitzen. Dazu gehören u.a. das Klatschen, Patschen, Brustklopfen, Stampfen, Stompen oder Schreiten. Im weiteren Sinn gehören auch Klänge, die mit dem Mund erzeugt werden, dazu, wobei hier oftmals von *Vocussion* (auch *Mouthpercussion* oder *Scatten*) gesprochen wird, soweit es sich nicht um normales Singen handelt. *Bodysounds* werden vielfach zum Erzeugen einer rhythmischen Begleitung genutzt.

MODELLE

Modelle unterscheiden sich von Spielregeln dahingehend, dass Sie weniger zum Selbst-Erfinden einladen als vielmehr die zu verwendenden musikalischen und außermusikalischen Materialien vorgeben bzw. regeln. Sie fungieren als Vorbild und werden nachgespielt, was zunächst kein kreativer Vorgang ist. Erst dadurch, dass ein Spieler bzw. eine Spielerin mit einem *Modell* spielt und dieses erforscht, wird aus dem *Modell* eine Improvisation. *Modelle* dienen als Erfahrungs- und Wissensbasis, auf die beim Spielen zurückgegriffen werden kann. Dabei regeln *Modelle* sehr Unterschiedliches – Harmonien und Klänge, Rhythmen, melodische und motivische Gestalten, die Instrumentierung, die Zusammenspielformen, die Art der Kommunikation zwischen den Spielern und Spielerinnen und dergleichen mehr.

PATTERN

Unter einem *Pattern* versteht man ein Muster bzw. eine Vorlage, in der Musik insbesondere eine rhythmische, harmonische oder auch melodische Struktur, die repetitiv wiederholt wird. Der Begriff ist allerdings nicht sehr eindeutig, da er zum Teil synonym mit *Lick* bzw. *Spielfigur* verwendet wird. In der Regel versteht man darunter jedoch ein wiederkehrendes rhythmisch-perkussives Motiv.

SHRUTI

Als *Shruti* werden die 22 ungleichen Intervalle bezeichnet, mit denen in der indischen Musik die Oktave unterteilt wird. Die Schritte sind teilweise erheblich kleiner als die in der klassischen westlichen Musik verwendeten Halb- und Ganztonschritte. Die im folgenden Notenbeispiel angefügten Tonhöhen sind nur als Annäherung zu verstehen. Aus den *Shrutis* werden die *Ragas* (indische Skalen) gebildet, wobei diese sich jeweils aus den fünf bis sieben Haupttönen (*Savras*) bilden, die auf den Silben Sa, Ri, Ga, Ma, Pa, Dha, Ni gesungen werden. Jedem *Savra* sind verschiedene *Shrutis* zugeordnet, je nach *Raga* kann ein *Savra* unterschiedliche Tonhöhen annehmen.

SOLOIMPROVISATION – ENSEMBLEIMPROVISATION – GRUPPENIMPROVISATION

Als *Soloimprovisation* wird in diesem Buch eine Improvisation bezeichnet, die von einem Instrumentalisten bzw. einer Instrumentalistin solistisch ohne Begleitung gespielt wird, im Gegensatz zu der im Jazz gebräuchlichen Bezeichnung für eine *Melodie-Improvisation* über eine von einer Band gespielten Begleitung. *Ensembleimprovisation* bezeichnet eine gemeinsame Improvisation einer kleineren Gruppe (etwa als Trio, Quartett oder Quintett), bei der die Gruppenmitglieder keine festgelegte Rolle bzw. Funktion innehaben, etwa als Solistin, Rhythmusspieler oder Begleiterin. Die *Gruppenimprovisation* unterscheidet sich davon nur in der Anzahl der Mitspielenden. Damit werden alle Spielformen bezeichnet, bei denen viele Spieler und Spielerinnen mitwirken.

SPIELREGELN

Eine *Spielregel* ist eine Improvisationsanleitung, durch die alle wesentlichen Elemente einer Improvisation geregelt werden. Sie kann die zu verwendenden musikalischen Materialien umfassen, muss dies aber nicht. Zuweilen findet sich für das, was hier als *Spielregel* bezeichnet wird, auch die Bezeichnung *Improvisationskonzept*. Während allerdings *Improvisationskonzepte* in aller Regel stilistisch gebunden sind, gilt dies für *Spielregeln* nicht unbedingt. Viele *Spielanweisungen* lassen sich in sehr unterschiedlichen Kontexten, Stilen und mit sehr verschiedenen musikalischen Materialien umsetzen. *Spielregeln* sind demnach mehr musikpädagogisch intendiert, besitzen aber gleichwohl einen künstlerisch-kreativen Kern. Sie greifen auf Bekanntes zurück, führen aber auch Neues ein und fordern damit zum eigenen Schaffen heraus.

SPIELFIGUR

Spielfiguren sind kurze Motive, Bassfiguren, Fortschreitungen, Tonleiterausschnitte und melodisch-sequenzielle Figuren (etwa Terzfortschreitungen oder Arpeggien), die sich als melodisches oder harmonisches Material einsetzen lassen. Fast in allen Formen und Stilen finden sich typische *Spielfiguren*, die in variierter bzw. verarbeiteter Form eingesetzt werden. *Spielfiguren* müssen nicht nur gekannt, sondern technisch beherrscht werden, weshalb es in der Regel unumgänglich ist, sie in ihren stilspezifischen Ausformungen zu üben. *Spielfiguren* sind sehr konkrete Formen von Modellen. Im Jazz nennt man *Spielfiguren Licks*.

LITERATURVERZEICHNIS

Altenmüller, Eckart (2006): Hirnphysiologische Grundlagen des Übens, in: Ulrich Mahlert (Hg.): Üben, Wiesbaden, Leipzig, Paris (Breitkopf & Härtel), S. 47–66

Altenmüller, Eckart (2012): Singen als Bewegungskunst. Zur Neurobiologie des stimmlichen Lernens, in: Michael Fuchs (Hg.): Stimme, Körper, Bewegung. Kinder- und Jugendstimme, Bd. 6, Berlin (Logos), S. 23–32

Amon, Reinhard (2015): Lexikon der Harmonielehre. Nachschlagewerk zur durmolltonalen Harmonik mit Analysechiffren für Funktionen, Stufen und Jazzakkorde, Berlin (Springer)

Bach, Carl Phillip Emanuel: (1753–1797/1994): Versuch über die wahre Art das Klavier zu spielen, Reprint, Kassel (Bärenreiter)

Bailey, Derek (1987): Improvisation. Kunst ohne Werk, Hofheim (Wolke)

Bailey, Derek (1992): Improvisation. Its Nature and Practice in Music, Boston (Da Capo Press)

Beethoven, Ludwig van (1801): 7 Variationen über das Thema „Bei Männern welche Liebe fühlen" aus Mozarts Oper „Die Zauberflöte" für Violoncello und Klavier, WoO 46, München (Henle)

Beins, Burckard; Kesten, Christian; Nauck, Gisela; Neumann, Andrea (Hg.)(2011): Echtzeitmusik Berlin. Selbstbestimmung einer Szene, Hofheim (Wolke)

Berberian, Cathy (1966): Stripsody, New York (Peters)

Bergmann, Johann (Hg.)(2014): Klassiker der Lyrik. Die schönsten deutschen Gedichte, München (Amazon/Kindle)

Betzner-Brandt, Michael (2011): Chor kreativ. Singen ohne Noten, Circlesongs, Stimmspiele, Klangkonzepte, Kassel (Bosse)

Bor, Joep (Hg.)(2002): The Raga Guide. A Survey of 74 Hindustani Ragas, Rotterdam (Nimbus records with Rotterdam Conservatory of Music)

Brown, Earl (1953): Folio and 4 Systems for variable instrumentation, New York (G. Schirmer/AMP)

Brunner, Wolfgang (2006): Improvisieren mit Mozart – gebundenes und freies Stehgreifspiel nach Modellen aus Barock und Klassik, in: EPTA-Dokumentation 2004/2005: Auf verwachsenen Pfaden? Klavierunterricht heute, Düsseldorf (Staccato)

Busch, Sigi (1996): Improvisation im Jazz. Ein dynamisches System, Rottenburg (Advanced Music)

Cage, John (1969): Notations, New York (Something Else Press)

Cage, John (1970): Song Book (Solos For Voice 3–92), New York (Henmar Press)

Caillois, Roger (1958/1982): Die Spiele und die Menschen. Maske und Rausch, Frankfurt a.M., Berlin, Wien (Ullstein)

Cohen, Peter (1974): Theorie und Praxis der Clavierästhetik C. Ph. E. Bachs (= Hamburger Beiträge zur Musikwissenschaft 13), Hamburg (Wagner)

Corea, Chick (1984): Children Songs, Mainz (Schott)

Corelli, Arangelo (1700): Sonate a violinio o cimbalo Op. 5, Roma (Gasparo Pietra Santa)

Crook, Hal (1991): How to Improvise. An Approach to Practicing Improvisation, Rottenburg (Advanced Music)

Czerny, Carl (1829/1993): Systematische Anleitung zum Fantasieren auf dem Pianoforte, hg. von Ulrich Mahlert, Wiesbaden (Breitkopf & Härtel)

Danielou, Alain (1991): Einführung in die indische Musik, Wilhelmshaven (Heinrichshofen)

de la Motte, Diether (1976): Harmonielehre, Kassel (Bärenreiter)

de la Motte, Diether (1981): Kontrapunkt, Kassel (Bärenreiter)

de la Motte, Diether (1990): Musik ist im Spiel. Geschichten, Spiele, Zaubereien, Improvisationen, Kassel (Bärenreiter)

de la Motte, Diether (1996): Wege zum Komponieren. Ermutigung und Hilfestellung, Kassel (Bärenreiter)

Düchtling, Hajo (1997): Paul Klee. Malerei und Musik, München, New York (Prestel)

Dupre, Marcel (1905/1962): Cours Complet d'Improvisation à l'Orgue, Paris (Leduc)

Edelmann, Walter (2000): Lernpsychologie, Weinheim (Beltz/PVU)

Ehrenforth, Karl Heinrich (2005): Geschichte der musikalischen Bildung, Mainz (Schott)

Ende, Michael (1943): Momo, Stuttgart (Thienemann)

Erhardt, Martin (2011): Improvisation mit Ostinatobässen aus dem 16. bis 18. Jahrhundert, Magdeburg (Verlag Franz Biersack)

Ernst, Anselm (1991/1999): Lehren und Lernen im Instrumentalunterricht, Mainz (Schott)

Fessmann, Klaus (2016): Retrospektive, Zürich (emanomedia)

Flatischler, Reinhard (2006): Rhythm for Evolution: Das TaKeTiNa-Rhythmusbuch, Mainz (Schott)

Frank, Bernd (2007): Klavierimprovisation. Liedbegleitung vom Choral bis zum Popsong, Mainz (Schott)

Friedemann, Lilli (1964): Gemeinsame Improvisation auf Instrumenten. Mit ausführlichen Spielregeln. Ein praktischer Beitrag zur Musiklehre, Kassel (Bärenreiter)

Friedemann, Lilli (1969): Kollektivimprovisation als Studium und Gestaltung Neuer Musik, Wien (Universal Edition)

Friedemann, Lilli (1973): Einstiege in neue Klangbereiche durch Gruppenimprovisation, Wien (Universal-Edition)

Frisius, Rudolf (1996): Improvisation, in: Ludwig Finscher (Hg.): Musik in Geschichte und Gegenwart, 2., neubearbeitete Ausgabe, Sachteil, Bd. 4, Kassel (Bärenreiter), S. 538–611

Fülöp, Paul (2011): Abschied und Ankunft, Poesiemosaik, Innsbruck (Studia Universitätsverlag)

Gagel, Reinhard (2008): Das Cobra-System. Improvisation für Ensemble nach John Zorn, in: Üben & Musizieren 2/08, Mainz (Schott), S. 28–31

Gagel, Reinhard (2014): Improvisation als soziale Kunst, Mainz (Schott)

Gagel, Reinhard (2015): Offhandopera – eine Oper aus dem Stegreif, in: Improfil – Theorie und Praxis improvisierter Musik, 78/15, Berlin (Ring für Gruppenimprovisation), S. 27–28

Gembris, Heiner (1998): Grundlagen musikalischer Begabung und Entwicklung, Augsburg (Wißner)

Geminiani, Francesco (1751/1998): The Art of Playing on the Violin, Ausgabe in deutscher Sprache, Ebersberg (Alto)

Girsberger, Willy (1959): Neuer Lehrgang des Klavierspiels, Zürich (Hug)

Globokar, Vinko (1994): Einatmen – Ausatmen, Hofheim (Wolke)

Globokar, Vinko (seit 1979): Individuum ↔ Collectivum, Saarbrücken (Pfau)

Gordon, Edwin (1997): A Music Learning Theory for Newborn and Young Children, Chicago (GIA)

Graf, Richard; Nettles, Barrie (1997): Die Akkord-Skalen-Theorie & Jazz-Harmonik, Rottenburg (Advanced Music)

Gruhn, Wilfried (2003): Geschichte der Musikerziehung. Eine Kultur- und Sozialgeschichte vom Gesangunterricht der Aufklärungspädagogik zu ästhetisch-kultureller Bildung, Hofheim (Wolke)

Guggenmos, Josef (1971/2001): Was denkt die Maus am Donnerstag? 121 Gedichte für Kinder, München (dtv)

Haid, Gerlinde (1996): Formen musikalischer Improvisation in der Volksmusik Österreichs, in: Gerlinde Haid, Josef Sulz (Hg.): Improvisation in der Volksmusik der Alpenländer. Voraussetzungen – Beispiele – Vergleiche, Innsbruck (Helbling), S. 45–69

Hamori, Thomas (2003): 36 Improvisationsmodelle für Klavier zu 2 und zu 4 Händen, Wiesbaden (Nepomuk/Breitkopf & Härtel)

Harenski, Rita (Hg.)(2015): Zauberwort. Die schönsten Gedichte für Kinder, mit Illustrationen von Christine Brand, Würzburg (Arena)

Harris, Mark; Thompson, Walter (2017): Soundpainting – A Language of Creativity for Music Educators, New York (Thompson)

Hastedt, Heiner (Hg.)(2012): Was ist Bildung? Eine Textanthologie, Stuttgart (Reclam)

Haubenstock-Ramati, Roman (1970): Ludus musicalis, Wien (Universal Edition)

Haydn, Michael (1766/1972): Flötenkonzert in D-Dur, MH 81, Wien (UE)

Heilbut, Peter (1988): Improvisieren im Klavierunterricht. Wege zum aktiven Hören, Wilhelmshaven (Noetzel)

Heller, Barbara (2006): Intervall-Buch für Klavier. Mit Spielanregungen für den Unterricht von Sigrid Naumann, Wiesbaden (Breitkopf und Härtel)

Helms, Siegmund; Schneider, Reinhard (Hg.)(2005): Neues Lexikon der Musikpädagogik, Kassel (Bosse)

Hentig, Hartmut von (2004): Bildung: Ein Essay, Weinheim (Beltz)

Herndler, Christoph; Neuner, Florian (2014): Der unfassbare Klang. Notationskonzepte heute, Wien (Klever)

Hoch, Peter (2002): Klangschatten, in: Ringgespräch über Gruppenimprovisation LXV, Berlin (Ring für Gruppenimprovisation), S. 13

Horlacher, Rebekka (2011): Bildung, Bern, Stuttgart, Wien (UTB/Haupt)

Jandl, Ernst (1986): Laut und Luise, Stuttgart, Leipzig (Reclam)

Johnson, Tom (1982): Rational Melodies, Paris, New York (Edition75, Two-Eighteenpress)

Johnson, Tom (2004): Chord Katalog, Paris (Edition 75)

Jones, Huws Edward (Hg.)(2002): Klezmer Fiddler, London (Boosey and Hawkes)

Jones, Huws Edward (Hg.)(1995): The Ceilidh Collection. Traditional Fiddle Tunes from England, Ireland & Scotland, London (Boosey and Hawkes)

Jones, Huws Edward (Hg.)(2008): Greek Fiddler, London (Boosey and Hawkes)

Junghans, Martin; Weber-Karn, Jutta: (seit 1999): Transkriptionen von Folkloretänzen, unter: www.folkloretanznoten.de (abgerufen am: 1.9.2018)

Kaiser, Ulrich (1998): Gehörbildung. Satzlehre – Improvisation – Höranalyse, 2 Bd., Kassel (Bärenreiter)

Kaiser, Ulrich (2002): Der vierstimmige Satz. Kantionalsatz und Choralsatz, Kassel (Bärenreiter)

Kalcher, Anna Maria (2018): Musikalisches Erfinden als kreative Leistung. Überlegungen zur Einordnung und Förderung generativer Akte von Kindern und Jugendlichen, in: Martin Losert, Achim Bornhöft (Hg.): Anregen – Vertiefen – Ausbilden. Komponieren im didaktischen Kontext, Wien (LIT), S. 92–107

Kaul, Albert; Terhag, Jürgen (2013): Improvisation. Elementare Arbeit mit Kindern, Jugendlichen und Erwachsenen, Mainz (Schott)

Klee, Felix (2007): Paul Klee. Tagebücher und Texte, Köln (DuMont)

König, Magdalena (2013): Cello Momente II, Acht stimmungsvolle Stücke für Cello und Klavier, Halberstadt (Uetz)

Kraemer, Rudolf-Dieter; Rüdiger, Wolfgang (2001): Ensemblespiel und Klassenmusizieren in Schule und Musikschule. Ein Handbuch für die Praxis, Augsburg (Wissner)

Krapp, Andreas; Weidenmann, Bernd (2001): Pädagogische Psychologie, Weinheim (Beltz/PVU)

Kronberger, Elia; Lohbauer, Verena (2007): Klangquadrat. Neue Wege zur Klavierimprovisation. Spielheft und Spielkarten für den Unterricht, Wien (Doblinger)

Kruse-Weber, Silke (2015): Exzellenz durch differenzierten Umgang mit Fehlern. Kreative Potenziale beim Musizieren und Unterrichten, Mainz (Schott)

Kunstlandschaft Spanndau, unter: www.kunstlandschaft-spandau.de/luca-sophie.htm (abgerufen am 27.09.2017)

Kurtàg, György (1979): Jatekok IV, (Edition Budapest)

Lasocki, David (2009): Divisions on a Ground. Recherchen im Blockflötenrepertoire, in: Windkanal 03/09, S. 8–13, Fulda (Mollenhauer), unter: http://music.instantharmony.net/Windkanal_Lasocki_Divisions.pdf (abgerufen am: 07.05.2018)

Lasocki, David; Graham, Ronald (1972): The Eighteen Century Woodwind Cadenzas, Iowa (University of Iowa)

Lasocki, David; Mather, Bettey Bang (1978): The Classical Woodwind Cadenza. A Workbook, New York (McGinnis & Marx)

Lehmann, Andreas C. (2008): Komposition und Improvisation, in: Herbert Bruhn, Reinhard Kopiez, Andreas C. Lehmann (Hg.): Musikpsychologie. Das neue Handbuch, Hamburg (Rowohlt), S. 338–354

Leis, Mario (2006): Kreatives Schreiben. 111 Übungen, Stuttgart, Leipzig (Reclam)

Levine, Mark (1996): Das Jazz Piano Buch, Rottenburg (Advance Music)

Losert, Martin (2011): Die didaktische Konzeption der Tonika-Do-Methode. Geschichte – Erklärung – Methoden, Augsburg (Wißner)

Losert, Martin (2015): Die Kunst zu Unterrichten. Grundlagen der Instrumental- und Gesangspädagogik, Mainz (Schott)

Losert, Martin; Bornhöft, Achim (2018): Anregen – Vertiefen – Ausbilden. Komponieren im didaktischen Kontext, Wien (LIT)

Mäder, Urban; Baumann, Christoph; Meyer, Thomas (2013): Freie Improvisation. Möglichkeiten und Grenzen der Vermittlung, Forschungsbericht der Hochschule Luzern – Musik 5, unter: https://de.scribd.com/document/234798163/Freie-Improvisation-2013-5-Maeder-Baumann-Meyer (abgerufen am: 11.12.2018)

Maqamworld: www.maqamworld.com/ (abgerufen am: 10.01.2019)

Maute, Matthias (2005): Blockflöte und Improvisation. Formen und Stile durch die Jahrhunderte, Wiesbaden (Breitkopf)

Mazur, James E. (2004): Lernen und Gedächtnis, 5., aktualisierte Auflage, München (Pearson)

Menzel, Janett (2016): Schreib dich leicht, unter: www.schreib-dich-leicht.de/kreatives-schreiben-methoden-techniken-berlin-online-seminare-workshops/ (abgerufen am: 16.09.2016)

Messiaen, Olivier (1966): Technique de mon Langage Musical, Paris (Leduc)

Meyer-Denkmann, Gertraud (1970): Klangexperimente und Gestaltungsversuche im Kindesalter, Wien (Universal Edition)

Meyer-Denkmann, Gertraud (1972): Struktur und Praxis Neuer Musik im Unterricht, Wien (Universal Edition)

Morgenstern, Christian (1986): Galgenlieder. Palmström. Palma Kunkel. Der Gingganz, Stuttgart, Leipzig (Reclam)

Nelson, David P. (2008): Solkattu Manual. An Introduction to the Rhythmic Language of South Indian Music, Middletown, Connecticut (Wesleyan University Press)

Neuhaus, Jochen (2018): Wortgestein. Lyrik, visuelle und dadaistische Poesie, Remscheid (Rediroma)

Niggeling, Willi (1964): Klavier-Improvisation. Methodische Übungen und Anregungen, Wiesbaden (Breitkopf & Härtel)

Noll, Günther (2005): Musische Bildung/Musische Erziehung, in: Siegmund Helms, Reinhard Schreiber (Hg.): Neues Lexikon der Musikpädagogik, Sachteil, Regensburg (Bosse)

o. A. (1706/1708/1955): The Division Flute, Facsimile Ausgabe, London (Curwen & Sons)

o.A. (Hg.)(1992): The Real Little Classical Fakebook. Over 850 Classical Themes and Melodies in the Original Keys, Chellenham (Hal Leonard Publishing Australia)

Oliveros, Pauline (2005): Deep Listening. A Composer's Sound Practice, Lincoln (iUniverse)

Ott, Karin; Ott, Eugen (1997): Handbuch der Verzierungskunst in der Musik, München (Ricordi)

Paul, Oscar (1872): Boetius und die griechische Harmonik. Des Anicius Manlius Severinus Boethius fünf Bücher über die Musik, übertragen und erklärt, Leipzig (Leuckart)

Phillip, Günter (2003): Klavierspiel und Improvisation. Ein Lehr- und Bekenntnisbuch über musikalische, technische und psychologische Grundlagen, Altenburg (Kamprad)

Pichler, Sepp (1997): Wer tanzt nach meiner Pfeife, Österreichische Tänze für Drehleier, Dudelsack und andere Instrumente, Graz (Volksliedwerk)

Pottinger-Schmidt, Claire (2004): Tanzende Bässe in der alten Musik, unveröffentlichtes Manuskript, Linz

Powers, Cameron (2005): Arabic Musical Scales. Basic Mama Notation, Colorado (Boulder)

Prey, Stefan (2005): Messiaens Modi – Hilfen zum Erkennen, unter: www.stefanprey.de/Messiaen_Skalen.pdf (abgerufen am: 10.01.2019)

Reinhard, Kurt; Reinhard, Ursula (20072): Die Musik der Türkei, Bd. 1, Die Kunstmusik, Wilhelmshaven (Heinrichshofen)

Riemann, Hugo (1897/2016): Grundriss der Kompositionslehre, Nachdruck der Originalausgabe, Hamburg (Hansebooks)

Riha, Karl (Hg.)(2009): Dada. 113 Gedichte, Berlin (Wagenbach)

Ringelnatz, Joachim (1964/1992): Ringelnatz. Gedichte und Prosa, Berlin (Henssel)

Roscher, Eva (1999): Klavierimprovisation mit Intervallen, Akkorden, Skalen, Rhythmen. Protokoll heutiger Lernwege, München, Salzburg (Katzbichler)

Rosen, Michael; Oxenbury, Helen (2003/2009): Wir gehen auf Bärenjagd, Frankfurt a.M. (Fischer/Sauerländer)

Rüdiger, Wolfgang (2015): Ensemble & Improvisation: 20 Musiziervorschläge für Laien und Profis von Jung bis Alt, Regensburg (Con Brio)

Rüdiger, Wolfgang (2018): Aus dem Leben gegriffen. Ansätze elementaren Komponierens mit Kindern und Jugendlichen im Instrumental- und Ensembleunterricht, in: Martin Losert, Achim Bornhöft (Hg.): Anregen – Vertiefen – Ausbilden. Komponieren im didaktischen Kontext, Wien (LIT), S. 152–177

Sapoznik, Henry (1987): The Compleat Klezmer, New York (Tara Publications)

Schaffer, Murray (2003): Anstiftung zum Hören – 100 Übungen zum Hören und Klänge machen, Kassel (Breitkopf & Härtel)

Schlimp, Karen (2005): Try, Hear, Play and Think. Gedanken über das Erlernen von Improvisation, in: Querstand I, Beiträge zu Kunst und Kultur, Regensburg (ConBrio) S. 87–109

Schlimp, Karen (2007): Klänge und Farben, Improvisation am Klavier mit Jenő Takács, in Üben & Musizieren 04/07, Mainz (Schott), S. 28–32

Schlimp, Karen (2009): Musikmosaik. Improvisieren mit Bausteinen im Instrumentalunterricht, in: Üben & Musizieren 04/09, Mainz (Schott) S. 30–34

Schlimp, Karen (2011): Go Play Vary, in: Ringgespräch für Gruppenimprovisation LXXIV, Berlin (Ring für Gruppenimprovisation), S. 55

Schlimp, Karen (2014): Circle-Training. Improvisieren mit rotierender Aufmerksamkeit im Gruppenunterricht, in: Üben & Musizieren 02/14, Mainz (Schott), S. 28–33

Schlimp, Karen (2015): Sorglos – zornig – nervös. Gruppenimprovisationen zum Thema „Gemütszustände in der Musik", in: Üben & Musizieren 02/15, Mainz (Schott), S. 22–26

Schlimp, Karen; Jarchow, Peter (2010): Impromosaik. Das verrückte Klappbuch mit unbegrenzten Ideen zum Improvisieren, Basel, Wiesbaden (Nepomuk/ Breitkopf & Härtel)

Schmid, Martin Anton (2013): Formelbuch der Harmonielehre, Hamburg (Diplomica)

Schnebel, Diether (1969): MO – NO, Schauberg (DuMont)

Schneider, Hans (2017): musizieraktionen frei streng lose, Anregungen zur V/Ermittlung experimenteller Musizier- und Komponierweisen, Büdingen (Pfau)

Scholz, Christian; Engeler, Urs (Hg.)(2002): Fümms bö wö tää zää Uu. Stimmen und Klänge der Lautpoesie, Schupfart (Engeler)

Schönberg, Arnold (1992): Stil und Gedanke, Frankfurt a.M. (Fischer)

Schönberg, Arnold (1911/1921): Harmonielehre, 2. Auflage, Wien (Universaledition)

Schuler, Heinz; Görlich, Yvonne (2007): Kreativität, Göttingen, Bern, Toronto (Hofgrefe)

Schwabe, Matthias (1992): Musik spielend erfinden. Improvisation in der Gruppe für Anfänger und Fortgeschrittene, Kassel (Bärenreiter)

Schwabe, Matthias; Eikmeier, Corinna; Gagel, Reinhard (Hg.)(seit 1992): Improphil – Theorie und Praxis improvisierter Musik, Berlin (Ring für Gruppenimprovisation)

Schwenkreis, Markus (Hg.)(2018): Compendium Improvisation, Fantasieren nach historischen Quellen des 17. und 18. Jahrhunderts, Basel (Schwabe)

Schwitters, Kurt (1932/1973): Das literarische Werk, 5 Bd., Köln (DuMont)

Schwitters, Kurt (1985): Anna Blume und andere. Literatur und Grafik, Berlin (Volk und Welt)

Slonimsky, Nicolas (1947): Thesaurus of Scale and Melodic Patterns, New York, London, Paris, Sydney (Amsco Publications)

Spahlinger, Matthias (1993): Vorschläge. Konzepte zur Ver(über)flüssigung der Funktion des Komponisten (= Rote Reihe 70), Wien (Universal Edition)

Stockhausen, Karlheinz (1968): Aus den sieben Tagen. 15 Textkompositionen für intuitive Musik, Wien (Universal Edition)

Stoiber, Franz Josef (2018): Faszination Orgelimprovisation, Kassel (Bärenreiter)

Storms, Jerry (2008): 102 Musikspiele für Unterricht, Pause und Freizeit. Für Kinder und Jugendliche im Alter von 4–16 Jahren, Donauwörth (Auer)

Telemann, Georg Philip (o.J./2006): Zwölf Fantasien für Querflöte ohne Bass, TWV 40:2–13, Kassel, Basel (Bärenreiter)

Terhag, Jürgen (2009): Warmups. Musikalische Übungen für Kinder, Jugendliche und Erwachsene, Mainz (Schott)

Terhag, Jürgen; Kalle Winter, Jörn (2011): Live-Arrangement. Vom Pattern zum Song, Mainz (Schott)

The Yorck Projekt (2002): 10.000 Meisterwerke der Malerei, Berlin (Directmedia)

Thompson, Walter (2006–2014): Soundpainting. The Art of Live Composition, Workbook 1–4, New York (Thompson)

Tuoma, Habib Hassan (1989): Die Musik der Araber, Wilhelmshaven (Heinrichshofen)

Türk, Daniel Gottlob (1789/1967): Klavierschule, Faksimile, Kassel (Bärenreiter)

Ulenbrook, Jan (Hg.)(1996): Tanka. Japanische Fünfzeiler, ausgewählt und aus dem Urtext des Manyōshū, Kokinwakshū, Shinkokinwakashū übersetzt von Jan Ulenbrook, Stuttgart (Reclam)

Ulenbrook, Jan (Hg.)(2010): Haiku. Japanische Dreizeiler, ausgewählt und aus dem Japanischen übersetzt von Jan Ulenbrook, Stuttgart (Reclam)

Vapaavouri, Pekka; Hynninen, Hannele (1996): Der Barockpianist, Budapest (Könnenmann)

Vetter, Michael (1996): Pianissimo: Improvisieren am Klavier. Eine Rezeptsammlung, Zürich (Atlantis)

von Kieseritzky, Herwig; Schwabe, Matthias (2001): Gruppenimprovisation als musikalische Basisarbeit, in: Rudolf-Dieter Kraemer, Wolfgang Rüdiger (Hg.): Ensemblespiel und Klassenmusizieren in Schule und Musikschule. Ein Handbuch für die Praxis, Augsburg (Wissner), S. 155–174

Webern, Anton (1960): Der Weg zur Neuen Musik, zwei Vortragszyklen 1932–33, hg. v. Willi Reich, Wien (Universal Edition)

Wiedemann, Herbert (1999): Impulsives Klavierspiel. Elementare Improvisation – populäre Musik – Kunstmusik, unter Mitarbeit von Wolfgang Mayer, Kassel (Bosse)

Wiedemann, Herbert (2000): Improvisatorische Spiele mit Kabalevski und Co. Kassel (Bosse)

Wiedemann, Herbert (2002): Klavier – Improvisation – Klang, Kassel (Bosse)

Wiedemann, Herbert (2015): Klavier spielend begreifen, 2. Auflage, Kassel (Bosse)

Wilson, Peter Niklas (1999/2014): Hear and now, Gedanken zu improvisierter Musik, Hofheim (Wolke)

Winkler, Georg (2003): Klezmer. Merkmale, Strukturen und Tendenzen eines musikkulturellen Phänomens, Bern (Europäischer Verlag der Wissenschaften/Peter Lang)

Wittig, Siegmar (2013): Vom Ton zur Leiter. Ein Skalenkompendium. 400 Skalen aus aller Welt. 1816 computergenerierte Skalen, 2. Auflage, Hückelhoven (WMusicBooks)

Yamaha (o.J.): Pädagogischer Leitfaden. Für den offenen instrumentalen Gruppenunterricht in der Yamaha Musikschule, Hamburg (Yamaha)

Zorn, John (1984): Cobra, in: Game Pieces, unter: www2.ak.tu-berlin.de/~gastprof/collins/experimental-music/Zorn/cobra_sheet.pdf (abgerufen am: 16.12.2018)

KAREN SCHLIMP

ist a.o. Univ. Professorin für Improvisation sowie klavierpraktische- und pädagogische Fächer an der *Anton Bruckner Privatuniversität Linz* und hat sich dort im Fach Improvisation habilitiert. Sie hat Lehraufträge für Ensemble an der *Musikuniversität Wien* und Improvisation an der *Universität Mozarteum Salzburg*. Schlimp studierte Klavierpädagogik in Wien, Konzertfach in London, absolvierte eine Postgraduate Improvisationslehrerausbildung in Leipzig sowie die Taketina Rhythmuspädagogikausbildung. Weitere Anregungen holte Sie sich im Rahmen von Fortbildungen bei zahlreichen Improvisatoren verschiedener Stile und Schulen (u.a. in Indien, Deutschland, den USA und der Schweiz).

Daneben unterrichtete sie auch an Musikschulen und wirkt als freiberufliche Workshopleiterin für Improvisation in gemischten Ensembles. Sie publizierte zahlreiche Fachartikel über Improvisation u.a. in *Üben und Musizieren* und *Improphil*. Ferner liegt mit Ihrem Improvisationsspielebuch Impromosaik ein Konzept mit 150 Spielkarten vor.

Sie konzertiert in Europa und Asien und spielt als Improvisationmusikerin in Projekten wie *Das fahrradfahrende Klavier* (www.pianomobile.com) sowie in interdisziplinären Projekten zusammen mit Künstlern und Künstlerinnen aus den Bereichen Video, Bildhauerei, Tanz und Storytelling.

MARTIN LOSERT

studierte Instrumentalpädagogik, Schulmusik und Diplommusik (Konzertexamen) mit Hauptfach Saxophon an der *Hochschule der Künste Berlin* und dem *Conservatoire de Bordeaux Jacques Thibaud* sowie Politikwissenschaften an der *Technischen Universität Berlin* und Musikwissenschaft an der *Freien Universität Berlin*. Er promovierte 2010 über die Tonika-Do-Methode in Musikpädagogik, war wissenschaftlicher Mitarbeiter an der *Universität der Künste Berlin* und unterrichtete an verschiedenen Musikschulen und als freischaffender Instrumentalpädagoge in Berlin. Seit 2012 ist er Professor für Instrumental- und Gesangspädagogik an der *Universität Mozarteum Salzburg*.

Er veröffentlichte u.a. zu den Themen relative Solmisation, musikdidaktische Konzeptionen, Glück und Instrumentalunterricht, Interpretation, Kompositionspädagogik, Neue Musik im Instrumentalunterricht sowie ästhetische Bildung.

Sein künstlerischer Schwerpunkt liegt im Bereich der Neuen Musik und Improvisation. Er ist Mitbegründer des *ensemble mosaik* Berlin mit Konzerten in Europa, Asien und Südamerika. Er spielte in vielen großen deutschen Orchestern (u. a. mit den *Berliner Philharmonikern* und dem *Deutschen Symphonieorchester*) und wirkte bei vielen CD- und Radioaufnahmen mit.